清史研究丛书新编

Studies of QING History

孔祥吉 著

康有为变法奏议研究

中国人民大学出版社
· 北京 ·

"清史研究丛书新编"说明

"清史研究丛书"原由戴逸先生发起主编,中国人民大学出版社出版发行。从 1988 年开始,该丛书曾推出《清前期天地会研究》《戊戌思潮纵横论》《四库全书纂修研究》《明清农村商品经济》《清代八卦教》《革新派巨人康有为》《晚清乡土意识》《清代族田与基层社会结构》《乾隆帝及其时代》《洪亮吉评传》《康雍乾三帝统治思想研究》《清代区域社会经济研究》《晚清讼狱制度的社会考察》等多部力作,在清史学界产生了重要影响。但由于种种原因,该丛书的出版一度中断。2010 年重启出版之举,推出《清朝的国家认同:"新清史"研究与争鸣》等富有影响力的著作。但是由于各种条件的变化,此次重启不久复告沉寂。现经中国人民大学清史研究所与中国人民大学出版社协商,决定恢复"清史研究丛书"这一出版品牌,并冠以"新编"之名。

清朝是中国传统王朝统治的最后一个阶段,在其统治的近三百年时间里,中国不仅经历了由强盛到衰弱的转折,也经历了社会性质从传统到近代的深刻变革,这就决定了这段不寻常的历史里蕴藏着极为丰富的内容,其同今天国人的社会生活的各个方面，也必然发生着多方面的密切关联。人们常说，"中国今日之疆域版图和新中国成立之初的人口基数即奠定于清朝，当代中国的政治、经济、文化、外交和民族问题，许多也都由清朝演化、延伸而来"，这的确是对清史研究之学术价值和现实意义的极好概括。我们推动这套丛书继续编辑出版的动力来源和宗旨也正在于此。

"清史研究丛书新编"是发表高水平清史论著和重要清史文献的专业学术平台。它强调学术的前沿性和国际性，提倡严谨、扎实的学风，崇尚史学的综合功夫，鼓励跨学科视野和方法创新。就研究内容而言，它则坚持清代前后期历史的一贯性和统一性，反对将其人为加以割裂的做法。

本丛书仍由中国人民大学清史研究所负责组稿和审稿。

中国人民大学清史研究所正式成立于 1978 年，其前身为 1972 年组建的清史研究小组。多年来，清史所的成员们在学术研究和教学方面均做出了积极努力，并得到国内外同行的支持、帮助和认可。2000 年 12 月，中国人民大学清史研究所被教育部批准为人文社会科学百所重点研究基地之一。编辑和出版这套丛书，乃清史研究基地工作的有机组成部分。

我们期盼本丛书的出版能够继续得到广大清史学界同人的大力支持，也能够对推进清史研究有所贡献。

"清史研究丛书新编"编委会

2021 年 5 月

序

　　三十多年以来，中国近现代史的研究蓬勃发展，取得了很大的成绩。中华人民共和国成立以前，许多历史学家致力于秦汉以前的古史研究，成就卓著。可是越到晚近的历史，越是被忽略，中国近现代史的研究者更是寥寥无几。现在这种情况已极大地改观，中国近现代史研究得到了重视。在近现代史的园地中，百花争妍，成果丰硕，人才济济。国内外有很多专家对许多历史问题进行了资料的收集和分析工作，写出了许多论文和著作，无论是宏观框架的构筑还是微观情节的充填都做了大量工作。在教学和科研工作中，中国近现代史和中国古代史、世界史呈现鼎足而峙之势。这种情况带来了一种错觉：仿佛研究工作快到尽头了。近几年来，同行朋友们议论的时候，常常提起这个话题：作为一门已有一定基础的中国近现代史学科还会怎样发展呢？我们的研究工作该怎样深入和突破呢？

　　当然，科学的本性就是不断地发展、前进。尽管客观历史早已形成，过去各个时代人们的实践活动在历史长河中留下的痕迹是不会改变的，但人这一主体的条件和认识能力却在不断提高，因此，人类对过去历史的认识也不会穷尽，不会终结。由于所处研究时代的差异，其理论观点、认识方法、价值观念、研究手段的差异，以及掌握资料多少、精粗、真伪的差异，研究者对同一段历史会得出很不相同甚至截然相反的结论。研究工作总是会发展、提高的，前人的研究成果，后人不断地加以丰富、完善，或者修正、推翻。人类的认识将从表面走向深层，从现象走向本质，从未知走向已知，从简单联系走向复杂的系统和结构。

正是在这个意义上，中国近现代史研究今后的前进是毫无疑义的。我想：由于以下三个方面的原因，可以期望，近现代史研究工作比以往三十多年将会取得更大的进展。

第一，现代自然科学和思维科学的新成果正在叩敲社会科学的大门。越来越多的人，特别是中青年史学工作者试探着把系统论、控制论、信息论以及数量分析法等等应用于历史研究。在历史唯物主义的指导原则下，人们研究社会历史与人类自身的方法和手段更加多样化、更加完善了，这是可喜的现象。马克思主义不是僵化的教条，也不是褊狭的学派。它将吸取一切现代科学的新成果来丰富充实自己，而不会把这些新成果当作异端而加以排斥、反对。随着人的认识能力的不断提高，随着理论、方法、手段的渐趋完善，中国近现代史的研究将会取得全面的新进展。

第二，近几年来，中国近现代史的研究领域有较大幅度的拓展，逐渐突破了近代史上八件大事、现代史上路线斗争的单一格局。人们的思想更加解放，视野更加广阔，研究的环境更加宽松。区域经济的研究，城市和边疆的研究，社会史、文化史、风俗史的研究正在兴起。从前视为禁区的一些问题现已对其展开了热烈的讨论，在历史上具有重大影响的"反面"人物也提上了研究工作的日程。这样，我们对近现代史的认识将会更加全面、更加丰富、更加合乎实际。

第三，近现代史的资料浩如烟海、数量庞大、种类繁多。有档案、官书、文集、方志、笔记、日记、信札、报刊、谱牒、碑刻等等。有汉文的、少数民族文字的以及各种外国文字的。其中许多书籍公开刊印，广泛流传，也有许多稿本、抄本还沉埋在故纸堆中，长期未为世人所知。这些史料中有对各种历史事件详尽真实的记载，但也有种种歧异、舛误。进一步发掘史料的珍藏，对具体问题进行细致的考证、勘误、辨伪，将会导致对一些重大历史问题做出重新的评价。

孔祥吉同志对中国近代史上戊戌维新运动的研究，就是从史料发掘、史籍辨伪、史实考证方面做了很有意义的工作，取得了可喜的成绩。他现在写成了《康有为变法奏议研究》一书，以康有为向清廷多次上书为主要线索，深入探讨了戊戌维新运动的原委和进程，其中凝聚着作者辛勤研究所得的新见解。

孔祥吉同志从事史学研究的时间并不算长，已经发表了近百万字的文章。他除了聪颖敏捷的禀赋以外，最重要而可贵的气质就是勤奋不倦、孜孜矻矻、专心致志、勇于创新。他利用北京拥有丰富史料这一得天独厚的有利条件，多方寻觅珍本稿本，踏实钻研。不论严寒酷暑，在档案馆、图书馆里，常常可以见到他忙碌的身影。有关晚清史和戊戌变法史的资料像磁铁一样紧紧地把他吸引住了。他尽情地吸吮着丰富的营养，铢积寸累，在浩如烟海的史料中发掘、探求、思考。他不仅找到了大量珍贵资料，而且对戊戌运动和晚清政治融会贯通、触类旁通，想到和看到了一些前人所不知道的问题。他在撰文之前或之后，经常把他的研究心得告诉我，征询我的意见，听他娓娓而谈，有理有据，我被他的论点所吸引，为他的新发现、新看法感到高兴，和他共享研究切磋的乐趣。

以前研究戊戌变法和康有为上书都根据康有为本人于宣统三年（1911年）六月刊印的《戊戌奏稿》，大家对之深信不疑。哪里会想到，他所刊行的并非戊戌时期的真奏议。康有为部分是由于原稿不在手头，更重要的是为了辛亥革命期间的政治需要，竟把自己过去的上书增删篡改，弄得面目全非，刊印公布出来。这样就把后世的研究工作者引入了歧途。20世纪60年代末，台湾学者黄彰健先生首先提出了康有为作伪的论断，但是康有为当时真正的变法奏议是什么样子？他自己和代替别人草拟了多少奏折？后来做了哪些重大篡改？黄彰健先生限于条件，看不到原始资料，无法彻底解决这些问题。孔祥吉同志则在清代档案及故宫博物院的藏书中，发掘了许多有价值的史料，其中包括康有为的许多未为人所知的奏折，以及《杰士上书汇录》《孔子改制考》《日本变政考》《列国政要比较表》等当时的进呈原本。这些大批珍贵资料的发掘，帮助作者完全弄清了康有为在辛亥革命前夕，刊布《戊戌奏稿》，弄虚作假的一桩公案。孔祥吉同志的研究成果当然远非尽善尽美，但我相信，他叙述和考证的史实，比我过去所了解的，更加符合于历史的本来面目。

作者在本书中根据未为人所知的新材料，阐明和重新评价了康有为与维新派的变法思想和活动，这些是近代政治史和思想史上的重大问题。他还能紧密结合当时的历史背景，善于从宽广的视角来考察戊戌运动的发生、发展和失败。戊戌维新就其实质来说是清朝统治阶级发起的一场自救运动。维新志士的思想、行为、策略与当时统治阶级内部各派系的矛盾斗争存在着十分密切的关系，忽略了这一点，就会使晚清历史舞台上有声有色的政治运动、思想运动简单化、图式化。孔祥吉同志很注意当时的政治事件以及各个派系之间错综复杂的关系。他在研究康有为于1888年第一次伏阙上书时，结合了甲申易枢后的朝局；在研究公车上书时，紧密联系了当时日趋激化的帝后两党的斗争；在研究百日维新时，将它与清廷内部的顽固派、改革派、动摇派的活动交织在一起，展示了一幅又一幅场景宽广而激动人心的政治画卷。

作者在本书中披露了许多人们未知的新材料，因此，他所阐明的康有为历次上书，代别人拟稿，以及后来刊印《戊戌奏稿》时进行篡改的情况，不仅令人耳目一新，而且很有说服力。孔祥吉同志还根据自己的发现、考证与分析，提出了一些颇有新意的观点，如：康有为早期的变法思想带有清流派的特色，上清帝第三书的历史价值，翁同龢对变法的态度，康有为的宪政思想，袁世凯与戊戌变法的关系，等等。自然，本书中的论据和观点还有可以推敲和进一步商榷之处，但作者那种勤奋钻研，不袭陈说，力求创新的精神应予肯定，而他提出的问题、研究的成果已经受到学术界的注意，对今后研究戊戌变法、近代政治思想、宪政运动等将有一定的影响。

近几年来，孔祥吉同志对原始资料切切实实下了一番苦功夫，故能发人之所未发，言人之所未言，取得了可喜的成绩。由此可见，尽管中国近现代史方面已发表了很多论文、著作，同一个题目被不同的学者一遍又一遍地研究过了，但我们仍然可以通过几种途径，在近现代史研究方面开拓新局面。对史料的发掘、整理、考证是途径之一。史料工作本来就是历史研究的基础工程，没有丰富而经过甄选的史料，就不可能建筑起宏伟的科学殿堂。特别是中国近现代史的资料丰富浩瀚、真伪杂糅、种类繁多，史料的搜集、辑录、考证、翻译、刊布工作亟待进行，在这方面大有用武之地。我相信：史学工作者只要肯下功夫、努力耕耘、长期坚持，必定能有所收获，必定能把中国近现代史的研究推向前进。

戴逸

1986 年 12 月 1 日于中国人民大学清史研究所

前　言

　　康有为是中国近代最早向西方寻找真理的主要代表人物之一，他以自己满腔的热忱、宏伟的理想以及过人的胆识，发动了一场"举国更始以改观，外人色动而悚听"的维新变法运动。这次规模空前的改革运动，是在中日甲午战争之后，国势危如累卵，列强登堂入室的险情下发生的，改革的重点是取法泰西，振衰起弊，开通风气，启迪民智，对于中华民族的觉醒，以及中国经济、思想、文化的发展，曾经产生过深刻的影响，它的历史意义正在愈来愈受到人们的重视。

　　康有为的名字最早进入我的心扉还是 20 世纪 50 年代初期，我正在山西省运城师范附属小学读书的时候。大约在二三年级，我们班上从离运城不远的闻喜县转来一位女同学，她活泼好动，善于言辞，因此，没过几天我们便无话不说了。在课余饭后的闲聊中，我们得知，她的曾祖父就是戊戌六君子之一的杨深秀。她常把曾祖当年在北京跟随康有为变法，专门与守旧派作对，最后被慈禧太后砍去了脑壳的故事讲给大家听。她讲得娓娓动听，常常使我入迷。这位同学的家就住在鼓楼巷离学校不远的一个小黑门里，记得有一天放学后，她还引我到她家看了杨深秀年轻时的照片、生前使用过的印章和他亲手书写的诗词。打这之后，每当路过她家的门口，我总是怀着崇敬的心情，凝神朝里面张望……于是，康有为、梁启超、谭嗣同、林旭、杨锐等维新志士的名字一个一个地逐渐在我幼小的心灵里扎下了根。

60年代初期，我进入中国人民大学历史系读书，虽然专业不甚对口，但是，我对戊戌变法却有着十分浓厚的兴趣，并开始浏览梁启超的《戊戌政变记》、康有为的《戊戌奏稿》以及汤志钧先生等研究戊戌变法史的一些著作。但是真正的研究工作尚未开始，一场十年内乱便把我们的民族推向了灾难的深渊。直到"文化大革命"平息之后，我才得以重操旧业，开始了对戊戌变法史的研究。

晚近以来，对戊戌变法史的研究，除了已刊的官文书之外，大多依靠康有为、梁启超等人关于戊戌变法的著述。中华人民共和国成立初期，中国史学会组织翦伯赞、段昌同等老一辈历史工作者编辑了《中国近代史资料丛刊·戊戌变法》凡四册，为这一专题史的研究提供了极大的方便。但是，由于这些资料大多是当事人的回忆录式的作品，加上感情作用的支配，常常把"真迹放大"，以致许多记载均与历史原貌不符。

直到1981年我才在林敦奎老师那里听到了黄彰健先生撰写了一部《戊戌变法史研究》的消息，于是我千方百计地借来了一部，很快翻阅一过。我发现黄先生真不愧是第一个从档案资料入手，对戊戌变法史进行剖析的史学家。国家档案局明清档案馆编辑的《戊戌变法史档案史料》，1958年中华书局就出版了，国内学者虽然亦有借鉴此书从事研究的，但是，没有人像黄先生那样仔细推敲，深入考求。是他最早揭出康有为篡改《戊戌奏稿》的奥秘，提出康氏当年并非主张开国会、行宪法。

但是，随着研究的深入，我也逐渐地觉察到《戊戌变法史研究》的有些结论，是在没有可信史料作为基础的情况下，依靠推理得出的，还有进一步深入发掘的余地。于是，我便利用北京故宫博物院丰富的藏书和中国第一历史档案馆所收藏的光绪朝录副奏折、朱批奏折、宫中杂件、光绪十四年到光绪二十四年的《上谕档》《早事档》《电报档》《随手登记档》以及信札等其他的一些私家藏档，在汤志钧、黄彰健等先生研究的基础上，开始对戊戌变法史和清末的历史进行自己的探讨。

在很长一段时间内，国内史学界过分强调阶级观点，因而对康有为的评价不甚公允。黄彰健先生则由于发现了康有为的作伪，因而对康有为的批评也多少有点过于尖刻。对此，我是不以为然的。我时常想起鲁迅先生说过的一句话："凡中国人说一句话，做一件事，倘与传来的积习有若干抵触，须一个斤斗便告成功，才有立足的处所；而且被恭维得烙铁一般热。否则免不了标新立异的罪名，不许说话；或者竟成了大逆不道，为天地所不容。"（《热风·随感录四十一》）康有为的改革是以失败而告终的，因此，在晚清总是被当权的西太后等人视作"大逆不道"。然而，不管守旧势力对康有为如何指责咒骂，也不管康有为想"谋取高位"的动机是何等卑微，而他所倡导的这场变法的运动，确确实实是顺应了历史发展的潮流，给愚昧闭塞的封建社会，吹进了一股股清新的政治空气，揭开了近代思想启蒙运动崭新的一页。虽然康有为在许多场合下声称他忘不了"列祖列宗"，表白他无意从根本上推翻旧制度，然而人们还是从康有为变法奏议的字里行间，看到了一个新时代的曙光。因此，我总觉得历史工作者应该对康有为的历史作用予以实事求是的肯定，既不要抬高，也不要贬抑。

最后，需要略加说明的是，本书的主旨在于运用康有为的变法奏议为基本线索，对戊戌维新史进行研究。因此，对于一些坊间未见刊刻流传的珍贵的重要史料，尤其是康有为的奏折，或是康氏代他人草拟的疏稿，我有意地多引用一些，以便读者能准确地理解康有为的本意。几年来我陆续写了《甲午战后康有为变法条陈考略》《康有为戊戌年变法奏议考订》《〈戊戌奏稿〉的改篡及其原因》等论文，为避免重复计，一些言官们的奏议出自康有为之手的考订，我尽量不提或少提。书中不少资料抄自清档或未刊函札，这给校对工作亦带来很大不便。

本书在写作过程中，得到了故宫博物院图书馆、中国第一历史档案馆、北京大学图书馆善本室、北京图书馆、中国科学院图书馆参考阅览室、中国社会科学院近代史研究所图书资料室等等单位的大力协作，没有它们的鼎力支持，我是难以完成这部书稿的。在写作过程中，辽宁教育出版社的赵秉忠同志给予多方指导，人民出版社潘振平同志从筹划章节到审阅书稿多著辛劳。所有这些，都是我不能忘怀的。

著者
1986 年仲秋于中国人民大学林园镂石斋

目　录

第一章

康有为的身世及早年变法奏议

康有为最早进行的变法活动，是光绪十四年（1888 年），他利用入京应顺天乡试的机会，第一次向皇帝上书吁请变法图存。然而，康有为变法思想的形成，却经历了一个复杂曲折的过程，并且同他的家庭环境与成长过程，有着十分密切的联系。

第一节　粤海名族　理学世家

康有为（1858—1927），原名祖诒，字广厦，号长素，戊戌政变后易号，"丁巳再蒙难更号更牲，晚号天游化人"，咸丰八年二月初五日（1858 年 3 月 19 日）出生于广东省南海县西樵苏村的敦仁里。南海地近广州，又得外洋风气之先，故文化十分发达。长期以来，这里的封建士大夫"以理学兴起，肩摩躅接，彬彬乎有邹、鲁之风"①。

---

① 《南海县志》（宣统刻本，下引同）卷 26，杂录。

　　从康有为家庭来说，自九世祖到他本人，"凡为士人十三世"①，世世代代皆以理学传家，堪称粤海名族。高祖名辉，字文耀，号炳堂，嘉庆举人，"诗文渊雅，讲学岭南，身体力行"②；曾祖式鹏，字云衢，号健生，以布衣任事，治躬尤严，"律己严，及物惠，人咸敬之"③。在康氏家族中，功名最为显赫、对康有为也有一定影响的，当推其叔祖康国器。国器，字交修，号友之，由小吏起家，官至护理广西巡抚。早年他以吏员投效军营，保以从九品选用，道光二十七年（1847 年）任江西赣县巡检。当太平天国革命运动蓬勃发展，进军江西，逼困南昌时，康国器以桂源巡检"毁家募勇，卒解城围"④。时左宗棠军进入浙江，与太平军对垒，康国器率所部"由赣入衢"，隶属于左宗棠指挥，先后转战于浙西、福建，嗣后又进入广东作战。由于康国器及家人在镇压太平天国农民起义中凶悍善战，曾被左宗棠"许为入粤战功第一"。康国器死后，左宗棠感念旧交，专折为之请恤，其疏曰："综其平生，大小百战，克复坚城十余处，历任江浙闽粤，廉正朴诚，无所缘附。"⑤ 并恳请朝廷破格"照军营积劳病故例议恤"，"将事迹宣付史馆立传"⑥。

　　康国器的煊赫地位及其对农民反抗的血腥镇压，都在康有为幼年的心灵深处，留下了极为深刻的印象。他在《康南海自编年谱》（以下简称《自编年谱》）中回忆道：

---

　　① 《康南海自编年谱》，《中国近代史资料丛刊·戊戌变法》（以下简称《戊戌变法》），第 4 册，第 108 页。
　　② 张伯桢：《南海康先生传》。
　　③ 康同家：《康有为与戊戌变法》，第 16 页。
　　④ 《清史列传·康国器传》。
　　⑤ 同上。
　　⑥ 同上。

友之中丞公克复浙闽，兵事大定，以新授闽臬假归，诸父咸从凯旋。于时门中以从军起家者甚众。阿大中郎封胡羯末，父龙兄虎，左文右武，号称至盛。土木之工，游宴之事，棋咏之乐，孺子嬉戏其间，诸父爱其聪明，多获从焉。①

尤其应该指出的是，康国器不但是为清王朝在战场上立下汗马功劳的一介武夫，而且还是一位颇有头脑的封建官僚。在光绪初年，一般士大夫把注意力集中在北方，"担心俄夷有衅，咸患之"②，而康国器则比较早地注意到南部边陲所面临的危机，建议清廷调兵遣将，"屯田戍守"。他在写给左宗棠的信中提出："八旗不出习战，是坐生疲软也；考试不变枪炮，是习非所用也；诚宜变之。而令备弁世袭人员，一体与试，则士气兴、人材出矣。"③ 康国器是光绪十年（1884 年）中法战争爆发后死于南海西樵的。他生前的这些建议，虽然未被当道完全采纳，付诸实行，但是，却显示了他揆时救弊、防患未然的变革思想。他的这些见识对后来康有为变法思想形成的潜移默化影响是不宜忽略的。

还有一位对康有为有较大影响的是他的伯祖，名曰国熹，又名懿修，号种之。在咸丰末年四海鼎沸之际，康国熹"以一布衣创同人局，办七县团练"④。"同人局"是一支规模相当庞大的地主武装，宗旨是维护地方治安，镇压农民的反抗斗争，协调当地士绅之间的关系。据康有为的《自编年谱》记载，"局中地十余

---

① 《康南海自编年谱》，《戊戌变法》，第 4 册，第 109 页。
② 《南海县志》卷 16，列传。
③ 同上。
④ 陆乃翔：《康南海传》，上编，第 2 章，《家世及幼学时代》。

里，三十二乡，人丁五万"①，可见规模是相当惊人的。康有为对"同人局"中事务颇为关心，直到光绪中叶，康国熹病故，"同人局"才归他人掌管。

过去的一些著作都认为，康有为出身于"官僚地主家庭"。其实，康有为的直系亲属并非"显宦"，而只是"以教授世其家"②。其祖父名赞修，号述之，道光二十六年（1846年）举人，早年为钦州学正，历合浦、灵山、连州训导，"粹德至行，诲人不倦"，声名颇佳。其父名达初，字植谋，号少农，"聪敏仁孝"，"母病三年，服侍不倦，少从九江朱先生次琦游，勤学负大志"③。在太平天国革命斗争烽火频传、军书旁午之际，康达初曾一度随同叔父康国器，转战闽粤，"草檄谋议"，与太平军为敌，积功至江西补用知县。他官职低微，收入甚薄，在康有为十一岁时即已去世，沉重的家庭负担便落到了康有为的母亲劳连枝身上。康有为在回忆当时的家庭处境时称："知县公既逝，家计骤绌，仅用一婢。老母寡居，手挽幼弟，与诸姊妹治井灶之事，为生平未有之劳焉。"④ 正是由于家庭处境的困窘，康有为居丧执礼三月之后，便随同祖父赞修来到广东连州官舍求学。

第二节　尽释故见　大讲西学

康有为的维新思想大约是在中法战争之后逐步趋于成熟的。

---

① 《康南海自编年谱》，《戊戌变法》，第4册，第126页。
② 同上书，第108页。
③ 张伯桢：《南海康先生传》，第1页。
④ 《康南海自编年谱》，《戊戌变法》，第4册，第110页。

他由一个受传统的儒家理论熏陶的"圣人为"转变为一个"大讲西学"的知识分子，确实经历了一番艰难而又痛苦的历程。这个时期尖锐的民族矛盾和十分激烈的阶级冲突无疑是促成康有为思想转变的"催化剂"。

康有为早年思想的演变经历了一个由儒家学说到佛学道学，再由佛道之学到西学的曲折过程。这三种不同类型的学术观点都在康有为的思想上打下了深深的印痕。由于家庭环境的影响，康有为自幼年即开始接受正统的封建教育。六岁开始，从番禺简凤仪先生读《大学》《中庸》《论语》《孝经》。他天资聪颖，再读成诵。时诸父课以属对，出"柳成絮"，能应声答以"鱼化龙"①。少年时代的康有为即"不苟言笑，成童之时便有志于圣贤之学，乡里俗子笑之，戏号之曰：'圣人为'"②。

从光绪二年（1876 年）起，十八岁的康有为开始在朱次琦门下求学。朱次琦早年曾署理过山西襄陵县知县，返回故里后讲学于忠良山麓的礼山草堂。朱次琦学问渊博，节行高峻，把大半生的精力花在讲学上。他"色笑教人，亹亹忘倦，学者自远而至，醉义忘归"③。朱次琦在学术上是"持汉宋之平，而要归于讲求实用"。修身之实，"则曰敦行孝弟，崇尚名节，变化气质，检摄威仪"；读书之实，"则曰经学史学、掌故之学、性理之学、词章之学"④。康有为在朱次琦门下"洗心受教，一意皈依"，备听数千年学术源流，融会贯穿百家之说。他废寝忘食，日读书以寸记，并发誓在三十岁之前尽读圣贤之书。朱次琦的"通经致

---

① 张伯桢：《南海康先生传》，第 2 页。
② 梁启超：《南海康先生传》，《饮冰室文集》卷 9。
③ 《南海县志》卷 14，列传。
④ 同上。

用"思想对康有为的影响是非常深刻的。正是在这种思想的感召下，康有为树立了"圣贤为必可期"，"以一身为必能有立，以天下为必可为"①的雄心壮志。这个还不满二十岁的青年人，开始从思想上厌恶科举之文，土芥富贵之事。

青年人思想的最大特点是荡逸起伏，充满了幻想和追求。面对着封建社会的急剧崩溃和中华民族的深重灾难，康有为逐渐感觉到在流传数千年的传统经典中，很难寻觅到真正的出路，即使是像朱次琦这样饱读诗书、满腹经纶的学者，也难以满足康有为在精神上的追求。康有为在《自编年谱》中如实地记载了他在九江礼山草堂的苦闷与彷徨：

光绪四年（1878 年）"秋冬时，四库要书大义，略知其概，以日埋故纸堆中，汩其灵明，渐厌之。日有新思，思考据家著书满家，如戴东原，究复何用？因弃之而私心好求安心立命之所。忽绝学捐书，闭户谢友朋，静坐养心。同学大怪之。以先生尚躬行，恶禅学，无有为之者。静坐时忽见天地万物皆我一体，大放光明，自以为圣人，则欣喜而笑，忽思苍生困苦，则闷然而哭……同门见歌哭无常，以为狂而有心疾矣。至冬，辞九江先生，决归静坐焉。此楞严所谓飞魔入心，求道迫切，未有归依之时，多如此"②。

康有为在熟读儒家经典的基础上，萌发了"日有新思"的念头，进而发展到"绝学捐书"，闭户静坐，直至喜怒无常，如痴如魔。他的这些描述未免有些故弄玄虚，神乎其神，然而，它却真实地反映了一个有志于改革社会的青年，在"经世致用"思想

---

① 《康南海自编年谱》，《戊戌变法》，第 4 册，第 112 页。
② 同上书，第 114 页。

的启迪下，对传统的经典产生怀疑，并为摆脱这种根深蒂固的束缚进行痛苦挣扎的真实情景。

由于当时还没有机会接触到更科学、更先进的理论，康有为的思想又一度陷入了佛道之学的迷宫。他在离开礼山草堂不久，就迁居南海西樵山白云洞，绝交闭户，潜心研读道佛书籍。据《南海县志》记载："白云洞为西樵名胜，亭台楼阁，点缀林泉，足供幽赏。"① 康有为在白云洞或徘徊散发，啸歌吟诗；或枕卧石窟，静听清泉，他甚至"常夜坐弥月不睡，恣意游思，天上人间，极苦极乐，皆现身试之。始则诸魔杂沓，继则诸梦皆息，神明超胜，欣然自得。习五胜道，见身外有我，又令我入身中，视身如骸，视人如豕"②。不难看出，康有为的思想这时已陷入虚幻缥缈、想入非非的境地。像近代许多先进的中国人一样，由于现实斗争的需要，他们迫不及待地在古今中外的形形色色学派中寻找自己所急需的理论武器，于是，传统的佛教和道教也成了他们的精神食粮。佛教的普度众生，道教的形神脱离，都曾对康有为的思想产生过影响。康有为在后来的变法维新过程中，十分崇拜宗教的力量，花很大气力去创立并不断完善他的孔教体系，毫无疑问与他这一时期在白云洞读佛道之书，求魂气之灵，冥心孤往，潜心佛典，有着十分重要的关系。

"偶有遁逃聊学佛"，"忧患百经未闻道"③。正当康有为沉迷于佛道经典之时，一个偶然的机会，他结识了来游樵山的翰林院编修张鼎华。张氏字延秋，以文学盛名于京师。康有为称赞张

① 《南海县志》卷26，第2页。
② 《康南海自编年谱》，《戊戌变法》，第4册，第114页。
③ 康有为：《澹如楼读书》。

"聪明绝世，强记过人，神锋朗照，谈词如云"①。经过通宵达旦的畅谈，康有为略知京朝风气、各种新书以及道、咸、同三朝掌故。这些谈话对康有为的启迪是非常重要的，从此之后，他茅塞顿开，"舍弃考据帖括之学，专意养心，既念民生艰难，天与我聪明才力拯救之，乃哀物悼世，以经营天下为志"②。他还阅读了《周礼》、《王制》、《太平经国书》、《文献通考》、《经世文编》、《天下郡国利病书》以及《读史方舆纪要》等书，俯读仰思，"笔记皆经纬世宙之言"。

康有为自己后来认为，在他的成长过程中，有两个人给他的教诲最深，一个是朱次琦，一个是张延秋。从前者那里"得闻圣贤大道之绪"，从后者那里则"博中原文献之传"。可见，结识张延秋是康有为成长过程中的一个重要转折点。此后不久，他就开始阅读"《西国近事汇编》、李圭《环游地球新录》及西书数种"并"薄游香港，览西人宫室之瑰丽，道路之整洁，巡捕之严密，乃始知西人治国有法度，不得以古旧之夷狄视之"③。

从此，西学开始进入了康有为的视野，并像磁铁一样，对他产生了强烈的吸引力。这门学问与他从前研读的圣贤义理之学，有着本质的区别，它在康有为面前展示了一个崭新的天地。康有为比那些闭目塞听、固步自封的旧式学者的高明之处，就在于他虽然熟读过"四书五经"等圣贤经典，但却并不把它们视作神圣不可侵犯之物，他既不沉醉迷恋于"声名文物""典章制度"，也不迷信拘泥于"纲常伦理""夷夏之防"，而是敏锐地观察新事

---

① 《康南海自编年谱》，《戊戌变法》，第 4 册，第 114 - 115 页。
② 同上书，第 115 页。
③ 同上。

物，钻研新学问。他初到香港，就仿佛置身于一个新的世界，得出了"西人治国有法度"的结论，于是，他重读《海国图志》《瀛环志略》等书，并购地球图，搜罗介绍西学的书籍。

光绪八年（1882年），康有为赴京应顺天乡试，在途经上海时，又亲眼看见了这座在鸦片战争之后才发展起来的海口城市所经历的巨大变迁，于是"益知西人治术之有本。舟车行路，大购西书以归讲求焉"①。是年十一月，康有为返回南海故里。考场上的挫折并没有使他垂头丧气，相反，这次北京之行，使他眼界大开，从此，他结束了多年的苦闷与彷徨，开始"大讲西学"，"尽释故见"。

开拓者的道路是艰苦卓绝的。在盘根错节的守旧势力反对下，西学在中国的传播受到极大的限制。偌大一个中国想找一本全面介绍西学的书籍是很不容易的。康有为的西学知识很大一部分来自广学会（The Christian Literature Society for China）所出的书刊以及江南制造局所翻译的声、光、化、电、重等书籍。②这些西学书籍尽管还比较粗浅，但也引起了康有为的莫大兴趣。他专精学问，新识深思，"俯读仰思，日新大进"。康有为开始以西学这个当时最锐利的精神武器，探求救国救民的途径。

第三节 甲申易枢后的朝局与《上清帝第一书》

光绪十四年（1888年），康有为再度赴京应顺天乡试。在此

---

① 《康南海自编年谱》，《戊戌变法》，第4册，第116页。
② 参阅马尔昌：《英国新教福音传教士与中国戊戌变法》，张广学译，《历史学刊》第2期。

期间，奉天发生水灾，山涌川溢，淹州县十余，甚至冲及永陵山谷，"陟圮坍拆，凡十八山，形势全改"。康有为以此事件为契机，向清廷呈递《国势危蹙，祖陵奇变，请下诏罪己，及时图治》的条陈（简称《上清帝第一书》）。

关于康有为《上清帝第一书》的撰写时间，晚近以来，沿用光绪十四年十一月初八日（1888 年 12 月 10 日）的说法，显然系误记。此说源于《南海先生遗稿》所刊《上清帝第一书》手迹所署日期。其实，此日期系康有为向都察院呈递时日，并非撰写时间。康氏《自编年谱》谓："国子监既不得达，盛祭酒（昱）持吾文见都御史祁文恪公世长，文恪公亟称其忠义，许代上，约以十一月初八日到都察院递之，御史屠梅君（仁守）派人候焉。"①

又据翁同龢日记，光绪十四年十月十三日（1888 年 11 月 16 日）记：

> 南海布衣康祖诒上书于我，意欲一见，拒之。

同年十二月二十六日（1889 年 1 月 27 日）又记：

> 盛伯羲以康祖诒封事一件来，欲成均代递，然语太讦直，无益，只生衅耳，决计覆谢之。②

由此可知，康氏《上清帝第一书》无疑在光绪十四年十月十三日（1888 年 11 月 16 日）已撰写完毕，且托人代递，而绝不可能撰于十一月初八日。

此书撰写时日，似应以康有为所述为准。《自编年谱》曰：

---

① 《康南海自编年谱》，《戊戌变法》，第 4 册，第 120 页。
② 《翁文恭公日记》，光绪十四年十月十三日、十二月二十六日。

九月游西山，时讲求中外事已久，登高极望，辄有山河人民之感。计自马江败后，国势日蹙。中国发愤，只有此数年闲暇，及时变法，犹可支持，过此不治，后欲为之，外患日逼，势无及矣。时公卿中潘文勤公祖荫、常熟翁师傅同龢、徐桐有时名，以书陈大计而责之，京师哗然。值祖陵山崩千余丈，乃发愤上书万言，极言时危，请及时变法，黄仲弢编修绍箕、沈子培刑部曾植、屠梅君侍御仁守，实左右其事。①

由此观之，《上清帝第一书》在光绪十四年（1888 年）九月即已开始撰写，十月即"递与祭酒盛伯羲先生昱，祭酒素亢直，许之上"②。此书在撰写过程中还得到沈曾植、黄绍箕、屠仁守的帮助。

是年，康有为年甫三十。他一无功名，二无官爵，仅是一介寒儒，甚至连上书的资格都不具备，那么，究竟是什么原因促使他冒着"朝士大攻之"的风险，"罔识忌讳，竭露愚诚"，大胆提出变法建议的呢？

对此，似应从两方面进行考察：

其一，是外夷交迫、虎视鹰瞵的危迫局面使康有为触目惊心。作为一个长期居住在东南沿海的热血青年，康有为较早地感受到了帝国主义列强对中华民族生存的威胁。他自幼年开始，就耳闻目睹了西方资本主义强国通过两次鸦片战争和中法战争给中国带来的深重灾难，也看到了在列强的"坚船利炮"面前，清政

---

① 《康南海自编年谱》，《戊戌变法》，第 4 册，第 120 页。
② 同上。

府的军队怯懦无能、束手待毙的狼狈景象。国家兴亡，匹夫有责。正是出于对祖国前途命运的担心，康有为鼓起勇气，上书言事。在《上清帝第一书》中，他以敏锐的洞察力揭示了俄国筑铁路于北方而迫盛京；英国侵缅甸而启藏卫，并进而窥伺川滇于西南；法国则以越南为跳板而进取滇粤。特别值得指出的是，康有为在这次上书中还预见到了日本对我国的日益严重的潜在威胁，指出：

> 近者洋人智学之兴，器艺之奇，地利之辟，日新月异。今海外略地已竟，合而伺我，真非常之变局也。日本虽小，然其君臣自改纪后，日夜谋我，内治兵饷，外购铁舰，大小已三十艘，将蹙朝鲜而窥我边。①

康有为对日本侵略野心的揭露比一般封建士大夫要高明得多，他的预见很快被六年后的甲午战争所证实，而当时的衮衮诸公却是视而不见，听而不闻。康有为在上书中还以万分焦灼的心情指出，列强正在磨刀霍霍，合而谋我，而中国的官僚士大夫却麻木不仁，疲弱不振，长此以往，不仅老牌的资本主义国家不会放松侵略，就是后来的"德、奥、意、丹、葡、日诸国，亦狡焉思启，累卵之危，岂有过此"②。因此，他认为，国事蹙迫，"在危急存亡之间，未有若今日之可忧也"。康有为认为，要挽救这种危局，中国当时面临着两条道路的抉择，要么变法自强，及时图治，要么因循守旧，任人宰割。总之，外患日亟是促使康有为上书的最重要的原因。

---

① 康有为：《上清帝第一书》，《康有为政论集》，上册，第53—54页。
② 《康有为政论集》，上册，第55页。

其二，促使康有为大胆上书的另一个重要原因，是他对清王朝中枢政权的极度失望和不满。以往论著对此原因每每忽略，其实，康有为的《上清帝第一书》与光绪十四年的朝局有着极为密切的关系，舍此即无法理解康氏此次上书的深刻含义。

众所周知，清政府在血腥镇压了太平天国和捻军等农民起义后，曾出现了被封建文人百般粉饰的所谓"同治中兴"。其实，所谓"中兴"者，不过是当时中国社会各种矛盾相对缓和的一个短暂的时期。这期间虽然有曾国藩、左宗棠、李鸿章等封疆大吏"夹辅于外"，又有恭亲王奕䜣、大学士文祥等人"密运枢机于内"，虽外患渐浸，而"国事犹不至遽坏"①。然而，由于封建政权的极度腐朽，尽管洋务派官僚在各地举办了许多新政，但终究无法挽回日薄西山、气息奄奄的衰颓命运。在甲申（1884年）中法战争期间，清王朝中枢政权曾发生了一次严重危机，由慈禧授意，光绪皇帝的生父醇亲王奕𫍽直接策划，进行了一次中枢机构的重大改组。

这次政治风潮的导火线是光绪十年三月初八日（1884年4月3日）日讲起居注官、左庶子盛昱的上书。他在这次上书中，严斥以恭亲王奕䜣为首的军机大臣，辅政一二十年，惟冀苟安旦夕，遂置朝纲以不问，以致造成了饷源日绌，兵力日单，人才日乏的被动局面，因此，盛昱要求对奕䜣、李鸿藻等枢垣大臣予以惩戒，认为"即无越南之事，且应重处，况已败坏于前，而更蒙蔽诿卸于后乎？有臣如此，皇太后、皇上不加谴责，何以对祖宗，何以答天下"②！

---

① 黄濬：《花随人圣庵摭忆》，第508页。
② 盛昱：《疆事败坏，责有攸归，请将军机大臣交部严加论处折》（录副奏折）。

盛昱此折声情并茂，义正辞严，但是他并没有要求慈禧将奕
䜣罢斥，只是希望将军机大臣及滥保匪人的张佩纶，交部严加议
处，并责令他们戴罪立功，认真改过。把"讳饰素习，悉数涮
除"，以图有裨朝政。但是，政治风云的变幻往往不以言官的意
志为转移。慈禧对此事的处置，非常出乎人们的意料之外，她在
同醇亲王奕譞密谋之后①，于三月十三日（4月8日）颁布了一
道非常重要的懿旨，该懿旨略谓：

> 军机处实为内外用人行政之枢纽，恭亲王奕䜣等，始尚小
> 心匡弼，继则委蛇保荣，近年爵禄日崇，因循日甚，每于朝廷
> 振作求治之意，谬执成见，不肯实力奉行。屡经言者论列，或
> 目为壅蔽，或劾其委靡，或昧于知人。本朝家法甚严，若谓其
> 如前代之窃权乱政，不惟居心所不敢，亦实法律所不容。②

于是，慈禧做出决定，将恭亲王奕䜣，大学士宝鋆、李鸿
藻，尚书景廉、翁同龢等人，全部撵出了军机处。同日，命礼亲
王世铎、户部尚书额勒和布、阎敬铭，刑部尚书张之万，在军机
大臣上行走；工部左侍郎孙毓汶在军机大臣上学习行走。③ 次
日，慈禧又下令，军机处遇有紧急要件，会同醇亲王商办。④

这次军机处的重大改组史称"甲申易枢"，它对晚清的政治
格局产生了十分深远的影响。这是慈禧与奕譞蓄谋已久的行动，

---

① 据李慈铭：《越缦堂日记》光绪十年三月七日记载："闻十三日朝廷有大处分。
先是，同年盛庶子疏言法夷事，因劾枢臣之壅蔽讳饰。次日，东朝幸九公主府赐奠，召
见醇邸，奏对甚久。是日，恭邸以祭孝贞显皇后三周年在东陵，至十三日甫回京复命，
而严旨遂下，枢府悉罢。"不难看出，罢免奕䜣与奕譞进言有关。
② 中国第一历史档案馆藏：光绪十年春季《上谕档》。
③ 朱寿朋：《光绪朝东华录》，总第1676页。
④ 同上书，总第1677页。

自此之后，清廷中枢大权实际上落入奕譞之手。在新任命的军机大臣中间，除户部尚书阎敬铭"差负清名"外，其余"非平庸，即贪黩，不孚众望"。军机首辅礼亲王世铎饱食终日，无所用心；工部侍郎孙毓汶则利欲熏心，投机迎合。故在慈禧懿旨颁布的第二天，盛昱即迫不及待地上书，要求将奕䜣与李鸿藻仍留在军机处办事，他直言不讳地指出："恭亲王才力聪明，举朝无出其右，奥以沾染习气，不能自振；李鸿藻昧于知人，闇于料事，惟其愚忠不无可取。国步阽危，人才难得，若廷臣中尚有胜于该二臣者，奴才断不敢妄行渎奏。惟是以礼亲王世铎与恭亲王较，以张之万与李鸿藻较，则弗如远甚。奴才前日劾章，请严责成，而不敢轻言罢斥，实此之故。"①

然而，言官们的放言高论是无法改变慈禧与奕譞久已商定的决策的。这次中枢机构的改组使清政权更加腐朽，政治愈加黑暗，因此，当时的京官把这次易枢称作"易中枢以驽产，代芦服以柴胡"②，流露了他们对这次变动的强烈不满。

康有为撰写《上清帝第一书》时，已是"甲申易枢"之后的第四个年头。清统治者在同法国签署条约后，苟幸无事，一个个醉生梦死，贪图享乐，以致言路闭塞，纪纲日隳。康有为在上书中对耳闻目睹的腐朽现象，揭露得淋漓尽致。他指出："窃观内外人情，皆醋嬉偷惰，苟安旦夕，上下拱手，游宴从容，事无大小，无一能举，有心者叹息而无所为计，无耻者嗜利而借以营私。大厦将倾而处堂为安，积火将燃而寝薪为乐，所谓安其危而利其灾者。"③

---

① 中国第一历史档案馆藏：盛昱《获谴重臣未宜置身事外，请量加任使，严予责任以裨时艰折》。
② 李慈铭：《越缦堂日记》，光绪十年三月十七日。
③ 《康有为政论集》，上册，第 55 页。

那么，造成这种"百窍迷塞，内溃外入，朝不保夕"的根源究竟在什么地方呢？康有为尽管对慈禧早有不满情绪，但他并没有把矛头指向慈禧，仅仅归咎于"辅相无人，因而渐怠"①。康有为在上书中用十分委婉的言词指出，在光绪十年（1884 年）发生的中法战争前夕，宫廷曾经"赫然求治，士风大变"，呈现一派振奋中兴的景象，但是"不幸法夷入寇，于是复蹶，得无有谗匿之口，间于左右"②。康有为在这里虽然没有明言"谗匿"为何许人，然而，了解当时朝局的人一看就知道，他实际上指的是"甲申易枢"后换上来的军机大臣孙毓汶及其政治上的靠山醇亲王奕譞等人。

针对当时朝政所存在的弊端，康有为在《上清帝第一书》中提出了变法更张的具体内容：

其一，变成法。康有为首先痛斥了所谓"祖宗之法莫敢轻言变"的陈腐愚谬的观点，提出治国之有法，犹治病之有方，病变方亦变，时势变更，治国之法亦随之变更，这是天经地义的事情。他还以日本为例，指出像日本这样一个小小岛国，由于君臣同心变法，十余年间，百废俱举，"南灭琉球，北辟虾夷，欧洲大国，睨而莫敢伺"。因此，他建议清朝最高统治者"酌古今之宜，求事理之实。变通尽利，裁制厥中"。他还希望统治者能拔擢变法的人才："妙选仁贤，及深通治术之士，与论治道，讲求变法之宜而次第行之，精神一变，岁月之间，纪纲已振，十年之内，富强可致，至二十年，久道化成，以恢属地而雪仇耻不

---

① 《康有为政论集》，上册，第 57 页。
② 同上。

难矣。"①

其二，通下情。康有为认为，当时中国政治的最大弊端就在于"上下否塞"，"阻隔不通"。他把清政权从中央到地方的各级封建官僚机构比喻成"门堂十级，重重隔绝，浮图百级，级级难通"。康有为还一针见血地指出，通下情的关键是皇上应放下架子，"霁威严之尊，去堂陛之隔"。只有如此，才能使大臣们一个个敢于讲话，集思广益，人尽其才，也方能从根本上扭转那种宦官宫妾与谗谄面谀之人把持朝政、壅塞聪明的状况，达到"群臣尽心，下情既亲，无不上达"的境界。

其三，慎左右。这是康有为为改变"甲申易枢"后所造成的政治格局的具体要求。他在上书中反复强调，当时出现"节颓俗败，纪纲散乱，人情偷惰"现象的主要原因，就在于"不慎选左右故也"②。尽管奇灾异变，大告警厉，然而实秉国钧的枢臣却毫无战兢之意，亦未闻上疏引罪，请自免谢，而是一味地迎合慈禧的声色之好，"徒见万寿山、昆明湖土木不息，凌寒戒旦，驰驱乐游，电灯火车，奇技淫巧，输入大内而已"③。因此，康有为提出，明年光绪皇帝大婚礼成，亲裁庶政以后，一要慎声色之防，二要慎近习之选。所谓慎者，即是要学会区别忠佞的本领。凡承颜顺意唯唯诺诺者，即是佞臣；而那些弼违责难直言敢谏者，才是忠臣："逢上以土木声色者，佞臣也，格君以侧身修行者，忠臣也；欺上以承平无事者，佞臣也，告上以灾危可忧者，忠臣也。"只有去谗慝而近忠良，皇帝才可以正一身以正天下，

① 《康有为政论集》，上册，第59页。
② 同上书，第57页。
③ 同上书，第56页。

国事方可以有为。

　　康有为的这些建议可谓有的放矢，切中时弊。自中法战争之后的数年间，由于执政者昏庸腐朽，贪鄙无能，置国事于不顾，而一味揽权纳贿，遂使朝政极度黑暗，对于清廷最上层的窳败情形，樊增祥（云门）在致张之洞的一封密函中曾有生动的描述，其文曰：

　　……都门近事，江河日下，枢府惟以观剧为乐，酒醴笙簧，月必数数相会，南城士大夫，借一题目，即音尊召客，自枢王以下，相率赴饮，长夜将半，则于筵次入朝。贿赂公行，不知纪极，投金暮夜，亦有等差。近有一人引见来京，馈大圣六百（大圣见面不道谢），相王半之（道谢不见面），洨长二百（见面道谢），北池一百（见面再三道谢），其腰系战裙者，则了不过问矣。时人以为得法，然近来政府仍推相王为政，大圣则左右赞襄之，其余唯诺而已。①

　　樊增祥此信写作时间，与康有为的《上清帝第一书》所去不远，故我们不妨将樊氏此函与康有为的上书对照阅读，更可窥见甲申之后的朝局。惟信中多用隐语，据黄濬的考释：大圣，系指孙毓汶；相王，则指军机首辅礼亲王世铎；洨长，指许庚身，切许姓；北池者，即指张之万（子青），时住北池子；腰系战裙者，是指满人军机大臣额勒和布，时人谓额"木讷寡言，时同列渐揽权纳贿，独廉洁自守，时颇称之"。由樊增祥此信可以清楚看出，当时的政治腐败现象是相当惊人的。作为清廷最高决策机构军机处的官员，整日酒食征逐，醉生梦死，卖官贿爵更是

---

　　① 《樊云门致张之洞密札》，转引自黄濬：《花随人圣庵摭忆》，第248页。

司空见惯。官员引见馈金数目，以孙毓汶为最多，世铎尚在其次，其原因盖在于孙毓汶是醇亲王奕𫍽的亲信。据当时人的许多记载，世铎名义上是军机处的首辅，而实际主事者却是孙毓汶。"奕𫍽家居，遥总其成"。孙毓汶与世铎等人"日走𫍽所取进止，不以仆仆为苦"。朝廷许多重要的奏议，都要送到醇王府请奕𫍽过目，时人谓之"过府"。可见，奕𫍽对于朝局的败坏，有着不可推卸的责任。

为了促使清朝最高统治者觉醒，康有为在《上清帝第一书》中用了许多尖锐刻薄的言词。他惊呼："天下将以为皇太后、皇上拂天变而不畏，蓄大乱而不知，忘祖宗艰大之托，国家神器之重矣。"[①] 他要求慈禧与光绪皇帝特下明诏，引咎罪己，誓戒群下，恐惧修省，求言图治，并警告说如果不采纳他的建议，及今亟图，则恐怕数年之后，"四夷逼于外，乱民作于内"，再想奋发图治，恐怕来不及了。"今皇太后、皇上即不自为计，独不为天下计乎？即不为天下计，独不为列祖列宗计乎？"[②]

康有为的这些论说痛快淋漓，直抒胸臆，可谓一针见血。但是，正是由于他的用语过分尖刻，以致无人敢为之代递。据康有为在《自编年谱》中记载，是年十月他曾将此书递给国子监祭酒盛昱，盛昱同意递上，"时翁常熟管监，以文中有言及'马江败后，不复登用人才'，以为人才各有所宜，能言治者，未必知兵，若归咎于朝廷之用人失宜者，时张佩纶获罪，无人敢言，常熟恐以此获罪，保护之不敢上"[③]。而翁同龢在光绪十四年十月二十

① 《康有为政论集》，上册，第 56 页。
② 同上书，第 61 页。
③ 《康南海自编年谱》，《戊戌变法》，第 4 册，第 120 页。

六日（1888 年 11 月 29 日）的日记中记述不代递原因是"语太讦直，无益，只生衅耳"①。是翁氏并未言及有保护之意，与康有为年谱所记有异。

康有为《自编年谱》又记，在国子监未能递上后，盛昱又持折见祁世长都御史，祁答应"以十一月初八日到都察院递之，御史屠梅君派人候焉。吾居米市胡同南海馆，出口即菜市也，既衣冠将出，仆人谭柏来告，菜市口方杀人，车不能行，心为之动……既而思吾既为救天下矣，生死有命，岂可中道畏缩，慨慷登车，从南绕道行，出及门，屠御史遣人来告云，祁公车中患鼻血，眩晕而归，须改期，遂还车。祁公以病请假，候之，而津海已冰不能归，遂留京师。祁公继续请假至正月"②。

上述记载多有与史实不符处：

其一，据军机处档册记载，祁世长在戊子、己丑之交，确实常因病请假，但是惟祁氏于光绪十四年十一月初五日（1888 年 12 月 7 日）曾以病痊赴宫门请安，销假任事③，而到同月初十日（12 月 12 日），才又递折请假一月。④ 康有为《自编年谱》所记的十一月初八日（12 月 10 日），正是祁世长销假入直期间，可见，祁世长不递康书，并非是康有为年谱所说的"以病请假"的缘故。⑤

---

① 《翁文恭公日记》，光绪十四年十月二十六日。
② 《康南海自编年谱》，《戊戌变法》，第 4 册，第 120—121 页。
③ 中国第一历史档案馆藏：光绪十四年十一月初五日《早事档》，记载"祁世长病愈请安，拟请旨传知道了"。
④ 中国第一历史档案馆藏：光绪十四年十一月十一日《早事档》，记载"祁世长请假一月，拟请旨传赏假一月"。
⑤ 对康有为《自编年谱》所述祁世长不递康氏《上清帝第一书》原因，汤志钧先生亦表示怀疑，认为彼此学术渊源不同，祁世长不喜欢西法，他阻格上书不会单单"为了'以病请假'"，见《戊戌变法史》，第 61 页。

其二，祁世长不递康书的原因是他不喜西学，厌恶洋务。祁世长的这种立场可由其光绪十八年八月初八日（1892 年 9 月 28 日）所递《遗折》得到充分证明：

> 本月初六日臣一息仅存，奄奄待尽。伏念臣由荫生，供职工部，咸丰庚申进士，改官翰林。同治五年臣父原任大学士祁寯藻病逝，蒙穆宗毅皇帝特恩以翰林院侍讲候补，嗣擢内阁学士……迭掌文衡，臣世受国恩，涓埃未报……尤愿皇上用人行政，远新进而重老成，至外洋诸务，择要而图，得已便已，以节帑项。臣虽在九泉，实深幸祷。①

祁世长出身于名家望族，其父祁寯藻，字春圃，道咸年间出领枢务，官拜体仁阁大学士，以"提倡朴学，延纳寒素"而著称于世。世长出身于"朴学通儒"的世家，"儒染有素，尤笃守宋儒义理之说"②，是在学术渊源上，已与康有为迥不相侔。康有为上书时，祁世长正掌都察院事，他对康氏《上清帝第一书》中的所谓变法的议论，肯定会持有异议。不过，这只是问题的一个方面。祁世长的性格也是十分复杂的，他为人正派，与清流派首领李鸿藻属儿女姻亲，时人称祁与李氏一样"清操自励"，"正色立朝"，故对慈禧等人大兴土木之风表示反感，亦属情理中之事。据现尚保存的祁氏日记观之，祁世长与盛昱等清流派人物颇多往还。③ 因此对康有为《上清帝第一书》中所罗列朝政弊端，祁世长会表示一定程度的赞成，但经权衡利弊后，最终采取了不为代

---

① 中国第一历史档案馆藏：工部尚书兼管顺天府尹祁世长《遗折》（光绪十八年八月初八日）。

② 《清史稿·祁世长传》。

③ 《祁世长日记》（手稿），光绪十三年。

递的立场。

再有，康有为的《万木草堂遗稿》辑有《与祁子和总宪书》一通，惟未署时日，不过从该信中提到"河决久不塞，江淮苦旱，奉天大水，京师地震，天灾洊至"，"倾心而亟亟欲见久矣……今行将归省"①云云，可以断定此信当作于光绪十五年五月初九日（1889 年 6 月 7 日）之前。康有为在这封信中只字未提有关《上清帝第一书》的事情，这一点亦值得注意。它可以进一步证明，祁世长虽然接近清议，却又不喜言西学的立场。

康有为的《上清帝第一书》虽未能"上达天听"，却在当时知识阶层中发生了不小的影响（详见本章第四节）。

第四节　代屠仁守草拟奏章

康有为的早期变法奏议中有很大一部分是代替御史屠仁守草拟的。屠仁守，字梅君，湖北省孝感人，同治十三年（1874 年）进士，选庶吉士，散馆授职编修，"光绪中叶，转监察御史"②。任内直言敢谏，忠义愤发，直声震朝野。光绪十四年（1888 年）康有为在京逗留期间，为使《上清帝第一书》得以上达，曾于公卿台谏诸臣中多方活动，屠仁守与康氏交往当在此时。据康氏《自编年谱》记曰：

　　屠梅君侍御仁守，笃守朱学，忠纯刚直，每与语国事，

① 康有为：《万木草堂遗稿》，书牍类，下编。
② 《清史稿·屠仁守传》。

辄流涕，举朝无其比。吾频为草折。①

光绪十四年秋冬，康有为代屠仁守草拟的奏折涉及朝政的许多重要问题，曾在当时引起一场轩然大波。厘清康氏代屠仁守草折之原委，不仅有助于弄清楚当时的政潮起伏，而且对研究康有为早年的变法活动，亦有着十分重要的关系。

但是，长期以来，对康有为早年代替御史屠仁守草拟奏折一事，缺乏具体深入的探讨。数年前，台湾学者黄彰健撰写过《论光绪十四年康有为代屠仁守草折事》一文，对此问题进行研究。② 黄先生根据台湾"中央研究院"近代史研究所藏康有为未刊文稿缩微胶卷、康同璧 1960 年编印的《万木草堂遗稿》以及《屠光禄奏疏》等资料，对康有为代屠氏草拟奏折一事进行考论，颇具创见，纠正了以往一些以讹传讹的说法。但是，由于台湾学者无法利用光绪朝军机处档案，对于屠仁守在这段时间内"共上有若干奏疏、疏上月日、疏的内容及疏上后所奉旨意"均未能清晰了解，在考察康有为代屠氏草折时，只能"利用《清德宗实录》及民国十一年刘廷琛印行的《屠光禄奏疏》"③，因此，一些问题的结论与史实颇有出入。

据康有为《自编年谱》的记载，自光绪十四年（1888 年）八九月始，到十二月止，先后为屠仁守草拟了《请开言路折》、《钱币疏》、《请开清江浦铁路折》、《请停海军捐折》及《门灾告警，请行实政而答天戒折》等奏折。这些奏折，有的经屠仁守改删后递上清廷，有的则未曾递上，情形比较复杂。现谨据中国第

---

① 《康南海自编年谱》，《戊戌变法》，第 4 册，第 121 页。
② 黄彰健：《戊戌变法史研究》，第 603 – 626 页。
③ 同上书，第 604 页。

一历史档案馆所藏军机处录副奏折、朱批奏折及《早事档》《上谕档》《随手登记档》诸簿册，逐篇予以论列。

（1）《请开言路折》

康有为所拟此折，既未见于已刊的康氏各文集，亦不见于军机处的录副奏折，在《早事档》及《随手登记档》中亦未见记载，故可以断定，此折并未递上清廷。

那么，康有为究竟有没有替屠仁守草拟过这份奏折呢？

黄彰健先生对此持有否定看法，认为："康可能想将他伪撰的屠仁守折，与他的《戊戌奏稿》一同刊行，以顾虑到屠氏后人尚存，此一计划遂中途停止，而《年谱》记康曾代屠拟《请开言路折》即可能因此而未伪作，该折遂不见于微卷。"①

黄先生的上述结论，似乎过于武断。因为根据现有资料，还看不出康有为有把他为屠仁守草拟的奏折与《戊戌奏稿》一起刊行的意图。论证前人史实，不能仅以主观推理作为判断前提，而应严格遵循从史料出发，实事求是的原则。在当时条件下，康有为代屠仁守草拟《请开言路折》的可能确实是存在的。其原因如下：

第一，康有为对清廷扼抑言路有诸多不满之词，其《自编年谱》即谓："于时，上兴土木，下通贿赂，孙毓汶与李莲英密结，把持朝政，士夫掩口，言路结舌，群僚皆以贿进，大臣退朝，即拥娼优，酣饮为乐。孙毓汶倡之，礼亲王、张之万和之，容贵、熙敬之流，交媚醇邸，以取权贵，不独不能变法，即旧政风纪，亦败坏扫地。"② 上述记载说明，康有为已具备代屠氏草拟《请

---

① 黄彰健：《论光绪十四年康有为代屠仁守草拟折事》，《戊戌变法史研究》，第 618 页。
② 《康南海自编年谱》，《戊戌变法》，第 4 册，第 123 页。

开言路折》的思想基础。

第二，康有为在《与徐荫轩尚书书》中，亦表达了对当时"言路闭塞，纪纲散乱"的强烈不满情绪，并谓：即使在明朝时，朝政不纲，君道粃僻，其乡土尚多骨鲠忧国之人，常有九卿率科道伏阙力争之事。"今灾变艰大，诚宜及时感悟上心，翻然图治。"① 康氏的《上清帝第一书》亦屡以开言路为请。可见，康有为关于开放言路的要求十分迫切，为屠仁守草拟是折并非没有可能。故不能因为此折原稿阙佚，而遽得出康氏并未为屠氏代拟此折的结论。

（2）《钱币日坏，名实两失，请改铸银钱以维钱法折》（又称《钱币疏》）

据康有为《自编年谱》称，光绪十四年（1888 年）八、九月时，代屠仁守草拟是疏，而此折未见于清宫军机处录副奏折、朱批奏折，各类档册中亦无记载，是此疏未曾递上清廷，可以确定。故《屠光禄奏疏》未辑录此疏。

此疏最早见于光绪二十年（1894 年）桂林刊本《救时刍言》。是年冬十月"桂林冷风热血斋"序言谓：

> 自顷余过友人家，得有南海康孝廉祖诒奏议书策诸稿，观其所作，已在前数年时矣。

唯此刊本未署此疏撰写时日，仅具"光绪年代作"②，亦未注明代何人草拟。故黄彰健先生认为："该折亦未必系光绪十四年作品。"③

---

① 《与徐荫轩尚书书》，《康有为政论集》，上册，第 50 页。
② 康有为：《救时刍言》（桂林冷风热血斋刊本）。
③ 黄彰健：《论光绪十四年康有为代屠仁守草折事》，《戊戌变法史研究》，第 618 页。

其实，康有为之《钱币疏》撰写年代除见诸康氏《自编年谱》外，由该折所述内容，亦可推算。其疏曰：

> 道光十七年，鸿胪卿黄爵滋请禁纹银出洋，以杜漏卮，屡奉先帝严旨申禁，而通商之局大开，于今五十年，漏卮之巨，不可胜算。①

康氏所谓黄爵滋所上请禁纹银出洋折当为《请严塞漏卮以培国本折》，系道光十八年闰四月初十日（1838 年 6 月 2 日）递上。② 此折痛陈鸦片流入中国，纹银漏于外夷之患，力主以严刑禁绝鸦片，在当时影响很大。疏上，道光帝即令各地封疆大吏"妥议章程，迅速具奏"③。由此时至光绪十四年（1888 年），正好为五十年。由此似可说明，康有为《钱币疏》应撰写于光绪十四年。

(3)《创开铁路宜择要地以控天下而收利权折》（又称《请开清江浦铁路折》）

此折系光绪十四年（1888 年）十一、十二月康有为代屠仁守草拟的有关兴修铁路的建议。康氏《自编年谱》云：

> 时铁路议起，张之洞请开芦汉铁路，而苦无款，吾与屠梅君言，宜用漕运之便，十八站大路之地，先通南北之气，道近而费省，宜先筑清江浦铁路，即以折漕为之，去漕仓之官役，岁得千数万，可为筑路之资。④

---

① 黄爵滋：《请严塞漏卮以培国本折》，《筹办夷务始末》（道光朝），第 1 册，第 31 - 32 页。
② 《筹办夷务始末》（道光朝），第 1 册，第 36 页。
③ 同上。
④ 《康南海自编年谱》，《戊戌变法》，第 4 册，第 121 页。

康有为此折最早刊于《救时刍言》，下注云"光绪十四年代作"，汤志钧先生于上海博物馆所藏康氏家属捐献文书中，亦发现此文，题为《请开清江浦铁路折》，惟"无文前摘由，末后数句亦缺，'臣'字作'愚'字，系抄稿"①。

又《屠光禄奏疏》卷四辑有《奏陈铁路宜慎始疏》，将此疏与《救时刍言》所载《创开铁路宜择要地以控天下而收利权折》相较，可以明显看出：康氏折条分缕析，详陈利害，但过于琐细；而屠氏折则将铁路利害综而论之，言简意赅。两折主旨虽同，而文句有异，故史家均谓屠氏此折系根据康氏《请开清江浦铁路折》润删而成。②

但是，对康有为此折仅探讨到这里还是很不够的，对其中曲折似还可做进一步探究。

康氏《自编年谱》谓："十二月，屠君上之，发各督抚议，于是定筑芦汉为干路，筹款三千万，调张之洞督两湖办焉。既而李鸿章谓陪京更急，请通奉直之路，遂改筑。"③ 康有为此处所记，与史实颇有出入，系局外人之言，似不足采信。

查康氏此折，是在光绪十四年（1888 年）盈廷臣工围绕要不要兴修津通铁路展开激烈争论的情况下草拟的。这场中国铁路史上规模空前的争论是在津唐、津沽铁路修成通车后，由总理海军事务衙门王大臣奕譞、李鸿章上书清廷，请仍令津沽铁路公司商人照章承办，"接造天津至通州铁路"而引起的。④ 对于是否要修造

---

① 《康有为政论集》，上册，第 46 页。
② 参阅黄彰健：《论光绪十四年康有为代屠仁守草折事》；汤志钧：《康有为政论集》，上册，第 46 页所附说明。
③ 《康南海自编年谱》，《戊戌变法》，第 4 册，第 121 页。
④ 中国第一历史档案馆藏：醇亲王奕譞等《津沽铁路告成，各商禀请接造通州铁路折》。

天津至通州间铁路，在内外臣工中间形成了尖锐对立的意见。

首先起来反对修津通铁路的是与康有为关系密切的国子监祭酒盛昱。盛昱认为，铁路之举，享利在官，受害在民；而官之利有限，洋人之利无穷。因此，夺贫民之利给予富贵，夺中国之利给予外洋，是很愚蠢的事情。故盛昱"伏请圣裁，即行停办"①。

另一个起来反对兴修津通铁路的是河南道监察御史余联沅。余氏认为接造此路是"只见其害，未见其利"，指出铁路之利不在国，不在民，而在洋人所贿买之奸民，"洋人以利啖李鸿章，而李鸿章以利误国家也"②。

除此之外，户科给事中洪良品等亦上书清廷指出，在通州开铁路是"开辟所未有，祖宗所未创"，是"无事生事"，决不可尝试。③

特别值得注意的是光绪十四年十二月十八日（1889 年 1 月 19 日）屠仁守也递上了《通州铁路断不宜开，请速停止以弭国患折》。④ 屠氏此折称：

> 臣维自决之策，不务修道德、明政刑，而专恃铁路，固已急其末而忘其本。即就铁路而论，非其人则不可开，非其地则不可开，若通州则有万不可开者。⑤

————————

① 中国第一历史档案馆藏：国子监祭酒盛昱《津通铁路有害无利，请停办折》，是折光绪十四年十一月十二日递上，十五日发下，同时递呈的还有《请停止进呈电灯片》《请停止海军衙门报效片》。

② 中国第一历史档案馆藏：河南道监察御史余联沅《请将津通路毅然停止折》。

③ 中国第一历史档案馆藏：给事中洪良品，御史张炳琳、林步青《通州铁路关系重大请饬廷臣会议折》（光绪十四年十二月十八日）。

④ 中国第一历史档案馆藏：山西道监察御史屠仁守《通州铁路断不宜开，请速停止以弭国患折》。又见《屠光禄奏疏》卷 4，第 11 页。

⑤ 同上。

显然，屠仁守是极力反对接修通州铁路的，其所持理由大约有以下几条：

第一，置铁路于京津间，等于"尽撤藩篱，洞启门户，风驰电走，朝夕可至"，有违设险守国之道。

第二，修津通路会引起民间骚动，"恋田庐者安土重迁，顾邱墓者疾首蹙额"，致使民怨沸腾。

第三，修路会造成失业，"操舟、挽车之徒，群忧失业，奔走呼吁，环官府而诉者日数百人"①。

屠仁守所罗列的这几条反对开津通路的理由，俱见于康有为《请开清江浦铁路折》，只不过顺序与详略各有不同，且屠氏折文句亦较精炼。这可说明，屠氏此折是在康有为草拟之折的基础上加工而成的。

康有为的《请开清江浦铁路折》共有两部分内容，前半部分陈述通州铁路之不可开者，其弊有三，大患有二；后半部分则侧重论述另行开设清江浦铁路的理由。前半部分屠氏已采用，后半部分哪里去了？查《屠光禄奏疏》卷四尚辑有《奏陈铁路宜慎始疏》，所述内容正是请开设清江浦铁路之事，据此可知，屠仁守很可能把康有为代拟的《请开清江浦铁路折》一分为二，且另拟题目，分别写作《通州铁路断不宜开，请速停止以弭国患折》与《奏陈铁路宜慎始疏》。此二折均收入了《屠光禄奏疏》。②故长期以来，史家咸以《屠光禄奏疏》为依据，以为屠氏两折均递上了清廷。中国史学会主编的《中国近代史资料丛刊·洋务运动》第六册，即将屠氏以上二折概行收录。③

① 《屠光禄奏疏》卷4。
② 同上。
③ 《中国近代史资料丛刊·洋务运动》，第6册，第201、208页。

但是，征诸清宫档案，事实却大有出入。

如前所述，醇亲王奕𫍽与李鸿章要求接造通州铁路的建议遭到守旧廷臣的强烈非议，故慈禧于光绪十四年十二月二十日（1889 年 1 月 21 日）颁布懿旨称：

> 余联沅、屠仁守等、洪良品等奏请停办铁路折三件，徐会沣等折内请停铁路一条，著海军衙门会同军机大臣妥议具奏。钦此。①

慈禧的懿旨中没有涉及屠仁守的《奏陈铁路宜慎始疏》，这一点即十分可疑。因为屠氏此折与铁路关系极为密切，慈禧何不将其一并发交海军衙门与军机大臣"妥议"？

为了解除这一疑团，笔者检索了光绪十四年的军机处有关档册，发现屠仁守的《奏陈铁路宜慎始疏》根本就没有递上。《屠光禄奏疏》卷四收录此折时所署时间为"光绪十四年十一月"，亦与史实多有不符。因为该折最后要求清廷将其开清江浦铁路的建议"饬下王大臣部院九卿翰詹科道公同会议，并咨南北洋大臣及海疆各督抚策其长短，以定国是"②。查清廷将铁路争议交付海疆各督抚讨论是根据光绪十五年正月十四日（1889 年 2 月 13 日）奕𫍽的建议，奕𫍽在《遵旨议覆折》中，将反对修通州铁路的理由，诸如资敌、扰民及夺民生计等三端，详加批驳，义正辞严，颇具说服力，但考虑到事关创办，而防务以沿海"最为吃紧，各该将军、督抚，利害躬亲，讲求切实"，故请求将通州铁路问题，交给他们再行讨论，以收集思广益之效。故在奕𫍽此折

---

① 中国第一历史档案馆藏：光绪十四年十二月《上谕档》；又见《中国近代史资料丛刊·洋务运动》，第 6 册，第 210 页。

② 屠仁守：《屠光禄奏疏》卷 4，第 17 页。

递上的次日①，慈禧即颁布懿旨。该旨略谓："前据总理海军事务衙门奏请，由天津至通州接修铁路，当经降旨允准。嗣据御史余联沅等先后陈奏，请停办铁路，均谕令总理海军事务衙门会同军机大臣妥议具奏。兹据会商筹议，逐款胪陈，详加披阅，所陈各节，辩驳精详……惟事关创办，不厌求详。在廷诸臣于海防机要素未究心"，故要沿江沿海各督抚，按切时事，各抒所见。同时将奕譞等人的"会议折一件，余联沅折、屠仁守等折、洪良品折……均著抄给阅看，将此由五百里谕知"②。

可见，清廷要沿江沿海督抚讨论铁路事宜，是光绪十五年正月十五日（1889 年 2 月 14 日）以后的事情。屠仁守《奏陈铁路宜慎始疏》所署"光绪十四年十一月"，显然系倒填年月，不足采信。

至于康有为《自编年谱》所谓"屠君上之，发各督抚议"的奏折，亦非开设清江浦铁路的建议，而是《通州铁路断不宜开，请速停止以弭国患折》。康有为看来还不知道屠仁守只将其奏折的前半部分递上，而后半部分只做了修改润色，整理加工，却根本没有向朝廷呈递。

又《屠光禄奏疏》所辑《通州不宜开铁路疏》所署时间为"光绪十四年十月"，亦系倒填。据军机处档册所载，此折于光绪十四年十二月十八日（1889 年 1 月 19 日）始递上。③ 而且该折并非屠氏单衔呈递，而是与御史吴兆泰联名呈递。吴氏同日单衔递上的还有《请厘正文体折》与《请饬学政禁绝割截命题片》，

---

① 中国第一历史档案馆藏：海军衙门军机大臣《遵旨会议津通铁路事宜，请饬沿江沿海督抚等详议折》。

② 中国第一历史档案馆藏：光绪十五年春季《上谕档》。

③ 中国第一历史档案馆藏：光绪十四年十二月十八日《早事档》。

均与改革考试制度有关。与屠氏联衔递折的吴兆泰，字星阶，籍麻城，与屠氏相"友善"①。光绪十二年（1886年）考授御史，忠直敢言，后以指责慈禧在"畿辅奇灾，嗷鸿遍野"之时，非但不"减膳彻乐"，反而兴作土木无宁日，故上书"乞罢园工，以慰民望，以光继列祖列宗俭德"，以此触怒慈禧，罢官归里。②

屠仁守之所以邀约吴兆泰联衔具折，主要原因有两条：其一是为了壮大声势，以图能够说服清廷，停修通州铁路；其二是屠氏由于在此之前连续上书指斥清廷大兴土木、修建园囿，已引起当轴者强烈不满，故邀约吴兆泰联衔，以图减轻压力。

屠仁守在《通州铁路断不宜开，请速停止以弭国患折》中，将兴修通州铁路指责为"急其末而忘其本"，认为此举"有限之利不过计运脚之锱铢，莫大之害乃竟视国事为孤注"③。这些看法均不见于康有为草拟的《请开清江浦铁路折》。它表现了屠仁守在兴修铁路问题上的愚昧无知与顽固偏见。与他未曾递上的《奏陈铁路宜慎始疏》比较，观点上亦颇有出入。前者对铁路从根本上就没有好感，后者却认为兴修自清江浦达京师的铁路，能使"千数百里，如在堂阶，则内地声息相通，海疆即有警，不足以为我难"，"外寇不至生心"，"辇毂可以高枕"等等，前后看法判若两人。屠仁守是不可能将这样出尔反尔的奏议呈递清廷的。

屠仁守在台谏期间，未能将《奏陈铁路宜慎始疏》呈递清廷。被罢黜御史职后，"闭门却扫，不通宾客，益潜心宋五子书，躬行实践，不敢过为高论"④。但是，由康有为代拟的这份奏疏，

---

① 《清史稿·吴兆泰传》。
② 同上。
③ 中国第一历史档案馆藏：屠仁守《通州铁路断不宜开，请速停止以弭国患折》。
④ 《屠光禄奏疏》，胡思敬序言。

屠氏一直保留在身边。光绪二十三年（1897 年）刘廷琛奉命视
学山西，时屠仁守主太原令德堂讲席，因系刘廷琛伯父谨丞乡举
同年，故相交甚欢。刘廷琛曾"复请其疏稿读之，益叹其忠谋远
虑为不可及"①。在屠仁守归道山后，"廷琛贻书其哲嗣，请为先
生刊疏稿"，直到中华民国十一年（1922 年）《屠光禄奏疏》才
得以传世。

　　《屠光禄奏疏》的成书过程也足以说明康有为曾代屠仁守草
拟了《请开清江浦铁路议》是毫无疑义的。黄彰健先生在批评康
有为虚拟奏稿时，曾引用乾隆四十四年（1779 年）二月丙子上
谕谓：

　　　　明季诸臣，惟以虚名相尚，彼此党同伐异，攻讦不休，
　　并有虚拟一稿，未经陈奏，亦刊入文集，以弋取称誉者。其
　　锢结不解之恶习，深可痛恨，今幸积弊久已廓清，岂宜复使
　　潜滋暗长。②

　　其实，这里转用来批评屠仁守也是较为适用的。《屠光禄奏
疏》虽非仁守亲自刊行，而其生前将其疏稿转刘廷琛过目时，无
疑其中包含有这份"未经陈奏"的《奏陈铁路宜慎始疏》，故不
可谓其无"弋取称誉"之心。

**（4）《报效一途，急宜停止，以存政体，而遏乱源折》（又称
《请停海军捐折》）**

　　此折系光绪十四年（1888 年）十一月初康有为代屠仁守草
拟。在康氏生前此折迄未刊行，1960 年康同璧将此折编入《万

---

　　①　《屠光禄奏疏》，刘廷琛序言。
　　②　《清高宗纯皇帝实录》卷 1077，第 19 页。又见黄彰健：《戊戌变法史研究》，第
619 页。

木草堂遗稿》,并注明系"光绪十四年代屠侍御作"①。上海博物馆所藏康氏家属捐献文书中,亦存有此折。汤志钧先生所编《康有为政论集》未将此折收入。

康有为此折系针对清廷政治窳败而发,批评慈禧日以游乐为事,大兴土木兴修西苑三海工程,又提海军经费修颐和园。其《自编年谱》略谓:

> 自光绪九年经营海军,筹款三千万,所购铁舰十余舰。至是,尽提其款筑颐和园,穷极奢丽,而吏役展转扣克,到工者十得其二成而已。于是光绪十三年后,不复购铁舰矣,败于日本,实由于是……(中国新政,名实相反如此,乙未和议成,复停止海军,外国诧其举措之奇,而中国人以为美政。盖停海军者,停园工也。经割台忧患之后,故有此美政,外国人据其名观之,宜其相刺谬也。)当时闻海军捐事,以书责吏部尚书徐桐,因与屠侍御言之。屠君查得人甚多,为之草折。既上,奉旨停止,然屠君以此为怨府。②

《请停海军捐折》系康有为代屠仁守草拟,这里已言之历历。而黄彰健先生却由分析屠氏于光绪十年(1884年)闰五月《应诏陈言疏》开始,历述屠氏数年前即已屡次上书清廷,反对慈禧大兴土木,荒废朝政,吁请防微杜渐,停工罢役等奏疏,从而得出结论说:将康氏生前未曾刊印之《报效一途急宜停止折》与《屠光禄奏疏》卷四所辑《奏请停止海军报效疏》真疏相较,康氏折之文句多与屠氏真折相合。出现这种情况的原因,不是康有

---

① 《万木草堂遗稿》卷3。
② 《康南海自编年谱》,《戊戌变法》,第4册,第121—122页。

为代屠氏草拟折底，而是因为屠氏真折盛传于时，"故可访求补录"①。

黄彰健先生从根本上否定康有为曾代屠氏草拟过此折，并将康氏未刊稿中所存此折说成是照坊间流传的屠氏折"补录"，这一论断恐与史实不符。其原因如下：

第一，黄彰健先生谓康有为"补录"屠仁守《请停海军捐折》的目的是"掠屠氏之美"，但是，众所周知，康有为生前并未将此折刊印传世，而只是作为底稿保存，何有"掠美"之嫌？

第二，康有为《自编年谱》称：

> 既提海军之款，营构园林，即用海军之人，以督大工，若内府嬖倖恩佑、立山之流，皆任海军之差。又虑不足，别于户部之外，开海军捐，二三千金得实缺州县，四五千金得实缺知府，七八千金得实缺道，皆以特旨简放，不由吏、户两部，然其成数既比户部减数倍。于是趋者云起，皆不于户部而于海军焉。然所谓海军者，特南海子、颐和园之土木而已，非海上之军也。②

这里所述多与屠氏折内容相吻合。年谱中提到恩佑，屠氏奏折中亦谓"副都统恩佑干没独多"③。该折中还罗列数人昭彰劣迹，其中，首列革员杨宗濂，系屠氏于光绪十三年（1887年）十二月于《革员夤缘进用，盘踞要津，谨举其劣迹之大而显著

---

① 黄彰健：《戊戌变法史研究》，第615页。
② 《康南海自编年谱》，《戊戌变法》，第4册，第122页。
③ 《屠光禄奏疏》卷4，第8页。

者，据实纠参折》中曾指名弹劾①；又如故入人罪的马永修，也是屠仁守于光绪十三年四月所上的《革员蒙混取巧，滥邀特恩，据实纠参折》中指名严参过的。② 除此之外，还列有姚宝勋、周绶、沈永泉、延熙、岑春荣等以报效巨款而得官职者。这些人员或见诸屠氏以前奏章，或见诸清官方文书，信而有征，恰与康有为于《自编年谱》中所说："屠君查得人甚多，为之草折"情形相吻合，而不能说明康有为事后补录屠氏奏折。

第三，康氏《自编年谱》谓，他曾以海军捐事"以书责吏部尚书徐桐"。查康氏《与徐荫轩尚书书》中，果然有此记载，其书略谓："乃近者海军之报效，以白丁出金数千，便予道府，颇似斜封敕之事，此真亡国之政也。公总吏部，又不可以力争也。公左右晏见者，不审何如人；入耳者，不审何如论，以道事君之义，公当自有权衡之矣。"③ 康氏与徐荫轩书所述内容似可证明康氏《自编年谱》记事可信。

第四，黄彰健先生引用光绪十七年（1891 年）康有为与朱一新书说："及在都，且以告屠梅君侍御，屠君嘱开书目而购之，并代上请开铁路一折。"黄氏即据此而谓："此信不提停止海军报效一疏，即可注意。"④ 然而，我们不能够因为康有为致朱一新书中未提及此折，即怀疑海军报效疏未经康氏代拟。因为事实已证明，光绪十四年康代屠氏草拟的绝不只是请开铁路一折。正如光绪二十八年（1902 年）康氏致屠仁守书中，只讲了他代屠氏草拟过太和门灾一折，我们不能据此得出其他各折均非康氏代拟

---

① 《屠光禄奏疏》卷 3，第 34 页。
② 同上书，第 9 页。
③ 康有为：《与徐荫轩尚书书》，《康有为政论集》，上册，第 51 页。
④ 黄彰健：《戊戌变法史研究》，第 616 页。

的结论一样。

　　总之，无论从屠氏此折的内容及文章格调来考察，还是从康氏《自编年谱》的记载来稽核，均可证明《报效一途，急宜停止，以存政体，而遏乱源折》是经由康有为事先代拟的。当然，屠仁守多次上书，精通文墨，对于康有为代拟的奏章，进行更改润删，也是完全有可能的，但无论如何不能由此得出康氏未刊稿中的此折，是照坊间流传的屠氏奏章"补录"的结论。

　　这里应特别指出的是，《屠光禄奏疏》所辑的《请停海军捐折》将此折递上时间署为光绪十四年八月□日①，与原折递上时间不相符合。根据军机处档册的记载，屠氏此折于光绪十四年十一月初五日（1888 年 12 月 7 日）始递上。②

　　最能说明屠仁守倒填时日的例证是，屠氏奏折中所列举的"托报效为邀恩之举"的革员姚宝勋、沈永泉，是光绪十四年十月十四日（1888 年 11 月 17 日）由总理海军事务衙门呈报请奖的③，是日军机大臣钦奉懿旨："沈永泉著遇有道员缺出请旨简放，姚宝勋著以道员发往河南即用，并赏还衔翎。"④ 倘若屠仁守此折于是年八月即已呈递，那么，它根本不可能涉及沈永泉、姚宝勋二人。

　　《屠光禄奏疏》所署时间失误，按照常理，应该是由屠仁守生前改定，而该书的编者刘廷琛，是不会毫无根据地改动原折递

---

　　① 《屠光禄奏疏》卷 4，第 10 页。
　　② 中国第一历史档案馆藏：光绪十四年十一月初五日《早事档》。又同日军机大臣奏片谓："御史屠仁守折拟请旨传留，奉旨知道了。"
　　③ 中国第一历史档案馆藏：总理海军事务衙门《前长芦运司沈永泉等报效银两如何奖叙请旨片》。
　　④ 中国第一历史档案馆藏：光绪十四年十月十四日军机大臣交片。

上时间的。屠氏将此折呈递时日提前三个月，不知是否与有意避免此折由康有为代拟有关？

由于屠氏篡改递折时间，导致了黄彰健先生下列错误的推断：

> 屠疏上于八月……被压搁至十一月初八日，始交海军衙门议。这应由于醇亲王在这年九月二十八日曾寄函与李鸿章，请李出面向疆臣筹集款项，以海防为名，而以其息金作修建颐和园之用，这一筹款计划至十一月初八日已有眉目……醇亲王筹款计划至此已成功。这一筹款计划仍然是由屠氏上疏，醇亲王为清议所迫而想出来的。①

事实说明，醇亲王的筹款计划与屠仁守的这一奏疏并无任何关系。

康有为于《自编年谱》中谓，屠氏此折递上，"奉旨停止，然屠君以此为怨府"②。其实屠仁守此折递上之后，根本没有"奉旨停止"，而是在清廷引起了一场不小的风波。康有为当时地位低微，对皇室内部斗争情形，不甚明晰。

据军机处档案记载，屠仁守光绪十四年十一月初五日（1888年12月7日）递上《密陈报效海军经费弊端，请即行停止折》后，军机大臣于当天早事时递上，直到次日才将屠氏折发下③，尔后又在军机处榷商两天，直至十一月初八日（12月10日）清廷始颁谕称：

---

① 黄彰健：《戊戌变法史研究》，第 610 页。
② 《康南海自编年谱》，《戊戌变法》，第 4 册，第 122 页。
③ 中国第一历史档案馆藏：光绪十四年十一月初六日《随手登记档》。

　　本日军机大臣钦奉慈禧……皇太后懿旨，御史屠仁守奏
报效一途急宜停止一折，所称报效万金，其营谋关通，常三
数千金不等，而副都统恩佑干没独多等语，是否属实，著总
理海军事务衙门王大臣确查具奏。原折抄给阅看。钦此。相
应密封传知贵衙门钦遵可也。此交。①

　　慈禧颁布的这道懿旨，对屠仁守奏折中所列举证据确凿的人
和事大多没有涉及，而只是轻描淡写地列举了"营谋关通""恩
佑干没"两事，著奕谖查覆，其中用意已十分明显。故管理海军
事务衙门王大臣于十一月十五日（12 月 17 日）递折进行辩解。
奕谖此折对了解海军衙门开捐卖官情形至关重要，而清代官文书
及近年来编辑的《清末海军史料》等书均未收录，故摘引如下：

　　臣等详释该御史条奏，原为朝廷顾惜名器之忧，亦为臣
衙门保全声名之意，现奉懿旨查明覆奏，谨将一切下情，为
皇太后敬陈之：

　　窃海军创设，需款浩繁，即按议定南北洋四百万之数，
本不足大有所为，乃自议准后，每年拖欠，常至巨万，而东
三省练饷百万，暨设立旗兵内外学堂……臣等左支右吾，竭
尽智力，仍属入不抵出，不得已藉收捐款，为权宜补苴之
计，后虑报捐太滥，录用太杂，上伤国体，下碍民生，故于
接受呈词，每视报捐之情形，为准驳之限制。惟因事系暂
局，初未定立章程，现在行之既久，收款亦多，臣等详加体
察，致讹言之由，约有数端，谨胪陈大致如左：

　　从前筹饷筹捐未停，以前捐数较轻，故报捐之员，亦觉

---

① 中国第一历史档案馆藏：光绪十四年十一月初八日军机大臣交海军衙门片。

踊跃，自停止后，海防、郑工，相继开捐，经部议酌定成数，较筹饷之数有加，而海军衙门无例案可循，一惟请旨予奖，往往捐员援恩奖叙，有优于部捐者，则有碍于捐班资格在前之员矣。此其一。

在部报捐，除照例承交捐款外，有同乡印结等项使费，海军衙门或由臣等接受呈词，或由署员代为回堂，此内辗转介绍酬谢情事，虽非发觉，诚不敢保其必无，以理度之，当较部捐之有使费为省，是以相率舍彼就此，若如原奏所称，报效万金，营谋常数千金，是费逾部捐倍蓰，谁肯甘心受欺者，捐员虽省素分，使费者则觖望矣。此其二。

海军衙门之有总办，亦犹神机营之总营翼长，承上启下，责任专重，一切公事，向由总办转达。……所有捐输事件，皆系恩佑经理，然该副都统只能代为回堂，而不能参取舍之权。臣等核其情节，凡降革人员，仅开复职衔暨因公获咎，无"不准捐复"、"永不叙用"字样者，皆收之；因私获咎，虽无"不准捐复"、"永不叙用"字样者，皆斥之。……臣等从不敢掉以轻心，而获咎之员，则莫不希冀录用。臣等代请奖叙者，或意谓恩佑从中关说而誉之；屏斥不收者，或疑及恩佑从中阻挠而怨之，人之情大抵如是，传播愈广，愈失其真，即如该御史但称恩佑干没，而不能指实索之伊谁，数之确据，职是故也。此其三。

外间卑鄙之徒，遇事生风，或假托姓名，或故装圈套，骗诈取利，不一而足。闻有来京报捐之人，受其欺罔，枉费若许酬谢，迄无收捐确耗者，而海军衙门固未尝知之也。此其四。

有此四者，遂致疑忌怨咨，谣诼蜂起。臣等夏秋之间，颇有所闻，故将收捐一事，于九月间改派帮总办堃岫、常明二员，专司经理，并严戒署员，励之以体面，怵之以法纪。复经臣奕（𫍯）亲书条规，收放经费，办理工作。北洋引见各员代为咨部等事者，预禁侵蚀需索，而诫饬收捐馈遗请托之弊。①

纵观奕𫍯此折完全是为海军衙门开捐卖缺、收敛筹集园工资金，进行百般辩解。当时卖官规模之盛达到骇人听闻的程度。仅以光绪十四年十月十四日（1888 年 11 月 17 日）为例，海军衙门一次请旨奖叙的"金壬干进"之徒，就达十四员之多。② 这些人大多"委琐嗜利，且有心计，操狭望奢"，不惜以万贯家财，换取一官半职，而一旦居于民上，便巧取豪夺，恣意诛求，从而造成了纪纲废弛、官方败坏的局面。卖缺得来的金银名义上是筹建海军，其实，很大部分则是用来修筑颐和园。奕𫍯为了迎合慈禧享乐，不惜行"二百年未有之弊政"，其对于晚清政局的腐败，有着不可推卸的责任。

康有为代屠仁守草拟的这份奏折，切中要害。胡思敬为《屠光禄奏疏》所作序言云："先生（指屠仁守）久居谏职，前后凡六七年，不仅园工一疏，能言人所难。当海军初兴，亲贵渐出，领事群小，趋附权门，报效者辄予美官，众畏缩不敢出声，先生独愤然冒死力谏。"③ 胡氏所述，当系实情。康氏代拟的这份奏折，深深刺痛了奕𫍯。他在《遵旨覆奏折》中，除了对屠氏折中

① 中国第一历史档案馆藏：管理海军衙门大臣奕𫍯等《遵旨覆奏折》。
② 中国第一历史档案馆藏：光绪十四年十月《上谕档》。
③ 《屠光禄奏疏》，胡思敬序言。

指名道姓弹劾的恩佑等人进行千方百计的回护辩解外，还对屠仁守恶语中伤：

> 兹阅该御史所陈，皆臣等习闻而严禁者，特其亟求取信宸听，故甚其词，并谓妨贤病国，播恶殃民。目报捐者概为金壬，訾臣等谓行未有之弊政。秪矜词锋之利，转失事理之平，是犹前此言路抨击攻讦之余习也。[①]

奕譞说屠仁守的奏折是危言宸听，故甚其词，是重蹈清流派"抨击攻讦之余习"，这实际上是一个危险的信号。它预示着清廷对屠仁守等言官将采取新的惩罚举动。故屠仁守在这次上书之后，即已明显感到压力，行动亦有很大的收敛，不复为从前昌言无忌，这在他以后的上书中表现得更为清楚。

康有为代屠仁守草拟此折，虽然义正辞严，有理有据，但并未能使清廷上层统治集团改弦易辙，只是在一定程度上使奕譞有所收敛。奕譞《遵旨覆奏折》即称：

> 现当经费奇绌之时，虽不必因此塞报捐之途，正可从此严收捐之限。所有历次代奏，蒙恩予奖各员，除奖励虚衔翎支及开复顶翎，仅系虚荣不计外，其业经蒙恩简用，及分发候选并开复录用者，请旨饬下各该省督抚，暨各该管堂官，秉公查看，如实不胜任，即行参劾罢斥。嗣后臣衙门于曾经获咎人员报捐，概不接受；其余报捐各员，亦不准声称"不敢仰邀议叙"字样，务令将愿得何项奖励，自行报明，由臣衙门咨行户部，是否合例，再行酌量准驳。仍明查暗访总办

---

① 中国第一历史档案馆藏：管理海军衙门大臣奕譞等《遵旨覆奏折》。

各员，如有受贿干没情弊，当必据实严参，计赃治罪。外间如有假冒诈骗及贿买倾陷等弊，亦当究其端委，奏请惩治。一俟入款如常，海防有恃，即将收捐一项停止。①

奕䜣此折递上以后，当即奉慈禧懿旨"依议"②。可见，康氏代拟此折虽严厉，并未使捐纳弊政"奉旨停止"，而只使奕䜣等人在行动上有所顾忌而已。所谓"一俟入款如常，海防有恃，即将收捐一项停止"，亦不过是借故拖延的欺人之谈。

(5)《门灾告警，请行实政而答天戒折》

康氏此折已刊入《康有为政论集》，据汤志钧先生编辑说明云，折稿抄件保存于上海市博物馆的康氏捐赠文书中，"与代屠仁守草拟各折包在一起"③。

康有为此折系为御史屠仁守代拟，康氏《自编年谱》云："十二月十五日太和门灾，屠侍御亲救火，甫退未还宅，即先来属草折。"④

又据光绪二十八年（1902年）流亡在海外的康有为致书屠仁守曰：

> 某君先生执事：沉沉大变，闵闵忧痛，忽闻公起自东山，参预政务，若深冬之闻雷，惊喜欲绝也。方今海内滔滔，人才阒然，非心昏富贵，即目眯元黄。求直节达学，以道自任……海内士夫惟公一人而已。戊子腊望，太和门灾，公救火退朝，即来仆所，手写四条，命拟谏书，皆关朝廷第

---

① 中国第一历史档案馆藏：管理海军衙门大臣奕䜣等《遵旨覆奏折》。
② 中国第一历史档案馆藏：光绪十四年十一月十五日军机交片。
③ 《康有为政论集》，上册，第70页。
④ 《康南海自编年谱》，《戊戌变法》，第4册，第122页。

一大举，开举国不敢开之口。公遂以此去官，郁陶我思，于
今十四年矣。①

康氏此信谓，屠仁守"起自东山，参预政务"，系指光绪二
十七年五月初五日（1901 年 6 月 20 日）清廷接受鹿传霖建议②，
重新起用屠仁守，"以五品京堂候补，交政务处差委"，七月十六
日（8 月 29 日）补授光禄寺少卿一事。信中所述，戊子腊望，为
屠仁守草折一事，与康氏《自编年谱》所记吻合。是可证明，光
绪十四年十二月康有为代屠草此折，确有其事。

但是，检索军机处各类档册及奏折，则又未见屠仁守递过
《门灾告警，请行实政而答天戒折》，而且在《屠光禄奏疏》中，
亦未见录有是折，于是黄彰健先生对这一时期康代屠仁守草折事
进行考订时，又指责康有为作伪。黄氏云：

> 光绪十四年夏康抵北京，对屠仁守行事已闻人言及，在
> 戊戌岁暮，康写《自编年谱》，遂掠人之美，将这些事均系
> 于光绪十四年十二月。③

并认为，屠在当时"真的上有康《自编年谱》所说那一奏疏，则
《屠光禄奏疏》一书，不会将该疏削除不载，此亦可证康《自编
年谱》所记虚妄不实"④。

其实，黄氏上述对康有为的指责，未免偏于苛刻，《屠光禄
奏疏》未收此折，并不能确证康氏未曾代拟。前面已谈及，因康

---

① 康有为：《致屠仁守书》（1902 年），《康有为与保皇会》，第 161 页。
② 《屠光禄奏疏》刘廷琛序谓："廷琛以先生教学之效，闻于朝，赏五品卿衔。庚
子，毓贤抚山西，与先生论不合，疑其祖夷。先生去晋入关中，时两宫西巡，鹿文端公
雅知先生贤，密荐之，特旨授光禄寺少卿。"
③ 黄彰健：《戊戌变法史研究》，第 614 页。
④ 同上书，第 613 页。

有为当时一无功名，二无官阶，对清廷上层情况只能由传闻略知一二，故《自编年谱》所记清廷事，往往是局外人之谈。但是所记为屠氏代拟此折一事，却可能属实。

笔者于军机处录副奏折中，检获徐会沣、王文锦、李培元、曹鸿勋、王仁堪、高剑中联名奏疏，题为《时事多艰，奇灾告警，吁请勤修实政，上答天戒而下固民心折》。① 徐会沣等人联名的奏疏，不仅题目与康氏折极为相似，而且折中内容亦多有相合者，诸如：

其一，康有为《门灾告警，请行实政而答天戒折》开头部分要点分别为：

> 窃以十六日未明，太和门郁攸为灾……太和门者，正朝之门也，古者明堂布政，王立门中……方今春明在迩，朝贺、大婚、亲政、归政诸大典礼，胼翩接举，而门兆焚如……夫正殿庆时，忽示此变，咎征之来，不得谓天鉴之远也。伏读明诏："警戒百工，寅畏天威，益加修省"。臣民捧诵，莫不震动愉悦。臣窃谓，修省者，当以实心实政，乃能上慰天戒，感召祥和。②

而徐会沣等人奏折，开头部分则谓：

> 本月十六日太和门灾，十七日恭读上谕，谨悉我皇太后、皇上，寅畏天威，益加修省之至意。臣等窃维应天以实不以文，太和门为正朝之门，明岁庆典骈蕃，临朝受贺，适当其地，伏念天人感应之理……非有实政应天，必不能弭此灾异。③

---

① 中国第一历史档案馆藏：光绪十四年留中原折。
② 康有为：《门灾告警，请行实政而答天戒折》，《康有为政论集》，上册，第65页。
③ 中国第一历史档案馆藏：徐会沣等《时事多艰，奇灾告警，吁请勤修实政，上答天戒而下固民心折》。

比较这两段文字，可以清楚看出，两折所论要点，多相符合。康氏折文字较多，而徐会沣等折语句精炼，显然是在康氏奏折的基础上，另加增删而成。清廷光绪十四年十二月十七日 (1889 年 1 月 18 日) 所颁上谕称："本月十五日夜间，贞度门不戒于火，延烧太和门及库房等处。"① 康氏《自编年谱》亦谓十二月十五日 (1 月 16 日) 太和门灾②，而康氏代拟折却写作十六日，徐会沣等亦沿用本月十六日。太和门失火究竟是十二月十五日夜间，还是十六日黎明，此事已不易说清。不过，康氏与徐氏折虽都引用十二月十七日上谕，而火灾发生时间却与上谕不符，这点亦应注意。

其二，徐会沣等人奏章中第二段文字关于中国当时所处的四面受敌、外夷交迫的危险局面的描述，完全是康有为的口吻，其文略谓：

> 溯自琉球灭，越南失，缅甸亡，倭谋朝鲜以伺我东，英扰卫藏以窥我西，法扩商务，觊觎滇粤，俄增战舰，现造铁路自彼得罗堡直达珲春，逼我东三省。羽翼尽翦，将及腹心，外患没深，财力穷尽。天下臣民，深望朝廷此时惩后惩前，励精图治，乃仰窥朝政，若以为已治已安，臣下希风，相率粉饰治具，纪纲废弛，中外偷嬉，泄泄悠悠，成为锢习。③

康有为代屠仁守草拟的《门灾告警，请行实政而答天戒折》

---

① 朱寿朋：《光绪朝东华录》，总第 2550 页。
② 《康南海自编年谱》，《戊戌变法》，第 4 册，第 122 页。
③ 中国第一历史档案馆藏：徐会沣等《时事多艰，奇灾告警，吁请勤修实政，上答天戒而下固民心折》。

则是这样说的：

> 顷自琉球灭后，安南失，缅甸亡，高丽日有祸，藏衅又萌
> 芽矣。俄筑铁路，将至珲春，而迫盛京，英窥滇藏，法伺粤滇，
> 日本蕞尔小岛，近君臣改纪，渐至富强，日夜谋我。……而我
> 人情惰偷，政事无纪，财穷兵弱，国事抢攘。①

康氏代拟此折与徐会沣等人的上书相较，不仅文义相近，而
且有的语句亦雷同。尤其值得注意的是，两折都指出了日本意图
吞并朝鲜，对中国的潜在威胁。康有为在中日甲午战争爆发后曾
在《自编年谱》中写道："东事累败，恭邸、李高阳、翁常熟入
军机，并督办军务焉。吾昔上书言：'日本改纪，将翦朝鲜而窥
我边'……不及六年变作，不幸而言中矣。"② 次年，《马关条约》
签署，翁同龢憾于割台事，颇有变法之志，于是康有为"乃就而
谒之，常熟谢戊子不代上书之事，谓当时实未知日本之情，此事
甚惭云"③。可见，康有为当时对日本野心的揭露是匠心独运，
颇有先见之明的。徐会沣等人的上书，亦指出"倭谋朝鲜以伺我
东"，这无疑受了康有为的影响。

徐会沣等人的这段关于外患严重的描述，与康有为的《上清
帝第一书》亦有雷同者，康氏写道：

> 窃见方今外夷交迫，自琉球灭，安南失，缅甸亡，羽翼
> 尽翦，将及腹心。比者日谋高丽，而伺吉林于东；英启卫
> 藏，而窥川滇于西；俄筑铁路于北，而迫盛京；法煽乱民于

---

① 《康有为政论集》，上册，第 67 页。
② 《康南海自编年谱》，《戊戌变法》，第 4 册，第 129 页。
③ 同上书，第 132 页。

南，以取滇粤……臣到京师来，见兵弱财穷，节颓俗败，纪纲散乱，人情偷惰，上兴土木之工，下习宴游之乐，晏安欢娱，若贺太平。

仔细鉴别即可发现，徐会沣等人的奏折中的许多话，诸如"羽翼尽翦，将及腹心"等语句，均可在康氏此折中找到出处。这可进一步说明，徐会沣等的奏折在改删过程中，不少段落还参照了康有为《上清帝第一书》。

其三，徐会沣等人所上《时事多艰，奇灾告警，吁请勤修实政，上答天戒而下固民心折》中，关于"内乱"的征兆与康有为奏折所述略同。

徐会沣等人奏折谓：

> 去冬河久决不塞，荡析流亡，不啻亿万，今年江淮苦旱，每县饥民率数十万，夏秋之间，京师地震，大风拔木，近畿山倾……盛京大水，被灾者十三厅、州、县。

这里所罗列的"河久决不塞""江淮苦旱""京师地震，大风拔木""盛京大水"等灾异，都可以在康氏代拟的《门灾告警，请行实政而答天戒折》和《上清帝第一书》中找到出处，其叙述顺序及文句亦略相同。

综上所述，徐会沣等人所上奏折不仅题目与康有为代屠仁守草拟的《门灾告警，请行实政而答天戒折》雷同，而且其内容又多相似之处。这种现象完全可以说明，徐会沣等人奏折在起草时，参照了康有为代屠仁守草拟的《门灾告警，请行实政而答天戒折》《上清帝第一书》，否则，康有为所说的话，不会原封不动地在徐会沣等人的奏折中出现。

在徐会沣领衔递上的这份奏折上署名的共六人，均为"上书房行走"。清廷光绪十四年十二月十七日（1889 年 1 月 18 日）颁布的嘉奖参加救火官员的上谕中，提到了这六人的姓名。

根据清宫档案的记载，在这六人中，徐会沣是光绪十三年四月初四日（1887 年 4 月 26 日）开始在上书房授溥伦读书的。① 而翰林院修撰曹鸿勋和王仁堪、编修高剑中则是由张之万、麟书、徐桐等人奉旨在翰林官员内选择的"品学兼优，堪在上书房行走者"②。并于光绪十三年闰四月初三日（1887 年 5 月 25 日）由该衙门堂官带领引见之后，奉旨在上书房行走的。③ 大凡能在上书房行走的翰林院官员，一般说来，人品端正，学问渊博，是经过严格挑选的。因此，他们对康有为代拟的折多有改动。该折后半部分显然是重新撰写的。

据康氏《自编年谱》记载，屠仁守请他代拟的奏折应包括的内容有："一、请停颐和园工；二、请醇邸不预政事；三、责宰相无状，请以灾异罢免，时当国者为孙毓汶也；四、请宦寺勿预政事，责李莲英也，其余尚有数大事"④。而康有为代屠氏草拟的《门灾告警，请行实政而答天戒折》所包含的内容则是：

一、请罢不急之园工，以奉天戒。

二、归政之后，中外臣工有紧要奏章，仍达慈鉴，请下之九卿，令拟定章，昭示外廷。

三、皇上亲政仍专典学。

四、令枢辅诸臣，虚己省愆，不能止者，无妨贤路；妙简宏

---

① 中国第一历史档案馆藏：光绪十三年冬季《上谕档》。
② 中国第一历史档案馆藏：光绪十三年四月二十日军机交片。
③ 中国第一历史档案馆藏：光绪十三年闰四月初三日《引见档》。
④ 《康南海自编年谱》，《戊戌变法》，第 4 册，第 122 页。

远之士以济艰难。①

将康氏《自编年谱》所述内容与其代屠氏草拟的《门灾告警，请行实政而答天戒折》对照，即可发现二者在请罢园工与慎简枢臣上意见略同，而年谱没有提及"紧要奏章，仍达慈鉴"与"皇上亲政仍专典学"。

黄彰健认为："康《自编年谱》不提屠氏建议，太后归政以后，臣工章奏，仍书'太后圣鉴'，此因《年谱》撰写于戊戌岁暮，其时康正言保皇，痛恨慈禧，故于《年谱》中讳此事不书"②。这种分析，应该说是很有道理的。

徐会沣等人的《时事多艰，奇灾告警，吁请勤修实政，上答天戒而下固民心折》所请包含以下三方面的内容：

一、请罢土木。该折认为在"生计之穷，物力之艰"非常严重的情况下，兴筑颐和园，无异于"竭泽而渔"，后果不堪设想，故请求将此项工程，尽快停止，并请自今以后，垂念政治，力节游观，以恭俭为心。

二、请求直言。"伏望特下明诏，开诚布公，求直言敢谏之士，勤攻政阙，博陈民瘼，苟可采择，立见施行，如此数年，然后士气振，下情通，内治可成而外患可攘也。"③

三、请停铁路。如果非修不可，则请改修德州济宁路，以通南北运河，以运河南北不连洋人码头，可独专其利。海上有事，又可借之以通南漕。④

---

① 康有为：《门灾告警，请行实政而答天戒折》。
② 黄彰健：《论光绪十四年康有为代屠仁守草折事》。
③ 中国第一历史档案馆藏：徐会沣等《时事多艰，奇灾告警，吁请勤修实政，上答天戒而下固民心折》。
④ 同上。

徐会沣等人的奏折内容与康有为代拟的《门灾告警，请行实政而答天戒折》相比较，除请罢土木一条宗旨相同外，其余则各异，显然，徐会沣等人以为康氏代拟折的内容不适合，而未予采纳。

值得注意的是，徐会沣等在奏折中有一段对清廷抑扼言路的尖锐批评：

> 今日言官非尽无封事也，或一官之守，或一事之微，未尝不间蒙嘉纳，至用人行政之大，朝廷得失之原，能探求其故者，在言事中本不数见，乃偶有指陈，辄蒙谕旨切责，或斥其干进退之大权，或罪其蹈攻讦之恶习，公义未伸，先坐徇私之咎，千古钳制言路，莫此为甚。①

这段话不见于康有为的代拟折，但其措辞严厉，对清廷的批评可谓丝毫不留情面，显然是有的放矢，有感而发。文中所谓"偶有指陈"者，并非指别人，而是为屠仁守鸣不平。奕譞的光绪十四年十一月十五日（1888 年 12 月 17 日）《遵旨覆奏折》，即十分明确地把屠仁守对海军衙门开捐卖官的批评说成是重蹈"前此言路抨击攻讦之余习"。可见，徐会沣等人批评的矛头所向，正是醇亲王奕譞。他们为屠仁守鸣不平，说明了彼此感情相通，立场一致。在这种情况下，屠仁守将康有为的奏折送给在上书房行走的徐会沣等人参酌，也是顺理成章的事。

在徐会沣联衔奏章上签名的人较多，那么究竟是谁参酌康有为的奏章，而执笔起草《时事多艰，奇灾告警，吁请勤修实政，

---

① 中国第一历史档案馆藏：徐会沣等《时事多艰，奇灾告警，吁请勤修实政，上答天戒而下固民心折》。

上答天戒而下固民心折》的？

一条引人注目的线索是这个奏折收录在《王苏州遗书》中。王苏州，名仁堪，字可庄，又字忍庵，号公定，福建闽县人，系工部尚书王庆云之孙，光绪三年（1877年）一甲一名进士，授翰林院修撰，以病故前曾任苏州知府而得名。据《王苏州年谱》记载："（光绪十四年）十二月，太和门灾，有遇灾修省之谕，公偕翰林院修撰曹鸿勋等疏请罢土木，求直言。"① 此处未提该折领衔人徐会沣，而仅言及曹鸿勋，可能因王氏与曹关系更密切。此折收在王仁堪奏疏中，可能该折最后由王氏改定。王氏当时以品学兼优、直言敢谏而闻名都下，其草折尚要考照康有为的上书，这一现象足以说明康氏上书在公卿台谏中间影响之大。

据康氏《自编年谱》和光绪二十八年（1902年）《致屠仁守书》称，他的《门灾告警，请行实政而答天戒折》是应屠仁守之邀，而代为草拟的，但是屠氏并未将此折递上，而是把康有为代拟的奏折转给在上书房行走的徐会沣等人参酌。屠仁守本人为什么并未递康氏代拟的此折？这很可能与屠氏递上《报效一途，急宜停止，以存政体而遏乱原折》有直接关系。因为屠仁守的这一奏折罗列了许多无法辩驳的卖官事实，认为清廷此举"上则妨贤病国，下则播恶殃民"，是清朝二百年未有之弊政，这些尖锐刻薄的指责，已使奕谬与慈禧十分恼怒，屠仁守不能不考虑到这样做的严重后果，故康氏《门灾告警，请行实政而答天戒折》拟好后屠仁守已不敢原封照递了。

徐会沣等人的联名奏折递上后，对清廷触动颇深，慈禧等虽

---

① 《王苏州遗书》卷首年谱，第78页。

然恼怒，却由于畏惧清议，亦不得不颁布懿旨：

> 本月十六日贞度门不戒于火，固属典守不慎，而遇灾知敬，修省宜先，所有颐和园工程，除佛宇暨正路殿座外，其余工作，一律停止，以昭节俭而迓麻和。[①]

其实，慈禧的懿旨，完全是欺人之谈，企图藉此以平息言路，而实际颐和园工程正在加紧进行。

康同璧于 1960 年编印的《万木草堂遗稿》一书，未收录《门灾告警，请行实政而答天戒折》，而收录了《宗社严重，国势忧危，乞赐面对以竭愚诚折》，并注明系"光绪十四年代屠侍御作"[②]。这两个奏折中，由"自琉球灭后，安南失，缅甸亡，高丽日有祸，藏衅又荫芽矣"始，到"臣每念及此，寝不安席，食不甘味，仰屋辍箸，涕泗滂沱，不知忧从何来也"止，一段三百余字的文句基本相同，而康有为《自编年谱》并未记载曾代屠氏草拟过《宗社严重折》，故此折很可能为屠仁守不愿递《时事多艰，奇灾告警，吁请勤修实政，上答天戒而下固民心折》，而由康有为重新改写的。

《万木草堂遗稿》还辑有《国家疑难，恳明降懿旨，予远嫌微而全骨肉折》，又称《请醇亲王归政折》，亦注明"光绪十四年代屠侍御作"[③]。康氏《自编年谱》未提草拟此折，但在为屠氏代拟的《门灾告警，请行实政而答天戒折》中请醇亲王归政，是四项内容之一。

《请醇亲王归政折》开头有一段文字："今老耄多病，耳聋目

---

① 朱寿朋：《光绪朝东华录》，总第 2552 页。
② 《万木草堂遗稿》卷 3。
③ 同上。

眩，恐一旦先狗马，填沟壑，无以报塞天地之仁"① 云云，与
《宗社严重，国势忧危，乞赐面对以竭愚诚折》大体相同，故此
两折都可能是在康有为替屠仁守草拟的《门灾告警，请行实政而
答天戒折》的前后一起草拟的，以供屠仁守选择，否则在康氏捐
赠文书中，不会与代屠仁守草拟各折包在一起。

黄彰健先生经考订认为，屠氏于光绪十年（1884 年）三月
上《醇亲王会办要件，名实未协，恐开枢臣诿卸之渐疏》即提出
醇亲王不预政事的请求，光绪十三年（1887 年）七月屠氏递上
《时事艰虞，隐忧方大，乞勤修政治以答天戒疏》再次提出："夫
以极艰极重之任，而责之至亲至贵之人，臣庶稍具天良，固宜咸
抱不安"，再次提出"杜诿卸"的问题，故黄彰健提出《请醇亲
王归政折》亦系康有为的"作伪"之作。②

黄氏说法，虽然有一定道理，但尚难使人完全信服。因为屠
仁守虽然以前屡次提出"防诿卸"的问题，但是慈禧终究未予采
纳，故屠氏要康有为再为他草拟关于这方面的内容，并非没有可
能。而且，康氏在《请醇亲王归政折》中，提出"今皇上亲政在
即，典礼备颁，而醇亲王与政事之条，未见再降懿旨，明白颁
发，昭信天下。在圣心早定，有待从容，而天下臣民，以去岁醇
亲王折请辞，经懿旨挽留谆笃，疑皇太后念国事而略嫌疑，眷贤
王而忘前旨……伏望皇太后近察情势之难，远符前旨之信，特于
归政前优诏醇王，解去海军及一切差使"③ 等等，这些内容都有
着很强的针对性，是前此"防诿卸"折中所未有，因此，屠仁守

① 《万木草堂遗稿》卷 3。
② 黄彰健：《戊戌变法史研究》，第 616 页。
③ 《万木草堂遗稿》卷 3。

很有可能让康有为代为草拟。

黄先生经考订指出，康氏代拟的《请醇亲王归政折》中，将慈禧颁布的"军机处遇有紧要事件，著会同醇亲王奕𫍯商办"懿旨的时间光绪十年三月十四日误作十三年；在《乞赐面对折》中又将屠仁守身世弄错的明显错误。① 这些订正无疑是正确的。但仅据此肯定是康有为事隔多年后的"伪作"，尚有些为时过早，因为没有充分理由说明，康有为为什么要花如此大的气力去"作伪"。

（6）康有为草折与屠仁守革职之原因

光绪十四年冬，康有为屡屡代屠仁守草拟奏章，这些奏折的内容，一般来说，都触及了当时尖锐的朝政问题，尽管有些奏折并未递上，但已引起了清朝最高统治者的极大不满，因此，终于导致了光绪十五年二月初二日（1889 年 3 月 3 日）屠仁守被革职永不叙用。

对于屠仁守被清廷革职的具体原因，康有为本人并不太清晰，其《自编年谱》谓：

> 十二月十五日太和门灾，屠侍御亲救火，甫退未还宅，即先来属草折……屠君得罪颇以此。盖此数请，皆国家第一大事，无人敢言者。屠君既逐，无怨色。②

显然，康有为把屠仁守被革职的原因，误认为是递上了他的《门灾告警，请行实政而答天戒折》，因而得罪了醇亲王与慈禧。其实，这是一个很大的误会。

如上所述，太和门灾发生以后，屠仁守并没有递上康氏代拟

---

① 黄彰健：《论光绪十四年康有为代屠仁守草折事》。
② 《康南海自编年谱》，《戊戌变法》，第 4 册，第 122 页。

的奏折，而是由徐会沣等六人递上《时事多艰，奇灾告警，吁请勤修实政，上答天戒而下固民心折》，屠仁守则与吴兆泰一起递上了反对修津通铁路的奏折。直到光绪十五年正月十九日（1889年2月18日）又递上了《归政届期，谨溯旧章，直抒管见折》。①此折立意与《门灾告警，请行实政而答天戒折》完全相反，不是指责时政，而是颂扬皇太后恩德。并奏请各部院衙门题本及奏派各项差使，俱按照向例，进呈皇上御览，因为这些均属于一般公文，但对于"外省密折，廷臣封奏，仍恭书皇太后、皇上圣鉴，伏恳慈恩俯赐批览，然后施行，庶几远符成宪，近措时宜"②。

屠仁守的上述意见在康有为代拟的《门灾告警，请行实政而答天戒折》中，亦有所表露，康氏折与屠氏《归政届期，谨溯旧章，直抒管见折》一样，援引乾隆皇帝在将皇位交付给嘉庆帝之后，犹统大政的先例，谓"是时仁宗睿皇帝睿圣天纵，春秋已盛，岂不能付托哉？诚以天命可畏，不敢自暇逸也"③。

康氏代拟折亦明确宣示：慈禧归政之后，中外臣工有紧要奏章，仍达慈鉴，请下之九卿，令拟定章程，昭示外廷。"俾皇上既得禀承，臣庶有所怙恃，天下幸甚"。康氏代拟折中的请皇上在亲政后，仍专典学一条，与上面的要求也是相辅相成的。这再一次证明，康有为确实曾为屠仁守代拟了《门灾告警，请行实政而答天戒折》。

屠仁守为什么当时不敢以自己的名义将康氏代拟的《门灾告警，请行实政而答天戒折》递上，而在一个月以后，递上了《归

---

① 《屠光禄奏疏》卷4收录有此折，所署时间仅为光绪十五年正月，未有日期，此处日期根据《早事档》确定。

② 中国第一历史档案馆藏：屠仁守《归政届期，谨溯旧章，直抒管见折》。

③ 《康有为政论集》，上册，第68页。

政届期，谨溯旧章，直抒管见折》？这与当时政治形势的变化和
屠仁守本人处境有着直接的关系。

根据慈禧的旨意，清廷将在光绪十五年二月初三日（1889
年 3 月 4 日）举行归政大典。先是，军机大臣世铎、额勒和布、
孙毓汶等人，秉承醇亲王旨意，迎合慈禧，具奏归政应行事宜，
其中第二条谓："中外臣工奏折，应恭书皇上圣鉴；至呈递请安
折，仍应于皇太后、皇上前各递一分。"①

屠仁守的《归政届期，谨溯旧章，直抒管见折》即针对此条提
出："臣愚稽考典章，揣度时势，窃谓中外奏章亦有仍应量为变通
者。"屠氏提出外臣密折、廷臣封奏，"仍恭书皇太后、皇上圣鉴"②。

屠仁守递此折的目的，无疑是想要讨好慈禧，不料却授人以
柄。屠氏折是光绪十五年正月十五日（1889 年 2 月 14 日）递上，
二十一日（2 月 20 日）清廷即颁布了慈禧的懿旨。略谓：

> 垂帘听政本属万不得已之举，深宫远鉴前代流弊，特饬
> 及时归政，上符列圣成宪，下杜来世口实……今若于举行伊
> 始，又降懿旨，饬令仍书圣鉴披览奏章，是出令未几，旋即
> 反汗，使天下后世，视吾为何如人耶？况垂帘权宜之举，与
> 高宗纯皇帝大廷授受训政之典，迥不相侔，何得妄为比
> 拟……该御史此奏，既与前旨显然相背，且开后世妄测訾议
> 之端，所见甚属乖谬。此事关系甚大，若不予以惩处，无以
> 为逞臆妄言、紊乱成法者戒。屠仁守著开去御史，交部议
> 处，原折著掷还。③

---

① 中国第一历史档案馆藏：世铎等《酌拟归政事宜请旨折》。是折于光绪十四年十
一月初十日递。黄彰健谓初九日递上，疑误。
② 《屠光禄奏疏》卷 4。
③ 中国第一历史档案馆藏：光绪十五年春季《上谕档》。

到二月初二日（3月3日），清廷又颁布了慈禧的懿旨，将试图包庇屠仁守的吏部堂官，交都察院议处，"承办司员，著查取职名，交都察院严加议处。屠仁守著即革职，永不叙用"①。

其实，清廷对屠仁守的处置，完全是小题大做，借机报复，是一种杀鸡给猴看的策略，企图以此儆戒言路。因为在军机处世铎等人的《酌拟归政事宜请旨折》有十分明确的条文，规定了慈禧可以在归政后继续干涉朝政。该条文谓：

一、在京各衙门每日具奏折件，拟清查照醇亲王条奏，皇上批阅传旨后，发交臣等，另缮清单恭呈皇太后慈览。至内阁进呈本章及空名等本，拟请暂照现章办理。

二、每日外省折报，朱批发下后，查照醇亲王条奏，由臣等摘录事由及所奉批旨，另缮清单，恭呈皇太后慈览。

三、简放各缺拟请于召见时请旨后，由臣等照例缮写谕旨呈进，其简放大员及各项要差，拟请查明照醇亲王条奏，由臣等请旨裁定后，皇上奏明皇太后，次日再降谕旨。②

这些条文以极其明确的语言，规定了慈禧归政之后，仍然操纵朝廷的用人行政之权，也确定了光绪皇帝的傀儡地位，它为慈禧日后的卷土重来，再出训政，留下了隐患。这些由醇亲王自己提出的意见，深得慈禧欢心，它比起屠仁守的奏折是有过之无不及的。

它充分说明清廷对屠仁守的处置，根本不是因为奏折的内容，而是因为他多年来不断上书反对慈禧大兴土木及开捐卖官，对朝政多有指责，因而慈禧与奕𧭫等人早已对屠仁守不满。

---

① 《光绪朝东华录》，总第 2580 页。
② 中国第一历史档案馆藏：光绪十五年春季《上谕档》。

　　长期以来，人们把屠仁守的革职的责任，归咎于慈禧个人的专断跋扈，这在一定程度上是一种误会。其实，极力主张严惩屠仁守的不是别人，正是光绪皇帝生父醇亲王奕譞。早在"甲申易枢"后不久，屠仁守即反对奕譞参与政务，尔后又屡次递折反对海军衙门播恶殃民，妨贤病国，矛头所向，都是针对醇亲王，故奕譞对屠仁守蓄怨甚久。醇亲王的这种怨愤之情在他的《归政在迩，时局方艰，敬陈管见折》中看得十分清楚。醇亲王此折于光绪十五年正月十四日（1889 年 2 月 13 日）撰写，与当时朝政关系至大。该折略谓：

　　溯自法越构难，军事遽兴，我皇太后赫然震怒，立罢枢臣，重申军律，臣以菲材，受命于多事之际，情形既非素悉，时势复极迫促，设非慈虑深远，乘胜允和，兵连祸结，饷竭防单，大局何堪设想。烽燧既息，圣意安不忘危，于召见微臣，切实训饬，命筹长策。彼时，臣即奏云："外敌之窥伺易防，局外之浮嚣难靖"。盖言路至近年庞杂已极，辩论者深文曲笔，恣意所为；庸暗者随波逐流，联衔沽誉。

　　自甲申以来，圣明独断，甄别整饬，浇风为之顿敛，乃因太和门不戒于火，交章言事，借题发挥，又有倒峡燎原之势。即如上书房各员联衔折内言路一条，据称："偶有陈奏，辄蒙严旨谴责；公义未申，先蹈徇私之咎。千古钳制言路，莫此为甚"等语，是何言欤？设有此无辜被谴之员，当时为何不谏诤？且何不指明，其人为谁？若无其人其事，仅无端妄造，乃只知取悦一二莠言之辈，忍心昧良，诽谤朝廷甚于前代弊政，事君尽礼之谓何？尚得忝附读书之列乎？即此一事，已足为乱政滥觞。臣每一念及，不禁心为之寒，愤为之填也。①

奕𧭦的密折向慈禧尽情倾吐了郁积于胸中的愤恨之情，发泄了对清议的怨愤与不满，而这种情绪是由来已久的。在他看来，外患并不足畏，而言路的庞杂浮嚣，才是最可怕的。在这份密奏中他还特别表示了对徐会沣等人的《时事多艰，奇灾告警，吁请勤修实政，上答天戒而下固民心折》的极度不满，认为此折是无中生有，诽谤朝廷，而企图"取悦一二莠言之辈"②。这一二莠言之辈，究竟是指何许人？奕𧭦虽然没有明说，但熟谙当时朝局的胡思敬即曾明言：光绪甲申、乙酉间，"谏垣勇于建言者，一为义乌朱蓉生一新，一为孝感屠先生梅君"③。而朱一新已于此前获谴，故奕𧭦这里所指的显然是屠仁守。奕𧭦再三提醒慈禧要"及早图维"，整顿言路，否则在皇太后归政之后，"皇帝洞浊未备，枢臣赞画愈难，驯至动则聚讼，颠倒是非，疆吏寒心，戎行解体，一朝有事，欲与诔张拘执之辈，应变戡乱，不可得也"④。

据军机处《随手登记档》记载，奕𧭦的密折，于光绪十五年正月十五日（1889年2月14日）发下，并注有"堂谕封存、归箍"字样。⑤同时还记有，"醇亲王片，未发下"，故关于此片内容的摘由军机章京亦无法填写。可见，该片所涉及内容，极为机密，可能系与朝政密切相关，不便公诸朝列者。是否与处置屠仁守有关，尚待进一步发掘考订。然而，不管怎么说，醇亲王的这

① 中国第一历史档案馆藏：奕𧭦《归政在迩，时局方艰，敬陈管见折》。
② 同上。
③ 《屠光禄奏疏》，胡思敬序言。
④ 中国第一历史档案馆藏：奕𧭦《归政在迩，时局方艰，敬陈管见折》。
⑤ 中国第一历史档案馆藏：光绪十五年《随手档》。

份密折已是一个十分明显的信号，即清廷要在慈禧归政之前，对言路有一番大的整顿。而屠仁守《归政届期，谨溯旧章，直抒管见折》的递呈，适好让慈禧抓住把柄。据军机处档册记载，屠氏此折于光绪十五年正月十九日（1889年2月18日）军机大臣叫起时带上，慈禧过目后即发下，并嘱"送醇邸"①。直到二十一日（2月20日）屠仁守的奏折由醇亲王过目送回后②，清廷才做出将屠氏"交部议处，原折著掷还"的决定，因此，军机处将原折"交屠仁守领去，另抄归箍"③。由屠氏奏折处理的过程可以清楚看出，慈禧正是根据奕谔的意见，才决定将屠仁守"革职，永不叙用"的。清廷于二月初三日（3月4日）举行归政大典，而二月初二日（3月3日）将屠氏罢黜，这个异乎寻常的举动，无疑是对言路的一个严重儆戒，是醇亲王奕谔为了使他的儿子载湉亲政之后，能安安稳稳地当皇帝而建议慈禧采取的非常措施。胡思敬谓："先生（指屠氏）请罢园工触太后怒，竟假事绌吏议，经降中旨黜之。由是言事者颇具戒心，台谏不振者累年。"④ 很能说明罢黜屠仁守在政治上的十分严重的结果。

康有为并不了解朝政曲折，还以为屠仁守的革职是递上了《门灾告警，请行实政而答天戒折》所致，这种现象也说明康氏对屠仁守的态度转变并不清楚，他对屠氏当时在朝廷的为难处境并不全然了解。

① 中国第一历史档案馆藏：光绪十五年正月十九日军机交片。
② 中国第一历史档案馆藏：军机处杂件《醇亲王阅看折件档》。
③ 中国第一历史档案馆藏：光绪十五年《随手登记档》。
④ 《屠光禄奏疏》，胡思敬序言。

第五节　康有为早期变法思想的估价

19世纪80年代，随着中国民族资本主义经济的初步发展和边疆危机的逐步加深，变法维新的启蒙思潮亦随之产生与发展。维新运动的主要领导人康有为，由一个从小接受儒家学说教育的知识分子，到开始接受西学，再进而提出变更成法的建议，时间虽然短暂，但其思想的发展却很迅速，不断有新的飞跃。在中国的民族危机日渐加重，而清朝统治阶级愈来愈腐败的情况下，康有为抱着救国救民的强烈愿望，面对严酷的现实，一不怕嘲讽，二不怕打击，采取本人上书和替他人草折的形式，大胆地揭露了清王朝的窳败腐朽，勇敢地举起了"变成法，谋新政"的旗帜，向那些身居高位、酣嬉偷惰的官僚敲起了警钟。尽管康有为的早期的变法活动屡遭挫折，但是却在京师官场中产生了不小的影响。综合康有为这个阶段的上书，具有以下几个特点：

首先，爱国主义思想是推动康有为向西方学习，变更成法的主要动力。康有为自幼成长于南海之滨，耳闻目睹了中华民族的深重灾难，因此，他在《上清帝第一书》以及为屠仁守代拟的《门灾告警，请行实政而答天戒折》等中，反复陈述"琉球灭，安南失，缅甸亡，羽翼尽翦，将及腹心"，这几乎成了康有为的"口头禅"。揆其用意，显然是要以危迫的局面，去启发人们救国救民的热情。为了实施自己的政治主张，他时而活动于公卿台谏之间，时而奔走于权贵之门，屡遭磨难，却丝毫不肯回头。

是什么力量推动康有为愈挫愈奋，百折不回地宣传变法？康有为的弟子梁启超对此曾有过十分中肯的分析。梁氏曰："自光绪十五年（按：应为十四年）即以一诸生伏阙上书，极陈时局，请及时变法，以图自强，书格不达……其不达也如故，其频上也如故。举国俗流非笑之，唾骂之，或谓为热中，或斥为病狂，先生若为不闻也。"[①] 梁氏的结论是："先生经世之怀抱在大同，而其观现在以审次第，则起点于爱国。"的确，严重的边疆危机，当时的朝中许多文人官僚可能都会有切身的体会。但是他们中间却没有一个像康有为那样，如饥似渴地探求西学，鼓动变法，其原因不是别的，是因为一般的封建士大夫，不是心熏富贵，目眜元黄，就是苟且偷安，守旧因循，而在康有为心中却燃烧着爱国主义的火焰，这是康有为变法的强大精神推动力量，也是中华民族的希望所在。

但是，康有为在这个阶段的上书，就其主要方面来说，还没有从根本上超出传统思想的樊篱。

长期以来，史学界流传着一种比较普遍的观点，即认为康氏的《上清帝第一书》是在中法战争后，洋务运动开始破产的情况下提出的，"这是资产阶级改良派第一次向清政府正式提出的建议"[②]。依笔者之见，对康有为第一书的这种评价似乎有些偏高。因为，在当时中国社会中，民族资本主义工业所占的比重还是微乎其微的，民族资产阶级的力量也还很小，能否形成"资产阶级改良派"还是一个很大的疑问。[③]

---

① 梁启超：《康有为传》，《戊戌变法》，第 4 册，第 10－11 页。
② 汤志钧：《戊戌变法史》，第 58 页。
③ 林增平的《近代中国资产阶级略论》一文认为，即使到了甲午战争之后，康有为组织了公车上书运动，也不意味着民族资产阶级已形成一个独立的社会阶级，因为从"民族资本的规模和社会影响，还没有产生此种结果的可能"（《中华学术论文集》，第 371－394 页）。

　　再者，从康有为《上清帝第一书》所提出的"变成法，通下情，慎左右"的变法方案来观察，康有为的主要意图还是要清廷统治者"严声色之防，慎近习之选"，停园工，辨忠佞，等等。这些要求，是一些具有正义感的朝臣也可以提出来的。康有为在这次上书中，虽然也尖锐地批评了那种对"祖宗之法，莫敢言变"的迂腐观点，提出了随着朝局之变迁，亦应"易新法而治之"的意见，但是他的"新法"究竟是什么样子的，在《上清帝第一书》中还没有讲得十分清楚，笼而统之地称之为资产阶级的新法，似乎还有些为时过早。

　　诚然，在康氏的《上清帝第一书》中已经提出了一些朦胧的民权观念，譬如，他在论述要"通下情"时提出："通之之道，在霁威严之尊，去堂陛之隔，使臣下人人得尽其言于前，天下人人得献其才于上。"[1] 康有为甚至还提出设立"训议"之官的建议。故有的论者认为，这些意见已略带资产阶级议会议员的性质。其实，这种评价未免有些拔高。康有为关于设立"训议"之官的建议是这样说的："周有土训诵训之官，掌道地图、地慝、方志、方慝；汉有光禄大夫、太中大夫、议郎，专主言议。今若增设训议之官，召置天下耆贤，以抒下情，则皇太后、皇上高坐法宫之中，远洞万里之外，何奸不照，何法不立哉？"[2] 显然，康有为所要设立的训议之官，是封建朝廷的"专主言议"之官，是向封建君主提出规劝建议的言官。康有为所提出的这些措施严格说来还都是偏于改善封建的国家机器，发扬封建君主的民主政治的范畴，还不带有明显的资产阶级政治的性质。康有为这个时期

---

[1]　《康有为政论集》，上册，第 59 - 60 页。
[2]　同上书，第 60 页。

的思想还处于向资产阶级维新派的转化过程中，因此我们还不能说他已经成为资产阶级维新派的代表人物。

还有一点应该强调的是，康有为这一时期的活动，往往和清流派交织在一起，他的不少政治主张，带有清流派的色彩。

所谓"清流派"，是晚清政治舞台上一个比较特殊的政治派别，其中大多数由文人学士和台谏官员组成。在民族矛盾尖锐的时刻，特别是当异族入侵的情况下，清流派通常主张采取强硬立场，"主战"的呼声颇高；在对待朝廷内部事务方面，他们反对贪污受贿，卖官鬻爵，以及大兴土木等弊政，放言高论，无所顾忌，故颇能博取时誉，取得社会舆论的同情。清流派的出现，与晚清皇权的削弱及统治集团内部的派系矛盾的存在，有着十分密切的关系。故清流派与清王朝最高统治集团之间，既有矛盾的一面，又有依附的一面，但在根本的阶级利益上，并无实质性的冲突，因此，他们在政治斗争十分尖锐的情况下，往往成为最高统治者打击异己势力和派别的工具。

清流派内部也并不统一，"由于派系分歧和出现时间的早晚不同，清流有前后两辈之别"①。前清流派以礼部尚书李鸿藻为首，张之洞、张佩纶、黄体芳、陈宝琛是其中之佼佼者；后清流派以帝师翁同龢为魁。光绪十四年与康有为关系密切的盛昱、王仁堪、黄绍箕，均为其中的骨干。一般说来，后清流派中多为江浙一带的文人学士，与"资本主义的经济文化较有联系"②。

康有为与后清流派的若干成员关系密切，除了地域上的关系外，更多的是政治上的因素。首先，他们彼此间都对慈禧与奕谭

---

① 祁龙威：《帝党与戊戌变法》，《新建设》1965年第9期。
② 同上。

当政所造成的纪纲日隳、朝政腐败严重不满，都希望对朝政有所更张；其次，他们还有着共同的利害关系，都企图通过变法，使"朝廷益尊，宗社益固"。康有为在《上清帝第一书》中批评最高统治者"不筑金汤之业，而筑丹艧之宫；不游勋华之世，而游薮囿之内……恐数年后，四夷逼于外，乱民作于内"，"今皇太后、皇上即不自为计，独不为天下计乎？即不为天下计，独不为列祖列宗计乎？"① 康有为口口声声不忘"列祖列宗"，不忘清王朝的社稷天下，他对腐朽朝政的批判，实际是从爱护的角度出发，因此言辞虽然尖锐，实质上则反映他们共同的心声。正是由于上述原因，康有为与清流派之间有了共同的语言，康氏的奏折之所以能引起他们的共鸣，其原因盖在于此。

然而，康有为以西学变法的政治主张，毕竟与清流派有着很大的不同。在康氏的建议中，包含着一些朦胧的资产阶级民主观念，他屡次建议向日本学习，吁请清统治者纡尊降贵，康有为曾在《上清帝第一书》中明白地宣称："臣谓变法则治可立待也，今天下非不稍变旧法也，洋差商局学堂之设，开矿公司之事，电线机器轮船铁舰之用，不睹其利，反以蔽奸。夫泰西行之而富强，中国行之而奸蠹，何哉？上体太尊而下情不达故也。"② 康有为的这些浅薄的民主观念，使他与清流派区别开来，并且在日后的政治实践中，不断地向前发展，但是，康有为的这些论述，被有些学者理解为是对洋务派的批评，我认为似欠恰当。以康有为当时思想水平而论，说他已认清了洋务派的弊端，并起而进行批驳，似乎有些为时过早，因为康有为接受西学毕竟为时尚短。

---

① 《康有为政论集》，上册，第 60－61 页。
② 同上书，第 59 页。

一个很明显的例子是对曾纪泽的态度。何启于光绪十三年（1887年）即已在《曾袭侯〈先睡后醒论〉书后》中系统地驳斥了曾氏"那种认为船坚炮利就可振兴中国的错误言论"①，而康有为当时对曾氏还十分推崇，并谓"今天下之精于西人政学，而又近当轴者，舍公其谁"②。这种对曾纪泽的不同评价反映了他们对西学的认识程度的差异。

还有一个很能说明问题的例子是，康有为代屠仁守草拟的《请开清江浦铁路折》中，所陈述的通州铁路不可开的理由有三弊二患，什么铁路"侵占民田"，"破坏庐墓"，"舟车失利"，"洋人莠民，交臂来游，杂沓都下"，以及洋货"流入日多，奇技淫巧，易动人心"，等等。③ 这些论说几乎和清流派是毫无二致的。康有为力主修筑京师至清江浦的铁路，而反对兴筑津通路是有其原因的，但是，他所陈述的理由，却不能使人信服。因此，奕譞在看到屠仁守等人的阻开津通路奏疏后，即上书称："至于请停铁路各折，本日已会议奏请圣裁，臣所谓非常之法，此其一端耳。继此创办之事正多，要皆非例案可稽者。议者动云，祖宗时所无。方今天下局势，岂开辟以来所有哉？既系创办，则规模自非大备，造诣自未至精。局外诸臣，果心存王事，必将群起相助，讨论润色，各尽所长，岂惟臣等所乐从，亦实慈衷所至愿。乃计不出此，戎马倥偬之际，不曰设法抵御，即曰相机因应。空言盈廷，杳无实策。及军事甫定，局内创一事，则群相阻挠；制一械，则群讥糜费。但阻本国以新法备敌，而不能遏敌以新法图

---

① 戴逸：《戊戌维新前的资产阶级启蒙思潮》，胡绳武主编：《戊戌维新运动史论集》，第23页，长沙，湖南人民出版社，1983。

② 康有为：《与曾侯书》，《康有为政论集》，上册，第81页。

③ 《请开清江浦铁路折》，《康有为政论集》，上册，第41—42页。

我，但拂乱臣等所为，转不计敌谋之所蓄，锢习不化，相率
若狂。"①

长期以来，人们把奕劻作为清廷顽固派的代表人物，观此番
论说后可知，此论并非准确。事实上奕劻自主持枢垣之后，态度
已明显转向了洋务派，上面的奏折即是一个绝好的证明。奕劻声
称"但阻本国以新法备敌，而不能遏敌以新法图我"，正是指的
清流派群起反对兴筑津通铁路而言。而康有为代御史屠仁守草拟
的《请开清江浦铁路折》前半部分内容，恰好迎合了清流派的口
味，而所陈说的理由又是那样陈旧，以至于连奕劻这样的人都为
之摇首慨叹，而这一点也恰恰反映了康有为早期思想所带有的清
流派特色。

---

① 中国第一历史档案馆藏：奕劻《归政在迩，时局方艰，敬陈管见折》。

第二章

甲午战后的三次上书

在中国近代史发展进程中，甲午战争无疑是个十分重要的转折点。战争的失败，《马关条约》的签订，犹如晴天霹雳，举国为之震动。空前惨痛的教训，刺激着维新志士去探求强国御侮之道。因此，梁启超在《戊戌政变记》中，开首即称："我支那四千余年之大梦之唤醒，实自甲午战败，割台湾，偿二百兆以后始也。"① 这场战争对中国社会的政治与经济都产生了深刻的影响，这些影响主要表现在以下三个方面：

其一，它大大加速了中国的半殖民地化进程。战后帝国主义竞相援引《马关条约》，把剩余资本向中国大量输出，以三次大借款为契机，对中国的政治与经济实行控制，民族危机一天比一天加重。

其二，这场战争加速了中华民族的觉醒。资本主义的入侵，客观上加速了自然经济的解体，为民族资本主义的发展，创造了有利的条件，民族资产阶级的力量尽管微弱，但却得到了进

---

① 梁启超：《戊戌政变记》卷1。

一步发展。以康有为、梁启超为代表的维新派开始以崭新的面貌登上了历史舞台，他们向抱残守缺、麻木不仁的旧势力提出挑战，喊出了"救亡图存"这个最响亮、最激动人心的口号。

其三，加速了封建统治阶级上层的分化，并出现了帝党与维新派在政治上联合的新格局。如果说道光二十年（1840年）开始的第一次鸦片战争以及庚申（1860年）英法联军进攻北京，焚烧圆明园的大火还没有使清朝统治阶级有所醒悟，甲申（1884年）中法之役对其触动亦不算太深的话，那么，甲午战争情形却大不相同了。堂堂的天朝大国，竟然被日本这样一个"蕞尔小国"击败，而且失败得那样惨，严酷的现实确实使统治阶级中一些有头脑的人物感到震惊。面对列强环伺、咄咄逼人的形势，他们开始为中国的命运与前途担忧，与此相适应，在政治舞台上逐渐出现了帝党与奔走呼号、吁请变法的维新派相互靠近、相互结合的格局。

康有为这一时期变法思想极为活跃，他接二连三地向清廷呈递条陈，力图劝说清统治者翻然变计，弃旧图新，接受其变更成法的主张。康有为还为言官草拟章奏，介入了清统治阶级上层的权力斗争。这些条陈都集中地反映了康有为斗争策略与变法思想逐步趋于成熟。

第一节　变法思想趋于成熟

光绪十四年（1888年）康有为以诸生上书，吁请变法，这在清朝二百多年的历史上是非常罕见的事件。尽管他多方设法，四处奔走，但始终未能奏效，反而使谤议沸腾，"群疑交集"①。
这位满怀壮志豪情的青年书生，只好于光绪十五年八月十九日
（1889 年 9 月 13 日）离京南下。② 他在《己丑上书不达出都》一
诗中写道：

> 海水夜啸黑风猎，
>
> 杜鹃啼血秋山裂。
>
> 虎豹狰狞守九关，
>
> 帝阍沉沉叫不得。③

这首诗真切地反映了康有为忧危时局，慨叹国运，以及对阻挠变
法的守旧势力无可奈何的惆怅情怀和他壮志未酬、报国无门的痛
苦心境。

然而，初次谋求变法的挫折，并没有使他消沉。正如其弟子
陈千秋所说的那样，康有为"思圣道之衰，悯王制之缺，慨然发
愤，思易天下。既绌之于国，乃讲之于乡"④。严酷的现实使康
有为认识到，在变法的时机尚未成熟之前，唯一正确的出路就在
于进一步深化、完善自己的变法理论，并以此造就一批有志于为
改革献身的"新国之才"，只有做到这一步，方足以言救国。这
就是康有为从《上清帝第一书》的挫折中总结出来的经验教训。

光绪十六年（1890 年）春，康有为移居广州城的云衢书屋，
开始了他的讲学生涯。最先来学的弟子是陈千秋。千秋又名通

① 《南海先生诗集》卷 2，《汗漫舫诗集·出都留别诸公》。
② 《康南海自编年谱》谓，是年"九月出京"，此处确切日期，系依据汤志钧先生
的考订，见《康有为政论集》，上册，第 74 页。
③ 《南海先生诗集》卷 2，《汗漫舫诗集·己丑上书不达出都》。
④ 《长兴学记·陈千秋跋》。

甫，字礼吉，原在学海堂肄业，读书甚多，且能考据。在初次接触中，康有为即告陈以"孔子改制之意，仁道合群之原。破弃考据旧学之无用"①。这些道理使陈千秋耳目一新，深为折服，于是率先来学。同年八月，陈千秋在学海堂的好友梁启超亦闻风而至。当时，梁启超以少年中举，对于当时流行的词章之学，颇有所知，故时"沾沾自喜"，而康有为尚无功名，但是，初次见面，康即"以大海潮音，作狮子吼，取其所挟持之数百年无用旧学，更端驳诘，悉举而摧陷廓清之"。梁启超多年以后回忆这次长谈的情形说："自辰入见，及戌始退，冷水浇背，当头一棒，一旦尽失其故垒，惘惘然不知所从事，且惊且喜，且怨且艾，且疑且惧，与通甫联床，竟夕不能寐。明日再谒，请为学方针，先生乃教以陆王新学，而并及史学、西学之梗概。自是决然舍去旧学，自退出学海堂，而间日请业南海之门。生平知有学自兹始。"②

从梁启超上述回忆中，不难看出康有为如何以自己崭新的维新思想和具有感染力的言辞来征服那些立志向学的青年人。不过，倘仔细玩味，就会发现梁启超的回忆与康有为在《自编年谱》中的记载亦稍有差异：梁启超这里并未曾提到康有为一见面即告以"孔子改制之意"。依情理推断，康有为传授孔子改制之意似乎应稍晚些。

光绪十七年（1891年），随着前来就学的弟子日益增多，康有为把讲学场所移到广州长兴里万木草堂，稍后，又移到卫边街邝氏祠和府学堂仰高祠。康有为在这里培育了大批维新人才。除了陈千秋、梁启超、徐勤之外，还包括韩文举、梁朝杰、曹泰，

---

① 《康南海自编年谱》，《戊戌变法》，第 4 册，第 123 页。
② 梁启超：《三十自述》，《饮冰室合集·文集之十一》。

以及王觉任、麦孟华等人。康有为手撰《长兴学记》以为学规："与诸子日夕讲业"①。《长兴学记》的开首即谓："二三子以蹴踖之志，斐然之资，荡涤污泽，嗜肯来游，鄙人无以告焉。然尝侍九江先生之末席，闻大贤之余论，谨诵所闻，为二三子言之。"②据此可知，康有为授读是参照朱九江在礼山草堂的规划而设计的。但是，万木草堂的学习，从内容到形式，都要比朱九江的礼山草堂生动活泼得多。从内容上来讲，康有为主要从变法的实际需要出发，来安排讲授的课程。授课内容，贯彻以孔学、佛学、宋学为体，以史学、西学为用的方针，其教旨"专在激励气节，发扬精神，广求智慧"③。从形式上讲，则增添了音乐及兵式体操等科目。所有这些，都堪称中国近代教育史上的创新。

在万木草堂的四年多时间里，康有为花费了大量心血。每天在讲堂的时间长达四五个小时，他敞开思想，无所忌讳，启发学生同自己一道探求救中国之法，寻觅摆脱危机的途径。"每论一学论一事，必上下古今，以究其沿革得失，又引欧美以比较证明之。又出其理想之所穷及，悬一至善之格，以进退古今中外，盖使学者理想之自由，日以发达。"④

万木草堂也成了康有为传播大同思想的场所。康氏的大同思想形成较早。据《自编年谱》记载，在光绪十年（1884 年）中法战争期间，省城戒严，他还乡独居澹如楼，"万缘澄绝，俯读仰思，至十二月，所悟日深，因显微镜之万数千倍者，视虱如轮，见蚁如象，而悟大小齐同之理"⑤，并由此浮想联翩，反复求索，

---

① 《康南海自编年谱》，《戊戌变法》，第 4 册，第 124 页。
② 陈千秋、梁启超：《戊戌前康有为长兴里讲学记》，第 1 页。
③ 梁启超：《康有为传》，《戊戌变法》，第 4 册，第 9-10 页。
④ 同上书，第 10 页。
⑤ 《康南海自编年谱》，《戊戌变法》，第 4 册，第 117 页。

"以三统论诸圣，以三世推将来，而务以仁为主，故奉天合地，以合国、合种、合教，一统地球"①。这是康有为头脑中最初产生大同思想的雏形。从此之后，康氏便"日日以救世为心，刻刻以救世为事，舍身命而为之"②。第二年，他就开始手定大同之制，名曰"人类公理"。在万木草堂授课实践中，康有为继续充实完善大同思想，使之逐渐趋于成熟。梁启超后来在《三十自述》中回忆道：

> 辛卯（光绪十七年，1891 年）余年十九，南海先生始讲学于广东省城长兴里之万木草堂。……先生是时方著《公理通》《大同学》等书，每与通甫商榷，辨析入微。余辄侍末席，有听受，无问难，盖知其美而不能通其故也。

梁氏所述生动地再现了在万木草堂，康有为与其最亲近的弟子互相切磋，共同探讨大同之学的真实情景。康有为正是以自己所构想的变法理论，熏陶培育了一代维新志士。1927 年梁启超又写了《南海先生七十寿言》，以祝贺康有为七十岁生日，文中对万木草堂时期难忘的学习生活有更为具体的描述：

> 吾侪之初侍先生于长兴也……皆天真烂漫，而志气蹋蹋向上，相爱若昆弟，而先生视之犹子。堂中有书藏，先生自出其累代藏书置焉。有乐器库，先生督制琴竽干戚之属略备。先生每逾午则升坐，讲古今学术源流，每讲辄历二三小时，讲者忘倦，听者亦忘倦。每听一度，则各各欢喜踊跃，自以为有所创获。退省则醰醰然有味，历久而弥永也。向晦则燕见，率三四人入室旅谒，亦时有独造者。先生始则答

---

① 《康南海自编年谱》，《戊戌变法》，第 4 册，第 117 页。
② 同上书，第 118 页。

问，继则广谭，因甲起乙，往往遂及道术。至广大至精微处，吾侪始学耳，能质疑献难者盖鲜有之。则先生大乐益纵，而所以诲之者益丰。每月夜吾侪则从游焉，粤秀山之麓，吾侪舞雩也，与先生或相期，或不相期。然而春秋佳日，三五之夕，学海堂、菊坡精舍、红棉草堂、镇海楼一带，其无万木草堂师弟踪迹者盖寡，每游率以论文始，既乃杂逻泛滥于宇宙万有，芒乎泲乎，不知所终极。先生在则拱默以听，不在则主客论难锋起，声往往振林木。或联臂高歌，惊树中栖鸦拍拍起。於戏！学于万木，盖无日不乐，而此乐最殊胜矣！……先生虽以乐学教吾侪乎？然每语及国事杌陧，民生憔悴，外侮凭陵，辄慷慨歊歔，或至流涕。吾侪受其教则振荡怵惕，懔然于匹夫之责而不敢自放弃，自暇逸。①

康有为在万木草堂，正是用这种生动活泼的方式启发学生，以民族的深重苦难去激励学生，以崭新的改制理论去陶冶学生，使之完全抛弃了八股课艺、词章训诂之学的困扰，把一个个埋头于帖括之学的封建士子，造就成为关心国家民族命运的热血青年。

康有为在万木草堂授读期间，除每日在堂宣讲之外，还发愤著书。特别值得一提的是，他于光绪十七年（1891年）秋七月刊印了《新学伪经考》一书。这是一部宣扬康有为变法理论的著作，关于这部书的内容，梁启超曾给予了扼要的概述，其要点为：

第一，西汉经学中并无所谓古文者，凡后世流传的古文，皆

① 梁启超：《南海先生七十寿言》，《饮冰室合集·文集之四十四（上）》。

刘歆伪作；

第二，秦王焚书并未厄及六经，汉朝十四博士所传下来的，皆孔门足本，并无残缺；

第三，孔子所使用的文字，即秦汉间的篆书，即以文论，亦无所古今文之别；

第四，刘歆为了掩盖其作伪痕迹，因在校订藏书时，于一切古书多所羼乱；

第五，刘歆作伪的目的，是辅佐王莽篡汉，因此他首先湮没搞乱了孔子的微言大义。①

康有为在《新学伪经考》中，严格地划分了古今文经的界限，并通过大量考订，力图证实千百年来被人们奉若神灵的《左传》等古文经典，乃是刘歆帮助王莽篡权而伪造出来的。而古文经的根本要害问题，又在于它们重在"记事"，并非"明义"，从而湮没了孔子托古改制的微言大义。由于康有为否定了古文经学，从而也就根本上动摇了当时在思想界和学术界占主导地位的宋学与汉学。他在序言中宣称："凡后世所指目为'汉学'者，皆贾、马、许、郑之学，乃新学，非汉学也；即宋人所尊述之经，乃多伪经，非孔子之经也。"② 在《史记经说足证伪经考》一篇中，他更明确地指出，凡当今所争之汉学、宋学者，又皆都是刘歆的"绪余支派"③。

康有为在这部著作中，将"阅两千年岁月日时之绵暖，聚百千万亿袊缨之学问，统二十朝王者礼乐制度之崇严"的神圣经典，统统斥为一文不值的伪说，这在学术界引起的轰动是可想而

---

① 梁启超：《清代学术概论》。
② 康有为：《新学伪经考·序目》。
③ 康有为：《新学伪经考》卷2。

知的。康氏指出：这些经过刘歆改纂的伪经，贬抑孔子，把孔子改制的圣法，"而目为断烂朝报"①，明确地显示了康氏撰写此书的目的，是要从思想上和学术上为变法维新制造理论根据。表面上看，康有为痛加驳斥的是"述而不作"的古文经学，实际上鞭挞的是那些政治上固守祖宗成法的守旧派，其用心真可谓良苦矣。尽管《新学伪经考》在考订上"往往不惜抹杀论据，或曲解证据，以犯科学家之大忌"，甚至牵强附会把出土的钟鼎彝器，也说成是刘歆"私铸埋藏以欺后世"②，然而，这部著作在政治思想上产生的影响，则大大超过了它在学术上的价值。这是康有为在第一次上书遭到挫折后，经过几年的苦苦探索，提出的崭新的变法理论。对于高踞于封建庙堂之上的传统经典，千百年来，"无一人敢违背，亦无一人敢疑者"，咸为瞀惑，虔诚信奉，而康有为却冲破了这种对传统理论迷信的羁绊，"摧廓伪说，犁庭扫穴"③，这需要多大的勇气和魄力，需要多么深刻的理论思维及深厚的经学基础。不管《新学伪经考》在政治上会带来什么样的后果，它的出现，毕竟显示了康有为的变法理论已进入一个新的境界。

《新学伪经考》一经刊出，即产生了很大的反响。尤其是它的抑古尊今、排抵宋汉的观点，在社会上引起了一场轩然大波。它的深刻影响集中体现在两个方面：其一，使清学正统派的立脚点根本动摇；其二，对于"一切古书，皆须从新检查估价"④。这无疑在当时的思想界刮起了一阵强大的"飓风"。

光绪二十年七月初三日（1894 年 8 月 3 日）给事中余联沅上

---

① 康有为：《新学伪经考·序目》。
② 梁启超：《清代学术概论》。
③ 康有为：《新学伪经考·序目》。
④ 梁启超：《清代学术概论》，《戊戌变法》，第 1 册，第 436 页。

书清廷，指责康有为以诡辩之才，"肆狂謷之谈"，以异端邪说，煽惑后进。余联沅还指出：六经如日月经天，江河行地，自汉儒表章，宋儒注释，而经学愈以昌明……康有为"乃逞其狂吠，僭号长素，且力翻成案，以痛诋前人"。余联沅认为康比"言伪而辩，行僻而坚"的华士、少正卯有过之而无不及，如不及早"遏炽焰而障狂澜，恐其说一行，为害伊于胡底"，因此，他建议清廷立即销毁《新学伪经考》，严惩康有为。①

长期以来，几乎所有关于戊戌变法史的论著，均将弹劾《新学伪经考》奏片的作者，说成是安晓峰，这其实是一种误解。此事甚关紧要，不可不辨别清楚，谨将理由罗列如下：

其一，康有为《自编年谱》光绪二十年（1894 年）对此事原委记载颇详。

> 七月，给事中余晋珊劾吾惑世诬民，非圣无法，同少正卯，圣世不容，请焚《新学伪经考》，而禁粤士从学。沈子培、盛伯熙、黄仲弢、文芸阁有电与徐学使琪营救，张季直走请于常熟，曾重伯亦奔走焉，皆卓如在京所为也。以电文"伯熙"字误作"伯翊"，徐花农疑为褚伯约之误也。时褚方劾李瀚章，而予之奏实乡人陈景华贿褚为之。②

康有为这里讲得很清楚，弹劾他是余联沅，字晋珊，这里丝毫未涉及安晓峰。

其二，据中国第一历史档案馆藏光绪二十年《早事档》与《随手登记档》所载，七月初三日（1894 年 8 月 3 日）给事中余联沅曾递有一折三片，其中一片即为《广东南海县举人康祖诒刊

① 苏舆：《安晓峰侍御请毁禁〈新学伪经考〉片》，《翼教丛编》卷 2。
② 《康南海自编年谱》，《戊戌变法》，第 4 册，第 128－129 页。

有〈新学伪经考〉书，请饬查禁片〉，另一奏片则为《请饬广东学政徐琪认真录余片》。① 清档中并未有任何安晓峰弹劾《新学伪经考》的记载。同日光绪皇帝颁谕称："有人奏广东南海县举人康祖诒刊有《新学伪经考》一书，诋毁前人，煽惑后进，于士习文教大有关系，请饬严禁等语。著李瀚章查明，如果康祖诒所刊《新学伪经考》一书，果系离经叛道，即行销毁，以崇正学而端士习，原片著钞给阅看。"② 清档进一步证明了弹劾康有为者乃余联沅。

其三，《翼教丛编》的初刊仅载目次，而无正文，再刊本始将此奏片内容补入。并于文末注曰："此折从两广总督署抄出，上谕亦未见奏人姓名，初传安晓峰太史上，后太史自戍所寄书葵园师言，疏劾康逆学术悖谬，正值倭事日棘，稿具未进，询知此疏为今上海余晋珊观察联沅所上。谨附订于此。"③

显然，《翼教丛编》一书的编者苏舆后来在接到安晓峰的来信订正后，已发现弹劾《新学伪经考》的是余联沅，并非安晓峰。按：清季故事，为防止官吏对弹劾人员的打击报复，另生枝节，故朝廷寄谕每以"有人奏"开头，而将弹劾者姓名省略。因此，从两广总督署传出的奏片自然不知作者是何许人。文中的"葵园师"，系指王先谦。苏舆在收到安晓峰的订正后，已发现误植，而又未能及时将书中此片标题改正，以至讹传至今。

余联沅此弹章十分尖刻，说康有为"自号长素，以为长于素王，而其徒亦遂各以超回、轶赐为号"，以至于比"言伪而辩，

---

① 中国第一历史档案馆藏：光绪二十年《随手登记档》。
② 中国第一历史档案馆藏：光绪二十年《上谕档》。
③ 苏舆：《翼教丛编》卷 2。

行僻而坚"的华士、少正卯都有过之无不及。① 其用心可谓狠毒，它说明了康氏《新学伪经考》在一些封建知识分子中引起了强烈的反感。这一弹章曾使康有为的处境非常狼狈，于是，通过其弟子梁启超在京四处奔走。《梁启超年谱长编》光绪二十年末对此事亦略有记载：

> 是年七月，南海先生的《新学伪经考》为余晋珊、安维峻等参劾。那时候先生在京，多方奔走，结果是两广总督谕令自行焚毁。②

由上述记载可以看出，《梁启超年谱长编》的编者对其中原委并不甚明晰，故将余联沅与安维峻二人并列为弹章作者，至于梁启超如何"多方奔走"亦无下文。其实，在该书光绪二十年（1894年）前半部分，编者曾辑录了梁启超给夏穗卿的两封信，极其重要，参酌前引康氏《自编年谱》，很显然与余联沅弹劾《新学伪经考》一事有关。第一封信略谓：

> 昨日嘉兴致花农一电。今日小湘乡致合肥一电。惟闻花农监临，重伯又非甚重之人，仍恐未得当耳。前仆已面托通州君，若相见时可再托之。但得常熟允致电（待此间自行电去），其电语或由本人自定，或仆处代拟亦可耳。③

第二封信又谓：

> 前仆已面托通州君，若相见时可再托之。④

这两封信中所提及的嘉兴，即指沈曾植，字子培，浙江嘉兴

---

① 苏舆：《翼教丛编》卷2。
② 丁文江、赵丰田编：《梁启超年谱长编》，第35页。
③ 梁启超：《与穗卿足下书》，《梁启超年谱长编》，第32页。
④ 同上。

人；花农，系徐琪的字，时为广东学政；小湘乡，系指曾广钧，字重伯，湖南湘乡人；合肥，李鸿章；常熟，翁同龢；两函均言及通州君，则是"南通张季直先生謇"①。

由上述函件中，可清楚看出，梁启超曾为此案在京师四处托人缓颊，甚至通过张謇做翁同龢的疏通工作。正因为有如此众多的京内外要员，向广东大吏求请，李瀚章于光绪二十年十一月二十一日（1894 年 12 月 17 日）向清廷递上《查明举人康祖诒参款折》，才使得这场喧闹一时的参案得以平息。李氏的查覆折略谓：

> 伏查举人康祖诒溺苦于学，读书颇多，应举而得科名，舌耕以资朝夕，并非聚徒讲学，互相标榜。其以长素自号，盖取颜延年文弱，不好弄长实素心之意，非谓长于素王。其徒亦无超回、轶赐等号。所著《新学伪经考》一书，大致谓秦世焚书，但愚黔首，而博士所职诗书，百家自存，后世诵习者中，有刘歆所增窜，泛引《史记》《汉书》，曲为之证，以歆臣新莽，故谓其学为新学。其自序有刘歆之伪不黜，孔子之道不著等语。本意尊圣，乃至疑经，因并疑及传经诸儒。自以为读书得间，不为古人所欺。揆诸立言之体，未免乖违，原其好学之心，尚非离叛。其书于经义无所发明，学人弗尚，坊肆不鬻，即其自课生徒，亦皆专攻举业，并不以是相授，虽刊不行，将自澌灭，似不致惑世诬民，伤坏士习。惟本非有用之书，既被参奏，奉旨饬查，自未便听其存留，臣以札行地方官谕令自行销毁，以免物议。至该举人意

---

① 上述人名考释，均系原初稿批注，见《梁启超年谱长编》，第 32 页。

在尊崇孔子，似不能责以非圣无法，拟请毋庸置议。……①

李瀚章此折对康有为多方庇护，极力开脱，无疑是受了京朝人士的嘱托而上，目的在于息事宁人。时清廷正忙于对日作战的筹划，亦未予深究，李氏折递上后即奉旨"知道了"②。而此折对康有为则起了重要的保全作用，从而为康有为在"粤城谤不可闻"的情况下，抽身来到广西桂林，继续为传播变法理论、培训变法骨干而努力活动创造了条件。

第二节　公车上书

康有为于光绪十九年（1893 年）乡试中举，两年后再度与弟子梁启超一起赴京参加会试。当时正值甲午战争惨败，李鸿章赴日签订丧权辱国的《马关条约》，不惜以割台湾、赔巨款为代价，换取屈辱的和平。当条约的内容传到京师，犹如晴天霹雳，朝野震动，群情激愤。康有为立即联络在京会试的举子，奋起抗争，用一昼两夜的时间，草拟了一份一万数千余言的条陈，即《上清帝第二书》。这一事件史称"公车上书"。

这篇充满爱国激情的条陈，主要包括了两方面的内容：一曰筹战守，二曰图自强。

战守是当务之急。康有为坚决反对统治阶级中投降派的割地

---

① 中国第一历史档案馆藏：李瀚章《查明举人康祖诒参款折》（光绪二十年录副奏折）。又李氏此折于甲午十一月二十一日上之朝。小野川秀美《晚清政治思想研究》虽发现弹章作者有疑窦，却将李氏议覆折系于甲午七月初四日，与史实亦有出入。参阅拙作：《安维峻弹劾〈新学伪经考〉辨误》，《光明日报》1986 年 11 月 19 日。

② 同上。

弃民的主张。他明确提出，弃台民之事虽小，而离散天下民心之事大；割地之事小，而亡国之事大。国家安危，在此一举，万万马虎不得。那么，如何筹备战守呢？康有为提出了三项具体建议：

一是"下诏鼓天下之气"。康有为建议皇帝颁布三道诏书。首先是明诏罪己，要深痛切至；其次是颁明罪之诏，严惩那些蔽惑圣聪、主和辱国的枢臣，丧师失地、战阵不力的将帅，以及擅许割地、辱国通款的使臣等，对这些人重则明正刑典，轻则予以褫革；再次，应颁求才之诏，下令内外臣工，各举人才，不次拔擢。康氏谓："苟三诏既下，赏罚得当，士气咸伸，天下必距跃鼓舞，奔走动容，以赴国家之急。"[1]

二是迁都定天下之本。康有为奉劝清统治者不要留恋京师，因为北京的险要既失，无可扼守，故今日大计，必在迁都。康氏认为，为防诸夷之联镳，拒日本之挟制，应即日"移驾奉皇太后巡于陕西"，"抢守函潼，奠定丰镐"，然后激励天下，妙选将才，以二万万之赔款改充军饷，战事必有转机。

三是练兵强天下之势。康氏认为，老将气衰不能用，因为他们富贵已足，暮气已深，"故选将之道，贵新不贵陈，用贱不用贵"[2]。应重新密选将才十人，各练十营，励以忠义，激以国耻，然后再装备以精利器械，并联络南洋诸岛华侨，助攻日本，必有奇功。

康有为指出，以上三项战守方略，只是权宜应敌之谋，并非立国自强之策。康氏此书的重点则在于变法自强。他建议清统治

---

[1]　康有为：《上清帝第二书》，《康有为政论集》，上册，第117页。
[2]　同上书，第121页。

者"当以开创之势治天下，不当以守成之势治天下；当以列国并立之势治天下，不当以一统垂裳之势治天下"①。所谓开创，就是要更新百度，而不能率由旧章；就是要放开眼界，向西方看齐，而不能妄自尊大，固步自封。

"穷则变，变则通。"康有为构想的变法方案包括了富国、养民、教民和革新庶政四个方面的内容。

所谓富国之法，主要是指国家发行钞票，民间筹款，修筑铁路，开办机器厂，设立轮船公司，大力开发矿山，各省设立局厂，自造银元，官办邮政，等等。康有为认为，通过这些措施，就可以增加国家的财政收入，达到"国不患贫"的目的。

所谓养民之法，康有为认为，天下百物皆出于农，但中国的农业太落后，应向西方学习，成立农学会、茶学会，推广新技术；还应鼓励发展工商业，宜令各州县设立考工院，译外国制造之书，选派学童，分门肄习，然后推广。国家还应特设通商院，各直省设立商会、商学、比较厂，而以商务大臣统之，在短时间内使商务振兴。对贫穷百姓，亦应设院收养。做到务农、劝工、惠商、恤穷，必能使"民心固结，国势系于苞桑矣"②。

所谓教民之法，其重点是要普及文化教育。康有为指出，世界各国的经验证明，"才智之民多则国强，才智之士少则国弱"，西方之所以富强，并不在于炮械军兵，而在于"穷理劝学"。因此，康有为建议改变专考弓刀步石的武科为艺科，令各州县遍开艺术书院，凡天文、地矿、医律、光重、化电等分立学堂，选学童十五岁以上入堂学习，然后改变考试方法，如此则天下之士，

① 康有为：《上清帝第二书》，《康有为政论集》，上册，第122页。
② 同上书，第130页。

才智大开。康有为还提倡设立报馆，介绍西学，开拓心思，扩展见闻，并建议将各地淫祠悉改孔庙，以扶孔教而塞异端。

所谓革新庶政，除了裁汰冗员、改革官制之外，康有为还提出了讲求外交，成立使才馆的建议。各地都应选举贡生，入馆学习，学成后或为游历，或充随员。他还要求改变封建专制主义制度下的政治体制壅塞隔绝的状态，希望皇帝颁诏海内，令士民公举通明政体、方正直言之士，因用汉制，名曰议郎。皇上开武英殿，让他们轮班入直，对国家大事进行讨论，只有这样，上可广皇上之圣聪，下可合天下之心志，必能使天下鼓舞，情谊交孚，"大雪国耻，耀我威棱"①。

康有为的《上清帝第二书》是一份重要的文献，它全面地反映了维新派更张旧法的设想，提出了发展民族资本主义经济、文化的一整套设想，因此，长期以来，它被人们称作维新派的纲领性文献。

《上清帝第二书》与康氏以前的变法奏议相比较，具有以下几个显明特点：

其一，康有为对变法要在经济上达到的目标，已经勾画了一个比较清楚的轮廓。他主张大力发展民族经济，在发展农业的基础上，推广西法，修路开矿，发展近代工业。尤其重要的是这次上书提出了"以商立国"的口号。认为"凡一统之世，必以农立国，可靖民心；并争之世，必以商立国，可侔敌利，易之则困敝矣"②。"古之灭国以兵，人皆知之，今之灭国以商，人皆忽之。

---

① 康有为：《上清帝第二书》，《康有为政论集》，上册，第 135 页。
② 同上书，第 127 页。

以兵灭人，国亡而民犹存，以商灭人，民亡而国随之。"① 康有为的这些观点，充分表现了甲午战后，维新派对帝国主义经济侵略的忧虑及发展民族资本主义工商业的急切要求。"以商立国"方针的提出，说明康有为已彻底抛弃了"重本抑末"的陈腐见解，体现了他要求变革封建主义经济为资本主义经济的强烈愿望。

其二，康有为的改革要求，不仅局限于经济领域内，对政治制度的改革也提出了明确的目标，即在中央政府设立"议郎"。康有为所构想的"议郎"，没有"已仕未仕"的限制，即使草茅之士，亦可拔擢。"议郎"也不单纯起顾问作用，而且有权"上驳诏书，下达民词"；对国家的大政方针，采取集体讨论："三占从二"的方法，然后将讨论的结果交各部施行。与《上清帝第一书》所提出的请设"训议"官的主张相比较，康有为的这些要求已具有比较明显的资产阶级国会的色彩，这是康有为宪政思想上一个突出的进步。

其三，《上清帝第二书》是民族危机十分严重的条件下草拟的，草拟完毕后，在达智桥松筠庵请十八省举人传阅，并发动了一千二百余名举人签名，从而开创了一个以知识分子群体的力量向统治阶级请愿，并对现实政治进行干预的新纪元。清政府历来采取不许士民干政的政策，即使大小臣工的上书格式亦极严密。康有为利用在广大人民群众中普遍存在的反投降、反割地的激烈情绪，推波助澜，终于促成了一个颇具规模的请愿运动。维新派的这一举动在清朝历史上是前所未有的，对日后的变法运动起到

---

① 康有为：《上清帝第二书》，《康有为政论集》，上册，第 127 页。

了推动作用。因此，对公车上书的历史意义无论如何不可低估，它显示了知识分子不满于封建制度下死气沉沉的政治局面，希望用自己的激情与热血，变法图存，恢复中华民族的独立与尊严。因此，公车上书事件标志着以康有为为代表的维新派已经以崭新的面貌，登上了历史舞台，使酝酿多年的改革思想，开始变为实际的政治运动，成了中华民族觉醒的一个里程碑。

公车上书作为一次影响深远的士大夫请愿运动，涉及的人和事非常复杂。长期以来，史学界对公车上书的研究，主要以维新派自己的论著作为依据，而康、梁等人的论说亦多系事后追忆，不少地方叙述得欠公允，欠确切。现参酌清宫档册及其他有关资料，对一些长期有争议的问题，略做考订。

其一，关于公车上书之经过以及帝党官僚所起的作用。

康、梁等人对于公车上书的经过叙述，与史实颇有出入。尤其是对于帝党官僚文廷式等人在这一历史事件中所起的十分重要的作用，几乎没有涉及。

如《自编年谱》云：

> 再命大学士李鸿章求和，议定割辽、台，并偿款二万万两。三月二十一日，电到北京。吾先知消息，即令卓如鼓动各省，并先鼓动粤中公车，上折拒和议。湖南人和之，于二十八日粤楚同递，粤士八十余人，楚则全省矣。与卓如分托朝士鼓（动），各直省莫不发愤，连日并递，章满察院，衣冠塞途。①

而光绪二十一年五月朔（1895 年 5 月 24 日），沪上哀时老人

---

① 《戊戌变法》，第 4 册，第 130 页。

未还氏所作《公车上书记序》则称：

> 中日和约十一款，全权大臣既画押，电至京师，举国哗然，内之郎曹，外之疆吏，咸有争论。而声势最盛、言论最激者，莫如公车上书一事。初则广东举人梁启超联名百余（按：应为八十一人），湖南举人任锡纯、文俊铎、谭绍裳各联名数十，首诣察院，呈请代奏。既而福建、四川、江西、贵州诸省继之，既而江苏、湖北、陕甘、广西诸省继之，又既而直隶、山东、山西、河南、云南诸省继之，盖自三月二十八、三十，四月初二、初四、初六等日（都察院双日堂期），察院门外，车马阗溢，冠衽杂遝。言论滂积者，殆无虚晷焉。①

以上两则记载，均未涉及公车上书中帝党官僚所起作用，似乎此次上书请愿，皆由公车参加，京官没有发挥任何作用。而据清宫档案记载，都察院在收到各省举人条陈后，并未及时上之于朝廷。直到四月初四日（4 月 28 日），左都御史裕德等才递上户部主事叶题雁、翰林院庶吉士李清琦、台湾安平县举人汪春源、嘉义县举人罗秀惠、淡水县举人黄宗鼎等联名条陈。② 四月初六日（4 月 30 日），始将湖南举人文俊铎、湖南举人谭绍裳、奉天举人春生、四川举人林朝圻、广东举人梁启超、湖南举人任锡纯、江苏教职顾敦彝领衔的七件条陈递上。③ 四月初七日（5 月 1日）都察院又代递了贵州举人葛明远、广东举人陈景华、江西举

---

① 沪上哀时老人未还氏：《公车上书记序》，《戊戌变法》，第 2 册，第 154 页。
② 该条陈已收入《中国近代史资料丛刊·中日战争》，第 4 册，第 27 页。
③ 《都察院代递各省京官举人呈文折》，见《中国近代史资料丛刊·中日战争》，第 4 册，第 37 页。

人程维清、广西举人邹戴尧等领衔的六件条陈。①

据康有为称，自三月二十八日（4月22日）起，即有数省举人到都察院呈递奏章，以至"章满察院""衣冠塞途"，而都察院却无动于衷，一直拖到四月初四日（4月28日）方陆续呈递。是何种原因促使都察院于初四日改弦更张，将举人上书尽达于朝？只要翻阅文廷式的《闻尘偶记》，便很容易找到答案。文氏曰：

> 总署事极秘密，余则得闻于一二同志，独先独确，因每事必疏争之，又昌言于众，使共争之……马关约至，在廷皆知事在必行，不复有言。余独以为公论不可不伸于天下，遂约戴少怀庶子鸿慈，首先论之；都中多未见其约款，余录之遍示同人。俄而，御史争之，宗室贝勒、公、将军之内廷行走者争之，上书房、南书房之翰林争之。于是，内阁、总署及各部司员各具公疏，大臣中单疏者亦十余人。于是，各省之公车会试京师者，亦联名具疏，请都察院代奏。都察院初难之，故迟迟不上。余乃劾都察院壅上听，抑公议，上命廷寄问之。裕德、徐郙始惧，不数日悉上，时和议几沮。先是，忧危日甚，人不聊生，至是士庶之心益愤，旦夕汹汹，其详余别有日记。②

文廷式说，此次反对《马关条约》的请愿运动，先由京官肇始，然后再波及各省公车，与清档记载一致。文氏且谓：都察院对各公车上书："初难之"，经其弹劾后，"不数日悉上"，此说亦与史实相符。根据清宫档案载，文廷式于光绪二十一年四月初三

---

① 《都察院代递各省京官举人呈文折》，见《中国近代史资料丛刊·中日战争》，第4册，第50页。

② 文廷式：《闻尘偶记》。

日（1895 年 4 月 27 日）确曾递上《和约难就，战事尤当预防折》，该折第二个附片即为《都察院代奏公呈迟延，请旨切责》①，该片为各官文书所未载，现摘录如下：

> 再都察院为通达民情之所，闻近日凡有京控之案，均遭驳回。人言啧啧，已成怨府。此次各京官联衔及各省举人公呈，闻该堂官已允代奏，尚属知缓急。惟闻事隔七八日，尚未进宸聪。事关大计，如此迟延，使我皇上不能洞悉民情，未知何意，应请旨严行切责，以儆惰顽。②

文廷式折片递上后，当日军机大臣即"面奉谕旨，交都察院堂官阅看"③。据军机处档案记载，初三日都察院即将军机处交片领去。④ 初四日都察院则开始把各省举人及京官条陈陆续进呈。由此可见，在公车上书过程中，文廷式等帝党官员发挥了不小作用，康有为等人对此并无只言片语及之，自非公论。帝党官僚在战争开始时极力主战，战败后则反对割地求和。从光绪皇帝到枢臣翁同龢，再到汪鸣銮、文廷式诸人，联络一气，上呼下应。故在《马关条约》签署的消息传至京师后，汪鸣銮频频造访翁同龢，"激于时议，颇有深谈"⑤。文廷式则四处奔走，联衔入告，企图借强大的舆论压力，阻挠和局。公车上书之所以能发展成为一个颇具规模的运动，与帝党官僚的煽动支持自然是分不开的。

---

① 中国第一历史档案馆藏：光绪二十一年四月初三日军机奏片。
② 中国第一历史档案馆藏：文廷式《都察院代奏公呈迟延请旨切责片》（录副奏折）。
③ 中国第一历史档案馆藏：光绪二十一年四月初三日军机交片。
④ 同上。
⑤ 《翁文恭公日记》，光绪二十一年三月二十三日。翁同龢与汪氏在此期间，接触十分频繁。三月二十八日、二十九日、四月初五日均有所记载。

其二，关于《公车上书》是否曾经向都察院递呈。

多年来，史学界沿袭康有为《自编年谱》的说法：

> 时以士气可用，乃合十八省举人，于松筠庵会议，与名
> 者千二百余人，以一昼二夜草万言书，请拒和、迁都、变法
> 三者，卓如、孺博书之，并日缮写（京师无点石者，无自传
> 观，否则尚不止一千二百人也），遍传都下，士气愤涌，联
> 轨察院前里许，至四月八日投递，则察院以既已用宝，无法
> 挽回，却不收。①

康有为此处说得十分清楚，此书草就后曾经梁启超、麦孟华
缮写、传阅，四月初八日（5月2日）到都察院投递，都察院因
条约既已用宝，拒不代呈。

首先，康氏此说，与清宫档案所记诸多不合。据《随手登记
档》记载，四月初八日都察院代递折件有：

1. 选用道李光汉原呈。

2. 候补道易顺鼎原呈。

3. 内阁中书陈嘉铭等原呈。

4. 吏部主事洪嘉与等原呈。

5. 礼部主事罗凤华等原呈。

6. 广西京官及编修李骧年等原呈。

7. 福建京官及主事方家澍等原呈。

8. 湖北举人黄赞枢等原呈。

---

① 《戊戌变法》，第 4 册，第 130 页。又台湾学者黄彰健对康氏此说即不予采信，
详见《戊戌变法史研究》，第 588、589 页。

9. 江西举人汪曾武等原呈。

10. 河南举人王溃等原呈。

11. 浙江举人钱汝雯等原呈。

12. 顺天举人查双绥等原呈。

13. 山东举人周彤桂等原呈。

14. 四川举人刘彝等原呈。

15. 四川举人王昌麟等原呈。①

一日之内，都察院代递条陈凡十五件之多，可见都察院堂官对各省举人及京官的上书态度是积极的，而且，都察院堂官在代呈折中还称："各该呈词字句间有未尽检点之处，惟事关重大，情词迫切，既据该职、该举人等各取具同乡京官印结，呈递前来，臣等不敢壅于上闻。再原呈字数较多，若照例抄录进呈，恐致耽延时日，是以未便拘泥成例，谨将原呈十五件恭呈御览。"②

四月初九日（5月3日），都察院又代递了丁忧候补道易顺鼎条陈二件，记名副都统奇克伸布，户部笔帖式裕端等，山西举人常曜宇等，河南举人步翔藻、王崇光、张之锐等，四川举人林朝圻、罗智杰等人领衔的条陈十件。③

四月十一日（5月5日），都察院又代递奉恩将军宗室增杰等、内阁中书王宝田等、刑部主事徐鸿泰等、直隶举人纪堪诰等、河南举人赵若焱等、江西举人罗济美、陕西举人张懋等人领

---

① 中国第一历史档案馆藏：光绪二十一年《随手登记档》。

② 《都察院代递选用道李光汉等条陈时务呈文折》，《中国近代史资料丛刊·中日战争》，第4册，第58页。

③ 《都察院代递候补道易顺鼎等条陈时务呈文折》，《中国近代史资料丛刊·中日战争》，第4册，第68页。

衔的条陈七件。①

直至四月十五日（5月9日），都察院还代递江西举人罗济美等、云南举人张成濂等人的条陈。② 上述所有举人及京官条陈在都察院代呈之后，都由军机处分期分批转呈"慈览"。③

以上罗列各代呈折件充分说明，都察院并没有因为朝廷决定签约和用宝，而拒代呈各省举人条陈。康有为在《自编年谱》中所称，四月初八日投递，都察院以"既已用宝，无法挽回，却不收"的记载，并不足采信。

都察院四月初三日（4月27日）看到军机处片交文廷式的弹章后，对各省举人及京官的条陈的态度即已明显改变，非但如此，都察院堂官本人亦深受举人们的爱国热情感染，这由左都御史裕德等人四月初七日（5月1日）上呈朝廷的奏折即可窥见。该条陈略谓：

> 窃自李鸿章与倭奴立约以来，中外嚣然，台民变起，道路惊惶，转相告语，于是京外臣工，以及草茅新进，相率至臣署请为代递呈词。此皆我国家深仁厚泽，沦浃寰区，凡有血气之伦，无不竭其耿耿愚忱以奔告于君父。凡所谓割地，则自弃堂奥，偿款则徒赍盗粮，弱我国势，散我人心，夺我利权，蹙我生计……顾既知其害，亟宜思挽回之术，补救之方。④

----

① 《都察院代递奉恩将军宗室增杰等条陈折》，《中国近代史资料丛刊·中日战争》，第4册，第88-89页。

② 中国第一历史档案馆藏：光绪二十一年四月十五日军机奏片。

③ 中国第一历史档案馆藏：光绪二十一年四月《随手登记档》。

④ 《都察院左都御史裕德等条陈六事折》，《中国近代史资料丛刊·中日战争》，第4册，第53页。

他们所筹措的补救办法分别为，申明公法另外商议；借助邻国，团结台民，请交廷议，激励将士。他们认为，只要皇上"申明赏罚，悬不次之赏，严退后之诛，人人思奋，敌忾同仇"，必能重操胜标。①

由此折不难看出，都察院堂官已深受举人们影响，反对割弃台湾，而主张暂缓签约。如果四月初八日（5月2日）康有为将《上清帝第二书》呈上，他们是不会采取"拒不代呈"的态度的。而且，康有为于公车上书后不久，又于五月初六日（5月29日）到都察院呈递《上清帝第三书》。第三书内容与《上清帝第二书》有许多雷同处。用维新派自己的话说，是"取公车联衔之书，乙其下篇言变法者，加以引申，并详及用人行政之本，复为一书"②。如果第二书确实在都察院呈递，而又遭拒绝，那么，康有为的第三书似不会"乃上拒和之论而增末节"③，再去都察院碰钉子。由此亦可断定，康有为的《上清帝第二书》并未向都察院呈递。

其三，《上清帝第二书》未能向都察院呈递之原因。

徐勤在《南海先生四上书记》所附《杂记》中，对于此书未能递呈都察院，有较详尽记载：

> 先生于是集十八省公车千三百人于松筠庵（杨椒山先生故宅），拟上一公呈，请拒和迁都，练兵变法，盖以非迁都不能拒和，非变法无以立国也。属草既定，将以初十日就都

---

① 《都察院左都御史裕德等条陈六事折》，《中国近代史资料丛刊·中日战争》，第4册，第55页。

② 徐勤：《南海先生四上书杂记》，《戊戌变法》，第3册，第132页。

③ 《康南海自编年谱》，《戊戌变法》，第4册，第131页。

察院递之，执政主和者恐人心汹汹，将挠和局，遂阴布私人入松筠以惑众志，又遍贴匿帖阻人联衔，尚惧事达天听，于己不便，遂于初八日趣将和约盖用御宝。同人以成事不说纷纷散去，且有数省取回知单者，议遂散。①

又沪上哀时老人未还氏所作《公车上书记序》，对此事亦有所记述："各公车再联十八省同上一书。广东举人康长素者，素有时名，尝以著书被谤议于时，主其事，草疏万八千余字，集众千三百余人，力言目前战守之方，他日自强之道。文既脱稿，乃在宣武城松筠庵之谏草堂传观会议……是夕（按：指初八日晚）议者既散归，则闻局已大定，不复可救，于是，群议涣散，有谓仍当力争，以图万一者，亦有谓成事不说，无为蛇足者，盖各省坐是取回知单者又数百人，而初九日松筠之足音已跫然矣。议遂中寝，惜哉惜哉！此事若先数日为之，则必能上达圣听。"②

可见，在《上清帝第二书》草就后，康有为等人原拟于四月初十日（5月4日）上呈都察院，由于主和者阻挠作梗，危言恫吓，于是群议涣散。康有为自己也说："先是公车联章，孙毓汶已忌之，至此千余人之大举，尤为国朝所无。闽人编修黄□曾者，孙之心腹也。初六七连日大集，初七夕，黄夜遍投各会馆，阻挠此举，妄造非言恐吓，诸士多有震动者。至八日，则街上遍贴飞书，诬攻无所不至，诸孝廉遂多退缩，甚且有请除名者。"③在这样人心惶惶的情况下，各省举人再取同乡京官印结，联衔投书都察院，依情理推论也是不可能的。

_____

① 徐勤：《南海先生四上书杂记》，《戊戌变法》，第 3 册，第 131-132 页。
② 沪上哀时老人未还氏：《公车上书记序》，《戊戌变法》，第 2 册，第 154-155 页。
③ 《康南海自编年谱》，《戊戌变法》，第 4 册，第 130 页。

也许正是由于此种原因，《公车上书记》所附题名录仅包括十六省举人六百零三人（含康有为在内）①，尚不及都察院代递条陈人数多。在都察院所递条陈的台湾、奉天、山东、浙江、河南、江西六省举人，均不见于《题名录》，盖其中必有"取回知单者"。

康有为所指出"妄造非言恐吓"的"闽人编修黄□曾者"，应为翰林院编修黄曾源。黄氏为光绪十六年（1890 年）庚寅科二甲进士，系正黄旗汉军人。由清宫档案观之，此人处处与维新派作对。当康有为等力主拒和迁都，以图再战时，黄氏则针锋相对地提出"请权利害以维和局"②，甘心充当孙毓汶走卒。当戊戌政变前夕，日本罢相伊藤博文到京，维新派提出设立懋勤殿，招东西洋政治家以议政时，黄曾源则与此相反，提出"借才非现在所宜"，"伊藤不宜依礼"，"和俄以疑英日"③，完全是一副后党腔调，故康称其"孙之心腹也"，康氏所论，殆属实录。

第三节　《上清帝第三书》的递上及其意义

公车上书后不久，康有为即会试告捷，据戊戌科新进士《引见单》记载，康有为系"二甲四十六名进士，复试三等四名，朝考二等一百二名"④。不久，即授工部预衡司主事。康有为对于考试的结局，颇不满意，"自知非吏才，不能供奔走，又生平讲学著书，自分以布衣终，以迫于母命，屈折就试，原无意于科

① 《公车上书记》附《公车上书题名》，《戊戌变法》，第 2 册。
② 中国第一历史档案馆藏：光绪二十一年军机奏片。
③ 中国第一历史档案馆藏：光绪二十四年八月初五日军机奏片。
④ 中国第一历史档案馆藏：光绪二十四年新进士引见单。

第，况仕宦乎？未能为五斗折腰，故不到署”①。

在朝考后的这段时间里，康有为对未曾呈递的《上清帝第二书》重新进行了认真探讨，深思熟虑。他针对《马关条约》签署后危迫的时局和清统治阶级“上下熙熙，苟幸无事，具文粉饰，复庆太平”的严峻现实，有的放矢地进行了修改，草成《上清帝第三书》（又称《为安危大计，乞及时变法，富国养民，教士治兵，求人材而慎左右，通下情而图自强呈》）。

《上清帝第三书》包括了两大部分内容：一是提出了以“富国、养民、教士、治兵”为中心内容的自强雪耻之策；二是实现上述目标应采取的求人才而擢不次，慎左右而广其选，通下情而合其力等具体策略。

前一部分中富国、养民、教士之策与《上清帝第二书》所陈大体相同，而治兵一项则十分具体切实。这主要是因为中日和约的签订，康有为的民族自尊心受到很大刺激。他在《中日和约书后》一文中，惊呼：“呜呼噫嘻，万里之广土，四万万之众民，而可有此约哉？”②他认为中国之所以惨败，就在于国力太弱，“不治械修武备也”③。因此，在《上清帝第三书》中，他对军事改革的内容，重新进行了筹划。康有为提出了六项练兵措施：

其一，对清政府现有的六十营绿营兵进行整顿，裁汰老弱，另选精锐。每直省皆选万人，练成一军，使指臂灵通，兵威重振。

其二，寓兵于农，实行民兵制。按照各行省二十丁而抽一的办法，除官人及士人外，凡年自十八到四十者，皆列尺籍以为团

① 《康南海自编年谱》，《戊戌变法》，第 4 册，第 131 页。
② 《康有为未刊稿·中日和约书后》，《戊戌变法》，第 1 册，第 423 页。
③ 同上。

兵，以五年选为战兵，余皆留团，有事则调遣，无事则归耕，统以绅士，每月三操，则中国有民籍四万万，可从中选择二千万"有勇知方"之团民，声势之盛，可冠四海。

其三，振兴满蒙旗兵。康有为认为，满蒙八旗均已失去昔日的威力，委顿不堪，徒糜廪禄，故应派严明大臣进行汰选，"并饷充额，与绿营兵勇一律训练，以为京营"。除此之外，还应在东三省练精骑、铁骑各三万，昼夜训练，对蒙古各盟亦应派知兵大臣，从严要求。

其四，淘汰过时的朽钝器械，改善军事装备。其重要的途径在于改变以前那种武器皆由官厂制造的老办法，而应"重悬赏格，纵民为之"。甚至可以派人出洋，入各国工厂学习讲求，"归教吾民"，则必有精器利械，足以与列强争胜。

其五，宜令各州县设立武备学堂，选士肄业，优者授以兵官，近支王公少年英迈者，亦应令入堂学习，以储备将才。

其六，水陆并练，建立海军。康有为建议在南洋、北洋及闽广建立三支海军，无事出洋巡逻，有事则还守海疆。对于海战之阵法，驾驶之将才，尤应鼓励讲求，预储人才。

康有为鉴古今之故，考中外之宜，提出了上述军事改革的具体措施，六项之中，以前三项最为关键，它涉及清政府军事体制的变动。这些军事改革的建议，有许多方面是参照了西方各国的做法，如设立民兵一项，即以欧洲诸国为借鉴。他在《汰冗兵疏》中曾经说过"外国自德之胜法，民尽为兵，各国畏之，莫不变更。俄德大国皆数百万"①。这些军事改革措施，提得十分具

---

① 《南海先生四上书记·汰冗兵疏》。

体，康有为认为解除危难、报仇雪耻的重要途径，即在于此。但是，在当时条件下，清政府却很难将这些措施付诸实行。因为军事制度的改革是与国家机构等上层建筑方面的改革相辅相成的。军事力量是要以一个国家的经济实力为基础的。想在不进行政治、经济改革的条件下，单纯抓军事搞练兵，那是注定要失败的。腐朽没落的清王朝本身没有力量去实施康有为所设计的改革方案。

康有为自光绪十四年（1888 年）到二十三年（1897 年）间，为使清朝统治者接受其变法主张，屡屡上书，均被阻隔，"曲突徙薪，既弗纳于前，见兔顾犬，复遗弃于后"①。唯独《上清帝第三书》"上达天听"，因此，此条陈在戊戌变法史研究中，占有十分重要的地位。但是，长期以来，研究康有为这一条陈，只能使用《南海先生四上书杂记》《皇朝经世文新编》《康南海书牍》等刊本。自从黄彰健先生揭出宣统辛亥（1911 年）五月刊印的《戊戌奏稿》系伪作之后，《上清帝第三书》的内容是否可信，海内外史学界颇有争议。康氏原进呈本面目究竟如何，这个问题愈来愈成为戊戌变法史研究者最为关注的问题之一。为此，笔者于清档中广为寻觅，终于在《戊戌变法专题档》与《朱批档·洋务运动类》中将这件被分割为三部分的珍贵历史文献全部找齐。②现结合新发现的《上清帝第三书》进呈本，就若干有争议的问题，略予考订。

其一，《上清帝第三书》究竟何时呈递清廷？

---

① 徐勤：《南海先生四上书杂记》，《戊戌变法》，第 3 册，第 133 页。
② 参阅拙作：《上清帝第三书进呈本的发现及其意义》，《光明日报》1985 年 10 月 3 日。

在研究这个问题时，首先必须澄清国家档案局明清档案部编印《戊戌变法档案史料》一书所造成的误解。该书附录之二《本编未选档案史料目录》记曰："摘录进士康有为请及时变法富国养民教士治兵呈，光绪二十四年（残）。"[1] 查《上清帝第三书》进呈本扉页上贴有一标签，上面写有"摘录进士康有为条陈（九条）"。此处"摘录"二字，使人费解，因为进呈本为一万二千五百余字，与坊间流行各种刊本字数略同，称之为"摘录"，显然不确。被分割的进呈本第一部分，外边加一硬纸封套，墨笔书写："光绪二十四年，残。"由纸张格式看，此封套可能系50年代整理档案人员所加。《上清帝第三书》系康有为于光绪二十一年（1895年）撰写，这里记载的时间显然是错误的。

不过，据康有为《自编年谱》记载，光绪二十四年（1898年）五月，光绪皇帝曾经向军机大臣再次索要康有为的《上清帝第三书》，"枢中再检上"[2]。我怀疑进呈本扉页上的标签系光绪二十四年军机大臣呈上时所贴。黄彰健先生在考订此书时认为："惟戊戌五月，军机处检呈康第三书，恐不会多事，将其摘录。"[3] 进呈本的发现说明了黄氏这一推断是正确的。标签称为"摘录"，疑为误书。

对第三书呈递时间，康有为《自编年谱》曾有记载，谓："前书（按：指《上清帝第二书》）不能上，二十八日朝考后无事，乃上拒和之论而增末节，于闰四月六日递之察院，以十一日上于朝。"[4] 乙未年为闰五月，康氏此处闰四月疑为五月之误。

---

① 明清档案馆：《戊戌变法档案史料》，第521页。
② 《康南海自编年谱》，《戊戌变法》，第4册，第132页。
③ 黄彰健：《戊戌变法史研究》，第594页。
④ 《康南海自编年谱》，《戊戌变法》，第4册，第131页。

徐勤《南海先生四上书记》所附《杂记》中谓：

> 和议既定，肉食衮衮，举若无事。其一二稍有人心者，亦以为积弱至此，天运使然，无可如何，太息而已。先生以为先事不图，临事无益，亡羊补牢，犹未为迟，中国及此速图自强，尚可拯救。于是，取公车联衔之书，乙其下篇言变法者，加以引申，并详及用人行政之本，复为一书，于五月初六日在都察院递之，十一日察院据以上闻。①

查康有为进呈原折末尾所署时间为"光绪二十一年五月日"。晚清档案中，凡由都察院代呈的条陈，大多只署年月，而不署具体日期，康氏此条陈亦不例外。不过军机处档案中尚有都察院左都御史裕德、徐郙等六堂官代递康有为条陈折一件。该折略谓："据广东进士康有为条陈善后事宜一件，赴臣衙门呈请代奏。臣等公同阅看，该呈词尚无违碍之处。既据该进士取具同乡京官印结，呈递前来，臣等未敢壅于上闻。再，原呈字数较多，若照例抄录进呈，恐致耽延时日，是以未便拘泥成例，谨将原呈一件，恭呈御览，伏乞圣鉴。谨奏。"② 都察院代呈折所署时间为光绪二十一年五月十一日（1895 年 6 月 3 日）。可见，康有为于五月初六日（5 月 29 日）将条陈呈递后，都察院又经数日磋商，方以原折进呈光绪皇帝。

其二，关于《上清帝第三书》递上后的处理情况。

《自编年谱》谓："上览而喜之，甫发下枢垣一时许，枢臣读未毕，恭邸阅至论矿务一条，以手作圈状，上既追入，旋发下军

---

① 《南海先生四上书杂记》，《戊戌变法》，第 3 册，第 132 页。
② 中国第一历史档案馆藏：都察院左都御史裕德等《代递康有为条陈折》。

机，命即日抄四份，军机本无书手，乃调自内阁，即日抄呈，以一呈太后，以一存军机，发各省督抚将军议，以一存乾清宫南窗小箧，以一存勤政殿备览观。"①

梁启超于《康有为向用始末》中则谓：此书"既上，皇上嘉许，命阁臣钞录副本三分，以一分呈西后，以一分留乾清宫南窗以备乙览，以一分发各省督抚会讥（议），康有为之初承宸眷，实自此始，时光绪二十一年四月也"②。此处梁启超所记"钞录副本三分"，与康记不同。梁氏将此书递上时间，误记为四月，应为五月。

徐勤所记与康、梁有所不同，其文曰："初六日在都察院递之，十一日察院据以上闻，是日发下半时许，再传旨取回，留至十五日发下，有旨命钞三分，限一日钞讫，一呈懿览，二存御匣，三贮乾清宫北窗。十六日钞就，呈懿览，留览十日，廿六日乃发下。"③ 徐勤与梁氏均谓钞三份，与康不同；又，徐氏说，发下半时许，再传旨取回，留至十五日发下，亦与康记不同。

据军机处档案所记为："光绪二十一年五月十一日都察院折，代递广东进士康有为条陈由，附原呈。"④ "十五日另缮，同折见面带上，原呈述旨后随奏片递上。"⑤ 五月十五日又记曰："奏片一件，本月十一日都察院代递康有为条陈呈一件，恭呈慈览由。"⑥ "五月十九日，原折、原呈发下，堂谕另存。"⑦

---

① 《戊戌变法》，第 4 册，第 131 页。
② 梁启超：《戊戌政变记》卷 1。
③ 徐勤：《南海先生四上书杂记》，《戊戌变法》，第 3 册，第 132 页。
④ 中国第一历史档案馆藏：光绪二十一年《随手登记档》。
⑤ 同上。
⑥ 中国第一历史档案馆藏：光绪二十一年五月十五日军机奏片。
⑦ 中国第一历史档案馆藏：光绪二十一年军机奏片。

由上述可知，康有为《上清帝第三书》于五月十一日（6月3日）由都察院代递后，光绪皇帝即命另行钞录，五月十五日（6月7日）钞就，同日即将此折递呈慈禧太后，五月十九日（6月11日）发下交军机处封存。徐勤所记"十六日钞就"，太后留览十日，"廿六日乃发下"，均与军机处档案相抵触。康有为此书递上后处理情形，应以军机处档案记载为准。关于此折重抄份数，清档并无记载，依情理推之，似应以梁启超、徐勤所记较确。

其三，关于《上清帝第三书》进呈本与坊间流行各种刊本的异同问题。

康有为此书的最大争议处，即在于他在这次条陈中，究竟是否向光绪皇帝提出了"设议郎"的建议。黄彰健在其《康有为戊戌奏稿辨伪并论今传康戊戌以前各次上书是否与当时递呈原件内容相合》一文中，明确断言："这种意见（指设议郎一事——引者注）当时都察院怎敢抄录代呈？我不相信今传康第三书与当时进呈原件内容一样。康第三书真本，据我推测，可能无选议郎等触犯时忌语句。以第二书已编入《公车上书记》，在上海印行，故康上第三书以表示他对清廷的忠诚，以免受清廷迫害。"①

黄彰健这一论断，在国内外颇有影响，然而，却与历史真实不符。康有为《上清帝第三书》进呈本是这样叙述的：

> 伏乞特诏，颁行海内，令士民公举博古今、通中外、明政体、方正直言之士，略分府县，约十万户而举一人，不论已仕未仕，皆得充选。因用汉制，名曰议郎。皇上开武英

① 黄彰健：《戊戌变法史研究》，第 594 页。

殿，广悬图书，俾轮班入直，以备顾问。并准其随时请对，上驳诏书，下达民辞。凡内外兴革大政，筹饷事宜，皆令会议，三占从二，下部施行。所有人员，岁一更换，若民心推服，留者领班，著为定例，宣示天下。上广皇上之圣聪，可坐一室而照四海；下合天下之心志，可同忧乐而忘公私。皇上举此经义，行此旷典，天下奔走鼓舞。能者竭力，富者纾财，共赞富强，君民同体，情意交孚，中国一家，休戚与共……合四万万人之心以为心，天下莫强焉。①

在"设议郎"问题上，康氏进呈原本与坊间流行的刊本，词句完全一致，并无丝毫之更易，可见，黄彰健在这个问题上的推断是错误的。

当然，康有为的《上清帝第三书》洋洋万数千言，临时草就，匆忙递上，故后来刊印时，语句更改处颇多，然其文虽异，其义实同。但也不排除康有为在刊行时，把有些语气改得十分尖刻，个别字句与进呈本有较大的出入。譬如，开头部分进呈本谓："外患内讧，祸在旦夕，而欲苟借和款，求安目前，靡知所届矣。"② 而刊印本则改为："外患内讧，祸在旦夕，而苟借和款，求安目前，亡无日矣。"③ 刊印本中"亡无日矣"，在进呈本中未曾出现。又如进呈本谓："不变法而割祖宗之疆土，驯至于危"④。刊印本则改为"不变法而割祖宗之疆土，驯至于亡"⑤。一则曰"危"，一则曰"亡"，更改之迹，昭然可见。可见，康有

---

① 康有为：《上清帝第三书》，进呈本。原件藏中国第一历史档案馆。
② 同上。
③ 《南海先生四上书记》。
④ 康有为：《上清帝第三书》，进呈本。
⑤ 《南海先生四上书记》。

为的上书,送给皇帝看的与民间流传的,在个别语句上亦稍有不同。

在《上清帝第三书》中,康有为特别强调了实现富国、养民、教士、治兵的根本出路就在于选拔人才。而选拔人才的关键则在于拔擢不次,唯才是举。他奉劝皇帝选用那些"怀抱热血、图立功名"的草泽之士,而摒弃那些"貌托谨厚、高谈恬静"的庸懦之才。他认为对日战争的失败原因之一,就在于皇帝左右缺乏那种发愤忘身以为国事的人才。他甚至对皇帝的用人政策提出批评:"下僚庶士,怀才效忠者甚众,皇上所深知、简任者有几人?所不次拔擢者有几人?所议论咨询者有几人?所日夜钩访者有几人?""皇上深居法宫,然未闻有进贤退不肖之大举,仍是循资格,录科举,后则大臣进其私人,乃致大辱于小夷。故谓皇上鼓舞拔擢之道有未尽也。"

康有为的激烈批评,非但没有引起光绪皇帝的反感,反而引起了其高度重视。并且在一个多月以后,光绪皇帝将康有为的这次上书与其他朝廷官员的条陈一起发交各地督抚、将军讨论。从而,在清朝统治集团中掀起了一场关于中国社会发展前途的大论战。

第四节　一场关于中国社会发展前途的大论战

政治上的动荡,有时往往会成为一个民族奋发的起点。在中国近代历史上,每当在对外战争中惨遭败北,或是国内一场大规模的农民战争风暴平息之后,在统治阶级内部总是要展开一场争论，争论的内容又总是包括如何总结刚刚结束的战争中的经验教训，以及朝廷下一步该如何更张，奋发自强，以图振兴。鸦片战争、太平天国、英法联军之役、中法战争，都曾出现过这种场面。尽管这种争论有时达到了非常激烈的程度，但是争论来，争论去，并没有跳出祖宗成法的框框。然而，甲午战争之后的情形却大不相同了，这场争论实际上是关系到中国社会的发展前途，即是向西方学习，发展资本主义，还是沿着封建主义老路继续走下去。

这场波及全国的政治大论战与康有为的《上清帝第三书》递上清廷有很大关系。以前戊戌变法史研究中，人们比较重视《上清帝第二书》，认为它是"资产阶级改良派正式登上政治舞台的第一幕"①。这种看法固然不无道理，然而，从对当时社会政治产生影响的角度来看，《上清帝第三书》所起的作用及产生的影响要大得多。

光绪二十一年五月十一日（1895 年 6 月 3 日），康有为的《上清帝第三书》刚由都察院代呈，一下子就引起光绪皇帝的高度重视。这与甲午战争中光绪皇帝的处境有着极为密切的关系。战争初期他奋起主战，但受到慈禧及李鸿章等人的多方掣肘。战败后，他又反对割地，认为"割台则天下人心皆去，朕何以为天下主"②。当《马关条约》传来时，孙毓汶等后党官僚向光绪皇帝施加压力，逼他批准这一卖国条约。面对维新派及全国各阶层民众掀起的反投降、反签约的汹涌浪潮，光绪皇帝"徘徊不能

---

① 汤志钧：《戊戌变法史》，第 119 页。
② 《翁同龢日记》，光绪二十一年三月二十九日。

决，天颜憔悴"，"如在沸釜中"①。最后，在投降派的胁迫下，光绪皇帝不得不违心地签署了《马关条约》。条约批准后，他又与师傅翁同龢"相顾挥涕"②。战争对这位年轻皇帝的刺激实在太深了。《马关条约》签署后不几天，光绪皇帝亲自书写朱谕，颁示臣工，以明心迹。其朱谕略谓：

> 近自和约定议以后，廷臣交章论奏，谓地不可弃，费不可偿，仍应废约决战，以期维系人心，支撑危局，其言固皆发于忠愤，而于朕办理此事，兼权审处，万不获已之苦衷有未能深悉者。自去岁仓猝开衅，征兵调饷，不遗余力，而将少宿选，兵非素练，纷纷召集，不殊乌合，以致水陆交绥，战无一胜……用是宵旰彷徨，临朝痛哭，将一和一战，两害熟权，而后幡然定计……嗣后我君臣上下，惟当坚苦一心，痛除积弊，于练兵筹饷两大端尽力研求，详筹兴革，勿存懈志，勿骛空名，勿忽远图，勿沿故习，务期事事核实，以收自强之效，朕于中外臣工有厚望焉。③

此朱谕实质上是光绪皇帝对整个战争的一次痛苦的反省，同时也表露了他不甘失败、锐意进取的雄心壮志。正因为如此，他一见到康有为的条陈立即产生了浓厚的兴趣，引发了强烈的共鸣。时隔不久，光绪皇帝即颁布了举人才诏书，要各部院堂官及各直省将军、督抚等，"于平日真知灼见，器识宏通，才识卓越，究心时务，体用兼备者，胪列事实，专折保奏"④。对那些有一

---

① 《翁同龢日记》，光绪二十一年四月初四日。
② 《翁同龢日记》，光绪二十一年四月初八日。
③ 中国第一历史档案馆藏：光绪二十一年《上谕档》。
④ 朱寿朋：《光绪朝东华录》，总第 3625－3626 页。

技之长，精于天文、地舆、算法、格致、制造等才能者，亦应详加考核，予以荐举。此诏书的颁布与光绪皇帝看到康有为的《上清帝第三书》不无关系，但又不能完全归功于康有为的条陈。①因为当时有头脑的臣工，如南书房翰林张百熙上书提出："事变多故，忧患方长，非合天下之贤能，因材而器使之，莫能收旋乾斡坤之效"，并建议各地督抚荐举那些"道术通明，操履笃实，才堪经国，识洞韬钤"的人才，与那些"精熟时务，能制机器，通习天标、地舆，及各国语言文字的专门之才"②。并称应严加考核，不得含混了事，对"举不以实"，或"举非其人"者，要立加严谴。可见光绪皇帝的举人才诏与张百熙此奏，有着更直接的关系。

但是，光绪皇帝对康有为的《上清帝第三书》也是极为重视的。康有为于《自编年谱》中说，光绪皇帝"于群臣上书中，凡存九折，以胡燏棻为第一，吾折在第二"③。康氏所云与档案记载相吻合。

查军机处档案，光绪皇帝于光绪二十一年闰五月二十七日（1895 年 7 月 19 日）颁布自强谕旨，略谓：

> 自来求治之道，必当因时制宜，况当国势艰难，尤应上下一心，图自强而弭隐患。朕宵旰忧勤，惩前毖后，惟以蠲除痼习，力行实政为先。叠据中外臣工，条陈时务，详加披览，采择实行。如修铁路、铸钞币、造机器、开矿产、折南

---

① 汤志钧：《戊戌变法史》，第 123 页，谓康氏《上清帝第三书》上达后，光绪皇帝确曾发各省督抚会议奏覆，并据以颁举人才诏，似不尽确。
② 中国第一历史档案馆藏：南书房翰林张百熙《请饬督抚荐举人才片》。
③ 《康南海自编年谱》，《戊戌变法》，第 4 册，第 131–132 页。

漕、减兵额、创邮政、练陆军、整海军、立学堂，大抵以筹
饷练兵为急务，以恤商惠工为本源，皆应及时举办。至整顿
厘金，严核关税，稽查荒田，汰除冗员各节，但能破除情
面，实力讲求，必于国计民生，两有裨益，著各省将军、督
抚，将以上诸条，各就本省情形，与藩、臬两司，暨各地方
官悉心筹画，酌度办法，限文到一月内，分折覆奏。当此创
巨痛深之日，正我君臣卧薪尝胆之时。各将军、督抚，受恩
深重，具有天良，谅不至畏难苟安，空言塞责。原折片均著
钞给阅看，将此由四百里各谕令知之。①

根据光绪皇帝的谕旨，军机处除寄发上谕外，还同时"缮寄
胡燏棻等条陈折片九件"②。于闰五月二十七日"分寄福建等省
十处"，六月初一日（7月22日）"分寄四川等省八处"，六月初
二日（7月23日）"分寄吉林等省四处"。③

光绪皇帝所存九个折片，究竟包括哪些内容，康有为在《自
编年谱》中并没有记载，档案中对此亦没有罗列，而考订清楚这
九折中的内容，对于了解甲午战争之后，清朝最高统治者所奉行
政策的改革，有着颇为重要的关系。

首先需要考辨清楚的是这九个折片的作者。刘坤一的《遵旨
议覆折》为我们提供了十分重要的线索。该折称："合观徐桐、
胡燏棻、张百熙、陈炽、准良、信恪、康有为等所奏，无非仿照
西洋新法，整顿中国旧法。"④ 在为数众多的督抚覆议折中，唯

---

① 中国第一历史档案馆藏：《上谕档》。
② 中国第一历史档案馆藏：光绪二十一年《随手登记档》。
③ 中国第一历史档案馆藏：光绪二十一年闰五月二十七日军机奏片。
④ 中国第一历史档案馆藏：刘坤一《遵旨议覆折》。

有刘坤一列出了九折片的作者名单，其余各督抚则或举其一二，或举其三四，人数不等，但都未能超出刘氏所列举的范围。

在弄清折片作者基础上，参酌现存军机处录副奏折、宫中朱批折以及军机处有关档册，即可大致厘清折片内容。这九个折片似应包括：

一、都察院于五月十一日（6月3日）代递的广东进士康有为《为安危大计，乞及时变法，富国养民，教士治兵，求人才而慎左右，通下情而图自强呈》，简称《上清帝第三书》。

二、五月十七日（6月9日）顺天府府尹胡燏棻《条陈变法自强事宜折》。①

三、闰五月初七日（6月29日）南书房翰林张百熙《急图自强，敬陈管见折》及《请饬督抚荐举人才片》。②

四、闰五月初七日（6月29日）委散秩大臣信恪《请开办矿务折》。③

五、闰五月十六日（7月8日）翰林院侍读学士准良《富强之策，铁路为先，请饬廷臣会议举办折》。④

六、户部候补员外郎陈炽条陈一件。陈炽此条陈在档案中未见。不过陈氏奏片的内容，应与变法图强事有关。据《翁文恭公日记》光绪二十一年四月十九日（1895年5月13日）记载："陈次亮以封事送看，八条皆善后当办者，文亦雄。"陈氏送上清廷的条陈，当系请翁同龢过目的这件"封事"。唯关于陈炽当时情形还需略言之。陈炽，字次亮，原名家瑶，江西瑞金人。光绪十

---

① 此折已收入《光绪政要》卷21。
② 中国第一历史档案馆藏：光绪二十一年军机奏片。
③ 同上。
④ 同上。

三年（1887年）正月，由户部主事充补军机处章京。① 陈炽与康有为等关系密切，过从频繁，系北京强学会的提调，又有正董、总董之名。② 陈氏于光绪二十一年四月二十九日（1895年5月23日）销假，军机大臣于是日递有《章京陈炽服阕请准仍在额外行走折》，当日即奉旨"知道了"③。五月初一日（5月24日），陈氏即被编为汉军机章京头班入直。④ 翁同龢在乙未五月三十日（6月22日）的日记中写道："陈次亮炽来见，吾以国士遇之，故倾吐无遗，其实纵横家也。"⑤ 不难看出，陈炽所处地位之重要。他实际充当了维新派与帝党之间联系的桥梁。

其余折片，则可能均为协办大学士徐桐所递。徐氏这一时期所递折片甚多，发交督抚讨论的则可能有闰五月十九日（7月11日）所递《遵议兴利裁费敬陈管见折》，该折贴有红色标签，其所拟兴利裁费办法为：补抽洋货以开利源，清查海关以增公项，整顿招商局以收利权，稽核电报局以清官款，酌收纱布捐以益公帑，裁汰冗员以省浮费，钩稽军饷以归实用，停止贡献以核浮报。⑥ 徐桐的另外两个折片，分别为《和议虽成，武备难缓，仍应选将练兵以固根本折》及《枪炮宜制造一律片》，亦均为闰五月十九日递上。⑦

据上述可知，光绪皇帝在甲午战争后，愤于国势危迫，民生

---

　　① 中国第一历史档案馆藏：《枢垣章京记名册》。
　　② 转引自汤志钧：《戊戌变法人物传稿》，上卷，陈炽传。
　　③ 中国第一历史档案馆藏：光绪二十一年四月二十九日军机奏片。
　　④ 中国第一历史档案馆藏：光绪二十一年五月军机处递章京名单。
　　⑤ 《翁文恭公日记》，光绪二十一年五月三十日。
　　⑥ 中国第一历史档案馆藏：徐桐《遵议兴利裁费敬陈管见折》，光绪二十一年闰五月十九日递。
　　⑦ 中国第一历史档案馆藏：光绪二十一年军机奏片。

日艰，急于博采众论，变法更张。这一念头是看到康有为的《上清帝第三书》开始的。但康氏条陈甚长，在发交各省督抚议核的抄件中，似不可能全文照抄，而只择其要者，而且，将康氏折放在相当重要的地位。由广东巡抚马丕瑶所递《议核康有为等时务条陈折》即可看出，当时各地督抚对康有为的《上清帝第三书》是十分重视的。

光绪皇帝把胡燏棻与康有为等九篇奏章、条陈发到全国各地督抚、将军手里，要他们联系本地实际，认真思考，然后做出答复，这实际是对他们的一次政治测验。由于这九个折片的作者立场各异，政见亦各不相同，但是，对筹饷、练兵两条却无一人反对。这中间既有维新派的建议，也有洋务派及顽固派的主张。把这些互相矛盾的条陈交给各地方官覆奏，表明了光绪皇帝不分畛域、博采众长的立场。这场讨论从光绪二十一年（1895 年）夏天开始，一直延续到年底，为时大约有半年，争论的中心围绕着三个问题进行：

第一个问题是，如何认识导致战争失败的根本原因，要不要更张旧法，推广西学。

对这个问题的争论是由如何看待中国战败的原因引起的。康有为的《上清帝第三书》认为，中国被日本"嫚侮侵削，若刲羊缚豕"，其根本原因就在于中国固守传统旧法，敌不过"步武泰西，蒸蒸日上"的日本，因此，他再度强调要"以开创之势治天下"，他说："不变法而割祖宗之疆土，驯至于危，与变法而光宗庙之威灵，可以大强，孰轻孰重，孰得孰失，必能辨之者。"因此，康有为的结论很明确，即中国要振兴，"非变通旧法，无以为治"。胡燏棻的奏折说得更痛快，认为"即孔孟复生，舍富强无立国之道；舍仿行西法，更无富强之术"①。

但是，这种意见遭到了守旧势力的猛烈抨击。守旧派认为大清王朝之所以"国势凌夷，兵力削弱"，恰恰在于没有奉行祖宗之法。② 他们把维新派视作"离经叛道之奸民"，认为"天下之患，不在夷狄而在奸民，不在贫弱而在乱臣贼子"③。凡持这种观点的人，有一个共同的看法，即认为传统的经典是最完美无缺的。"中国之所以维持不敝者，以有圣人之教耳"。自尧、舜、汤、文以至孔、孟，正是用祖宗之法来"范围天地，曲成万物，正人心而厚风俗"，并荒谬地认为，"今人所诧泰西之法为神奇者，多衍中国之书之余绪，以成为绝诣"④。河南布政使额勒精额甚至煞有介事地宣称："昔有德国人游历中国，返其国而谓其众曰：中国之纲常伦纪，非泰西诸国所能企及，将来人心齐一，器械精良，我泰西诸国莫敢犯之。"⑤ 因此，他们得出的结论是，率由旧章，比更张纷扰要好得多，应该赶快回到老祖宗那里去，万万不可使维新派"簧惑以乱政，则宗社幸甚"⑥。

在为数众多的议覆折中，也有不少人持折中态度，他们认为，创痛巨深，西法不可不讲，但中西情形不同，只可"渐而摩之，自无惊世骇俗之病；择而行之，必有日新月异之功"⑦。他

---

① 《光绪政要》卷21。

② 中国第一历史档案馆藏：河南布政使额勒精额《铁路万不可开，漕折断不可准，练兵制械，敬陈管见折》。

③ 中国第一历史档案馆藏：山东巡抚李秉衡《自强全在得人，法制未可轻变，敬陈管见折》。

④ 同上。

⑤ 中国第一历史档案馆藏：河南布政使额勒精额《铁路万不可开，漕折断不可准，练兵制械，敬陈管见折》。

⑥ 中国第一历史档案馆藏：侍郎徐树铭《应诏陈言折》。

⑦ 中国第一历史档案馆藏：开缺湖南巡抚吴大澂《遵旨筹议交通事宜谨抒管见折》。

们的结论是既不拘守成法，不思变通，但又不可侈言更张，"事事步武西洋"①。

这场争论的另一个问题是，要不要引进先进的资本主义的生产技术。

清政府由于在战争中损失惨重，财力衰竭，战后又要赔偿巨款，因此如何振兴经济，广开饷源，是一个亟待解决的问题。康有为的《上清帝第三书》与胡燏棻的条陈以及袁世凯、戴鸿慈等人的条陈，都一致强调生产方式的落后是中国经济衰弱的重要原因，因此，都一致强调要尽快修铁路、开矿产、铸币钞、造机器，以及折南漕、创邮政等。因为这些近代化的生产技术，西方各国久已行之，且已大见成效。而中国却置身事外，"风气隔阂，制胜无术"，因此他们要求凡外洋有成效者，中国应尽快举办，"日察之，月省之，岁计之"②，奋起直追，力图富强。

然而，守旧派却持完全相反的意见。他们的思想方法是，凡是洋人用过的东西，中国应一概排斥，只要有"金城汤池之民心"就够了，用不着西方"魑魅魍魉之玩物"。因此，他们坚决反对引进外洋的东西，公开提出"铁路万不可开，漕折断不可准"，而只要"节糜费""杜中饱"就可以解决中国面临的经济危机③，祖宗的老办法"其毫末不可轻动"。守旧派思考问题的方法与维新派迥然不同。众所周知，在甲午战争中，李鸿章的淮军几乎是每战必败，北洋海军亦全军覆没。维新派批评李鸿章是"积习难忘，仍是补漏缝缺之谋，非再立堂构之规，风雨既至，

①　中国第一历史档案馆藏：浙江巡抚廖寿丰《时局艰难亟应力图补救折》。
②　中国第一历史档案馆藏：浙江温处道袁世凯《遵奉面谕拟条陈事件呈》。
③　中国第一历史档案馆藏：熙麟《请停铁路片》。

终必倾坠"，而顽固派却归咎于李鸿章办洋务。他们抱着幸灾乐祸的态度指责道："近年都中熟悉洋务者，莫如大学士李鸿章。李鸿章之崇效西方亦专且久矣，所谓富强者安在哉？"甚至说："夫中国自发捻平定以来，讲求洋务几三十年，而一旦付之旅顺、威海一炬，岂昔之所求者无效而今之所求者果有效乎？"①

同样是寻找失败的原因，康有为等人从积极的方面，眼睛向前看，与外洋相比，认为中国落伍于时代，深感洋务派学习西方不甚得法，于是要改弦更张，发愤图强，急起直追；而守旧派却从消极的方面总结经验教训，他们不是向西方先进国家看齐，而是留恋旧的时代，幻想回到康乾盛世去。有一个江南道监察御史公然提出："乾隆以前，岁入不过三千余万，康熙年间三藩之变，糜烂至七八省，用兵至八九年，未闻用不足也。"② 因此他建议饬户部将现在与乾隆朝做一番比较，凡是过去没有的东西，全部裁撤，"一概规复旧制，不使稍有增加"，一切都按老祖宗的方式办理，必能"恩周宇中，威加海外"③。

这种如同痴人说梦的说教，在当时的讨论中占了相当多的比例。这一事实说明，经历一次空前严重的民族灾难之后，中国的知识阶层中，许多人的思想仍然停留在古老的中世纪状态。遭遇了一场空前严重的民族劫难，却对导致失败的原因毫无所知，这种现象未免太可悲了。就是前面提到的那位河南布政使甚至把失败的原因归咎于海战，说："洋人生于海岛如鱼龙，中国之人生于陆地如虎豹，何不致鱼龙于陆地，而驱虎豹于大海也。"④ 这些人

---

① 中国第一历史档案馆藏：麟书、徐桐代奏编修于受庆呈折。
② 中国第一历史档案馆藏：江南道监察御史管廷献《请节糜费以裕帑储而培元气折》。
③ 同上。
④ 中国第一历史档案馆藏：河南布政使额勒精额《铁路万不可开，漕折断不可准，练兵制械，敬陈管见折》。

闭目塞听，麻木不仁，仿佛这样就可以排忧解难，天下太平了。它反映了旧的传统理论对封建知识分子的影响是何等根深蒂固，新思想、新事物的传播所遇到的阻力，比原先人们的估计要大得多。

这场争论的第三个问题是，要不要推广西方文化，改革考试方法。

康有为的《上清帝第三书》中提出，今地球既辟，闭关未能，那么万国所学，皆宜讲求。诸如各县设藏书楼，开艺学书院，凡天文、地矿、医律、光重、化电、机器、武备、驾驶皆分立学堂，延师教习。康有为还认为八股取士，弊端百出，故任道之儒既少，才智之士无多，法弊至此，亦不得不更张变通。

康有为的建议得到了广东巡抚马丕瑶在一定程度上的支持。马丕瑶亦认为，中国宜兼习西学，才能培养出有用之才。他认为，老的一套专以八股、试帖、词赋教人，使天下士子趋于浮薄，"人才安得不坏"①，但是他反对康有为将各处书院"尽改设西学，并置经义于不讲"的偏颇做法。讨论中更多的人是对康有为的建议持全面否定态度。给事中余联沅称：

> 臣恭读诏旨，始而喜，继而思，终不能不为之徘徊而太息者也。论者谓，此次创痛巨深，必须改弦易辙，而后可自强，至欲尽废科目，而专师西法，此亦务末之议，而非揣本之言也。夫科目诚有弊，废科目岂遂无弊乎？②

余联沅认为，八股取士虽有弊端，但仍不失为挑选人才的途径，并批评康有为的议论只是"沽名钓誉之言"③，并无实用

① 广东巡抚马丕瑶：《遵旨议覆康有为等条陈折》。
② 中国第一历史档案馆藏：余联沅《治理首贵得人，吁恳宸断勿骛虚名而求实获折》。
③ 同上。

价值。

总之，围绕康有为的《上清帝第三书》及胡燏棻的变法奏议所展开的这场争论，涉及范围非常广泛，既包括政治上要不要推广西法，也包括了经济、文化等方面的改革。实际上是一场中国社会到底往哪里去的争论。康有为认为，要挽救中华民族的危亡，必须在所有领域内更张旧法，向西方学习，只有通过维新，才能图自强，雪国耻，保疆宇。爱国与救亡是康有为变法的根本意图。尽管他和胡燏棻的意见，在当时条件下，还不能为大多数官僚所接受，但是，他们的呼喊对于加强人们的危机感与爱国的激情，冲破旧习惯保守势力的束缚，促进变法高潮的到来，无疑有着深远的意义。无论守旧派如何声嘶力竭地反对新法，要求复旧，但是，他们终究是虚弱的。稍有头脑的人是不会去相信他们的白日做梦般的说教。这场争论过后，以光绪皇帝为首的开明的帝党官僚，采取了许多步骤，调整统治阶级的政策，尤其是鼓励开矿产、修铁路，允许私人开办工厂等经济方面的政策，收到了显著的成效。

梁启超在《戊戌政变记》中说："必有忧国之心，然后可以言变法；必知国之危亡，然后可以言变法；必知国之弱由于守旧，然后可以言变法；必深信变法之可以致强，然后可以言变法。"康有为和胡燏棻都是这样的人。他们对战争经验教训的总结及提出的挽救危亡之道，比守旧派者高明得多。他们与守旧势力的争论，从实质上说来，是前进与倒退之争、开新与守旧之争，说到底，是由于新产生的资本主义生产关系与已经成为生产力发展桎梏的封建生产关系发生了矛盾而引起的争论。

第五节 "扫除更张，再立堂构"的《上清帝第四书》

在《上清帝第三书》呈上清廷一个月后，康有为针对当时清廷"割地未定，借款未得，仇耻已忘，愤心已释"① 的泄沓苟安局面，又撰写了《上清帝第四书》。这个条陈与前两次的上书有明显不同。康有为自己说，前书仅言通变之方，而未发体要以及先后缓急之宜，因此他在这次上书中没有再详细敷陈富国、养民、教士、治兵的具体做法，而是向清朝统治者提出了一个"扫除更张，再立堂构"的变法方案。

这是一个很有特色的条陈，集中地反映了康有为在甲午战争之后，对中国政治体制改革的一系列想法。虽然在开头部分，康有为提到"立科以励智学"，主张国家对那些著有新书、制有新器以及寻得新地的人应破格奖励，以使"国人踊跃，各竭心思，争求新法，以取富贵"。但是通篇的主旨并不在于这些具体的变通方案，而是从国家政体上着眼，"破积习而复古义，启堂构而立新基"。康有为这里说的"复古义"只是一个假托，其真实意图是要建立一个与传统的封建体制不同的新型的国家机构。《上清帝第四书》把改革的重点放在了政治制度方面，具有以下几个鲜明的特点：

首先，康有为在这次上书中，论述了彻底改革的必要性，以鲜明的态度批评了洋务派"仅补苴罅漏，弥缝缺失"的所谓新

① 康有为：《上清帝第四书》，《南海先生四上书记》；又见《康有为政论集》，上册，第154页。

政，正式提出"讲明国是"的要求。

甲午战争失败之后，在一部分守旧官僚中间流传着一种看法：李鸿章等洋务官僚惨淡经营了三十余年的洋务新政，在日本的进攻面前一下子落花流水，付诸东流，因而西学求不得，洋务办不得。甚至像阔普通武这样的满人中少有的开通之士，也提出"外洋器物应暂缓购买"的建议。① 阔普通武的建议，反映了当时相当多的封建士大夫中间存在的对西学的糊涂认识。康有为正是从这个角度，批评了洋务派的做法。他认为讲求西学必须要彻底，因为"积习既深，时势大异，非尽弃旧习，再立堂构，无以涤除旧弊，维新气象"②。他指责清王朝多年设立的海军、使馆、招商局、同文馆、制造局、水师学堂、洋操、船厂等"根本不净，百事皆非"，"欲饰粪墙、雕朽木，而当雷电风雨之交加，焉有不倾覆者哉?"③ 因此他认为枝枝节节地向西方学习，只会是"徒糜巨款，无救危败，反为攻者借口，以明更张无益而已"④。

正因为如此，康有为正式提出了"讲明国是"的重要请求。

何谓"国是"? 用康有为的话来说，就是反复辩难，显露来势，明确旧习之宜尽弃，补漏不会成功，首先确定改革的大目标、大方向，"先后缓急，乃可徐图，摧陷廓清，乃可用力"⑤。康有为比喻说："后有猛虎，则懦夫可以跳涧溪。"那些对中华民族张牙舞爪的帝国主义列强，就如同身后的猛虎，国事危机，万

① 中国第一历史档案馆藏：詹事府少詹事阔普通武《为筹巨款，兴利裁费，敬备采择折》。
② 康有为：《上清帝第四书》，《南海先生四上书记》；又见《康有为政论集》，上册，第152页。
③ 同上。
④ 同上。
⑤ 同上。

不可再事游移。康有为要清帝"讲明国是",就是要他明确表态,痛下决心,摆脱传统伦理纲常的束缚,全面采用西法,这无疑在变法中具有重要意义。

其次,《上清帝第四书》提出了"再立堂构"的关键一环,即在于"设议院以通下情"。

提出设立议院是康有为政治思想的一个飞跃,说明他已经开始抓住了西方国家富强的本质问题。在康有为之前,已经有中国先进的思想家提出:"欲张国势,莫要于得民心,欲得民心,莫要于通下情;欲通下情,莫要于设议院。"① 他们甚至指出:"泰西富强之道,在有议政院以通上下之情,而他皆所末。"② 但是,从来没有一个思想家敢于像康有为一样,把他们改革中国政治体制的建议和设想反复向皇帝提出。

议院作为资产阶级国家的权力机构,它是作为封建君权的对立物而出现于历史舞台的。然而,康有为和当时中国先进的思想家一样,对西方资本主义国家议院的理解,往往是从"通下情"的角度来认识的。仿佛议院的设立,并不否定封建君权,相反,倒是可以有效地强化封建的国家机器。

为了解除设议院会"有损君上之权"的顾虑,康有为还特地申明:"至会议之士,仍取上裁,不过达聪明目,集思广益,稍输下情,以便筹饷。用人之权,本不属是。乃使上德之宣,何有上权之损哉?"③ 在这里,康有为实际上向统治阶级做了妥协。因为西方资本主义国家议会的一个最主要的特征,即议员是由选

---

① 郑观应:《盛世危言》卷1。
② 陈虬:《上东抚张宫保书》,《治平通议》卷6。
③ 康有为:《上清帝第四书》,《康有为政论集》,上册,第160页。

举而产生的，并代表选举他的那个阶级（阶层、社会集团）的利益在议会活动。如果像康有为等人所说的议会之士，由皇上裁决，那么这样的议院已不可能是一个名副其实的权力机构，充其量也只能是封建帝王的咨询机构，它所起的作用也只是"稍输下情，以便筹饷"。这样的机构，已不是原来意义的议院，而变成了封建皇权的附庸。

最后，《上清帝第四书》提出了使"有情必通，有才必用"的五条具体措施，这些办法是：

一曰下诏求言。破除壅蔽，允许百姓直接到午门递折言事，御史监收，以达到广采天下舆论的目的。

二曰午门集议。令天下十万户而推一人，凡有政事，皇上御门，令之会议，三占从二。这个办法还应推广到省、府、州、县的地方行政单位，并允许地方官直接条陈以通下情。

三曰辟馆顾问。康有为建议皇上应大开便殿，广集图书，每日亲临一时许，顾问之员轮二十员分班待值，皇上翻阅读书，咨询顾问之员，或访以中外之故，使天下人才皆群集于皇上的左右。

四曰设报达聪。令各省要郡，设立报馆，州县乡镇，亦令续开。报纸应及时进呈，外国报纸亦应令总署每日择译政艺，"以备乙览"，洞悉外情。

五曰开府辟士。枢臣及督抚县令，均应开设幕府，听其辟士。近支王公应派出洋游历，以广见识。"如是则顺天下之人心，发天下之民气。"①

————————

① 《上清帝第四书》，《康有为政论集》，上册，第159页。

康有为所提出的这些办法的主导思想是在皇上的主宰之下，群策群力，求言广听，顺天下之人心，发天下之民气，达到振兴天下、报仇雪耻的目的。他所提出的这些具体措施，有的取法泰西，如设立报馆，王公外出游历，少数服从多数地讨论国家大政，等等，这些措施都与西方先进的资本主义政治制度相联系；但有的办法则是恢复古制，诸如设立"议郎"、辟馆顾问、开府辟士，这些又都是封建社会中曾经采用的旧法，只不过康有为加进了新的内容。康有为把这些古今中外的办法罗列在一起，统统作为拯救时弊的良方推荐给光绪皇帝。而这些办法究竟有多少能付诸实施，恐怕连康有为自己也没有把握。

在这五条办法中最关键的有两条，即"广顾问以尽人才，置议郎以通下情"。这些所谓"顾问"和"议郎"都是如何产生的？他们之间的关系又是怎样？康有为自己也不十分清楚。

关于顾问，康有为说："顾问之员轮二十员分班侍值。"这些人员来自四个方面，即一取于翰林、文学侍从；二取于荐举。上自大臣翰詹科道，下及州县，均可推荐，推荐的对象是"贵搜草泽，禁荐显僚，或分十科，俾无遗贤"；三是取于上书者，其条陈可采，召对称旨即可令轮流入直；四是取于公推。众议之员，由郡县分举。这里说的公推众议之员概念也比较含糊，是否就是康本人曾提出过的"议郎"，《上清帝第四书》没有交代清楚。

至于议郎，康有为在这次上书中说得更是有些前后矛盾。前面说令天下郡邑，每十万户可推举一人。这些议郎的职责是"凡有政事，皇上御门，令之会议"。但是，后面却又说"会议之士，仍取上裁"，职责又成了"达聪明目"，"稍输下情，以便筹饷。用人之权，本不属是"，这些彼此矛盾的概念，同时出现在一个条陈里，说明康有为对他所提出的办法也没有经过仔细的推敲，也反映了康有为既想限制君权，实行民主政治，却又缺乏与传统观念进行彻底决裂的勇气，因而出现了这种自相矛盾，出尔反尔的变法建议。

关于议郎问题，康有为在《上清帝第二书》与《上清帝第三书》中都曾经提出过，但与《上清帝第四书》略有不同。康氏在这个条陈中已经不再提"上驳诏书，下达民词"①，"民心推服，留者领班"了，而是由皇上裁决挑选会议之士。这里非但没有向前迈进，反而向后退缩了。康有为企图用这些兼收并蓄的办法，达到他所说的"再立堂构"的目的。

关于《上清帝第四书》呈递时间与经过，《自编年谱》记曰：

> 五月（按：应作闰五月）迁出南海馆，再草一书，言变法次第曲折之故，凡万余言，尤详尽矣。至察院递之，都御史徐郙使人告以吾已有衙门，例不得收，令还本衙门代递。时孙家鼐长工部，颇相慕，友人多劝到工部递，乃于五月（按：亦应作闰五月）十一日到工部递之。孙家鼐面为称道之词，许为代递。五堂皆画押矣，李文田适署工部，独挟前嫌，不肯画押。孙家鼐碍于情面，累书并面责之，卒不递。再与卓如、孺博联名递察院，不肯收，又交袁世凯递督办处，荣禄亦不收，遂决意归。②

康有为谓，孙家鼐看到其条陈后，面为称道之词，许为代递，又屡次致书并面责工部侍郎李文田拒不画诺的说法，笔者不

---

① 康有为：《上清帝第三书》，进呈本。
② 《戊戌变法》，第 4 册，第 132 页。

敢轻信。孙家鼐虽为帝师，而在变法期间的态度，始而游移模棱，继则唯后党之言是听，百日维新开始后，又对康有为极尽排斥之能事。这样的人似乎不会为代递康有为条陈而屡次责难李文田。

徐勤在《南海先生四上书记》的《杂记》中记述与康氏《自编年谱》不同。徐文称：

> 先生以为前书所陈条理节目，详细繁重，未由一旦具（俱）举，故复草一书，力言缓急先后之序，深察中国之势，期于可行，扫拨陈言，曲折层累，冀以上启圣聪，立救危败。时已授官，分隶工部，于闰五月八日，在本部递之。部之五堂悉画稿允奏，顺德李文田方摄部事，误中构煽之言，谓先生所著《广艺舟双楫》于其书法颇有微词，因抱嫌排挤，独梗僚议，甘为炀灶，实则先生于李某向薄其人，而爱其书，《广艺舟双楫》中未尝攻之也。本部既阻，乃移而之都察院、督办处，皆以李既阻阏，不便因此失欢，遂壅上闻。[①]

徐文所记，朴实无华，并未涉及孙家鼐为代递康氏折"累书并面责"李文田之事，似乎比康有为所云更接近实际。且徐文明确指出，康有为此书于闰五月初八日在工部呈递，亦较明确。康有为在《上清帝第四书》中说到，其第三书上后，光绪皇帝"俯采刍荛，下疆臣施行，以图卧薪尝胆之治，职诚感激圣明，续有陈论，格未得达"[②]。这里，康有为把呈递第四书的时间，说成是

---

① 徐勤：《南海先生四上书杂记》，《戊戌变法》，第 3 册，第 132—133 页。
② 《南海康工部条陈胶事折》，丁酉木刻本，第 2 页。

在乙未闰五月二十七日光绪皇帝下令疆臣会议康第三书以后，实为论说有误。康有为呈递第四书的时间，应以《南海先生四上书记》所注光绪二十一年闰五月初八日（1895 年 6 月 30 日）为准。

康有为的《自编年谱》与徐勤的《杂记》均谓李文田中构煽之言，施嫌排挤，独梗僚议之事。李文田，字若农，广东顺德人。咸丰九年（1859 年）"一甲三名进士，授编修，入直南书房"①，学问赅洽，述作有体，"屡典试事，类能识拔绩学，士皆称之"②。李文田晚节尤特立不苟，在政治上倾向帝党。文廷式谓其"将死语不及私，惟惇惇以朝局为虑。见汪、长二侍郎被黜时，病已笃矣，犹喘息言曰：'吾病死不足惜，但某相国与某官者，朝夕聚集，密谋欲翻朝局，吾亲家某侍郎亦与其谋，可若何？'不越日卒。故余挽联以'鲁连蹈海，杞妇崩城'拟之，沈子培刑部挽联以'威公泪尽，苌叔心孤'拟之"③。文廷式所提到的其亲家某侍郎系指张荫桓。《闻尘偶记》的另一则记载又谓：李文田"临终前一日执余手言曰：'合肥与李莲英日日相见，图变朝局，汝等当小心。'既而曰：'吾不能与常熟款语，然合肥、济宁（指孙毓汶）各怀不呈，以吾亲家张荫桓为枢纽。二人一发千钧，皆在张一人，胡为至今不去也'"④。由文廷式所记不难看出，李文田在政治上完全与帝党保持一致，其所言张荫桓参与李鸿章等图谋翻变朝局一事，亦颇中肯要，故文廷式谓其"忠诚之心，将死弥笃，乃至不避至亲。迄今思之，可谓流涕"。李文田既属帝党，对变法之事，亦表赞成，其临死前所递《遗折》颇能

① 《清史稿·李文田传》。
② 同上。
③ 文廷式：《闻尘偶记》。
④ 同上。

表明其心迹。《遗折》谓："臣少年通籍，渥荷圣恩，侍直南斋垂三十年……值此事变多艰，九重宵旰，正人臣卧薪尝胆时……伏愿皇上励精图治，力戒因循，惩外患之方殷，求得人以为理，从此圣治日昌，海宇晏然。"① 可见，对于朝廷变法更张，李氏自内心深表赞同。李文田之所以不愿意为康有为代呈《上清帝第四书》，盖由于当时的人事纠葛，李文田对康氏之人品怀有成见。

再有，关于《上清帝第四书》的内容，黄彰健先生以为进呈本"应无设议院触犯时忌语句"②。对此，管见亦不敢苟同。康有为此书的重要意义恰恰在于，它提出了"设议院以通下情"的政治主张，这在康有为的宪政思想史上具有很重要的意义，故不可不辩论清楚。黄先生由于对《上清帝第三书》在"设议郎"等问题上的判断失误，导致了他对康有为在戊戌年以前在议院、国会问题上得出一系列错误结论。其一，在当时条件下，提出设议院似不宜笼统视作"触犯时忌"，因为当时先进的中国人所说的议院，与西方资产阶级的议院有着质的不同。正因为如此，在百日维新期间，丁立瀛、阔普通武等许多人都直接上书请设议院。其二，黄先生亦注意到了这一点，即戊戌政变后，广东地方官在南海康有为家中抄获梁启超给康有为的信件，该信中已提到"第四书粤中云已开刻，则无须更写。第一书及朝殿文，南海皆有定本，尤无须更写矣"。梁氏的这一信件似可证明，坊间流传的《上清帝第四书》刊本，与康有为向清廷呈递的原折并无原则上的更易。

---

① 中国第一历史档案馆藏：李文田《遗折》。
② 黄彰健：《康有为戊戌奏稿辨伪并论今传康戊戌以前各次上书是否与当时递呈原件内容相合》。

第三章

与帝党结合及为王鹏运草拟章奏

康有为的变法奏议，一部分是以他个人名义，直接向皇帝上书，另一部分则是代替言官草拟疏稿。这些疏稿大部分是与清朝统治阶级内部斗争紧密相关。因为康氏变法的主导思想，不是自下而上依靠广大人民群众来变法，而是自上而下靠君权雷厉风行地推行新政。康有为曾经不惮其烦地劝说光绪皇帝"内审安危，断自圣衷"[①]。认为只要皇帝赫然发奋，扫除更张，天下人士都会奔走风从，群起响应的。这些言论都集中体现了他依靠皇权变法的立场。

但是，在"浮屠百级，级级难通，广厦千间，重重并隔"[②]的封建专制主义社会中，皇上"堂廉迥隔"，"天威尊严"，像康有为这样地位低微的人，想直达天听又谈何容易。自光绪十四年（1888 年）以降，康有为多次上书，除《上清帝第三书》侥幸上达外，其余均被阻隔。多年的实践使他认识到："变法本源，非

---

① 康有为：《上清帝第四书》。
② 康有为：《公车上书》。

自京师始，非自王公大臣始不可。"① 光绪二十一年（1895 年）夏季，在康有为的《上清帝第四书》被工部堂官拒绝代奏后，他便开始将更多的注意力转移到清廷上层，注意在统治阶级上层寻求变法的支持者。正是在这种情况下，他为御史王鹏运草拟了不少奏折。

第一节　帝后党争的激化与康有为向帝党的靠拢

清廷内部自光绪皇帝亲政之后，逐渐形成了帝党和后党两个对立的政治派别。帝后党争的出现，根源在于两派的争权夺势。光绪皇帝自四岁入宫后，第二年即在毓庆宫读书，在翁同龢等师傅的启迪诱导下，颇欲有所作为。② 但是慈禧的权力欲极强，虽然退居"颐养天年"，却仍把住清廷的最高权力不放。光绪皇帝"上制于西后，下壅于大臣，不能有其权，不能行其志"③，事事仍得请懿旨而行。久而久之，在帝后之间必然出现矛盾与摩擦。

慈禧在咸丰十一年（1861 年）的北京政变后，两度垂帘，执掌政柄，在朝廷可谓私党猬集。但是，到了甲午战争时，后党阵营中的中坚人物已经是军机大臣孙毓汶和徐用仪。

孙毓汶自甲申之变后入军机，先是追随醇亲王奕譞，"孜孜营财贿，通竿牍"④。光绪十七年（1891 年）冬奕譞病故后，孙

---

① 《康南海自编年谱》，《戊戌变法》，第 4 册，第 132 页。
② 参阅拙作：《光绪早期思想初探——读未刊印的光绪御制诗文札记》，《清史研究集》第 2 辑，第 278－300 页。
③ 梁启超：《戊戌变法记》卷 2。
④ 沃丘仲子：《近代名人小传》卷上，第 98 页，崇文书局，1918 年。

毓汶唯慈禧之言是听。在他的援引下，徐用仪于光绪二十年
（1894 年）六月正式入枢垣。徐用仪，字小云，浙江海盐人，咸
丰九年（1859 年）顺天乡试举人。同治初年充军机章京，"循资
领汉头班"，又于光绪十年闰五月初三日（1884 年 6 月 25 日）在
总理各国事务衙门行走。孙、徐二人关系密切，交谊甚笃。他们
之间这种迥非寻常的关系，由孙毓汶后辈保存的大量函稿中，看
得尤其真切。凡是在孙毓汶离京期间，徐用仪不但照料孙氏家
务，代递折件，还不时地通报朝廷动向，尤其是总理衙门对外交
涉事务及朝廷官吏的任免，并称"惜不克追随"于孙氏之后。①

　　孙毓汶还利用其"凤值南斋，多识群阉"的机会，通过对内
交通太监总管李莲英，对外笼络北洋大臣、直隶总督李鸿章，巩
固和抬高自己的地位。不数年间孙毓汶即成了一位声势赫赫、不
可一世的枢机要员。

　　有关孙毓汶与太监总管李莲英的交接细节，在清代正式的官
文书中很难找到记载。不过《清人逸事》曾谓其"与李莲英结兰
谱，得以侦探内宫消息，视皇上如虚器焉"。揆诸当时情势，当
非纯系子虚之谈。至于孙毓汶与李鸿章的结纳，则在孙毓汶的未
刊函稿中，可找到可靠的依据。孙毓汶与李鸿章的结交，可以追
溯到孙氏尚未进入军机处之前。光绪五年（1879 年）孙毓汶奉
命视学皖省，李鸿章以有事相托，故与孙毓汶函牍往还，甚为密
切。现尚存函札两通，颇能窥出其中奥秘。

　　其一通曰：

　　　　莱山世叔大人阁下：前阅邸钞，知奉命视学吾皖，正为

────────
① 徐用仪：《致莱山太世叔函》，光绪十年七月十九日。

多士得师庆，倥偬尚未肃贺。顷奉手示，敬审起节有期，单车就道，秋风槐市，按部从容，至为企颂。

属询丰顺轮船来津日期，饬据商局查复，该船月杪可到，六月初一、二日，由津南旋。台旆既定二十六日由通州登舟，伏汛盛涨，三、四日当可抵津，届时尽可赶上丰顺。如风水少阻，亦可饬停待一二日。或包舱，或按人数计，价皆不过二百余金，箱只向不另算。到沪后，应函属刘芝田观察专派官轮船，径送太平为便。暑时溽蒸，驿路阻远，诚不如海上飙轮凉爽迅速也。

手肃布复，祗叩大喜，谨璧晚谦，余容晤罄。不一一。

世愚侄李鸿章顿首，五月十四日。①

其二通曰：

再迭奉六月初五、八月二十四日手示，敬审移节金陵试事顺吉，乡人来信谓，录遗卷手批精审，为向来学使所未能，想见冰鉴高悬，苦心造士，皖儒庆幸多矣。

敝省兵燹以后，人多废学，根底殊薄，得宗匠陶甄化育，可冀鼓舞奋兴，应试虽多，滥竽亦众，遗卷九百，实不为苛。冬间先考省城，明岁自更从容就绪。

余侄经义，尚知向学，文艺未克精深。辱蒙甄取优贡，以励上进，曷任惭感。闱作无出色处，断难倖获，幸厕门墙，乞随时鞭策之为荷。

令侄孙世兄老成朴干，派裹机器，藉资练习，堪纾仁廑。

---

① 李鸿章：《致孙莱山书》（未刊稿）。

鄙状庶如恒。手肃布谢，祇叩大喜，谨璧扳谦。不一一。

侄鸿章又顿。①

李鸿章的这两通密函，坊间未见流传，读来弥足珍贵，它不仅可以使我们了解孙、李早年互相结纳，彼此利用的内幕，而且对于甲午战争中李鸿章依附后党，主和误国，孙毓汶则甘为李氏奥援，"词色俱厉"，力主和议，致使各枢臣都"不敢有异词"②的历史背景亦可加深了解。难怪当李鸿章签署的《马关条约》到京后，孙毓汶迫不及待地手捧条约逼光绪皇帝批准，并不惜煽动私人，阻挠公车上书，盖孙、李皆以慈禧为靠山，故行为有恃无恐。

与后党盘根错节的势力相比，帝党的力量要单薄得多。户部尚书翁同龢是帝党的魁首，曾在毓庆宫授读几二十年，光绪皇帝"每事必问同龢，眷依尤重"③，"恩礼之渥，冠诸臣"④。翁同龢周围吸引了一批文人学士，诸如文廷式、张謇、陈炽、丁立钧等。这些人虽然能左右社会舆论，但在实际上却没有多大力量。当时，还有一位政治上很有影响的人物李鸿藻。李鸿藻，号兰孙，直隶高阳人，咸丰二年（1852年）进士，庶吉士散馆授编修，咸丰末入直上书房，授同治帝读，为弘德殿行走。历任工部、兵部、户部、礼部、吏部尚书，其在枢府颇能"守正持大体"⑤，门生故吏满天下，清望亦著于一时。甲申之变后，李鸿藻与奕䜣等一并被逐出枢垣，故对慈禧干政久已不满。甲午战争中他虽与翁同龢一起奋力主战，但却与翁氏颇有些貌合神离，并

---

① 李鸿章：《致孙莱山书》（未刊稿）。
② 易顺鼎：《盾墨拾余》，见《中国近代史资料丛刊·中日战争》，第1册，第127页。
③ 《清史稿·翁同龢传》。
④ 沃丘仲子：《近代名人小传》卷上，第106页。
⑤ 《清史稿·李鸿藻传》。

非事事同心。李氏每逢朝局动荡时，闭门不接宾客，虽为清流之魁首，却"恶倖进，重老成，尝曰今新进为大言者，皆欲猎好官，淡然对之，技无所施矣"①。此种做法，与翁同龢喜好结交迥异。此外，李鸿藻思想守旧，不通世界大势，以不与洋人交往为清高。笔者有幸见到李鸿藻致英国驻北京外交官的函件一通，颇能表明李氏这一立场。现将原函征引如下：

> 径启者：见招雅集，甚愿赴任，藉聆尘谈。惟本大臣公事冗繁，每日晚间即须早为休息。且西餐于鄙人脾胃不甚服习，届时实难前往。兹将大柬奉璧。尚希鉴谅。泐此布谢。顺颂日祉
>
> 名另具，初九日②

李鸿藻身为总理衙门大臣，与外国驻京使臣应酬，礼尚往来，本属应该做的事情，而他却深闭固拒，丝毫不通情理。这种以不交接外人为清高的态度，与翁同龢与洋人从容论道，借以了解外情的做法大相径庭。李鸿藻的这些所作所为表明，尽管他对慈禧自甲申以来的许多做法不无微词，但是却很难说他与翁同龢一样，能够在政治上同情维新派，支持康有为的变更祖宗成法的行动。

甲午中日战争开始后，帝后党争出现了非常复杂的局面。光绪皇帝主张以武力回击日本的侵略，翁同龢、李鸿藻亦持相同立场，极力主战。慈禧开始时虽不无赞同之意，但却更注意于自己的六旬庆典，并拟在颐和园接受朝臣庆贺，仿康熙、乾隆间成

---

① 沃丘仲子：《近代名人小传》卷上，第 102 页。
② 李鸿藻：《致英国驻京使臣函》（未刊稿）。

例："自大内至园，跸路所径，设彩棚经坛，举行庆典"①，公然
威胁道："今日令吾不欢者，吾亦将令彼终身不欢。"② 针对慈禧
的这种对战争的消极态度，以光绪皇帝为首的帝党采取了一些措
施，诸如鼓动言官上书言事，要求停止点景，移作兵费等。③ 另
外为了牵制慈禧，光绪皇帝密谋策划，吁请被慈禧罢黜十年之久
的恭亲王奕䜣重新出山。

　　这一行动首先是由光绪皇帝召见词臣时密为布置的。陆宝忠
的《年谱》曾对此中曲折略有记述：光绪二十年八月二十八日
(1894 年 9 月 27 日)"入直，宝忠独蒙召对，所宣示者不敢缕记，
临出上谓：'吾今日推心告汝，汝其好为之。'退至直庐，即往谒
徐荫老，荫老约同志拟折"④。此处荫老，指徐桐，号荫轩，正蓝
旗汉军人，道光三十年（1850 年）进士，尝游倭仁之门。徐桐
习宋儒言，思想呆板，尤恶言新政，"门人言新政者，屏不令入
谒"⑤。徐桐历仕四朝，时又为翰林院前辈，故陆宝忠在光绪皇
帝召见后，首先去找徐桐，联络词臣递折。陆氏《年谱》中所
谓："不敢缕记"者，应是光绪皇帝对慈禧的微词及其对时局所
采取的措施。

　　又据叶昌炽的日记记载，甲午八月二十八日，"木斋晨来，
约联名递封事，请起用恭邸，昨日南、上两斋先入告，伯葵前辈
召对，圣意欲得外廷诸臣协力言之也"⑥。于是，文人学士们群

①　中国第一历史档案馆藏：《慈禧六旬庆典档》。
②　范文澜：《中国近代史》（上册），第 265 页。
③　高燮曾：《军务孔亟请停点景事宜折》，《清光绪朝中日交涉史料》，第 17 卷，第
40 页。
④　《陆文慎公年谱》卷上。
⑤　《清史稿·徐桐传》。
⑥　叶昌炽：《缘督庐日记》，光绪二十年八月。

集议于全浙馆，"道希属稿，列名者五十七人"。

上文中木斋，系指李盛铎，伯葵则为陆宝忠，道希为文廷式。可见，为了让恭亲王出山，光绪皇帝几乎动员了一切可以动用的力量。在词臣们的奏片递上后，他又授意翁同龢与李鸿藻联名，亲拟奏片，略谓：

> 臣等伏思恭亲王勋望素隆，曾膺巨任，前经获咎，恩准养疴，际此军务日急，大局可忧，恭亲王懿亲重臣，岂得置身事外。李文田等所奏各节，不为无见，谨合词吁恳天恩，可否恭请懿旨，将恭亲王量予任用之处，伏候圣裁。①

然而，慈禧却态度冷淡，"执意不回，虽不甚怒，而词气决绝，凡数十言，皆如水沃石"②。但是，帝党并未灰心，光绪皇帝又再召词臣，连续请恭亲王复出，最后终于达到了目的。可惜，奕訢的再出，并未能给帝党帮多大忙，文廷式对此颇为抱憾，称："恭邸复用之后，惟设督办军务处，授宋庆帮办军务，余无所建白。"李约农言："在书房闻太监语，恭亲王起用之日，李莲英率同党诸人跪哭于太后前曰：'恭邸得政，奴辈必死，愿乞命于老佛爷（宫中称太后如此）。'太后慰之。……恭邸至冬间乃直军机，年已老，又叠经废置，且一时在事将相，多非所习，遂因循焉。"③

可见，在恭亲王出山之前，深宫内部曾有一场斗争。恭亲王奕訢在甲申被罢黜后，愤愤不平，牢骚满腹，曾集唐诗有云："猛拍阑干思往事，一场春梦不分明"④，流露了郁积于胸中的愤

---

① 《翁文恭公日记》，光绪二十年八月二十八日。
② 同上。
③ 文廷式：《闻尘偶记》。
④ 黄濬：《花随人圣庵摭忆·恭王屏出军机》。

懑之情。但是，经不起慈禧的再三摧折①，奕䜣的棱角与锐气已消磨殆尽。因此，他甲午虽然复出督办军务兼值军机，但对慈禧却是唯命是听，没有越雷池一步的锐气。时人谓其并无"开济之效"，当属确论。奕䜣的怯懦与颓废使帝党非常失望。

在帝党争取起用恭亲王的同时，后党为了加强自己在中枢的实力亦采取相同措施，即把远在西安将军任上的荣禄调回京城任职。荣禄，字仲华，满洲人，早年以文荫为兵部曹郎，很快擢升侍郎、内务府大臣。年仅三十，即号为慈禧宠臣，后因故放为西安将军。荣禄在西安期间，一方面与鹿传霖等地方官吏深相结纳，另一方面又与中枢要员函电络绎，以备东山再起。

甲午慈禧六旬庆典举行时，荣禄由西安回京祝嘏，事毕即被慈禧留京办事。荣禄才思敏捷，办事干练，又富于权谋，他于光绪二十年九月二十九日（1894年10月27日）接替福锟的步军统领，不久又授为兵部尚书，参与督办军务事宜。他的出现使后党的力量得到很大加强，并且与翁同龢等人处于严重对立的状态。他在光绪二十一年十一月初三日（1895年12月18日）② 写给陕西巡抚鹿传霖的密札中即直言不讳地说道："常熟奸狡性成，真有令人不可思意（议）者，其误国之处，有胜于济南（宁），与合肥可并论也。合肥甘为小人，而常熟则仍作伪君子，刻与其共事，几于无日不因公事争执。而高阳老矣，又苦于才短，事事为其欺蒙，可胜叹哉！""岂堂堂中国，其欲送之于合肥、常熟二子之手耶。"①

信中常熟系指翁同龢，合肥系指李鸿章，济南（宁）系指孙毓汶。此密札说明了荣禄一到京师，即表现出与翁同龢势不两立的姿态，并流露了对李鸿章等人的不满情绪。但是，此时荣禄毕竟还羽翼未丰，加之其为人狡诈，因此，在尖锐的斗争场合，荣禄时常保持缄默，而把孙、徐推在前头。

随着甲午战争的失败，帝后两党的关系陷于十分紧张的境地。围绕《马关条约》的签署，翁同龢又与孙毓汶、徐用仪等人在要不要割地等问题上展开激烈争论。光绪二十一年（1895年）正月下旬，李鸿章赴日议约前夕，在京请训，争论即已展开。据翁同龢日记记载：正月二十八日（2月22日），李鸿章到京，召见养心殿："合肥奏言，割地之说不敢担承，假如占地索银，亦殊难措，户部恐无此款。余奏言：'但得办到不割地，则多偿当努力'。孙、徐则但言：'不应割地，便不能开办。'问海防，合肥对以'实无把握，不敢粉饰'。……李相、庆邸及枢臣集传心殿议事，李欲要余同往议和，予曰：'若余曾办过洋务，此行必不辞。今以生手办重事，胡可哉？'合肥云：'割地不可行，议不成则归耳。'语甚坚决。而孙毓汶、徐用仪怵以危语，意在撮合。群公默默，余独主前议，谓偿胜于割。"②

当李鸿章签订的《马关条约》传到京师时，翁同龢劝阻光绪皇帝用宝，而孙毓汶、徐用仪则力促批准，并称"战万无把握，而和则确有把握"③。彼此因割地签约事，屡次廷争，"至于攘袂"。可见，

---

① 《中国近代史资料丛刊·中日战争》，第 4 册，第 576 页。
② 《翁文恭公日记》，光绪二十一年正月二十八日。
③ 易顺鼎：《盾墨拾余》，《中国近代史资料丛刊·中日战争》，第 1 册，第 126 页。

这时帝后党争论已达到白热化的程度。而康有为正是在此情况下，由于同帝党要员翁同龢的政见不乏相同之处，故力图与翁同龢靠近，希望得到帝党的支持。康有为在《自编年谱》中称：

> 时翁常熟以师傅当国，憾于割台事，有变法之心，来访不遇，乃就而谒之。常熟谢戊子不代上书之事，谓当时实未知日本之情，此事甚惭云。乃与论变法之事，反复讲求，自未至酉，大洽，索吾论治之书。时未知上之无权，面责常熟，力任变法，推见（荐）贤才，常熟乃谓："与君虽新见，然相知十年，实如故人，姑为子言，宜密之。上实无权，太后极猜忌。上有点心赏近支王公大臣，太后亦剖看，视有密诏否。自经文芸阁召见后，即不许上见小臣。即吾之见客，亦有人窥门三巡数之者，故吾不敢见客，盖有难言也。"吾乃始知宫中事。①

康有为的这段自述真实地记载了他与帝党魁首翁同龢在甲午战后初步交往的经过。虽初次见晤，而翁氏则将宫禁秘事，直言相告，反映了彼此相交之深，相见恨晚之情，几乎到了无话不说的地步。维新派与帝党的结合，是当时政治生活中的一件大事。这种结合并非偶然发生的，而是由许多因素促成的。

其一，甲午战后严重的民族危机。近代中国经常遭到帝国主义入侵，民族矛盾的激化常常促使不同的阶级、不同的政治派别走到一起。光绪皇帝与翁同龢由主战失败后，有了"卧薪尝胆"，报仇雪恨的强烈愿望，于是产生了变法更张的念头。倘若帝党从

---

① 《康南海自编年谱》，《戊戌变法》，第 4 册，第 132–133 页。

主观上没有穷则思变"以湔国耻"①的动机，他们也就不会"引新进小臣，锐意更张，为发奋自强之计"②了。这可以说是帝党与维新派结合的重要的思想基础。

其二，帝党和维新派的结合与康有为的阶级地位及其所抱定的依靠君权雷厉风行地推行新法的宗旨相吻合。尽管维新派所设想的变法方案及变法要达到的目标与帝党不尽相同，但是，这并不妨碍他们在一定时期的密切合作。

维新派与帝党的结合对于变法运动的蓬勃开展，提供了十分便利的条件，但对于康有为变法纲领与策略则有不可忽视的消极影响。为了适应这种联合，康有为不得不对自己的变法步骤乃至变法纲领，不断进行修正，而这种修正又常常使维新派的民主思想光华变得黯然失色。

第二节　为王鹏运草疏弹劾徐用仪

甲午战败，国势顿挫，民怨沸腾。主和派孙毓汶、徐用仪等威信扫地，朝野上下都极为痛恨。故孙毓汶自《马关条约》批准后不久，即因"肝邪肆扰，正气不支"，"夜辄失眠，昼即昏倦"等症状，呈请开缺。③光绪二十一年六月初五日（1895 年 7 月 26 日），光绪皇帝未经慈禧同意，即将孙氏开缺。④根据光绪十四

---

① 《清史稿·德宗本纪》。
② 同上。
③ 中国第一历史档案馆藏：孙毓汶《病情开缺折》。
④ 《翁文恭公日记》光绪二十一年六月初五日记曰："乘车入，事下迟，见起二刻，孙毓汶请开缺，旨允准，本日即下，未请懿旨。"

年（1888 年）奕譞与军机大臣草拟的《酌拟归政事宜折》的有关条文，凡身居要职的重臣任免事宜，事先均应请懿旨裁决，孙毓汶作为军机大臣，按理应经慈禧同意后再行颁旨，而光绪皇帝却在一怒之下做出上述决定。光绪皇帝的鲁莽举动无疑会引起后党不满。在孙氏离开军机处之后，徐用仪势孤力单，颇不安于其位，帝党则试图利用内外臣民战败后的不满情绪进一步削弱后党势力。正是在这种情势下，康有为迎合帝党需要，在孙毓汶开缺不久，即草拟了《枢臣不职，请旨立予罢斥，以清政本折》。该折指出：

> 近日孙毓汶病请开缺，皇上特允所请，莫不仰赞圣明，以为升平可冀。何也？害马未去，则骐骥不前；污秽既除，则良苗自植，理之常也。今日政府之所谓害马与污秽者，孙毓汶外，则为侍郎徐用仪。该侍郎贪庸奸慝，误国行私诸罪状，臣近与给事中洪良品等已联衔据实纠参……自来权臣窃柄，去之最难。其巧佞足以动人主之矜怜，其诡谲足以杜同僚之非议，非圣明洞烛其奸，则用舍鲜不为所惑。①

该折用非常明确的语言，要求光绪皇帝宸衷独断，将徐用仪逐出军机处及总理衙门。

当时，帝党官僚愤恨徐用仪的主要原因是，他一味追随孙毓汶，与李鸿章内勾外联，败坏国事。故康氏代拟折亦抓住这一要害问题，批评徐用仪"品望不重于朝端，功绩未登于册府"②，初任枢臣不久，即把持权势，引用私人，对日战争一开始，徐用

---

①　中国第一历史档案馆藏：御史王鹏运《枢臣不职，请旨立予罢斥，以清政本折》。
②　同上。

仪唯知附和孙毓汶，迎合李鸿章，"以便其献媚洋人之故智"①。
"故此次和议之坏，固坏于李鸿章、孙毓汶之狼狈为奸，亦实坏
于徐用仪之迎合附和。"② 现时事艰难，正赖政府得人，庶可徐
图挽救。孙毓汶既已罢免，而徐氏仍居枢要，"势必内为孙毓汶
之传法沙门，外为李鸿章之暗中线索，寅恭之雅不闻，掣肘之形
时见，有妨时局，为患方长，相应请旨将侍郎徐用仪立予罢斥，
以为为臣不忠之大戒"③。

康有为的这份奏折，由御史王鹏运代为递上，关于其中曲
折，康氏《自编年谱》记载颇为详尽：

> 时常熟日读变法之书，锐意变法，吾说以先变科举，决
> 意欲行，令陈次亮草定十二道新政意旨，将次第行之。然恭
> 邸、高阳以常熟有毓庆之独对，颇妒之，自四月合力攻孙毓
> 汶、李鸿章后，渐不和矣。常熟内畏太后，欲托之恭邸而
> 行，而恭邸不明外事，未能同心，卒不行也。时孙毓汶虽
> 去，而徐用仪犹在政府，事事阻挠。恭邸、常熟皆欲去之，
> 欲其自引病。叠经言官奏劾，徐犹恋栈。六月九日草折，觅
> 戴少怀庶子劾之，戴逡巡不敢上，乃与王幼霞御史鹏运言
> 之，王新入台敢言，十四日上焉。……越日归，而徐用仪逐
> 出枢、译两署焉。④

王鹏运，字幼霞，自号半塘老人，广西临桂人。同治九年
（1870 年）本省乡试举人，后以中书分发到阁行走，旋补内阁中

---

① 中国第一历史档案馆藏：御史王鹏运《枢臣不职，请旨立予罢斥，以清政本折》。
② 同上。
③ 同上。
④ 《康南海自编年谱》，《戊戌变法》，第 4 册，第 133 页。

书。王鹏运于光绪十九年（1893 年）七月考授御史，奉命巡视中城。乙未年代康有为上折时为三品顶戴，掌江西道监察御史。王氏擅长词章之学，遇事敢言。光绪二十一年（1895 年）京师强学会成立时，维新派"恐言路或为中止"，援引鹏运入会，"以为重"①。与维新派时有往还，且屡次代康有为递折，弹劾徐用仪即其中最为重要者。

不过，康氏《自编年谱》所记亦有与史实相悖者，现订正如下：

其一，康氏谓，王鹏运此折于六月十四日（8 月 4 日）上之于朝，据清档记载，应为六月十一日（8 月 1 日）。且徐用仪并非"越日"即出枢、译两署，而是有一个曲折过程，至六月十六日（8 月 6 日）光绪皇帝始颁布谕旨。翁氏日记有"命徐用仪退出军机处并总理衙门，命钱应溥在军机大臣上行走"的记载。②

其二，关于王鹏运此折递上之后，恭亲王奕訢及李鸿藻对徐用仪态度，与康氏《自编年谱》所记亦颇有抵触。

据《翁文恭公日记》记载，当时军机大臣对王鹏运奏折的意见颇有分歧。翁氏记曰："入时事已下，留王鹏运封奏未下。先召臣至养心殿，谕今日有弹章，数语即出。入至小屋，则传谕徐某不必上。……见起时宣示：此奏则专劾徐用仪，比附孙某（按：指孙毓汶），与李相表里，兼及借款忿争事，谓同僚和解觍颜再出，无耻之甚云云。邸（按：指恭亲王奕訢）及李相（按：指军机大臣李鸿藻）力争，谓此人实无劣迹，余亦为申辩。而上

①　吴樵：光绪二十二年二月二十一日《致汪康年书》，转引自汤志钧：《戊戌变法人物传稿》（增订本）上册，第 335 页。
②　《翁文恭公日记》，光绪二十一年六月十六日。

怒未回，令其姑迟数日不入直，静候十五日请懿旨也。唯唯而退。"①

六月十六日（8月6日），翁氏又记曰："恭闻恩命，臣与李鸿藻均在总理各国事务衙门行走，即碰头谢讫。前此固尝一辞再辞，语已罄竭，无可说也。……命徐用仪退出军机处并总理衙门。"②

又据李鸿藻六月十一日（8月1日）日记所述，亦与翁氏相符。

> 寅初入直，肃王、王鹏运、继恒封槀，王鹏运折留。吏部等处带引见。辰初，叔平先叫起，召见，外起丁槐、廖寿恒。小云不令上去，王鹏运专劾徐用仪，请即予罢斥。当即力言。巳正后退直。③

翁同龢与李鸿藻的日记共同表明，在王鹏运奏折递上后，清廷内部曾展开了争论，光绪皇帝痛恨徐用仪追随孙毓汶，事事阻挠，故极力主张将徐用仪逐出军机处与总理衙门。但是，恭亲王与李鸿藻却反对这一决定，"当即立言"徐用仪并"无劣迹"，并且进行"力争"。翁同龢虽"亦为申辩"，却是门面语，无关痛痒，显示枢垣内部对徐用仪存在截然不同的两种意见。此处与康氏《自编年谱》所记已大相径庭。

光绪皇帝接到王鹏运奏章后，"叔平先叫起"，显然是先与翁同龢进行磋商，拿定主意。由此即可看出光绪皇帝对翁氏之宠信，远出其他枢臣之上。最后，此事交给慈禧裁决，即可能吸取

---

① 《翁文恭公日记》，光绪二十一年六月十一日。
② 《翁文恭公日记》，光绪二十一年六月十六日。
③ 李宗侗等：《李鸿藻先生年谱》，下册，第734页。

前次开缺孙毓汶未请懿旨的教训。由于徐用仪与孙毓汶在甲午战争期间，狼狈为奸，割地求和，早已为舆论所不容，因此，慈禧对光绪皇帝要罢黜徐用仪的意见，不得不表示赞同。

还应该指出的是，康有为的这份奏折无疑是根据翁同龢等帝党官僚授意草拟的。早在半个多月以前，光绪皇帝即明显表示出对徐用仪的反感。闰五月二十四日（7 月 16 日），李鸿藻与徐用仪同一日销假入直，但光绪皇帝在见起时，只问"李鸿藻疾平否，未问徐用仪也"①。又两日后，翁氏日记又曰："照常入，御史张仲炘封奏未下。旋内侍传徐公不必见起。固心讶之矣。既入，上手奏命诸臣看，则弹徐公以俄款九三扣一事为。"② 可见，光绪皇帝对徐用仪的冷淡疏远之情早已形诸辞色，正是由于光绪皇帝态度明朗，康有为才敢于在奏折中对徐极尽挖苦讽刺之能事，不留丝毫情面。

康有为奏折中许多涉及枢垣机密的内容，都可能由翁同龢这里传出。比如，康氏折谓：

> 复风闻该传侍郎前次请假之由，因擅割云南边地，与电改借款扣数二事，为同官所诘责。乃该侍郎不知引咎，反与口角怨争，几于声彻殿陛，临当召对之际，竟敢托疾拂衣而去，次日始具奏请假。此事外间传闻甚确，宸居密迩，度不能不微达圣聪。③

查翁氏日记闰五月十二日（7 月 4 日）记曰：

---

① 《翁文恭公日记》，光绪二十一年闰五月二十四日。
② 《翁文恭公日记》，光绪二十一年闰五月二十六日。
③ 王鹏运：《枢臣不职，请旨立予罢斥，以清政本折》。

照常入，与徐小云谈借款事，彼此龃龉，竟致忿争。此
余之过。观其意殆将引去，是日见起，彼未上，云有疾。比
退，则拂衣去久矣。①

闰五月十四日（7月6日）又记曰：

午赴督办处，两王三公皆集，约樵野来商俄款，拟一电
订正前日小云所发九三扣电之误，并以每年洋税入数
告之。②

观翁氏日记所记，与康有为代王鹏运所拟奏折，内容若合
符节。

又如康氏代拟折谓："迨数日后，经同官合解，又复靦颜销
假。似此逞忿护前，贪恋禄位，昔人所讥'老而无耻者'，臣于
徐用仪见之矣。"③

查翁氏日记闰五月十五日（7月7日）对此事亦有所记：

晚访晤莱山（按：指孙毓汶），莱山疾未愈，扶杖揖客，
卧而言，颇怪余前日事。余逊词请其转圜，四刻出。又访汪
柳门，又谈四刻，归戌正矣。④

由翁同龢日记可以清楚了解到，康氏所谓"经同官合解"
者，原来是由孙毓汶出面说合，盖孙氏亦希望徐用仪继续留在军
机处与总理衙门。同时，翁同龢于闰五月十八日（7月10日）散
归途中，又曾登门"复问徐小云疾，未晤"。故徐氏才有二十四

---

① 《翁文恭公日记》，光绪二十一年闰五月十二日。
② 《翁文恭公日记》，光绪二十一年闰五月十四日。
③ 王鹏运：《枢臣不职，请旨立予罢斥，以清政本折》。
④ 《翁文恭公日记》，光绪二十一年闰五月十五日。

日（7月16日）销假之举动。

另外，关于徐用仪与同官"口角忿争"，"拂衣而去"，经同官合解后再去销假等内容，究竟如何传到康有为耳朵里的，由翁同龢日记中亦可寻觅出一些蛛丝马迹来。

首先，翁氏不可能亲自告知康有为。尽管康氏《自编年谱》曾记述了翁同龢因憾于割台事，有变法之心，"来访不遇，乃就而谒之"①。惜未记具体日期。但是，翻检翁氏乙未年日记，却并未见有与康有为接谈的记载。不过闰五月初九日（7月1日）的日记十分可疑，是日翁氏写道："归时略早，饭后，李莼客先生来长谈，此君举世目为狂生，自余观之，盖策士也。"②

对翁同龢此条日记，金梁很早即产生怀疑，金梁曰：翁氏日记重缮改易处，"如李莼客卒于甲午十一月二十四日，而翁次年闰五月初九日尚记李莼客来。初颇不解其故，继思翁自戊戌罢归，不无顾忌，甲乙数年，正直枢要，凡所记载，尤虑触讳，自取删缮，亦属常情，甲午之事，误入乙未，盖一时疏忽耳"③。

金梁独具慧眼，较早看出破绽，揭出翁氏罢归畏祸，改删日记，的确言之成理。不过，金梁将乙未闰五月初九日（7月1日）日记误记李莼客事视作"一时疏忽"，则未必恰当。其实，翁氏日记此处"李莼客"很可能原是康有为，因为李莼客时年逾花甲，是不会被举世视作"狂生"的。而康有为则屡次被徐桐等斥为"狂生"，而翁同龢则视之作"策士"。这次会见后的第二天，翁氏又记有："康之弟子梁启超卓如来，未见。"④ 很可能是康有

① 《康南海自编年谱》，《戊戌变法》，第 4 册，第 132 页。
② 《翁文恭公日记》，光绪二十一年闰五月初九日。
③ 金梁：《近世人物志》，第 16 页。
④ 《翁文恭公日记》，光绪二十一年闰五月初十日。

为与翁同龢谈"大洽"之后，介绍梁启超前来见翁同龢的。梁启超在致友人的信中写道："本欲于月之初间出都，惟日来此间颇有新政，上每言及国耻，辄顿足流涕，常熟亦日言变法，故欲在此一观其举措。"① 这正反映了当时维新派寄变政希望于帝党的心情。

如果以上分析正确的话，那么，康氏于闰五月初九日（7月1日）见翁氏，而翁氏与徐氏因借款事发生口角是十二日（7月4日）的事，故康有为不可能由翁氏处直接得到有关弹劾徐用仪的内容。其中的传话人，很可能是张荫桓。

张荫桓，字樵野，广东南海县人。精敏通侻，"纳赀为知县，铨山东"②，为巡抚阎敬铭、丁宝桢等赏识，屡蒙拔擢，后官至户部侍郎，又兼直总署。因曾充任出使美国、日斯巴尼亚（即西班牙）、秘鲁等国大臣，略通世界大势，与康有为有同乡之谊，又均主变法。为光绪皇帝时时召见，宠信在诸臣之上。③ 守旧派攻击张荫桓与康有为"表里为奸，有为尝单骑造荫桓门，密谈至夜分，往往止宿不去"④。戊戌年文悌参康有为时，亦谓其"夤缘要津"，"恒于深夜至张荫桓处住宿"⑤。又黄彰健《戊戌变法史研究》曾指出，台湾藏有《张荫桓日记》，日记中亦有类似记载。可知张荫桓与康有为之间的关系十分密切。

而这一时期，翁同龢日记中，又有翁氏与张荫桓频繁往来的

---

① 丁文江、赵丰田编：《梁启超年谱长编》，第 39 页。

② 《清史稿·张荫桓传》。

③ 苏继祖《清廷戊戌朝变记》谓：张荫桓"晓然于欧美富强之机，每为皇上讲述。上喜闻之，不时召见"。《戊戌变法》，第 1 册，第 331 页。

④ 胡思敬：《戊戌履霜录》卷 4。

⑤ 文悌：《参康有为折稿》。

记载，如翁氏与徐用仪发生龃龉后第二天，翁氏就记有"张荫桓来"。次日（7月6日），又记有"约樵野来商俄款"事。① 十九日（7月11日），又记"访晤张樵野"。二十日（7月12日）又记"熙（敬）、张（荫桓）、长（麟）三君皆集，以许电借款，欲将银合西币算及由洋汇日，或汇伦敦两节，请樵野明日偕仲华商诸林董，此事关系不轻也"②。二十七日（7月19日）晚，"樵野来，戌正去"③。之后又与张荫桓多次接触。

据此可知，张荫桓由于与翁同龢交往密切，故对枢垣情形知之最悉，很可能由他转告康有为。当时，由翁氏日记中还可看出，翁氏与汪柳门（鸣銮）接触亦很频繁，与沈曾植亦有过交往，但相比之下，张荫桓的可能性最大。

总之，康有为代王鹏运草拟的《枢臣不职，请旨立予罢斥，以清政本折》完全是根据帝党官僚的授意撰写的。这封措辞严厉的弹章说出了翁同龢想说又不便说的话。因此，康有为请罢斥徐用仪的奏折，是在甲午战争后，民族矛盾尖锐的情况下，帝党与维新派互相结合、互相利用的产物，对当时政局产生了不小的影响。

第三节　严劾谭钟麟及其对孙中山、康有为两派关系之影响

在光绪二十一年（1895年）康有为代御史王鹏运草拟的奏

---

① 《翁文恭公日记》，光绪二十一年闰五月十四日。
② 《翁文恭公日记》，光绪二十一年闰五月二十日。
③ 《翁文恭公日记》，光绪二十一年闰五月二十七日。

折中，有一件十分重要，即《疆臣笃老昏聩，措置乖方，请饬查办以安海疆折》①，是折专为弹劾两广总督谭钟麟而发，在当时并不为人们注目，即使晚近研究康有为变法活动的学者，亦很少留意。然而，这件普普通通的奏折，却产生了深远的影响，它不仅使康有为等人与两广总督谭钟麟的关系日趋紧张，而且给以康有为为代表的维新派与以孙中山为代表的革命派之间的关系蒙上了一层阴影，以致引起了孙、康之间后来的误会，与孙、康两派的关系破裂亦颇有关系。故此折在康氏奏议中，的确非同寻常，对于其间来龙去脉，似不可不加以辨析。

王鹏运所弹劾的两广总督谭钟麟，字文卿，湖南茶陵人，早年以翰林擢御史，初为浙江知府，累官至甘肃藩司，由于左宗棠的推荐，遂膺疆寄。② 光绪二十年十月二十三日（1894 年 11 月 20 日），清廷下令闽浙总督谭钟麟调补四川总督，尚未交卸③，又于次年三月二十日（1895 年 4 月 14 日）复命谭钟麟移督两广。④ 不难看出，清廷当时对谭钟麟颇寄厚望，宠信在一般封疆大吏之上。而谭氏本人任兼圻时，年已衰迈，平时罕见宾客，子弟亲信颇用事。故"唯知奉行例案，百政丛脞"。时粤中劫案日十余起，"有告钟麟须整顿者，瞪目叱之曰：此何与我事，而烦尔噪聒耶？"⑤ 及其殁，家资达百万。谭钟麟之昏庸贪劣，于此可略见一斑。

谭钟麟移督两广时，正是维新派非常活跃之际，而谭氏思想

---

① 康有为此折原件藏中国第一历史档案馆，系光绪二十一年留中奏折。
② 沃丘仲子：《近代名人小传》卷中，第 39 页。
③ 中国第一历史档案馆藏：谭钟麟《交卸闽浙总督及总理船政大臣关防折》。
④ 中国第一历史档案馆藏：谭钟麟《谢调补两广总督恩折》。
⑤ 沃丘仲子：《近代名人小传》卷中，第 40 页。

守旧，又与朝中守旧势力颇多联系，故与维新派多不相能，曾屡上书清廷，指劾康有为弟子林缵统等劣迹。① 故康有为亦屡次代人草疏，对谭钟麟进行弹劾。

王鹏运的《疆臣笃老昏聩，措置乖方，请饬查办以安海疆折》于光绪二十一年十二月初三日（1896 年 1 月 17 日）始递上清廷，而康有为由于京师强学会事为守旧派所侧目，早已离京师南下，其《自编年谱》记载：

> 强学会成立后，士夫云集，规模日盛，将俟规模日廓后，开书藏，派游学、游历："时报大行（按：此处指维新派最初创办的《万国公报》，后更名为《中外纪闻》），然守旧者疑谤亦渐起，当时莫知报之由来，有以为出自德国者，有以为出自总理衙门者，既而知出自南海馆，则群知必吾所为矣。张既怀嫌（按：此处系指张巽之，字孝谦，时为强学会成员，张氏'为人故反复，而是时高阳当国，张为其得意门生'，故维新派举其入强学会），乃因报之有谣言，从而扇之，于是，大学士徐桐、御史褚成博皆欲劾奏，沈子培、陈次亮皆来告，促即行，乃留卓如办事，而以八月二十九日出京。"②

由此可见，康有为由于受到守旧派的压力，已于是年八月底出京南下，到江宁与张之洞筹开上海强学会事宜。康有为人已不在京师，而王鹏运此奏何以谓仍与康氏有关？对其中缘由，谨罗

---

① 林缵统，字承光，广东崖州人，曾参与公车上书。参阅《大陆杂志》第 61 卷第 3 期有关康有为弟子考略一文。戊戌闰三月康有为等策动第二次公车上书时，林缵统又列名其间。

② 《康南海自编年谱》，《戊戌变法》，第 4 册，第 134 页。

列如下：

其一，康有为草拟此折，与其对南海县银塘乡同人局进行改革而遭受严重挫折有密切关系。

所谓同人局乃是同人团练局之简称。是局为咸丰四年（1854年）康有为伯祖康国熹在平息当地农民起义时创办的地主乡绅自治组织。据康有为《自编年谱》记载，"局中地十余里，三十二乡，人丁五万，自吾伯祖卒后，局事废坏，至是大涡乡知府张嵩芬者，以罢遣还乡，管乡局焉。乡素多盗，张竟与分肥，张为局中巨绅，无敢抗之者。其族人之为盗者，深夜出劫，乃竟持其筐箧还局中，饮酒乃去，以所劫物分赏局壮丁。局在墟中，壮丁凡数十，墟以三八日期，三十乡人聚而市易，人多若蚁，张族之盗曳履局门，大号于众曰：'吾为某盗，诸君何不来执我。'众睨之，莫敢犯。乡邻被劫者，夜不绝。从叔观察□三被劫，家一空，吾胞叔亦被劫。吾侄同和，侄婿陈和泽以家频劫，亟请我治盗，而张庇之，非攻张，盗不能去也，而吾实无暇还乡任事。陈礼吉，吾乡人也。乃曰：'吾穷天人之理已至矣，已无书可读矣。惟未尝试于事，吾等日言仁，何不假同人局而试之；是亦一国土也，行仁施爱，先自近始，开学校以教之，辟蚕桑以富之，修道路以治之，一岁而化成，然后委之谨愿（厚）者守之，吾复可治吾学矣。'壮其言，乃号于三十二乡之绅，合三十余人攻张，令其将局戳交出。戳者，局之印也。吾伯祖领之官以办事者"①。

由康氏自述，可以看出，为了办好南海县银塘乡的同人局事务，康有为派出自己最得意的门生陈千秋前往经理。千秋，字礼

---

① 《康南海自编年谱》，《戊戌变法》，第 4 册，第 126－127 页。

吉，与康有为均为银塘乡人，系最早到康氏门下就读的弟子之一，且最为康氏所钟爱。康氏早年秘不示人的《大同书》初稿，在万木草堂弟子中"最初得读此书者，惟陈千秋、梁启超"，读则大乐，意欲宣传书中精义，而为康氏所阻。① 康氏屡次称赞千秋"雅才好博，好学深思"②，"高才博学，冠绝一时"③。康有为派陈千秋去管理同人局事务，足见其对此事之重视。因为在康有为及其门生看来，能否办理好一乡事务，从某种意义上来说，也是为将来办理全国政事的一个尝试。这也是康有为与其弟子们走出书斋，从事实际政务活动的第一步。

于是，陈千秋用很大的精力，投入此次治理乡里的实践，他用银一千二百两大购群书，使"要书咸备"，又倡议成立了书院，以中西之学问教授乡里弟子，改革陋习，开通风气，又延请朱菜苏以教之，他们还请官兵以剿贼，而贼尽走，杀其头目数人，又在乡里大禁赌博，革除陋习，一时宿弊尽清。但是，由于他们操之过急，禁赌持正过烈，于是引起旧势力的不满与反抗。"乡有被杀者，疑案也。礼吉以某富人行赂，疑其杀，持之甚坚，以是为众怨所丛，诸功未竟，张缘怨托言官劾我（按：指余联沅弹劾《新学伪经考》一事），又贿托潘衍桐与南海县令杨廷槐追缴局戳。吾时被劾，为桂林之游"④。而陈千秋则因诸事受阻，前功尽弃，而郁郁寡欢，因染肺病，光绪二十一年（1895 年）正月，竟吐血而死。

陈千秋的病逝，使康有为痛心不已，他认为陈氏乃"殉节同

---

① 梁启超：《清代学术概论》，第 136 页。
② 康有为：《孔子改制考》序。
③ 康有为：《粤二生诗集序》（民国十年作），见康文佩编：《万木草堂遗稿》卷 2。
④ 《康南海自编年谱》，《戊戌变法》，第 4 册，第 127 页。

人局者也"。这是维新派在地方上初次进行改革而遭受的挫折与失败。康有为把这一事件看得非常重要，经常同戊戌变政相类比，认为自光绪十九年（1893 年）十一月攻击张嵩芬起，"谤言腾沸，吾几死于是，而礼吉实殉难；与为中国变法，吾与卓如几死于是，而幼博、谭复生、杨漪川、林暾谷实殉难焉"[1]。康有为认为，尽管在银塘乡进行的改革与在全国范围内实行的变法，规模虽有大小之分，如同"十里之地与万里之地，五万之民与四万万之民，相去万倍"，但是，从事改革所遇到的阻力与非难却是相同的。凡对旧世界欲教而易之，救而治之，同样会遭到谤议，同样会遇到艰难，"其几死同，而伤我良人同，小有成功而倾覆同"[2]。康有为因银塘乡同人局事改革失利而感慨万千，他叹息道："呜呼！任事之难如此，宜人争讲老氏学，保身家妻子，坐视生民之倾覆颠连而不恤也。吾为同人局仅支舆钱数百，而其他心力之瘁，日力之旷，金钱之耗，危殆疑谤之集，仓皇避地，与八月国变未有少异也。"[3] 不难想见，康有为是把银塘乡同人局的改革视作全国规模变法的试点。从外表上看，同人局的具体事务虽由陈千秋负责经手，而实际上一切改革的步骤与方案都由康有为亲自策划。故张嵩芬等人攻击的目标亦非陈千秋，而是康有为。只要稍稍浏览一下余联沅弹劾《新学伪经考》时那尖刻的用语，就不难领会改革的艰难与守旧势力对改革者的刻骨仇恨。[4]

康有为对于银塘乡同人局事改革的失利耿耿于怀，并且以小见大，总结经验教训。其《自编年谱》谓："局一极小之事，即

① 《康南海自编年谱》，《戊戌变法》，第 4 册，第 128 页。
② 同上。
③ 同上。
④ 《翼教丛编》卷 2。

成功何足劳我，费我心血，老我岁月，伤我礼吉哉？梁卓如盖频谏之，既以大小无殊，但推恻隐之心，以行吾仁，不计祸患，不计大小，不计成败也。当缘随遇，起而行之，治同人局与中国，真未有以异哉？"① 康有为的这番感慨，既反映了维新志士不计利害，不计祸患，而以国事为重，虽屡遭磨难而不稍恤的情怀，也表达了他们对同人局事的极端重视。

因而，对于陈千秋的殉难，康有为是痛惜万分的。由此也使他对广东的地方官吏极为痛恨，时刻都在寻觅机会予以弹劾。为王鹏运草拟的奏折即因此而发。其《自编年谱》谓："自礼吉之死，吾恨之深，乙未草折令御史王佑遐劾之，有其通贼书为据，卒贿谭钟麟洗涤，而任局事者不可复得。"②

康有为此处谓为王鹏运草折劾之，比较含糊，依情理应弹劾张嵩芬。但是，揆诸中国第一历史档案馆所藏光绪二十一年（1895 年）下半年军机处各类档册的记载，并未见王鹏运具折弹劾张嵩芬。而且王鹏运作为朝廷言官，似无必要弹劾一位被罢遣还乡的知府，故康氏所记不确，由于谭钟麟为张嵩芬洗涤，很可能是弹劾谭氏。

其二，王鹏运的《疆臣笃老昏瞆，措置乖方，请饬查办以安海疆折》，与光绪二十四年七月二十八日（1898 年 9 月 13 日）御史宋伯鲁所上《粤贼蔓延，疆臣昏老悖谬，阻抑新政，酿乱四起，乞严惩斥革折》的内容诸多雷同。

譬如，王鹏运弹劾谭钟麟折谓："广东地滨大海，为南洋重镇，夙称难治，近复盗风日炽，匪党潜滋，若以老迈昏庸之员，

---

① 《康南海自编年谱》，《戊戌变法》，第 4 册，第 128 页。
② 同上。

滥膺疆寄，设有疏虞，关系非浅。"又谓："该督年老昏瞀，午后即不能接见僚属，办事亦属糊涂。外间传言，以为其文书案件，皆由子侄幕友经理，该督并不能周知。"①

而宋伯鲁参谭钟麟折亦谓："广东地处海疆，富庶居天下之半，非有才望重臣，通达中外之故者，不足以御外侮而资控制。谭钟麟年逾七十，两目昏盲，不能辨字。属员手板，须大书纸背，始能辨识。文书皆须人口诵，拜跪皆须人扶持，藩臬晋谒，不及数语，举茶即送，即使坐镇承平，已属无用。"② 两折所述内容大体相同。

又王鹏运所列举谭钟麟劣迹，首先举其裁撤广东原有的水师学堂及枪炮厂，认为这两处洋务新政设施，"经营十余年，颇有成功，乃该督于到任后，锐意裁撤，虽经当事力争，始得暂留，而每年发款不及一万两，遂令枪弹所出无几"③。

宋伯鲁折亦首劾谭钟麟裁减武备，略谓："粤东环海千里，值此强邻狡启，武备尤重，张之洞督粤，创设水师学堂，并创船坞，教练驾驶，并购德国整块铜鱼雷数十，创立鱼雷学堂，历十余年，材器颇有可用。又粤东制造轮船……乃该督到任以后，首以裁水师学堂，撤鱼雷学堂为新政，学徒星散，鱼雷锈衄，至今黄埔山下，广厦穹宇，昔费十万金而营造之者今乃付之荒凉，寥

---

① 中国第一历史档案馆藏：王鹏运《疆臣笃老昏瞀，措置乖方，请饬查办以安海疆折》。

② 中国第一历史档案馆藏：宋伯鲁《粤贼蔓延，疆臣昏老悖谬，阻抑新政，酿乱四起，乞严惩斥革折》。

③ 中国第一历史档案馆藏：王鹏运《疆臣笃老昏瞀，措置乖方，请饬查办以安海疆折》。

落以穴蛇鼠，莫不咨嗟叹息焉。"① 宋氏折与王氏折均将此作为弹劾谭氏的首要罪状。

王氏折与宋氏折相隔两三年之久，内容却多有相同处。而宋氏折据康氏《自编年谱》云，"时谭钟麟不行新政，纵盗贼，草折交宋芝栋劾之，奉旨交陈宝箴查办"②。康有为称谭氏"纵盗贼"，与王鹏运折亦同，宋氏折即系康草，则王鹏运的参谭钟麟折无疑与康有为有关。

其三，王鹏运此折可能与梁启超亦有一定牵连。因为当时康有为虽离京南下，而其弟子梁启超尚在京师，康有为完全可以通过梁启超说通王鹏运递折弹劾谭钟麟。故谭氏在两广期间与康、梁诸维新派人士多次发生龃龉。笔者有幸在档案资料中发现李端棻于光绪二十二年（1896 年）六月间致梁启超信函一通，颇能窥见康、梁与粤中大吏之关系状况，李端棻函曰：

> 卓如贤弟姨丈足下：五月二十二日接奉十三日寄来华函，正具复间，又接到十五日寄来手书，均已读悉，并悉航海南下，风顺一帆，不逾半月，安抵申江，开馆倡导，启迪聋聩，以足下之才学，何施不可出其绪余，岂特沾溉一方哉？欣甚，慰甚。

> 冒名假电一节，骤聆之骇人听闻，徐思之实属寻常，嫁祸倾陷，其（与）投递匿名揭帖者奚异？曾忆先叔京兆公云，署中遇此等事，从不究办，粤中大吏犹是人情，岂有不揆情理，不辨真伪，据无据之词，而诬陷善良乎？况例有明

---

① 中国第一历史档案馆藏：宋伯鲁《粤贼蔓延，疆臣昏老悖谬，阻抑新政，酿乱四起，乞严惩斥革折》。
② 《康南海自编年谱》，《戊戌变法》，第 4 册，第 155 页。

文，此等案件，必审实确有证据，毫无罅隙者，方可坐罚。尊事本属莫须有，何必张皇乃尔。惟望禀启堂上，不必惊恐着急，纵官吏查讯，即可具一呈，诉明在京所业何事，侨寓何处，何时出京，逐一剖析，不难水落石出，化险为夷。总之，冒电中所言一切，均云一概弗得知最妙。来信中言："且人苟作伪，亦安肯自留姓名、住址，以待覆查"云云，即是此事最要关键之语，呈中可将此语附入，则此事不辨自明矣。足下亦惟安心处馆，仍理旧业，逆来顺受，坐镇从容。坚经磨而益彰，白经涅而愈泽。多一番挫折，增一分学力，其所以挤人于井者，正所以致汝于成也。……

嗣后来电，亦宜慎重，凡事不寻常，有干吏议者，不可造次。谊虽至戚，势难措手，略布胸臆。……①

李端棻此函，甚关紧要，因篇幅所限未能悉引。不过由上述内容中可以看出，康有为、梁启超与粤中大吏关系不洽，且不断发生摩擦，李氏此函中所称"冒名假电"一节，未悉所云何事，但可以肯定是举劾康、梁在京所谓"劣迹"的，且甚关紧要，否则，梁启超不会"张皇失措"，也不会函托李端棻出面斡旋。此电是否与王鹏运的弹章有关，亦属十分可疑。但是，不管"冒名假电"的内容如何，它的出现，说明康、梁与两广总督谭钟麟关系是非常紧张的。直到光绪二十四年（1898 年）闰三月间，康有为还到处托人"欲参广东督抚"②，彼此势同水火，于此也可略见一斑。正是因为这种原因，康、梁屡屡策动言官对谭钟麟进

---

① 李端棻：《复梁孝廉卓如书》（未刊稿）。
② 文悌：《严参康有为折稿》，《戊戌变法》，第 2 册，第 486 页。

行弹劾。

康有为代王鹏运草拟这份弹章内容有两个问题极为紧要：

第一个问题是，康有为为了劾罢谭钟麟，不惜将孙中山领导的兴中会起义亦牵涉在内。该折谓：

> 今年（1895 年）九月，土匪谋攻省城，聚集多人，军械炸药，无所不备，经香港洋员电知，该督置之不理，逮营员请兵截缉，该督尚斥其勿为洋人所愚。至十一日，匪党千余搭港轮抵省举事，洋员再行急电，该督始仓皇布置，致令大股及头目等尽行逃逸，仅获余匪四十三人，正法三人，余具释放，该头目等至今未获，亦遂作为罢论。事关谋逆，全省几震，乃知而不备，备而不严，且如此巨案，并不奏闻，昏谬可想。[①]

上文中所谓"土匪谋攻省城"事件，即兴中会光绪二十一年（1895 年）发起的广州重阳起义；所谓"大股及头目等尽行逃逸"，则指的是广州起义失败后，孙中山率众逃脱一事。康有为代拟的这份奏折，完全站在封建统治阶级的立场上，把孙中山领导的革命举动，斥为"谋逆"，必欲置之死地而后快，真实地反映了他对孙中山所领导的革命运动的敌视态度。康有为与孙中山本来都是我国近代向西方寻求真理的代表人物，他们二人既有同乡之谊，又共同担负着拯救中华，使之免遭列强蹂躏的历史重任，按理说应该是携手合作，共赴国难。而且早在甲午战争之前，孙中山即表现出与康有为联合的意向。当时康有为初讲学于

---

① 中国第一历史档案馆藏：王鹏运《疆臣笃老昏聩，措置乖方，请饬查办以安海疆折》。

长兴里，据冯自由回忆当时情景谓，康氏"好浏览西学译本，凡上海广学会出版之书报，莫不尽量购取，长兴学舍旋移于广府学宫，改名万木草堂，与双门底圣教书楼相距甚迩。时总理（孙中山）初假圣教书楼悬牌行医，因康常在该书楼购书，知其有志西学，欲与结交，爰托友人转达"①。而康有为却要孙中山具门生帖，行拜师礼，乃可接谈，康氏的倨傲态度，对于孙中山同维新派的接近已构成障碍。

但是，无论是以康、梁为首的维新派人士，还是以孙中山为代表的革命派者，毕竟均系为国事奔走的仁人志士，因此，在稍后几年中，两派乃不断有所接触，亦流露出联合的迹象。光绪二十一年（1895 年）春，孙中山的代表陈少白因事至上海，居洋泾浜全安栈。当陈氏闻悉康有为、梁启超因赴京参加会试亦寓同栈时，乃赴邻室访之。康有为庄重接见，正襟危坐，仪容肃然。陈少白于是痛陈清朝政治日坏，"非推翻改造，决不足以挽救危局，康首肯者再，且介绍梁启超相见，谈论颇欢"②。尔后，革命派者与维新派人士又有几次接触，说明他们在对待腐朽的清政权方面立场不乏相同之处。因为维新派人士未被光绪皇帝重用之前，对清政权亦十分失望。正如梁启超当时所表示的："吾国人不能舍身救国者，非以家累，即以身累，我辈从此相约，非破家不能救国，非杀身不能成仁，目的以救国为第一义，同此意者皆为同志。吾辈不论成败是非，尽力做将去，万一失败，同志杀尽，只留自己一身，此志仍不可灰败，仍须尽力进行。"③ 维新

①　冯自由：《戊戌前孙康二派关系》，《革命逸史》初集，第 47 页。
②　同上。
③　狄楚青（葆贤）：《任公先生事略》，《梁启超年谱长编》，第 107 页。

派人士一面把舍身救国之人引为同志，一面却在私下里代王鹏运草疏弹劾谭钟麟，为把谭钟麟劾倒，甚至把兴中会的举事牵连在内。这种不光彩的行为影响了革命派与维新派的关系，也实际反映了以康有为为代表的维新派对清政权的一种自相矛盾的立场，一方面对它失望，甚至不惜采取以"彻底革命，洞开民智，以种族革命为本位"①的激进态度来推翻它；另一方面却苦口婆心地劝说清朝统治者通过改革而"筑金汤之业"，"游勋华之世"②，且以"人无固志，奸宄生心，陈涉辍耕于陇上，石勒倚啸于东门"③相威胁。康有为的这种前后矛盾的立场，反映了维新派人士在改革现实的斗争中徘徊动摇，患得患失的心理状态和软弱的政治品格，所有这些因素，无疑会给维新派与革命派的联合设置障碍。

第二个问题是，康有为为王鹏运草拟的这份奏折还牵涉到广东劣绅刘学询，这一点亦不容忽视，因为刘学询在康有为与孙中山的关系中是一个十分关键的人物。王鹏运的奏折指责刘学询：

> 革绅刘学询，为广东巨蠹，曾经该省绅士数十人联名呈控，复被纠参，经该督查办奏革。后，刘学询以重金关说，求免根究，该督遂一味偏袒，扬言该革绅忠实可靠，粤人浮动，忌其多财，凭空诬蔑，必令呈内联名各绅，全行到案，与刘学询对质，若有一人不到，即属情虚，予为开复该革绅地步。是非颠倒，暗无天日，莫此为甚。④

---

① 狄楚青（葆贤）：《任公先生事略》，《梁启超年谱长编》，第88页。

② 康有为：《上清帝第一书》。

③ 康有为：《上清帝第二书》。

④ 中国第一历史档案馆藏：王鹏运《疆臣笃老昏聩，措置乖方，请饬查办以安海疆折》。

刘学询，字问刍，又号耦耕，广东香山县人，与孙中山有同乡之谊。刘学询"少登甲榜，归广州为大绅，交结权要，势倾一时"①。刘学询在广东经营多年，操纵闱姓赌博，财大势壮，气焰熏天，其金钱之丰厚，足以决定士子的成败与广东地方官吏的进退。康有为在广东万木草堂授读时，即与刘学询多不相能。

然而，刘学询与孙中山却关系颇为密切。光绪二十一年（1895 年）春天，孙中山在广东创办农学会，以医术作为掩护，交结政绅各界，刘学询即充当了农学会的发起人之一。刘学询同孙中山"往还尤密"，引为同调，并且，共同密谋兴中会广东起义事宜。但是，出于刘学询久蓄非常之志，且抱有帝王思想，对西方民权学说一无所知，在当时探讨起义时，刘学询与孙中山协议多次，刘学询每以朱元璋、洪秀全自命，而把孙中山比作徐达、杨秀清，这一点颇使孙中山不快。尔后，孙中山"以其思想陈腐，势难合作，遂逐渐疏远之"②。但是，由以上事实可以看出，孙中山与刘学询的交往绝非一般，因为在等级森严的封建专制制度下，刘学询敢以朱元璋、洪秀全自命，这件事已非同小可。而且，兴中会广州举事的目的，很可能与刘学询策动大有关系。据清宫档案中所保存的两广总督谭钟麟审讯革命党人供词："陆皓东供，香山县人……孙文即逸仙，香山人，业医，与福建人在香港洋行打杂之杨衢云交好。因闻闱姓厂在省城西关收武会试闱姓费数百万，该处为殷富聚居之区，欲谋劫抢。令杨衢云在港招五百人，乘轮来省，孙文在城，赁屋三处分住。陆皓东等经理分给红带、洋枪等事。所购洋斧，因西关栅栏坚固，用以劈开

---

① 冯自由：《刘学询与革命党之关系》，《革命逸史》初集，第 77 页。
② 同上。

栅栏。即派人把守街口两头，拒绝兵勇，先雇商轮，在河边等候，抢得洋银，即上轮船驶赴香港。本定初九动手，因招人未齐，改为十二，不料初十日被巡勇访拿破案。"①

由陆皓东的供词来看，兴中会广东举事的目的之一，是劫抢闱姓银两，而关于闱姓银两的消息，无疑是从刘学询处获悉的。这也从一个侧面反映了孙中山等革命派当时与刘学询的密切关系。刘学询一面与两广总督过从甚密，一面私下又与革命派者往来，其为人狡诈，手段机敏，亦不可等闲视之。

康有为为王鹏运草折既弹劾谭钟麟对兴中会举事疏于防范，又弹劾谭钟麟对劣绅刘学询进行庇护。虽然康有为并未把刘与兴中会举事联系起来，但他的举动已使刘十分恼火。百日维新期间，康有为等又对谭钟麟进行弹劾，并指责刘学询"结匪充差"，与"谭钟麟之子谭宝箴相互勾结，狼狈为奸"，致使刘学询长期流落在外，不敢到案。于是广东巡抚许振祎在查覆折中，做出"勒罚刘学询银一百万两"②的决定，故刘学询对康有为恨之入骨。

因此，戊戌政变刚一发生，刘学询即以为报仇雪恨时机已到，自告奋勇前往日本捕拿康、梁。他以重金贿通御史杨崇伊与庆亲王奕劻，并获得慈禧允准，与已革职的内务府郎中庆宽一道，自备资斧，"明以振兴商务，暗以访拿康逆"③。刘学询在日期间，虽未捉拿到康、梁，却有机会与孙中山进行多次密谈，回国后又受到慈禧重用，特旨发交两广总督李鸿章"差遣使用"，

① 中国第一历史档案馆藏：两广总督谭钟麟《严密购拿孙文等情形折》（光绪二十一年十二月初八日）。
② 中国第一历史档案馆藏：广东巡抚许振祎《遵旨查明劣绅刘学询参款折》。
③ 中国第一历史档案馆藏：御史张仲炘《革员蓄谋深险请旨驱逐管束折》。

专门在广东与康、梁为敌。

刘学询与康有为等人之间的尖锐对立状态曾使维新派在广东的活动受到很大的限制，因此，康有为、梁启超屡次谋划刺杀刘学询。梁启超在信中说："卯金（指刘学询）富而多谋，今以全力图我，阻力之大过于荣（禄），以其近也，不可不先图之。"①又谓："豚子（指刘学询）不宰，我辈终无着手之地，此义人人知之，人人有同心。"② 可见，刘学询已构成对维新派的最大威胁，任何与刘学询交往的人，都容易引起康有为的怀疑。而庚子期间，孙中山策动两广独立，即与刘学询发生联系。孙中山的代表宫崎寅藏到广州后，竟寓刘学询家里，与刘"密谈一夜"③。此举引起康党的极大疑忌。因此，当宫崎寅藏转赴新加坡劝说康有为与孙中山联合"组党救国"时，康有为竟误认为是奉粤督命前来谋刺邀赏，遂向新加坡当局告发，致使宫崎等人被捕入狱，监禁一星期许，从而导致了康有为与孙中山联合的最终破裂。这种历史性的误会，虽然孙中山、康有为均有责任，而刘学询亦是一个不可忽略的因素，这一事件，可以看作康有为代王鹏运草拟的弹劾谭钟麟奏折所引起的余波。④

---

① 梁启超：《致总局诸兄书》，《梁启超年谱长编》，第 222 页。
② 梁启超：《致雪兄书》，《梁启超年谱长编》，第 238 页。
③ 冯自由：《刘学询与革命党之关系》，《革命逸史》初集，第 78 页。
④ 有关王鹏运奏折对孙中山、康有为关系之影响，可参阅拙作：《孙中山康有为早期关系探微》，《孙中山和他的时代——孙中山研究国际学术讨论会文集》。

第四章

民族危机的深重与康有为的对策

戊戌维新运动高潮的迅速到来，与中华民族危机的日益加重有着直接的联系。《马关条约》的签订，为帝国主义对华侵略打开了方便之门。而这一时期，世界资本主义已进入了帝国主义阶段。列强们疯狂地在中国开办工厂、矿山，强迫进行政治贷款，争抢势力范围，索占军事基地，整个中华民族的生存都受到了严重的威胁。

列宁曾经指出：在帝国主义阶段，"和商品输出不同的资本输出具有特别重要的意义"[①]。腐朽的清政府为了支付日本两亿三千万两的巨额赔款，不得不向帝国主义国家伸手借款。战后短短两三年中，清政府有三次大借款，每次一万万两。这些借款附有苛刻的政治条件，回扣大，利息重，以致清政府不得不以关税、盐厘作为抵押，列强们你争我夺，无耻无餍，无不希图在财政、金融上扼住清政府的咽喉，以使其服服帖帖地任其宰割。

与金融侵略同步进行的是列强竞相在中国开设工厂，抢夺铁路投资，把中国主要铁路干线的借款权与修筑权据为己有，尽可能多地获取原料产地与资本输出场所。最使人触目惊心的是，列

[①] 《列宁选集》，3版修订版，第2卷，第651页，北京，人民出版社，2012。

强在中国的领土上划分势力范围。沙皇俄国凭借《中俄密约》，早就开始打东三省和新疆的主意，妄图使东北等地永远保持于俄国人的手中。英国力图扩大它在长江中下游及云南、贵州、四川的利益；法国则极力以两广、云南为中心向外扩充；日本在甲午战后侵吞了台湾后，又乘机攫取福建为其势力范围。德国作为一个后起的帝国主义国家，原先在中国势力不大，但是，在俄国的默许下，于光绪二十三年（1897年）十月，武装占领胶州湾，并且贪婪地囊括了胶东半岛的铁路、矿山及其他权益。帝国主义列强们交相逼迫，而清政府只会一味妥协，任其宰割，中华民族已经到了生死存亡的关头。黄遵宪在一首诗中写道：

> 一自珠崖弃，纷纷各效尤。
>
> 瓜分惟客听，薪尽向予求。
>
> 秦楚纵横日，幽燕十六州。
>
> 未闻南北海，处处扼咽喉！[1]

这里的"珠崖弃"，指的就是胶州湾被德国军队强行占领。以此事件为契机，列强们磨牙吮血，张牙舞爪。康有为正是在这种险象环生的形势下，来到了人心惶惶的古都北京，施展其变法救亡、挽救危难的政治抱负。

第一节　艰苦卓绝的变法准备工作

光绪二十一年（1895年）十二月，康有为自上海回到广东

---

[1]　黄遵宪：《书愤》。

后，他丝毫没有因遭受挫折而气馁，而是以惊人的毅力，加紧进行变法的准备工作。创巨痛深的民族灾难，日益刺激着、煎熬着康有为等维新志士，激励着他们进一步完善变法的理论，培训扩大维新派的队伍。康有为及弟子在变法高潮到来之前的两三年中，做了大量的工作。

首先，康有为进一步完善了他用以指导变法的孔子改制理论。

康有为在万木草堂授课之余，完成了《春秋董氏学》与《孔子改制考》两部著作。在这两部著作中，他进一步宣扬了托古改制的微言大义。康有为指出：六经皆孔子所作，世人所谓孔子"述而不作"者，实际上是一种错误的观点。孔子作六经不是为了别的，而是为了改制，"盖自立一宗旨而凭之以进退古人，去取古籍"①。康氏认为，孔子改制时，经常假托于古人，所谓尧、舜者，不一定真有其人，即使真有其人，也跟常人没有什么太大区别。他们的"盛德大业"，不过是孔子根据改制的需要而构成的。他还指出，在那个时代，不止孔子一个人托古人而改今制，周秦诸子几乎没有人不这样做的。老子托黄帝，墨子托大禹，许行之托神农，都是这方面的典型事例。

那么，如何弄通孔子托古改制的微言大义呢？康有为认为，孔子道义之精华，全部集中于六经，"故凡为孔子之学者，皆当学经学也"②。六经包罗甚广，"粲然深美，浩然繁博"③，然而，六经又统一于《春秋》，故欲得孔子之学的精奥，必须先由《春

---

① 梁启超：《清代学术概论》，《戊戌变法》，第 1 册，第 437 页。
② 康有为：《桂学答问·序》。
③ 康有为：《春秋董氏学·自序》。

秋》入手。《春秋》又有《左传》、《穀梁》和《公羊》三家，而这三家又各具特色：《左传》详文与事，属于史书，"与孔子之道无与焉"①；《穀梁》则不明春秋王义，"传孔子之道而不光焉"②。在三家之中，唯有《公羊》才真正阐发素王改制的微言大义，所以弄通《公羊》是关键，《公羊》弄通了，春秋大义也就自然而然地掌握了。

在《春秋董氏学》中，康有为进一步阐明了，在三代以下的人物中，只有董仲舒堪称"醇儒"。因为董仲舒传师说最详尽，离先秦也不远，因此，想要弄通《公羊》，就离不开董仲舒的《春秋繁露》。康有为对董仲舒其人十分推崇，称"董生道不高孟（子）、荀（子）"，然而，他却得到了孔子口说的真传，故所发之言能"轶荀超孟"，"实为儒学群书之所无"③。于是，康有为指出了一条弄通孔子道义的途径，这就是借董子以通《公羊》，借《公羊》以通《春秋》，借《春秋》以通六经。循着这样的途径，便可以"窥孔子之道本，昧昧思之，如图建章之宫，写霓裳之曲，岂有涯哉！"④

还应该进一步说明的是，治公羊学者，多注重于改制，然而康有为所理解的改制又与一般的治公羊学者不同。正如梁启超所揭示的：

> 近人祖述何休以治公羊者，若刘逢禄、龚自珍、陈立辈，皆言改制，而有为之说，实与彼异，有为所谓改制者，

---

① 康有为：《春秋董氏学·自序》。
② 同上。
③ 同上。
④ 同上。

则一种政治革命、社会改造的意味也。故喜言"通三统"，"三统"者，谓夏商周三代不同，当随时因革也。喜言"张三世"，"三世"者，谓据乱世、升平世、太平世，愈改愈进也。有为政治上变法维新之主张，实本于此。①

可见，康有为之治公羊学，不是单纯地钻研学问，而是为他改变现实、改革社会的政治活动服务的。康有为在创造完善变法理论的过程中，既借助于中国古代传统经典，但又不拘泥于"章句训诂，名物制度之末"，而是求取其"创法立制"之精意，着意于创立崭新的学说，用于团结同道，鼓舞民众，去投入轰轰烈烈的变法维新的洪流。在具有创造性的理论思维中，康有为显示了自己出众的才华。

其次，康有为及弟子通过创办学会，发行报刊，"开拓心思，发越聪明"②，广泛传播维新变法的理论。他们勇敢地冲破了传统观念的束缚，向封建专制制度挑战，大大激发了蕴藏在广大民众中的爱国主义激情，加速了中华民族的觉醒。康有为及维新派这一时期的宣传鼓动有两个重点：一是，着重宣传帝国主义的疯狂侵略带来了严重的民族危机。康有为在许多场合都大声疾呼："中国屡卧于群雄之间，鼾寝于火薪之上。"③ 如果不赶快改弦更张，势必难以逃脱一旦覆亡的命运。梁启超则讲得更为痛切，他指出：

> 敌无日不可以来，国无日不可以亡。数年以后，乡井不知谁氏之藩，眷属不知谁氏之奴，血肉不知谁氏之俎，魂魄

---

① 梁启超：《清代学术概论》，《戊戌变法》，第 1 册，第 437 页。
② 康有为：《上清帝第二书》。
③ 康有为：《京师强学会序》。

不知谁氏之鬼。及今犹不思洗常革故，同心竭虑，摩荡热力，震撼精神，致心肮命，破釜沉船，以图自保于万一。而犹禽视息息，行尸走肉，毛举细致，瞻前顾后，相妒相轧，相距相离。①

维新派在全国人民面前勾画了一幅幅动人心弦、催人泪下的亡国图卷，确实起到了促人猛醒的作用。

二是，维新派宣传救亡的根本出路在于变法。在这场规模空前的宣传运动中，康有为的弟子梁启超与黄遵宪、汪康年等人在上海创办的《时务报》发挥了极大作用。梁氏从《时务报》第一期开始，连续刊登《变法通议》长文，以通俗易懂的文字，以满腔沸腾的热血，引起了广大知识阶层的强烈共鸣，把变法救亡的火种撒遍了大江南北，传播到神州的各个角落。梁启超痛快淋漓地写道："法者，天下之公器也；变者，天下之公理也。大地既通，万国蒸蒸，日趋于上，大势相迫，非可阏制。变亦变，不变亦变。变而变者，变之权操诸己，可以保国，可以保种，可以保教。不变而变者，变之权让诸人，束缚之，驰骤之。呜呼，则非吾之所敢言矣。"②

梁启超揭示了变是宇宙间永恒的规律，人们只有牢固地树立变的观念，才能掌握变的主动权，去创造民族美好的未来。维新派这铿锵有力的声音，如同惊雷，在九州大地上震荡；如同闪电，划破了笼罩在神州大地上的封建主义沉沉夜幕。《时务报》亦随之风靡海内，"数月之间，销行至万余份，梁任公之名，由

① 梁启超：《南学会序》。
② 梁启超：《变法通议》。

是噪起"①。一般士大夫"爱其语言笔札之妙，争礼下之。自通都大邑，下至僻壤穷陬，无不知有新会梁氏者"。维新派出色的宣传，为百日维新的出现奠定了思想基础。

最后，康有为等人不仅满足于变法理论的宣传，他们还特别重视在士大夫中间进行联络发动工作，注重培育变法人才。"以广求同志，开倡风气为第一义"②。从广州的万木草堂到京师的强学会，从广西桂林的景风阁，再到湖南长沙的时务学堂，康有为及维新派其他人士都十分留意培养青年人，启发他们做挽救世变的栋梁之材。他们到处利用聚徒授业之机，大讲中外之故，探求救国之方。与此同时，他们还广泛地联络各地官僚士绅，千方百计地把他们争取到同情变法的阵营中来。

康有为通过以上几个方面出色的活动，为变法高潮的到来铺平了道路。

第二节　胶州湾事件与《上清帝第五书》

"胶州警近圣人居，伏阙忧危数上书。"③ 光绪二十三年（1897 年）十月发生的德国武装侵犯胶州湾事件，使中国的民族危机变得空前严重起来。瓜分豆剖，任人宰割，亡国灭种危险像

---

①　杨复礼：《梁启超年谱》，《戊戌变法》，第 4 册，第 171 页。

②　梁启超：《与穗卿兄长书》云："今日之事，以广求同志开倡风气为第一义，前在都讲之已熟……弟以为今日求人才，必当往教，不能俟其来学。"他给夏穗卿的另一封信中亦谓："我辈以普度众生为心，多养人才是第一义。"梁氏在《与穗卿足下书》中亦再三强调："我辈今日无一事可为，只有广联人才，创开风气。"（《梁启超年谱长编》，第 33 – 34 页）

③　《南海先生诗集·怀翁常熟去国》，《戊戌变法》，第 4 册，第 342 页。

一个可怕的阴影，笼罩在每一个爱国者的心头。正是在这种局势下，康有为递上了他的《上清帝第五书》。

《上清帝第五书》在康有为的历次上书中是比较值得重视的一件。这一条陈是在光绪二十一年（1895 年）康有为遭受挫折离京南归后，经过了两年多的酝酿和准备后撰写的，反映了康有为变法理论和策略趋于成熟，并闪烁着民主思想的火花。然而，此书又系仓促草就，因为康氏光绪二十三年（1897 年）的北京之行，并非专为递折，或筹备维新变法事宜而来的。据康氏《自编年谱》记载，光绪二十三年六月之前，他尚在广西桂林，六月返回广东，在万木草堂讲学。时学者大集，乃昼夜宣讲。八月康氏又纳妾梁氏，且筑室花埭，有终隐于此的意图。是月底，康有为携女同薇至上海，然后游西湖，十月又归沪上。由康有为所述经历可以看出，他在这一阶段，尚未有进京上书的思想准备。当时，康有为正在与香港、澳门的商人准备移民巴西事宜。对于移民巴西一事，康有为自甲午、乙未以来，筹划有年，其《自编年谱》对此事亦有记载：

> 中国人满久矣，美及澳洲皆禁吾民往，又乱离迫至，遍考大地，可以殖吾民者，惟巴西经纬度与吾近，地域数千里，亚马孙河贯之，肥饶衍沃，人民仅八百万，若吾迁民往，可以为新中国。当乙未，吾欲办此未成。与次亮别曰："君维持旧国，吾开辟新国。"时经割台后，一切不变，压制更甚，心虑必亡，故欲开巴西以存吾种。[1]

不难看出，康有为是把向外移民作为一项救亡措施来实行

---

[1] 《康南海自编年谱》，《戊戌变法》，第 4 册，第 137 页。

的。康有为的这一思想由来已久，且与他受西方思想影响有关。他的《上清帝第四书》，于"立科以励智学"一项中，即已提出泰西诸国对"有寻得新地，为人迹所未辟，身任大工为生民所利赖者，予以世爵"① 的内容，随着政府的日趋腐败，康有为移民巴西的念头愈加强烈。光绪二十一年（1895 年）冬，他回到广东后，遇到葡萄牙人和曾去过巴西的侨民，知道了巴西曾来约通商招工的事情。"其使来至香港，而东事起，巴使在香港候吾事定。至数月，东事益剧，知不谐乃归。吾港澳商咸乐任此。何君穗田擘画甚详，任雇船招工之事。于是拟入京举此。适胶州案起，德人踞之，乃上书言事。"②

康有为说，巴西商人在甲午战争之前，曾派人来广东招工一事，征诸清代档案，并非无稽之谈。但是，此事与康氏所述，略有出入。当时总理各国事务衙门给美国驻华全权大臣田贝（Chartes Denby）的照会称：

> 昨准两广总督咨称："澳门地方，不准各国招工，久有明禁。本年（按：此处指光绪十九年）八月内，澳门有人张贴街招，称巴西招人承工，由德国地打杜士轮船装运出口，请饬查禁"等语。
>
> 本衙门查：巴西招工章程，本衙门未与开议，该国不应遽往澳门，私招华工。即各国轮船，亦未便遽行装运华工，前往巴西。本衙门当经知照德国绅大臣，请饬各国领事查禁

---

① 康有为：《上清帝第四书》，《戊戌变法》，第 2 册，第 176 页。
② 《康南海自编年谱》，《戊戌变法》，第 4 册，第 137 页。

在案。①

兹又准总税务司函称：现闻有一二船欲于澳门载运华工出洋等情，除由本衙门知照西洋布大臣②外，相应照请贵大臣转饬各国领事，查照饬禁贵国船只，勿装运华工前往巴西，以敦睦谊，是为至要。③

康有为在《自编年谱》中还提到他在香港、澳门曾与何穗田联系。笔者近期阅过康有仪于光绪二十六年（1900年）致梁鼎芬密札一通，涉及康有为与何穗田的交往。该密札揭出：光绪二十一年（1895年）冬天，康有为自沪上返粤后，"日事多掘，以为入都行其故志地步。无如既经各报毁骂，城市不齿，旋之港澳，遍拜各商，欲求介绍之书，以往南洋，而售其骗术。适赌商何连旺（此人汉口有案，别字穗田，前为《知新报》主人，今为伪保皇会管数要员，兼逆党公益商局要员，曾托名开广西全省之矿务，由会内花三十余万金，以蓄土匪游勇……汉事败后〔按：指庚子自立军举事〕，旋改用廷光之名，以捐道衔……）偶尔欢迎，遂视为知己，盖何氏旧有富名也"④。可见，康有为在港澳之事，多由何穗田为之联系安排，并提供资金。

正是因为康有为光绪二十三年（1897年）入都主要为移民巴西事而来，故其在此次上书中，对变法的方案，提得比较笼

---

① 此处绅大臣指绅珂（F. S. zu Schweinsberg），自光绪十九年五月二十七日至二十二年五月十五日为德国驻华公使。

② 此处布大臣指葡萄牙（蒲丽都家、博尔都噶尔、大西洋国）驻华公使布（Custo-dio Miguel da Borja），光绪十七年至十九年在任。

③ 《大清钦命总理各国事务衙门致美国驻华全权大臣照会》，原件藏美国档案馆，此处影印件抄录。

④ 康有仪：《致梁节庵（鼎芬）函》（未刊稿）。

统。在《上清帝第五书》中，康有为用了较多笔墨揭示了时局危迫，日甚一日，清政府虽屡经抢掠，却又高卧不醒，于是，出现了帝国主义列强"如蚁慕膻，闻风并至，失鹿共逐，抚掌欢呼。其始壮夫，动其食指，其后老稚，亦分杯羹，诸国咸来，并思一脔"① 的局面。

康有为认为，胶州湾事件的出现，并非一朝一夕酿成的祸患，而是封建统治者长期以来因循守旧的结局。康有为痛切地批评统治阶级贪图苟安，愚昧落后，而又拒绝学习，固步自封。他们把祖宗成法看成神圣不可侵犯的信条，迷恋于声名文物，典章制度，而对于外部世界则一无所知，而且也不屑于知道。在现实生活中，凡是遇到与"祖宗成法"稍有违异的新事物，不管它会不会给国家民族带来好处，也不管它是属于经济、政治、思想、文化哪个领域里的新学说、新理论，都笼统斥责为"异端邪说"而加以排斥，因此，中国远远地落伍于时代。封建官僚们以守旧为荣，飞速发展的外部世界丝毫也引不起他们的兴趣，故每遇对外交涉，则如同瞎马临池，以致国土日蹙，利权尽失，还麻木不仁，不知振作。康有为对这种积重难返的局面表示了无限的忧虑。

康有为进而指出，虽然皇上"发愤之心，昭于日月"，但是，由于讲求不甚得法，如同"南辕而北辙，永无脱驾之时，缘木而求鱼，决无得鱼之日"②。康有为把自己挽救危局的办法归结为一句话，那就是向"泰西大国"学习，彻底进行变法。

关于变法的具体方略及内容，康有为向光绪皇帝提出建议，

---

① 《康有为政论集》，上册，第 202 页。
② 同上书，第 203 页。

"因胶警之变，下发愤之诏"①。这其实是康有为以前在《上清帝第二书》中早已提出的老办法，只不过所颁诏书之内容有很大不同。在这里，康有为一口气罗列了颁发愤之诏的十项内容。

一、先下罪己诏以励人心，次明耻以激士气；

二、集群才咨问以通下情，允许天下人士上书；

三、明定国是，与海内更始；

四、自兹国事付国会议行，纡尊降贵，延见臣庶，大召天下才俊，讨论筹款变法之方；

五、采择万国律例，定宪法公私之分；

六、整顿吏治，对那些疲老不才官吏，皆令冠带退休；

七、派遣王公大臣及才俊之士出国考察游历，否则不得任官；

八、实行预算制度，统算地产人工；

九、考察万国得失，以求进步与改良，将旧例尽行罢去；

十、大借洋款，以举庶政。

康有为所开列的这些亟待举行的新政项目，既涉及了国家政治体制方面的改革，又涉及了经济、文化等内容；其缺点是没有经过深思熟虑，没有区分轻重缓急。他认为，只要这些诏旨一颁，必然会天下雷动，士气奋跃，"三月而政体略举，期年而规模有成"②。

为了便于实施这些新政，康有为还向光绪皇帝提出了上、中、下三策，以供采择：

其一，择法俄、日，以定国是。康有为建议皇帝"以俄国大

_____

① 《康有为政论集》，上册，第 207 页。
② 同上。

彼得之心为心法，以日本明治之政为治谱"，因为这两个国家都曾遭受过削弱，但经变法之后又皆臻于强盛，可以作为中国自强的榜样。

其二，大集群才而谋变政。变法必须要有人才，康有为这里所谓的群才，尚非指草茅之士，而是清廷内部的六部九卿、枢垣、译署，以及台谏和翰林院的才贤之士。他认为对这些人应逐日召对，虚己讲求，确定先后，次第施行。

其三，听任疆臣各自变法。康有为认为，清廷只要有心变通，就应让各省督抚因地制宜，通力合作，以求实效。对那些守旧不知变通的，逐步斥革，三年之内，使各省均有新兵数千，税款数万，制造局数处，矿产数区，学校道路各有规模。

康有为指出，三策之中，倘能行上策可以强，行中策可以弱，行下策可以不亡。皇上可以酌情选择，但是，无论如何不能再徘徊迟疑，因循守旧了，否则就会"幅员日割，手足俱缚"①，想求偏安也不行了。

康有为把自己所考虑的变法方略，逐一向清朝统治者陈述。在这些建议中，除个别条款如整顿吏治、裁汰冗员等属老生常谈外，大多条款都体现了向西方学习的精神，而且变法的重点，已发生明显变化，已由原先的就事论事，转移到政治制度的变革方面。诸如"自兹国事付国会议行""采择万国律例，定宪法公私之分"等内容，更涉及了清朝中央国家政权体制的改革。这些建议，反映了康有为在民族危机日趋严重，而统治阶级又骄踞愚昧、麻木不仁的情况下，要求对封建政权进行彻底改革的心声，

① 《康有为政论集》，上册，第209页。

是康有为宪政思想的一个飞跃。它的缺点是对于这些根本性的建议未深入系统地进行论述，使这些闪烁着民主政治光华的思想，未能充分展开。

康有为《上清帝第五书》于光绪二十三年（1897年）十一月到工部呈递，"工部长官凇湘读至'恐偏安不可得'语，大怒，不肯代递"①。上海大同译书局于十二月刊有石印本。笔者尚看到一种木刻本，名为《南海康工部有为条陈胶州事折》，折末所署时间为"光绪二十三年岁次丁酉 月"。书前有康氏弟子欧榘甲所撰《南海先生五上书记序》，墨笔书写，所署时间为"孔子生二千四百四十八年丁酉十二月"。书后又有康有为的弟子桂赤所撰跋，亦为墨笔书写。②

关于《上清帝第五书》争议最大的问题，是康有为在这次上书中是否提出了"自兹国事付国会议行"与"定宪法公私之分"这两项重要建议。黄彰健先生于《康有为戊戌奏稿辨伪并论今传康戊戌以前各次上书是否与当时递呈原件内容相合》一文中提出：今传康有为《上清帝第三书》曾建议设议郎，但并非明言"设国会"，而《上清帝第三书》真本可能还无这类触犯时忌语句，今传《上清帝第四书》明言"设议院以通下情"，而当时递交孙家鼐之《上清帝第四书》，可能亦未有此类语句。今传康有为《上清帝第五书》忽然说"自兹国事付国会议行"，"定宪法公私之分"，这对光绪皇帝来说，未免太突兀。康有为曾向光绪皇帝献上三策，而关于国会与宪法的论述也没有放进他建议的三策内。故黄先生怀疑关于国会和宪法的两句话，"可能是刊行时增

① 《康南海自编年谱》，《戊戌变法》，第4册，第137页。
② 此刊本藏中国社会科学院近代史研究所。

入的"①。近年来，一些学者亦认为，戊戌之前，康有为"没有提出过'兴民权，设议院，立宪法'的政治纲领"，认为对黄彰健先生关于国会与宪法是康有为刊行时增入的见解"值得重视"②。

对于黄彰健先生等人的意见，管见难以苟同，其理由如次：

其一，对于康有为戊戌年之前的民权思想，不宜估计过低。维新派正是在鼓吹民权的思想指导下，才提出国会、宪法之类建议的。

梁启超在回忆丁酉年（光绪二十三年，1897 年）他的思想状况时，屡次声称："时吾侪方醉心民权革命论，日夕以此相鼓吹。"③ 他甚至说，维新派非徒心醉民权，抑且于种族之感，言之未尝有讳也。④ 是否只是梁启超有民权思想，康有为没有这种过激思想呢？答案是否定的。

冯自由在《戊戌前孙康二派关系》中谓：乙未（光绪二十一年，1895 年）春，陈少白以事至上海，居洋泾浜全安栈，闻康有为与梁启超赴京会试，亦寓同栈，乃赴邻室访之。"康庄重接见，正襟危坐，仪容肃然。少白向之痛言清朝政治日坏，非推翻改造，决不足以挽救危局，康首肯者再，且介绍梁启超相见，谈论颇欢。"⑤

可见，康有为对清政权怀有不满之情，并试图依靠民权拯救中国的思想由来已久。

又据狄青《任公先生事略》里提到，梁启超丁酉冬月，赴湖

---

① 黄彰健：《戊戌变法史研究》，第 597 页。
② 宋德华：《戊戌维新派政治纲领的再探讨》，《历史研究》1985 年第 5 期。
③ 梁启超：《时务学堂札记残卷序》，《饮冰室文集》卷 70，第 7 页。
④ 梁启超：《莅报界欢迎会演说辞》，《梁启超年谱长编》，第 85 页。
⑤ 冯自由：《革命逸史》初集，第 47 页。

南长沙时务学堂前夕，曾与维新派同人等共同会商他们的活动宗旨，罗列了四种方案：一是渐进法，二是急进法，三是以立宪为本位，四是以彻底革命，洞开民智，以种族革命为本位。梁启超主张采取第二种、第四种宗旨。时康有为闻梁启超将赴湘，"亦来沪商教育方针，南海沉吟数日，对于宗旨亦无异词"①。显然，康有为此时同意支持梁启超所采取的立场，而这正是《上清帝第五书》撰写前夕。正是由于康有为具备了对民权的这种认识，才能提出"自兹国事付国会议行"，及"定宪法公私之分"的真知灼见。

其二，康有为的"兴民权，设议院，立宪法"的思想，是在对清朝统治阶级几乎不抱任何希望的条件下提出的。

当时的维新志士对康有为这种思想都十分了解。谭嗣同在康氏《上清帝第五书》的跋语中，即十分明确地指出：

> 先生前上四书，戁塞瑱置，以酿成今日之奇祸，象环行蠲，牺纽垂绝，梦天压己，蹳地横摧，乃我三事大夫，邦人庶士，犹复处燕于焚幕之上，翼卵于覆巢之下甚乃甘鸩羽而不渴，瞰漏脯而非饥。②

正是针对统治阶级这种昏聩麻木的状况，康有为才奋不顾身，伏蒲而谏，为全中国四万万人请命，提出国会与宪法之类的激进主张。

康有为对于他这个阶段的思想状况及政治观点，在戊戌政变后给赵曰生的信中，亦有如实的表述：

---

① 丁文江、赵丰田编：《梁启超年谱长编》，第 88 页。
② 《湘报》，第 16 号（光绪二十四年三月初三日）。

当戊戌以前，激于国势之陵夷，当时那拉揽政，圣上无权，故人人不知圣上之英明，望在上者而一无可望，度大势必骎骎割鬻至尽而后止，故当时鄙见专以救中国四万万人为主，用是奔走南北，大开强学、圣学、保国之会，欲开议院得民权以救之。因陈右铭（宝箴）之有志，故令卓如（梁启超）入湘。当时，复生（谭嗣同）见我于上海，相与议大局，而令复生弃官返湘，以湘人材武尚气，为中国第一，图此机会，若各国割地相迫，湘中可图自主……此固因胶旅大变而生者。诚虑中国割尽，尚留湘南一片，以为黄种之苗。此固当时惕心痛极，斟酌此仁至义尽之法也。卓如与复生入湘，大倡民权。①

康氏此函所述当时情形，与上述征引康氏对民权态度完全符合，正是在这种"望在上者一无可望"的情绪下，康有为才力主倡民权、开议院的。康氏弟子欧榘甲于《南海先生五上书记序》中，亦流露了维新派在百般无奈的情况下，方着力于"立民信，鼓民勇，效民死"②的情绪。欧氏指出："以人为依不以民为依"，必然是"瓜剖其躯，奴视其宗枝"。桂赤的跋也直言不讳地声称："若人之心已死，感效当道之寝薪为安，处堂为乐，则勿论矣，若稍有恻隐羞恶之良也，吾知既读此书，必有改弦更张，投袂兴起者。区区之意，愿与四万万黄种图之。"③

欧榘甲的序与桂赤的跋所体现的正是康有为当时的真实思想

---

① 《与赵曰生书》，转引自黄彰健：《戊戌变法史研究》，第 1-2 页；又见蒋贵麟编：《万木草堂遗稿外编》（台湾成文版），第 600-601 页。

② 《南海康工部条陈胶事折·欧榘甲序》。

③ 《南海康工部条陈胶事折·桂赤跋》。

感情。它们共同反映了维新志士忧国忧民、勇于探索的锐气和不顾那些"昏骄悍陋、邪曲畏死"的守旧派訾訾非议和责骂，大胆提出彻底改革旧制度的勇敢精神。

其三，康有为《上清帝第五书》是在没有任何顾忌的情况下草拟的。

因为康有为本来也不是专为上此书而来京，故对此书能否上达，他自己还完全没有把握。由上书的内容亦可看出，他并没有对国会和宪法进行仔细分析，深刻阐述，而只是就他自己所想到的笼统提出，并未区分哪些是现在要实行的，哪些则是以后再办的。康有为同时还提出很多建议，并列杂陈，如果忽略了其他内容，而专门把"自兹国事付国会议行"与"定宪法公私之分"抽出来，说成是维新派全部的变法纲领，恐怕未必就是康氏及维新派的本意。但是，否定康有为在书中提出上述内容，目前看来尚缺乏令人信服的证据。

黄彰健先生对《上清帝第三书》关于设议郎的论断，已被进呈本的发现证明了其判断失误，由此也可以想见，其认为康氏在《上清帝第五书》中关于国会与宪法的内容是刊行增入的，显然出于主观推测，此种意见笔者在未见到可靠证据之前，尚难以相信。因为《上清帝第五书》工部堂官拒不代呈，在现存的清代档案中无法找到其进呈本，在此情况下，对康氏的上书内容更应持审慎的态度。

第三节　统筹全局　尽变旧法

康有为在《上清帝第五书》被守旧派阻挠后，又曾按照原来的计划，专门与总理衙门大臣李鸿章商谈往巴西移民之事，李鸿章表示同意，但认为"惟须巴西使来求乃可行"①。这样，康有为来京的目的，均未达到。于是，他又在京师进行了频繁的活动，上至军机、译署大臣，下至翰林、台谏官员，都成了康有为劝说争取的对象。对于康有为的这种做法，一些官员早表示过非议，如张謇在其自订年谱中曾谓："在京闻康有为与梁启超诸人图变政，曾一再劝勿轻举，亦不知其用何法变也……康本科进士也，先是未举，以监生至京，必遍谒当道，见辄久谈，或频诣见，余尝规讽之，不听。"②

张謇，字季直，江苏南通人，与翁同龢有师生之谊，故与翁氏关系殊为密切，曾有翁门六子之一的称号。因此，他对康有为遍谒当道的情形了若指掌。其实，在国难当头，险象环生的危迫情况下，康有为试图劝说当道，接受其变法建议，应该说是无可厚非的。而且实践证明，康有为的确说通了翁同龢，为百日维新的到来，揭开了帷幕。

胶州湾事件后，翁同龢深感国势垂危，不变法已难以维持下去。时翁氏又兼总理衙门大臣，整日与列强使者周旋，不堪其扰，亲眼看见了这些"咆哮恣肆""无耻无餍"的驻京公使干预中国内政外交的情形，发出"终日在犬羊虎豹丛中，可称恶劫"的浩叹。当他奉命与德国公使签署条约后，又称"以山东全省利权形势，拱手让之腥膻，负罪千古矣"③。于是他想到了康有为。

---

① 《康南海自编年谱》，《戊戌变法》，第 4 册，第 137 页。又，康氏这里所述李鸿章意见，与上节征引的总署致美国大使的《照会》的立场有所不同，可信与否，尚难定论。

② 《南通张季直先生传记·附啬翁自订年谱》，《戊戌变法》，第 4 册，第 201 页。

③ 《翁文恭公日记》，光绪二十四年二月十四日。

翁同龢作为"以师傅之尊，居密勿之地"① 的天子近臣，向光绪皇帝推荐康有为是非常容易的。据康氏自己回忆说："胶变上书不达，思万木草堂学者，于十一月十九日（按：此处日期有误，据康氏《自编年谱》记载，应为十一月十八日）束装将归。先是，常熟已力荐于上，至是闻吾决行，凌晨来南海馆，吾卧未起，排闼入汗漫舫留行，遂不获归。"②

翁同龢光绪二十三年十一月十八日（1897 年 12 月 11 日）清早在南海会馆挽留康有为，所谈甚密，外间无从闻悉。不过第二天就有给事中高燮曾上书，奏请召见，并请加卿衔出洋。高氏谓：

> 臣闻西洋有弭兵会，聚集之所在瑞士国，其大旨以排纷解难，修好息民为务，各国王公大臣及文士著有声望者，皆准入会。如两国因事争论，未经开战之先，可请会中人公断调处，立意甚善。
>
> 臣见工部主事康有为，学问渊长，才气豪迈，熟谙西法，具有肝胆，若令相机入弭兵会中，遇事维持，于将来中外交涉为难处，不无裨益。可否特予召对，观其所长，饬令总理各国事务衙门厚给资斧，以游历为名，照会各国使臣，用示郑重，见在时事艰难，日甚一日，外洋狡谋已露，正宜破格用人为自存之计。所谓请自隗始者，不必待其自荐也。附片具陈，伏乞圣鉴。谨奏。③

---

① 中国第一历史档案馆藏：御史王鹏运光绪二十四年四月初十日《权奸误国请予罢斥折》。
② 康有为：《怀翁常熟去国》，《戊戌变法》，第 4 册，第 342 页。
③ 中国第一历史档案馆藏：给事中高燮曾《请召对康有为片》。

高燮曾，字理臣，湖北武昌人，后官至顺天府府丞，与康有为颇多往还，且屡代递奏章。高氏此片十分重要。因为这是清廷官员最早向皇帝正式推荐康有为的奏章。关于高氏此片，我曾认为是康氏授意之作。① 现将此事再补论如下：

据时人记载，高燮曾屡有贿卖封章情事。沃丘仲子曾谓，光绪二十四年（1898 年）夏天，高燮曾"附疏论权川督恭寿，谓其声名渐劣，请旨戒饬。德宗谓：弹劾须有实迹，令明白覆奏。（高燮曾）乃托肆商为介，示意寿子荣勋将以贿之多少，为覆奏之重轻，勋不应，遂具疏丑诋之"②。

沃丘仲子称高燮曾有贿卖封章情事，虽得诸传闻，然而却并非捕风捉影之谈。查清档中果有高氏光绪二十四年五月十一日（1898 年 6 月 29 日）奏片，该片略谓：

> 臣闻成都将军恭寿署理四川总督与为将军时，声名迥异，贪劣显著，吏治蠹敝，物议沸腾。裕禄抵任时日不可知（引者按：裕禄时已授四川总督，惟尚未到任），而数月中川民已大受污吏朘削之害，恳祈圣上严旨申饬，勿俾败坏岩疆，大局幸甚。附片密陈，伏乞圣鉴。③

高燮曾此片颇有些故弄玄虚，既然是具折弹劾恭寿，却又吞吞吐吐，欲言又止，显然是另有一番用心。故是片甫上，光绪皇帝即颁谕称："言官职在纠参，自应指明款迹，据实胪陈，该给事中既称恭寿贪劣显著，吏治蠹敝，物议沸腾，当有实迹可指。

---

① 参阅拙作：《康有为戊戌年变法奏议考订》，《戊戌维新运动史论集》。
② 沃丘仲子：《近代名人小传》卷中，第 17 页。
③ 中国第一历史档案馆藏：给事中高燮曾《密参恭寿片》。

著高燮曾迅速明白回奏。"① 直到光绪皇帝严旨催问，高燮曾始再次具疏，详细罗列了恭寿宠信私人敲诈勒索的种种劣迹，并称："徒法不能自行，用人尤为至要，方今人才消乏，阘茸多而贤能少。与其显列弹章，难邀宽贷，何如恳恩训饬，转获保全。是以昨日附片密陈，不指一款。兹奉谕旨，令臣胪陈实际，明白回奏，臣曷敢博忠厚之名，蹈依违之失。"②

清档记载与沃丘仲子的记述若合符节，可见高燮曾贿卖封章之事，时已久闻于都下。至于推荐康有为的奏疏是否因贿而发，还可由康有仪的信札中，略窥一二。

康有仪在写给梁鼎芬的密函中，回忆其与康有为交往时，为了在经济上支持康有为而负债累累。该函称："当其（指康有为）微时，破产以成全之。及其既达，又代乞怜而与，负债及万，原望其为有用之才，不料其于乙未倖进一阶，即在京托倡学会，实为异图。……乃返粤后（按：指光绪二十一年冬康有为由沪上返粤），日事多掘，以为入都行其故志地步。……然逗桂经年，为官商之经纪，竟已获得抽丰万余金，于丁酉入都，结当道，贿太监，以行其不轨。"③

康有仪与康有为是总角之交，对康有为的情形了若指掌。他说康有为在入都之前积累了大量资金，仅康有仪一人即为之负债及万，数字相当可观。康有为正是用这些资财来交结当道。如此看来，高燮曾推荐康有为的奏片，很可能是由贿买而得。高燮曾只是贪图钱财，对于康有为所从事的维新变法活动却并不一定真

---

① 中国第一历史档案馆藏：光绪二十四年五月十一日军机交片。
② 中国第一历史档案馆藏：给事中高燮曾《为署督臣贪劣显著遵旨据实胪陈明白覆奏折》。
③ 康有仪：《致梁节庵（鼎芬）函》（未刊稿）。

心支持。正因为他有这样的思想基础，故戊戌政变刚一发生，高
燮曾即反唇相讥。戊戌八月十一日（1898 年 9 月 26 日）高氏上
书慈禧略谓：

> 窃维本月初六日，皇上以时事艰难，吁恳皇太后训政，
> 仰蒙俯允，诏旨初颁，同声欢忭，莫不称皇上之孝，而颂皇
> 太后之慈。并闻奉旨拿问康有为，尤为称快。初九日复奉旨
> 拿问张荫桓等，交部审讯。臣等理宜听候部臣定谳，何敢挽
> （擅）渎。乃昨阅天津国闻报，有西人定将干预之语，臣等
> 且骇且惧。查康有为至今尚未拿获，其死党梁启超亦改洋装
> 潜遁，若辈党羽众多，难保不混造谣言，诬谤宫廷，致西人
> 借口平难，震惊辇毂。①

同是一个高燮曾，数月前还在向朝廷推荐康有为，而如今却
对维新派落井下石，要求慈禧将已抓获的维新志士康广仁、谭嗣
同等尽快惩办，并请将康有为、梁启超"务获解京，或即就地正
法，以免蔓滋"。其对康有为之切齿痛恨，已溢于言表，完全忘
记了他以前的推荐。高燮曾的这种反常表现，更可说明他当初所
递推荐康有为的荐章，很可能是康有为重金购得。

高燮曾向清廷推荐康有为虽非出于至诚，然而，其荐章一旦
递上，立即引起光绪皇帝的高度重视，故此折递上不久，光绪皇
帝即令"总理衙门酌核办理"②。此中曲折，张荫桓还有进一步
的揭示。《驿舍探幽录》谓：

> 康有为以一介草茅，何遽进用，敢肆猖獗……张（荫

---

① 高燮曾：《除恶宜速缓恐生变折》，《戊戌变法档案史料》，第 466 页。
② 中国第一历史档案馆藏：光绪二十三年十一月十九日军机交片。

桓）答曰：兹祸之起，康有为固罪魁，实翁常熟酿成之。……时（康）欲上书，央我介绍，常熟允见，及康往而辞焉。余讶以问翁，翁应曰：此天下奇才也，吾无以位置之，是以不敢见。后竟奏荐朝廷，拟召见。恭邸建议曰：额外主事保举召见，非例也，不可无已。先传至总理衙门一谈，果其言可用，破例亦可，否则作罢论。众曰诺。①

张荫桓作此番论说，已在戊戌政变之后，可能不无诿过处。不过，张氏作为总理衙门大臣，与康有为关系又十分密切，且曾亲自参加了总理衙门传见康有为全过程，故所论颇能洞中款要，说明翁同龢在起用康有为方面，扮演了极为重要的角色。

高燮曾的奏章，虽然未能达到使光绪皇帝亲自召见康有为的目的，却为康有为接近清廷最高权力中枢铺平了道路。总理衙门王大臣于光绪二十四年正月初三日（1898 年 1 月 24 日）在总署西花厅延见康有为，"以客礼相待"②，询问中国应如何善后，如何变法及其先后缓急。是日，由于英、俄使臣来总署，故恭亲王奕䜣与庆亲王奕劻"久陪先行"，而李鸿章、翁同龢、荣禄及廖寿恒、张荫桓五人出席问话，康有为回答了他们提出的为什么要更张祖宗之法，以及从改变法律制度入手，逐步改革官制，乃至如何筹款等问题，"至昏乃散"③。这次问话被视作自有总署以来，从来未有过的"旷典"。康有为出色的回答，赢得了翁同龢等人的赞赏。"越日常熟托樵野来云：上急欲变法，恭邸亦有

① 王庆保、曹景郕：《驿舍探幽录》，《戊戌变法》，第 1 册，第 492 页。
② 《康广仁与侄女康同薇书·抄五日京中来函》，见蒋贵麟编：《万木草堂遗稿外编》，下册，第 775 页。
③ 《康南海自编年谱》，《戊戌变法》，第 4 册，第 140 页。

□□，吾日本变政记及吾条陈，上乃宣促速上。吾顷拟抄此书及条陈同上，□□□启圣，亦千载一时之机也……然不出游，则或加五品卿入军机，或设参议行走也。"① 其踌躇满志之情已情见乎词。

以上即为康有为《上清帝第六书》递上的曲折背景。康有为此书又称《外衅危迫，分割洊至，宜及时发愤，大誓臣工，开制度新政局折》，于光绪二十四年正月初八日（1898 年 1 月 29 日）呈递到总理衙门。此折是康有为提出的统筹全局、尽变旧法的纲领性文献，在整个戊戌变法史研究中具有十分重要的意义。与前次上书不同，《上清帝第六书》是康有为认真思考，仔细斟酌之后提出的变法方案，具有以下四个明显特色：

第一个特色是把"明定国是"提到十分重要的位置，认为这是进行变法的前提。

康有为在前两次上书中，都曾提出明定国是的问题，但因变法的时机未臻成熟，因此只泛泛而论。而《上清帝第六书》则着重分析了"大地忽通，万国竞长"的国际局势，认为中国如果不奋起变法，就难以摆脱落后闭塞、任人欺凌的处境，也难以避免顷刻覆亡的命运。因此，康有为认为当时的形势是臣民想望，有不可不变之心，外国逼迫，有不能不变之势。但是，要变法，首先必须确定国是。在论述明定国是的重要性时，康有为指出："国是者，犹操舟之有舵，罗盘之有针。趋向既定，而后驶行求

---

① 《康广仁与侄女康同薇书·抄五日京中来函》，见蒋贵麟编：《万木草堂遗稿外编》，下册，第 775 页。又梁鼎芬戊戌政变后所撰《康有为事实》一文亦谓："上年胶事初起，康有为创言愿入外国弭兵会，以保海口，其事已极可笑。康有为竟发电至粤至湘，云已奉旨，加五品卿衔，前往西洋各国，入弭兵会。"所云与此信略同。见《日本外交文书》，第 31 卷第 1 册，第 732 页。

前，其有赴程或迟，不能速登彼岸，则或因风雾见阻，或责舟人惰勤。若针之子午无定，舵之东西游移，即使舟人加力，风帆大顺，而遥遥莫适，怅怅何之，甚且之楚而北行，马疾而愈远矣。"①

康有为还提出，明定国是的关键在于皇帝要有彻底变法、尽革旧习的决心。他严厉批评了自同治中兴以来洋务派举办的所谓"新政"，认为他们的做法只是抄袭皮毛，未易骨髓，未变根本，未新大制，犹如"厦屋朽坏，岌岌将倾，而粉饰补漏，糊表丹青，思以支柱，狂风暴雨之来，求不覆压，岂可得哉?"② 鉴于以往的经验教训，康有为强调：更张必须彻底，旧法必须尽除。

康有为揭露了守旧势力用以对抗改革的惯用伎俩，就是打出"祖宗成法"的旗号，来对抗改革的进行，而他们所谓的"祖宗成法"，说穿了不过是"胥吏之窠臼，奸人之凭藉耳"③。他宣称，新陈代谢是宇宙间不可抗衡的自然法则，现在连祖宗之地都不可守了，还谈什么祖宗之法。他引经据典地说：用新去陈，病乃不存。新则活，旧则板；新则疏通，旧则阻滞；新为生机，旧为死机。变法更新，则乳虎食牛，朝气蓬勃；因循守旧，"则为丛驱爵"，死气沉沉。

然而，要发愤变法，必须要有勇气。没有雷霆霹雳之气，不能成造天立地之功；不是强者，就没有魄力尽弃旧习。康有为还为皇帝设计了明定国是的步骤。这就是首先召问群臣，审时量势，反复辩难，然后统一认识，决定国是，明确旧习之宜尽弃，

---

① 康有为：《外衅危迫，分割洊至，宜及时发愤，大誓臣工，开制度新政局折》，《杰士上书汇录》（故宫博物院藏内府抄本）卷1。

② 《杰士上书汇录》卷1。

③ 同上。

补漏之无成功，"别立堂基，涤除旧弊"，发愤更始，变法维新。如此必能转乱为治，化弱为强。

确定国是，只是解决变法的决心、前进的方向问题。古往今来的任何一次变法，都不是一件轻而易举的事情。推行之本末，先后之次序，条理万端，从何下手？

第二个特色是为光绪皇帝提供了变法的榜样与实行步骤。

在世界范围内，通过变法而使国家振兴、民富兵强的国家中，康有为选择了俄国和日本这样两个国家供光绪皇帝效法。他特别推崇俄国的彼得大帝，认为彼得在被欧洲强国摈弃之后，易装出国，学习他人之所长，逐渐使国家强盛；日本虽然一度被俄、美所败，却能步武泰西，乃至易服改纪，雄视东方。康有为直截了当地指出：这两个国家始遭侵削与我同，其后变法致强则与我异。可见，能否实行变法，直接关系到一个国家的生死存亡。因此，康有为希望光绪皇帝能"以俄国大彼得之心为心法，以日本明治之政为治谱"，起衰振靡，警聩发聋，彻底变法，必能称雄海内。

在俄国与日本两国中，康有为对日本明治维新的经验更为重视。他把日本维新变法的经验归纳为三条：

一曰大誓群臣，以革旧维新而采天下舆论，取万国之良法；

二曰开制度局于宫中，征天下通才二十人为参与，将一切政事制度重新商定；

三曰设待诏所，许天下人上书，日皇随时召见，若称旨则隶入制度局。

康有为指出，以上三条实际上是变法之纲领，下手之条理，不管哪个国家变法都不能轻易地更改。而在这三条中间，第一条是变法开始的前提，变法开始前必须要在全国造成一个非变法不可的强大声势。第二条是变法能否成功的关键，第三条则是新法顺利推行的条件。联系中国的具体情况，康有为主张皇帝应该选择吉日良辰，大誓百司庶僚于太庙或乾清门，向天下臣民明确表态，宣告维新更始，上下一心，尽革旧弊，"采天下之舆论，取万国之良法"，只有如此才能使朝廷内外的认识归于统一，使大家明确方向，步调一致，"四海向风"。

第三个特色是对于推行新法的从中央到地方的机构，提出了一整套的改革设想。

这些机构中间，最核心的是制度局，这是指导全国变法的中枢机构。维新派认为，"惟此一事为存亡强弱第一关键矣"①。参加制度局的人选应该是妙选天下通才十数人为修撰，派王大臣为总裁，体制平等，俾易商榷；每日值内，共同讨论。这里的通才是指那些有胆有识熟谙西法的草茅之士，实际是维新派自己的代名词。制度局的职能是将旧制新政，斟酌其宜，某政宜改，某事宜增，草定章程，考核至当，然后交有关机构施行。为了发现人才，通天下之情，康有为还建议在午门上设立待诏所，派御史为监收，允许天下人上书，然后将这些意见交付制度局讨论，从中发现人才，召见称旨者擢用，或擢入制度局参议，也可从经济特科录用的人员中，择优选拔入制度局。

为了便于新政的推行，康有为还建议在中央设立专局，处理日常事务。这些局主要有：

一是法律局。其职责是考万国律例公法，以便与外国平等交

---

① 康有为：《日本变政考》（故宫博物院藏戊戌进呈本，下同）卷 2。

涉，或酌定新律，施行于通商口岸，以入万国公法之会。从上述解释中可以窥见，康有为当时所强调设立法律局，更多的是从与外国交涉的角度来考虑，维新派所要求设立法律局，并不是要重新制定国家的新宪法。

二是税计局。其职能是参酌万国税则，确定全国各地征收税款，以及"户口之籍，关税之法，米禄之制，统计之法，兴业之事，公债之例，讼纸之制"等。

三是学校局。分管京师及各直省将书院、佛寺改为新型学堂事宜。新设立的学堂应该开设格致、教术、政治、医律、农矿、制造、掌故，及各国语言文字等科目。学校不仅国家可办，私人亦可办，公私并举，大小均宜，并且注意兴办师范及女校。对有创造发明的人士应实行奖励。

四是农商局。主管种植之法、土地开垦以及有关赛珍会、比较厂、考土产、计物价、定币权、立商律、劝商学等方面事宜。

五是工务局。掌管制造厂、机器业及兴修土木等事宜。

此外还包括矿政局、铁路局、邮政局、造币局、游历局（掌派遣出外游学等事项）、社会局（分管各种学会）以及武备局。这些局都是新政的执行部门，凡经制度局讨论制定的新政事宜，"皆交十二局施行"[1]。

《上清帝第六书》对清政府的地方政权也提出根本性的改革意见。康有为认为"各直省藩臬道府皆为冗员，州县守令，选举既轻，习气极坏"，而且千百年来中国的地方衙门，只管收税与断狱，因此，民间疾苦，无由上达，各省只有督抚才有权上书，

---

[1] 《杰士上书汇录》卷1。

而督抚大多因循衰眊，畏闻兴革，造成了国家政治生活死气沉沉。康有为建议对旧的地方官制实行根本改革，办法是变官为差。在全国范围内，每道设一新政局，督办不拘官阶，有权专折奏事，可以自辟参赞随员，办理农工商学事宜；每县设立民政局，由督办派员，会同地方绅士，共议新政，行政经费则"以厘金与之"。实行这些改革之后，便可做到"内外本末，指臂灵通"。十年之后，大见成效，足"以雪仇耻而威四裔"。

康有为此书与《上清帝第五书》有着明显的区别，它已不是信手写来，而是经过仔细斟酌，是由空谈转入实际的重要转折。此书的每一项建议几乎都反映了维新派要求实行改革的迫切愿望。康有为所设计的由制度局到十二个新政局，再到地方的新政局、民政局，更体现了维新派要急于参与到清政府各级行政机构中去的愿望。康有为所构想的是那样完备，几乎要取代从中央到地方的一切旧式的封建官僚机构。可以毫不夸张地说，这实在是一个规模宏伟的计划。康有为既十分留意现实，又特别善于借鉴西方的先进经验，特别是日本明治维新的经验，这就使他的思想里时时孕育着实施改革的新点子、新方案，而民族危机日益加深，又加快了康有为研讨西学的进程。《上清帝第六书》所设计的改革方案正是以日本的明治维新为蓝图设计出来的。然而，对旧制度的改革愈是大胆，它就愈容易引起凭借旧制度来谋取权益的阶层和政治派别的反对。正像恩格斯所指出的那样："每一种新的进步都必然表现为对某一神圣事物的亵渎，表现为对陈旧的、日渐衰亡的、但为习惯所崇奉的秩序的叛逆"[1]。康有为的

---

[1] 《马克思恩格斯选集》，3版，第4卷，第244页，北京，人民出版社，2012。

《上清帝第六书》一经提出，"都下大为哗扰"，它遭到从中央到地方各种守旧势力的反对和咒骂。当时，有一个地位并不算高，但感觉却十分敏锐的封建文人胡思敬，就一针见血地指出："窥其隐谋，意在夺枢府之权，归制度局；夺六部之权，归十二分局；夺督抚将军之权，归各道民政局。如是，则天子孤立于上，内外盘踞皆康党私人，将不忍言矣。"① 不言而喻，这些变法建议，使康有为这样一个小小的工部主事，一下子变成了人们注意的中心，成了守旧派攻击的众矢之的。他所提出的以制度局为核心内容的改革方案，也成了维新志士与旧势力争论的焦点。

第四个特色是反映了维新派策略上的重大转变。

康有为的这次上书与以前几次上书相较，有一个明显的特点，即以前维新派提出的所谓具有"上驳诏书，下达民词"权力的"议郎"，康有为不再要求设立了，《上清帝第四书》中的"设议院以通下情"以及《上清帝第五书》提出的"自兹国事付国会议行"，"定宪法公私之分"等要求统统取消了，而代之以制度局。这绝非是偶然的疏忽，而是维新派策略上的重大转变。即维新派由原来的"变于下"改变为"变于上"，由原来的兴民权以挽救危局，变为以君权雷厉风行推行新政。

对于康有为的这个转变，近年来史学界仁智互见，颇有争议。一种意见认为，康有为从递上《上清帝第六书》以后，即只字不提开国会、立宪法，是一种倒退行为。另一种意见则相反，认为《上清帝第六书》所提出的开制度局"是维新派政治纲领的进步"，认为至此维新派的"政治纲领已经完全确定和成熟"②。

① 胡思敬：《戊戌履霜录》卷 2。
② 宋德华：《戊戌维新派政治纲领的再探讨》，《历史研究》1985 年第 5 期。

而新的政治纲领非但"未否定在此之前的政治纲领的内容,而是有了进一步的发展"①。

把康有为不提开国会、开议院,而只强调"设制度局于宫中"的做法,视作维新派政治纲领"成熟"和"进一步的发展"的观点看来是难以为大家所接受的。因为这种观点与历史事实有很大出入。维新派人士自己就不这样认为,他们曾在许多场合声称,原来他们是主张开民权、设议院的,只是以后形势发生了变化,他们不得不调整自己的政策,而对于康有为的这种转变当时就有不少人困惑不解。百日维新的参加者之一王照曾说:"丁酉(光绪二十三年)冬,康有为入都,倡为不变于上而变于下之说,其所谓变于下者,即立会之谓也。照以为意主开风气,即是同志。俄而,康被荐召对,即变其说,谓'非尊君权不可',照亦深以为然。盖皇上既英明,自宜用君权也。"②

王照是戊戌变法的当事人,所云自属可信。但他这里所说的"被荐召对"比较含糊,究竟是指戊戌正月初三日(1898年1月24日)总理衙门大臣的召对,还是指戊戌四月二十八日(1898年6月16日)由于徐致靖的推荐,光绪皇帝在仁寿殿的召对,没有交代清楚。但是,不管怎么说,康有为在《上清帝第六书》中没有再提国会、宪法、民权,是显而易见的。这就是王照所谓的"变于上","非尊君权不可"。可见,当时的维新派人士对康有为由兴民权转变为尊君权是十分敏感的,他们甚至困惑莫解,无所适从。倘若是康有为的主张更"成熟",更"发展"了,维新派人士怎么会有这种感觉呢?

---

① 宋德华:《戊戌维新派政治纲领的再探讨》,《历史研究》1985年第5期。
② 王照:《关于戊戌政变之新史料》,《戊戌变法》,第4册,第331页。

另外一位康有为的弟子、戊戌变法倡导人之一的梁启超，在政变发生后亡命日本，于同年九月十二、十三日（1898 年 10 月 26、27 日）在日本与外务大臣大隈重信的代表志贺重昂进行笔谈。此番谈话亦十分重要，梁氏谓：

> 彼满洲党、老臣党，毫无政策，徒偷生贪禄者，不必言矣。至草莽有志之士，多主革命之说，其势甚盛，仆前者亦主张斯义，因朝局无可为，不得不倡之于下也。及今年四月以来，皇上稍有政柄，觐见小臣。于是有志之士，始知皇上为大有为之君，从前十余年腐败之政策，皆绝非皇上之意。于是同志乃翻然变计，专务扶翼主权，以行新政，盖革命者，乃谋国之下策，而施之今日敝邦，尤为不可行。外患方殷，强邻环伺……今皇上之英明仁厚，实鲜有比，苟能有全权，举而措之，则天下晏然，匕鬯无惊而新政已行，旧弊已去，国体已立矣。①

梁启超这里讲得十分明确，说维新派的纲领转变是戊戌四月二十八日（1898 年 6 月 16 日）开始的，这与康有为《与赵曰生书》所谈的时间大体相同。但是，康、梁所谓的策略转变，是指百日维新开始后，维新派的整个活动宗旨的转变。如果以上书而论，那么《上清帝第六书》就是一个重要的标志。康有为以后的历次上清帝书，基本上坚持了《上清帝第六书》提出的方针。维新派说他们的活动发生了根本性的转变，叫作"翻然变计"，可见，他们对于这种变化，当时是毫不掩饰的。

将《上清帝第六书》与康有为以前的上书比较，"后退"是

---

① 梁启超：《与志贺重昂笔谈》，《日本外交文书》，第 31 卷。

客观存在的，问题是如何对它进行估价。从维新派自己来说，完全是出于一种斗争策略的考虑，不能不暂时收起他们的国会、宪法、民权的旗帜。因为既然要依靠封建皇帝进行改革，那么，首先就需要制定一套彼此都能接受的改革方案，而制度局可以说在当时是对维新派比较有利的方案。无论如何不能把康有为的政治改革活动说成是："就是在从事进步活动的时候，政治观点也是皇权主义者，远谈不上民主主义。"康有为当时的一系列言论表明，他对民权有着比较清楚的认识，对资产阶级的国会、议院亦十分向往。只是中国的民智未开，开议会的条件并不具备，而维新派为了实行新政，不得不在策略上做出一些调整。这种灵活的斗争策略，似乎无可厚非。再者，康有为即使在实行"变于上"的方针时，也并没有完全拜倒在君权脚下，而是一方面不断地要求"纡尊降贵"，广泛听取朝廷内外的意见；另一方面仍然在京师组织保国会，策动公车上书，采取上下结合的办法向清朝统治者施加压力，以促使变法高潮的到来。

第四节　大借洋款　以举庶政

康有为变法的规模极其宏伟，但是，要举行新政，首先必须解决经费问题，而当时清政府的财政已极度拮据。光绪二十一年（1895 年）签署的《马关条约》第四款规定："中国约将库平银二万万两交与日本，作为赔偿军费；该款分作八次交完"①，之

①　王铁崖：《中外旧约章汇编》，第 1 册，第 615 页。

后，由俄、德、法三国出面，干涉日本，归还辽东半岛，又增加了所谓还辽"酬报费"库平银三千万两。这样庞大的债务，是清政府本身无法偿还的，于是，只好向列强借债还款。清廷于光绪二十一年签订了《俄法借款》专约，次年签署了《英德借款》专约，光绪二十四年（1898 年）又签署了《英德续借款合同》。清廷三次大借洋款，总计三万万两，再加上高额利息共达六万万两。这三次借款像三条无形的绳索，套在中国人民的脖子上，清政府的财政已到了山穷水尽的地步。

为了解决迫在眉睫的财政危机，戊戌正月初九日（1898 年 1 月 30 日）右中允黄思永向清廷呈递《筹借华款，请设股票折》，企图通过向官绅摊派的办法，筹募资金，偿还日本之款，是谓"昭信股票"。户部于正月十四日（2 月 4 日）对黄思永的建议进行议覆，基本上赞同黄氏筹款方案，并将昭信股票分为一百两者五十万张，五百两者六万张，一千两者二万张，总额为一万万两。由户部设立昭信局，遴选司员经理。同时，还规定了许多劝诱的办法，应募十万两以上者优奖，五十万两以上者破格奖赏等。[1] 但是，"昭信股票"开办后，尽管恭亲王奕䜣带头应募二万两[2]，但响应者仍寥寥无几，绅商富户，裹足不前。户部及各省督抚催促摊派，亦无明显效果，反而使民怨沸腾，在长达六个多月的时间内，中央和地方募集的资金尚不足五百万两。

"昭信股票"之议初起，康有为就极力反对这种做法。他在《自编年谱》中写道："时偿日本之款甚急，中允黄思永请用外国公债法，行昭信股票，下户部议。北档房总办陈宗妫、晏安澜，素主搜

---

①　朱寿朋：《光绪朝东华录》，总第 4055 页。
②　中国第一历史档案馆藏：奕䜣《报捐银两折》。

刮者也，力主之。司员签名者二十余人。吾闻而投书常熟力诤之，谓：方今无事，何为作此亡国之举？乙未借民债，虽张之洞之六十万，亦不肯还，民怨久矣。中国官民之隔久矣。谁信官者？且名为借债，而以官力行之。吾见乙未之事，酷吏勒抑富民，至于锁押，迫令相借，既是国命，无可控诉，酷吏得假此尽饱私囊，以其余归之公。民出其十，国得其一。虽云不得勒索，其谁信之？徒饱贪吏，于国计无益，而生民心，为渊驱鱼，明世加粮，可为殷鉴。"①

康有为对"昭信股票"的指责是十分激切的，他还就此事上书户部侍郎张荫桓，再次对"昭信股票"提出严厉批评。以后的实践证明了康有为的看法是正确的。

康有为虽然反对在国内发行股票，募集资金，但是，为了解决经费来源，他却主张向美国大借洋债。康有为认为，要统筹全局，大举新政，必须向外国借五六万万之款。以其中二万万筑全国铁路，限三年成之。然后，再练兵百万，购置铁舰百艘，遍立各省各府县各等、各种学堂，沿海设船坞、武备水师学堂，开设银行，发行纸币，只有这样"全力并举，庶几或可补救"②。

为了向国外筹集巨额款项，康有为还提出："以全国矿作抵，英美必乐任之，其有不能，则鬻边外无用之地，务在筹得此巨款，以立全局。"③ 他把这些想法向翁同龢谈过，并且分别代御史陈其璋、宋伯鲁草拟了两个奏折，企图耸动上听，付诸施行。

康有为代陈其璋草拟的《统筹全局，请再向美国借款，以相牵制而策富强折》于光绪二十四年二月十六日（1898 年 3 月 8

---

① 《康南海自编年谱》，《戊戌变法》，第 4 册，第 142 页。
② 同上。
③ 同上。

日）递上。① 该折首先陈述了清廷当时财政困窘情形，略谓：

> 司农仰屋而嗟，百计罗掘……京外并困，取尽锱铢，而
> 固有之利，如矿务、铁路等，则费绌而不能大兴，自强之
> 术，如铁舰海军等，亦资少而不能举办，捉襟见肘，日处窘
> 乡……无饷无兵，无权无势，若再不设法自保，牵制各国，
> 则分割势成，何从措手？②

陈其璋的奏折提出，解决危机的途径，除了政治上同各国
联盟外，只有向外国借款，徐图自强，然后才能自保。他认
为："西人国势贫弱，恒有以借债为保国之法者"，中国为什么
不仿照实行呢？陈氏折还分析了以前清廷向俄法、英德的两次
借款的得失，认为虽借其款，而在政治上并不能指望得到这些
国家的援助，一旦大局有变，这些国家首先考虑的是它们在中
国的利益，而决不会为清廷着想。因此，陈其璋的奏折提出，
大举新政的五万万两巨款，只有向美国借，才能以此牵制欧洲
各国。因为美国"富埒于法，从不肯占据他人土地，专重商
务，所养之兵，为数不多（额仅万人，战舰亦只二十——引者
按：括号内为陈其璋奏底内容，该疏递上时删去，下同），但竞
竞以护商为心，各国皆交相畏之。若酌拨长江省分，及法、德屯
兵附近各处之厘金，作为抵押，美必允从。将来各国俱不能进

---

① 陈其璋：《统筹全局，请再向美国借款，以相牵制而策富强折》，原件藏中国第
一历史档案馆，光绪二十四年留中奏折。黄彰健在《戊戌变法史研究》一书中曾据台湾
"中央研究院"近代史研究所收藏的《总理衙门筹借洋款清档》录出，并收入《康有为戊
戌真奏议》。唯台湾藏本为军机处转总署之抄件，故讹漏之处较多。

② 陈其璋：《统筹全局，请再向美国借款，以相牵制而策富强折》。

步，无不受其牵制"①。陈其璋的奏折明显地表现了维新派对美国的好感和幻想。

陈氏还认为，借如此巨额的款项，必须要美国商人信服的人方能办成，他认为容闳就是最理想的人选。他向清廷推荐说："查江苏候补道容闳在美（读书）多年，（情形最熟，臣与该员夙不相识，惟闻曾经派令出洋）久为官商推重，如遣与美商速行订借二三万万两，一月之内，必可有成。更不妨再向英、德加借，多其国则易于牵制，多其数则便于措施。"②

如果说，康有为代陈其璋草拟的大借洋款折的侧重点在于以巨额借款来牵制各列强的话，那么，他为御史宋伯鲁草拟的奏折的出发点，则在于用巨额洋款，兴办实业，尤其是兴办军事工业。

宋伯鲁（1854—1932），字芝栋，号芝田，陕西醴泉县人，世居县城西街，其父为封邑生员，家素丰，后中落。③ 宋伯鲁以优贡至国子监读书，中乙酉科（光绪十一年，1885 年）举人，次年考中进士，选庶吉士，散馆授编修，随后又擢为山东道监察御史④，宋伯鲁为人耿介，"生平无狎谤之友"，在担任御史期间，"丰裁峻整，弹劾不避权贵"，甚至曾经上书对慈禧宠爱的太监进行弹劾。⑤

宋伯鲁是戊戌变法期间，康有为在台谏联络的主要对象之

① 中国第一历史档案馆藏：御史陈其璋《统筹全局，请再向美国借款，以相牵制而策富强折》。
② 同上。
③ 《续修醴泉县志稿》卷7，人物。
④ 戴逸、林言椒主编：《清代人物传稿》，下编，第1册，第120页。
⑤ 《续修醴泉县志稿》卷7，人物。

一，其代康有为呈递折片亦最多。他与维新派的结合，有着较为深厚的思想基础。早在甲午战争之后，宋伯鲁提出了改变八股取士的建议，认为八股之士"谈经术词章则有余，论艰难宏济则不足"，因此于光绪二十二年十一月二十日（1896 年 12 月 24 日）向清廷建议，乡、会试各项考试策题宜专问时务，内容应包括天算地舆、筹边海防、铁路轮船、矿物邮政、农商公法、出使互市、条约章法等，应破除一切忌讳，准其各抒己见，"使士子交相鼓励，庶风气由此渐开"①。在当时条件下，宋伯鲁能提出这样的建议，应该说其思想是相当进步的。

但是，在与康有为等维新派交往之前，宋伯鲁对西方各国并无好感，对传教士在华活动常怀戒备之心。时美国传教士李佳白（Gilbert Reid）在京师宣武门内后水泡地方，创立尚贤堂，鼓吹西学，传播教义，并干预中国政务，在督办军务处呈递条陈。对此，宋伯鲁曾向清廷递折，认为："该教士以羁旅之臣，目击时艰，发为论说，且欲设学堂教育人才，似非心存叵测者可比，然朝廷用人行政，自有权衡，岂容外人越俎？"② 认为该传教士的所作所为"未审若何居心，是否有别项情由，均难悬揣"，提醒当轴予以注意。

丁酉、戊戌之交，宋伯鲁受维新派影响，对美、英、日等国态度有明显好感，频频递折，要求与上述各国联络邦交。康有为代拟的《国势危急，请统筹全局，派员往美集大公司，令报效巨款折》于光绪二十四年二月十七日（1898 年 3 月 9 日）递上清

---

① 中国第一历史档案馆藏：御史宋伯鲁《乡会试策题，宜专问时务片》。
② 中国第一历史档案馆藏：宋伯鲁《美国教士李佳白设立学堂并在督办处呈递条陈请饬查办片》。

廷，比陈其璋的向美借款折仅晚递一天。①

康有为代宋伯鲁草拟的奏折首先指出了自戊戌正月以来中国所面临的危迫局面，"祖宗百战艰难之业，听其蚕食，日朘月削。彼则无餍，我何以堪。三年之后，俄国铁路若成，又将若何，且正月以来，掣肘之事，如此其多，何以卒岁"②。其忧危之情，已溢于言表。

宋氏奏折提出了统筹全局性的规划，认为各省铁路与矿务，中国若不早自开办，各国纷纷来请，何以拒之？因此，他提出一个大胆的设想，即"募开一大公司，集款数万万，准其开办各省铁路矿务，而责令报效七事"③：

其一，购置大钢板铁甲船约三十艘；

其二，沿海天津、燕台（烟台）、上海、宁波、福建、广东设水师学堂六所，略仿英、美规制，各省设武备学堂一所；

其三，各省府县，皆设工艺学堂；

其四，各省设铁政局、枪炮厂、火药局；

其五，延请洋将练兵百万，皆令外国出给俸饷；

其六，筑沿边紧要炮台；

其七，各直省均设立银行。

上述七项内容，有五项是加强军事力量的措施。可见，康有为筹办大公司主要是为了兴办军事学校，培养军事人才，从而达到加强清政府的军事实力，以抵御列强欺侮的目的。宋伯鲁的奏

---

① 宋伯鲁：《国势危急，请统筹全局，派员往美集大公司，令报效巨款折》，原件藏中国第一历史档案馆戊戌变法专题档案，第一捆。汤志钧先生已辑入《康有为政论集》，上册，第 227－229 页。

② 《康有为政论集》，上册，第 227 页。

③ 同上书，第 228 页。

折认为，要开办这样一个规模庞大的公司，总计需款约五万万，皆限一年之内，一律举办。铁路、矿务所得利益，酌分成数，归于国家。像陈其璋的奏折一样，宋氏折亦认为筹此巨款的对象是美国，办理筹款的理想人选为容闳。不过，对于容闳的推荐，宋伯鲁比陈其璋更为具体："江苏候补道容闳，少年游学美国，壮岁又奉使差，久于美地，前后二十余年。其为人朴诚忠信，行谊不苟，深为美人所敬信，若容闳往美招集，必有可成。惟兹事体大，恐俄、德、法因而生忌，尤非慎秘不为功。"① 因此，宋氏折提出，如果清廷有意采纳这个设大公司的建议，请发布密旨，召见容闳，不必宣露，以免各国生心阻挠。

综观陈、宋二折，内容虽有差异，主旨却十分相近。从某种意义上来说，康有为代陈其璋、宋伯鲁草拟的向美国筹款的奏折，是他《上清帝第五书》中的思想的进一步发挥。康有为在那次上书中，要光绪皇帝"因胶警之变，下发愤之诏"②，而诏书内容中有一项即是"大借洋款，以举庶政"。但是，康有为当时提得比较笼统，而陈、宋二折正是这一思想的具体化。

应该肯定，康有为的这一思想的出发点是救亡。筹集巨额洋款，兴办中国实业，这是他挽救民族危机整个计划的一个组成部分。康有为爱国心切，以至于设想以全国矿产作为抵押，甚至割让边地，以此来换取美国、英国的巨额贷款。有的论者据此认为，康有为的这些言论是向帝国主义妥协，是出卖民族利益。这种批评未免过于苛刻。因为康有为讲得十分清楚："借债不仅为

---

① 《康有为政论集》，上册，第 228 页。
② 康有为：《上清帝第五书》。

今日保国之要务，而即为异日兴国之始基。"① 在康有为看来，中国人物聪俊，物产丰饶，倘能以此巨款，切实经营，富强可反掌而致，并声称："有此大举，庶几外侮可弭，内政可兴，疆土可保，国祚可存，此不可失之事机，亦不可得之时会。过此数月，蹙朘日至，恐更难为功矣。"② 其忧国之心，救亡之情，已跃然纸上。

但也应该看到，康有为所构想的统筹计划，是一个空洞的、不切实际的方案。这一方案的形成，又与康有为对帝国主义本质的认识不清有着直接的关系。

在康有为许多奏折中，几乎都在指斥帝国主义列强磨牙吮血，张牙舞爪地侵吞着中国的财富，粗暴地干涉中国内政。清政府失地失权，通商不许，借款不许，"我自筑津镇铁路而不许，调一道员而不许"③。堂堂万里封疆，任人侵占，神明华胄之民，任人凌辱。因此，他甚至大声疾呼："天地为愁，我将何容，昧昧我思之，惟有合群以救之，惟有激耻以振之，惟有厉愤气以张之。"④ 但究竟怎样救亡，到底如何保国，他却不完全清楚。康有为主要考虑的问题是变法自强，而始终没有将斗争的矛头指向造成中华民族危亡的祸首——帝国主义列强。康有为和其他维新派人士，都没有把戊戌维新运动提到反对帝国主义列强的高度，而是幻想中国的变法，可以得到某些或某个西方国家的支援。所谓向美国筹借巨款，正是在这种错误认识指导下设计出来的方案。康有为甚至天真地提出"惟有更向各国多借巨款"，才能达

① 陈其璋：《统筹全局，请再向美国借款，以相牵制而策富强折》。
② 《康有为政论集》，上册，第 228 页。
③ 同上书，第 227 页。
④ 康有为：《保国会序》。

到自强、自保的目的，认为"盖人既助之以财，断未有不助之以力者也"。在这种荒谬逻辑的指导下，康有为便得出了借款愈多，国家安全便愈有保障的错误结论。

还应当指出，康有为关于向美国借款五万万，筹办大公司的建议，除了相信美、英等国传教士的宣传外，更主要的可能是受到容闳的影响。

容闳（1828—1912），号纯甫，虽然久居美国，却有志于"改革和复兴中国"。光绪二十一年（1895年）春季，容闳回国后不久，即与梁启超相识。容闳在丁酉、戊戌之交，与康有为往还十分密切。容闳在京师金顶庙的住所，"一时几变为维新党领袖之会议场"①。容闳谙熟西学，见多识广，维新派对他十分尊重，许多问题都要与之相商。容闳的"大借洋款"的思想是由来已久的。甲午战争期间，他虽尚在海外，却屡屡"规划战事"，曾提出两项建议：其一是速向英国借款，购置铁甲舰，由太平洋抄袭日本之后，使其首尾不能相顾；其二是将台湾做抵押，向美国等西方国家筹款四万万美金，作为全国海陆军费用，与日本继续作战。容闳回国后，先后又提出设立银行以及向美国筹集资金四亿两，修筑中国全境铁路的建议。戊戌年初，容闳再上《津镇铁路条陈》，对于资金来源，该条陈谓："现经集股，已有一千万两之谱，开办之后，其有不敷，再行召集。内有美商愿入股者，由本公司与之议立合同，无庸禀请国家作保，只须将全路作抵。"② 由此可见，康有为的向美国借款五万万两并派容闳筹办

---

① 容闳：《西学东渐记》，《戊戌变法》，第4册，第226页。
② 容闳：《津镇铁路条陈》，《申板》光绪二十四年二月，见《戊戌变法》，第2册，第305页。

此事的设想，显然与容闳的影响很有关系。

正如容闳最初提出的筹款四亿两兴修全境铁路的建议被清廷否决一样，康有为代陈其璋与宋伯鲁草拟的向美国借款，大举庶政的建议，也没有引起清廷的兴趣。清廷当时之所以没有采纳容闳筹款筑路的计划，可能与张之洞等封疆大吏的电阻有关。张之洞于戊戌正月初五日（1898年1月26日）曾致电枢垣，认为德国干预山东铁路之事，"大碍北省地利，拟以宁沪南段抵换"①。数日后张氏再电枢垣，认为容闳之计划万不可行。张氏此电颇能反映统治阶级对借洋款的顾虑，该电略谓：

> 顷闻容闳呈请造镇江至天津一路，报效百万，不胜惶骇。查胶州至京一千四百里。容闳所请之路，必经济南省城，德路由胶至济止六百里。容闳来自美国，且事前即报效巨款，必系洋款无疑。即使间有华商，而在美之华商，多与洋人合伙，物业归洋人保护，仍与洋股何异？且不仅美商铁路股票，展转售卖，各国洋人皆有。虽容闳本无他意，但关涉洋股，容闳将来亦不能自主。
>
> 容路短而款足，不过两年必成。德路直接容路，一年必成。此路成后，德之陆军长驱而北，一日直至永定门矣。容路既系洋股，将来必与德国勾串，断不能听中国指挥。一旦猝有变故，必如强占胶湾故智。防不胜防，战不胜战，避不及避，从此京师岂有安枕之日？……容路系洋股，即与洋路无异，为虎傅翼。②

---

① 王彦威辑：《清季外交史料》卷129，第4页。
② 同上书，第6—7页。

因此，张之洞认为容闳的筹款计划万不可行。

可能是出于同样的原因，康有为代陈其璋、宋伯鲁草拟的"大借洋款，以举庶政"的建议，清廷未敢贸然采纳。光绪皇帝只批示："该衙门知道。"① 军机处亦仅将奏折"抄交总署领去"而已，并没有做特别的处理。康有为关于引进外资，筹集巨款以举新政的建议，自始至终都停留在空谈阶段，非但无补于变法，而且他的"鬻边外无用之地"的言论，还引起了孙家鼐等官僚的不满（参阅本书第七章第三节）。

---

① 中国第一历史档案馆藏：光绪二十四年《洋务档》。

第五章

把变法推向高潮

　　戊戌春季，在中国近代历史发展进程中，是一个极不寻常的时期。一方面是帝国主义列强加紧了对中国的劫掠，继德国出兵强占胶州湾之后，沙皇俄国又提出强租旅顺、大连湾的要求，英、法、日等国亦不甘落后，纷纷提出侵略性要求，一时间瓜分之说，甚嚣尘上，"一处火燃，四面皆应"①，其局势之危迫，简直是"若箭在弦，省括即发"。另一方面是国内的各种不同的政治势力、政治派别围绕开新与守旧、西学与中学展开了激烈的争论。

　　以康有为、梁启超为代表的维新志士，一边以"大局岌岌，瓦解将至"的民族危机为虑，敦促统治阶级尽快行动起来："冠缨披发，救火追亡"②；一边在中下层知识分子中传播西学，激发民众爱国之热情。"人思自奋，家议维新"③，改革的春风，几乎吹遍了京师的各个角落。在此期间，也曾经出现过短时期的形

---

　　① 康有为：《上清帝第六书》，《杰士上书汇录》卷 1。
　　② 同上。
　　③ 《谭嗣同全集》，上册，第 269 页。

势逆转。守旧派试图利用他们手中的权势，扑灭变法维新的火种。但是，"青山遮不住，毕竟东流去"。历史发展的趋势是任何人无法阻遏的。康有为等人通过顽强的努力，促成了变法高潮的到来。

第一节　策动第二次公车上书

康有为在光绪二十四年正月初三日（1898 年 1 月 24 日）被总理衙门大臣传见问话之后，改变了回广东讲学的计划，而在京师公卿士庶及前来参加会试的举人中间，宣传鼓动，大造变法舆论，为把变法推向高潮尽了最大的努力。

康有为这一时期的变法活动有两个目标，其一是"上书求变法于上"，从正月初八日（1 月 29 日）向总理衙门呈递了《上清帝第六书》之后，又连续呈递了四个折片及《日本变政考》等新书，还代御史宋伯鲁、陈其璋等人草拟筹措新政经费的奏章。康有为的目的是借以劝说清朝最高统治者，采纳他的变法主张，尤其是在宫中设立制度局，吸收自己及维新派人士入直其中，以施展其"重起天地，再造日月"①的变法宏图。其二是"复思开会振士气于下"②。这里的所谓开会，即组织各类学会，开通风气，倡导变法，联络维新志士，扭转社会舆论，创造变法的良好环境。应该说，康有为采取的这两个步骤是符合当时社会实际的，因而收到了比较好的效果。

---

① 康有为：《日本变政考》卷 3。
② 梁启超：《戊戌政变记》卷 3。

为了把广大知识阶层真正发动起来，康有为认为最好的办法，莫过于在京官和士大夫中间传播西学。其《自编年谱》记曰："时欲续强学会之旧，先与乡人士开会，曰粤学会，于十二月十三日在南海馆创办，京友集者二十余人，以各会馆皆为京官会集，欲因而导之，乃草疏交御史陈其璋上言，请将总署同文馆群书颁发各省会馆，以便各京官讲求。"① 在陈祖治整理的《清御史陈其璋草疏稿汇集》中，辑有康有为代拟的这份奏折，现征引如下：

> 夫今日需才亟矣，不通时务，安有人才？其未登科第者，固贵多方造就，其已列仕板者，尤宜实力讲求。臣窃见京朝百司人员，数千百数，不乏才俊聪明之士，而语及泰西政教、中外交涉掌故，多有茫然者，固风气未开，亦实无书可读，美才坐废，殊可惜也。侧闻总署译印各书，为数不少，皆士大夫所未得见者，虽准售卖，无从探悉，而置高阁深藏，殊失译印之本意。自设官书局以后，群情向慕，而事归大臣管辖，体制森严，亦难借读。地僻一隅，又难奔走。

> 臣愚以为，欲人才之多所成就，则当广设学堂；虑学堂之难于遍开，则当广散图籍。况京师为人才荟萃之地，百僚即将来办事之人，尤宜扩充其识见心胸，储为大用。拟请旨饬下总署，将已经译印之各种图书，于京师八旗官学，各省省馆，各颁给一分；其未译者，速令陆续译出；未印者，即速交官书局速印，每出一册，均行颁给一分。俾闲散各僚，分向各学、各馆，就近披览，互相切磋，以广见闻，以资造

---

① 《康南海自编年谱》，《戊戌变法》，第 4 册，第 138 页。

就。无形之益，所关至大。①

康有为的用意十分明显，就是要用西学扩充京官见闻，以达到造就人才、移风易俗的目的。在请求颁发西学书籍的同时，康有为还鼓动各京官开设各种学会，诸如粤学会、蜀学会、陕学会等。在维新派的倡导之下，这些学会如同雨后春笋纷纷设立。三月二十七日（4月17日）康有为又在此基础上召开了保国会。尔后，保国会又于闰三月初一日（4月21日）、初五日（4月25日）召集了两次会议，每次集者百余人。康氏开此会之意图，是"欲令天下人咸发愤国耻，因公车诸士而摩厉之，俾还而激励乡人，以效日本维新志士之所为。则一举而十八行省之人心皆兴起矣"②。康有为在保国会的演说辞中，亟陈形势危迫，号召士人群起救国，声称中国四万万人同在"覆屋之下，漏舟之中，薪火之上"，并指出挽救危急的出路就在于讲求西学。因为"泰西立国之有本末，重学校，讲保民、养民、教民之道，议院以通下情，君不甚贵，民不甚贱"，中国皆应仿行。他相信，若使吾四万万人皆发愤，洋人岂敢正视乎？故"今日人人有亡天下之责，人人有救天下之权"。"果能合四万万人，人人热愤，则无不可为者。"③

康有为毫不掩饰地鼓吹以民权救国，与他给皇帝上书的内容

---

① 陈其璋：《请将译印各国图书，颁给各学、各馆片》，见陈祖治编：《清御史陈其璋草疏稿汇集》，第1集。又，康有为除代陈其璋草拟此片外，还曾经代御史宋伯鲁草拟了内容雷同的《总署官书局时务书请饬发翰林院片》（二月初八日），参阅拙作：《康有为戊戌年变法奏议考订》。

② 梁启超：《戊戌政变记》卷3。

③ 康有为：《三月二十七日保国会上演讲会辞》，《戊戌变法》，第4册，第407 - 412页。

是相辅相成的。他在给光绪皇帝上书中，虽不敢露骨地张扬民权，但却也一而再，再而三地吁请皇帝"纡尊降贵"，"去束缚拘牵之例，改上下隔绝之礼"①，希望清统治者能亮明态度，实行变法，按照资产阶级国家的图样来改造中国。整个戊戌年春季，康有为极为繁忙，"时公车如云，来见者日数十，座客填塞，应接不暇，分日夜之力，往各会宣讲"②。康有为鼓吹的以民权救亡的呼声，此起彼伏，震动京畿。

为了进一步激发广大知识阶层感愤国耻，投入变法维新、挽救危亡的行列，康有为在戊戌春季，还策动了一次新的公车上书。这次公车上书是以侵略胶州湾的士兵骚扰山东省即墨县文庙为契机而发起的。

是年正月初一日（1898 年 1 月 22 日），德国侵略军多人闯入即墨县文庙，将孔子"圣像四体伤坏，并将先贤仲子双目挖去"③，任意作践，民怨沸腾，"远近士庶传闻此事，无不愤懑"④。闰三月初二日（4 月 22 日），由参加会试的山东举人及孔子后裔孔广霱等十余人将此事向都察院告发。康有为、梁启超闻讯之后，立即抓住这一机会，借机发难，鼓动各省举人们纷纷向都察院呈递条陈。据《梁启超年谱长编》记载："德人毁坏山东即墨县文庙的事传入京师，一时公车异常愤慨，先生尝联合麦孺

---

① 康有为：《为译纂〈日本变政考〉成书，可考日本由弱致强之故，并进〈泰西新史揽要〉〈列国变通兴盛记〉，恭呈御览，乞采鉴变法，以御侮图存折》（以下简称《译纂〈日本变政考〉成书折》），《杰士上书汇录》卷 1。

② 《康南海自编年谱》，《戊戌变法》，第 4 册，第 143 页。

③ 中国第一历史档案馆藏：孔广霱等十七人《为残毁圣像，任意作践，公恳据情代奏折》（光绪二十四年闰三月初二日）。

④ 黄家毅等一百零三人：《据实陈明，恳请代奏折》。

博等十一人上书都察院，请严重交涉。"① 此处所记与史实稍有
出入。据清档记载，联名上书者大多以省为单位，既有各省举
人，又有各衙门的京官，其中有不少是保国会会员②，而出面发
动者，有十二人，大多为康有为弟子。他们分别是梁启超、麦孟
华、林旭、张铣、陈荣衮、陈涛、程式毂、张鹏一、龙焕纶、钱
用中、况仕任、邢廷荚。③

康有为、梁启超等在策动戊戌春季第二次公车上书时，借鉴
了乙未年公车上书的经验，事先由以梁启超为首的十二人向各省
参加会试的举人发出了一个《公启》。《公启》略谓：

> 山东即墨县文庙孔子像被德人毁坏……我中国四万万
> 人，敷天痛愤，况在士人，同为发指。彼知我国势弱，而畏
> 我人心未去，乃欲灭我圣教，先觇我士气如何？若坐听其
> 毁，则各郡县文庙，必继踵凌灭，四书六经，必公然焚烧，
> 圣教必昌言攻击，吾教之盛衰，国之存亡，咸在此举。顷者
> 公车咸集，宜伸公愤，具呈都察院代奏，请与德国理论，查
> 办毁像之人，以伸士气而保圣教。凡我同人，读孔子书，受
> 孔子教，苟忍坐视圣教沦亡，则是自外衣冠之种族。……单
> 到请书姓名，并注科分、省分，以便汇列附上……事关公
> 愤，非一二人之私也。梁启超等同启。④

这份《公启》措辞激昂而又严厉，把不签名者说成是"自外

---

① 丁文江、赵丰田编：《梁启超年谱长编》，第114页。
② 各省举人上书情况，参阅拙作：《戊戌变法时期第二次公车上书述论》，《求索》
1983年第6期。
③ 名单见《国闻报》，光绪二十四年闰三月十六日。
④ 《国闻报》，光绪二十四年闰三月十六日。

衣冠之种族",故颇具感染力,在鼓动各省举人请愿中,发挥了重大作用。

由于局势的日趋严重,加之康有为及弟子梁启超等人的奔波宣传,各省举人莫不痛心万分,攘袂争先。在都察院门前,又像三年前一样,出现了车马填塞、怒不可遏的请愿洪流。据清宫档案记载,重要的上书有以下几次:

闰三月十二日(5月2日),康有为的弟子、福建举人林旭等三百六十九名举人联名呈递了《圣像被毁,圣教可忧,请饬总理衙门责问德人,令其速行赔办呈》①;

同日,湖北省举人李家群等一百六十五人、湖南举人易顺豫等四十三人、安徽举人洪瀣、广西举人万祥燊等联名呈递《东省公车群诉,未奉纶音,乞饬查办呈》;

闰三月十四日(5月4日),江苏松江府举人庄人泳等三十一人呈递《即墨圣庙一案关系重大,请严旨诘德人交犯惩办,以伸公愤呈》;

同日,江苏省汪曾武等二百零四名举人,呈递《至圣像毁,乞饬总理衙门责问德驻京公使,迅行惩办,以安人心而弭衅端呈》;

闰三月十六日(5月6日),江苏省淮安府举人程人鹄等十七人,呈递《圣像被毁,薄海同愤,乞责问德人,严加查办呈》②;

同日,翰林院编修李桂林、黄绍箕,修撰骆成骧,检讨阎志廉,庶吉士林开謩等人联名递上《圣像被毁,正教可危,众怒难

---

① 中国第一历史档案馆藏:都察院闰三月十五日代递各省举人公呈(光绪二十四年录副奏折)。

② 中国第一历史档案馆藏:都察院闰三月二十三日代递各省举人公呈。

测，宜速责德使惩办以维教化而平人心呈》[①]；

闰三月十八日（5月8日）浙江举人沈凤锵递上《圣教被侮乞责问德人呈》；

闰三月二十二日（5月12日）翰林院编修李桂林、徐仁镜等，检讨阎志廉等，庶吉士刘汝骥等，内阁中书苏元龙等，中书科中书沈福荫等，吏部主事李坦等，户部郎中马瑜等，员外郎胡秉銮等，主事许涵修等，礼部主事王照，兵、刑、工各部司员以及举人徐仁录等一百五十四个直隶省京官、举人、拔贡、附贡生联名递上《德人残毁文庙圣像，请旨严行责问，以保圣教而弭隐患折》。

以上这些举人、京官的联名公呈，仅是这次上书的一部分，分别由都察院堂官裕德等呈上清廷。裕德等于闰三月二十三日（5月13日）的奏片中称："此后各省举人，陆续呈请，尚难予定，足见尊崇圣教，薄海同心……臣等共同商酌，嗣后再有此等公呈，可否由臣衙门随时咨送总理各国事务衙门，归入前奏汇办。"奉旨"依议"。[②]

据上所述，不难看出戊戌闰三月间，围绕德国士兵滋扰孔庙一事，举人们群情激愤，"相聚赴台，泣请诘责"[③]。这一局面的出现，原因是多方面的。它与当时中华民族所面临的河溃鱼烂、备受凌侮的危迫局面有着密切联系，同时与康有为及弟子的鼓动也是分不开的。在为数众多的举人上书中，署名人数最多，又最能体现康有为政治主张的是闰三月十六日（5月6日）由麦孟华

---

① 中国第一历史档案馆藏：翰林院掌院大学士徐桐代递李桂林等呈。
② 中国第一历史档案馆藏：左都御史裕德等闰三月二十三日《此后举人呈诉拟径咨总署片》。
③ 赵炳麟：《光绪大事汇鉴》卷9。

领衔的联名公呈。该公呈与康氏关系最为密切，故征引如下：

> 窃闻山东即墨县文庙孔子像被德人毁拆，断圣像手臂，并抉先贤子路眼，蔑我圣教，视我无人，天下士类，咸为震动，凡有血气，怒发咸指。伏惟孔子道参天地，德在生民，列代奉之以为教，我朝列圣，尤加尊崇。令天下人知君臣父子之纲，家知孝悌忠信之义，庙祀皇皇，至巨典也。四国之来，虽微有讥词，而尚未敢明相攻毁。自胶旅之事，习知吾国势极弱，尚不敢遽加分灭者，盖犹畏吾人心也。
>
> 顷乃公毁先圣、先贤之像，是明则蔑吾圣教，实隐以尝吾人心，若士气不扬，人心已死，彼即遍毁吾郡邑文庙，复焚毁吾四书六经，即昌言攻我先师，即到处迫人入教，若人咸畏势，大教沦亡，皇上孤立于上，谁与共此国者？
>
> 夫皇上以冲龄践祚，二三大臣辅助于下，而天下晏然，四海靖谧者，非以其威力为之，实以君臣之义，深入人心，相与扶植而立此国者也。夫君臣之义，父子之纲，孔子所立，若大教既亡，纲常绝纽，则教既亡而国亦从之。
>
> 举人等私忧窃痛，实有难言。彼越数万里而传彼教，稍不得当，则索地杀人，我在内地而不能自保其庙像，夫复何言？
>
> 《中庸》称：事死如事生，事亡如事存。古者用尸，后世用像，皆在主外。明世张孚敬不知此意，妄改用主，而即墨犹存古义，德人敢行狂妄，实蔑视我全国之人，朝廷若不加保护，人心从此尽失。割胶不过失一方之土地，毁像则失天下之人心，失天下之圣教。事之重大，未有过此。查两国和约，既保彼教，亦当保吾教，乃合公平均沾之道。

伏乞皇上深察人心，恤念圣教，饬下驻德国使臣吕海寰责问德廷，责令查办毁坏圣像之人，勒令赔偿，庶可绝祸萌而保大教，存国体而系人心。伏乞代奏。谨呈。①

在这份条陈上签名的共有八百三十二人之多。领衔的是麦孟华、梁启超、陈荣衮等人，尽为康氏弟子。康有为时为进士，故未在此条陈上签名。将此条陈与康有为于五月初一日（6 月 19 日）递给清廷的《请商定教案法律，厘正科举文体，听天下乡邑增设文庙，谨写〈孔子改制考〉进程御览，以尊圣师而保大教绝祸萌折》对照阅读，便不难发现，举人们公呈中的许多话，与康氏的奏折不无相似之处。因此，由麦孟华领衔的这个条陈，经康有为过目乃至删改的可能性很大，它集中体现了康有为振兴孔教挽救危局的思想。因此，不难看出第二次公车上书在前面活动的是康有为的弟子，而在后面出谋划策的毫无疑问是他们的老师康有为。

康有为策动的这次上书，有着十分重要的意义。第二次公车上书参加人员比第一次更为广泛，达到了两千多人次。在等级森严的封建社会里，有如此众多的读书人，冲破了不许士人干政的禁令，大胆出来讲话。都察院前，人声鼎沸，车水马龙，举人们三番五次上书请愿，这一事件的本身，已足以说明中国的知识分子阶层已经觉醒，他们走出了书斋，走上街头，开始对国家的政治慷慨激昂、理直气壮地发表自己的意见。这是公车上书事件后的又一次创举。

---

① 中国第一历史档案馆藏：广东举人梁启超等八百三十二人《圣像被毁，圣教可忧，乞饬驻使责问德廷，严办以保圣教呈》。

维新派高举救亡的旗帜，把德国侵略者滋扰孔庙这一事件，同整个中华民族所面临的"鱼烂瓦解，且夕覆亡"的危迫局面联系起来，从而激发了广大知识阶层和人民大众的反帝爱国热情。参加上书的举人们，既对以德国侵略者残毁孔庙、横肆欺凌而怒火中烧，又对清政府的国势衰敝、软弱无能而痛心疾首，从而对变法维新产生了紧迫感。这对于当时的变法运动，起到了很大的推动作用。

对于康有为借这次事件，大张旗鼓地宣传鼓动，散布西学，为变法制造舆论的意图，守旧派看得十分清楚。一位感觉敏锐的言官，在给清廷的上书中写道："德人无理太甚，众怒难平……传播至京，士大夫及会试举子，闻之者亦莫不同声愤恨，慨然于国威之不振，匡救之无术，致令异族逼处，辱及先师。其不知大体者，甚或互相筹议，商同拥至德使署中，声罪报复。此举若成，必至一唱百和，不分皂白，妄事焚击，贻累国家。且西学盛行，邪说纷起，民权之论，充塞于耳，更难保无不逞之徒，乘机煽乱，祸起萧墙。臣窃愤中国势力俱屝，外侮日甚，忧虑纪纲渐替，内乱将兴，罔知所出。"[①] 守旧派所忧虑担心的"祸起萧墙"，"纪纲渐替"，"内乱将兴"，指的正是日益兴起并行将到来的变法高潮。这些议论从一个侧面反映了康有为策动的这次公车上书，对于提高士大夫觉悟，增强其挽救民族危亡的自觉性，以及促使百日维新的尽快到来，确实起到了不小的作用。

---

① 中国第一历史档案馆藏：给事中张仲炘《德人无理，请旨严行责问，以崇治本而杜乱萌折》。

第二节　以联英、日为中心的外交政策

康有为不但在内政改革方面有一系列宏伟的设想，而且在外交问题上有许多重要见解。面对着帝国主义列强登堂入室、险象环生的危迫局面，康有为从光绪二十三年（1897年）十一月到京师之后，针对河溃鱼烂、难以立国的现实，除了上书劝说皇帝宣告维新，尽弃旧法之外，还向清政府提出许多有关邦交问题的建议，企图借此以缓和危局。这些建议除了个别篇章是由他本人呈递总理衙门代递外，大量的是通过陈其璋、杨深秀、宋伯鲁等言官代为呈递。这一时期康有为关于外交方面的条陈，从数量上来看远远超过关于改革内政的建议。其数量之多，已相当惊人，反映了康有为政治上强大的鼓动能力。这些由言官们署名代递的奏章，与当时的国际政治斗争形势息息相关，大都从不同的侧面，反映了康有为的外交思想。归纳起来，集中在以下四个重大问题上：

其一，提出了联合英、日的设想。

康有为的与英、日结盟的建议，是针对当时清廷以慈禧、奕䜣为首的统治集团对沙皇俄国的严重幻想而提出来的。自光绪二十一年（1895年）俄、德、法三国"干涉还辽"事件后，清廷上下，倚俄之气氛甚浓，内有枢臣权贵，外有封疆大吏，认为俄国"仗义执言，日气既夺，英谋亦沮"[1]，都沉迷于联俄的幻梦中。

---

① 许应骙：《日患方殷请联俄以资控制折》，《清季外交史料》卷116，第6-7页。

其间，慈禧、李鸿章等卖国固位、甘心从俄自不待言，就连颇有一些政治见解的封建大吏亦倾心俄国。两江总督刘坤一上书清廷，主张刚柔并用，乘此时与之"深相结纳，互为声援"，甚至声称"俄疆宇已广，且信义素敦，与我修好二百数十年，绝无战事，实为千古所未有"。故极力主张："凡与俄交涉之事，务须曲为维持。有时意见参差，亦复设法弥缝，不使起衅。中俄邦交永固，则日与各国有所顾忌，不致视我蔑如，狁焉思启矣。"① 他甚至主张为敦使俄国迫日还辽，"不再索赔款，则我即割新疆数城予俄"，以结俄人之欢。②

身为湖广总督的张之洞，亦上书力主与沙俄"立密约以结强援"，并以此作为救急之要策。他美化俄国"其举动阔大磊落，亦非西洋之比"，主张与俄"力加联络，厚其交谊，与之订立密约，凡关系俄国之商务、界务，酌与通融。如俄国用兵于东方，水师则助其煤粮，准其兵船入我坞修理；陆路则许其假道，供其资粮车马一切，视其所资于我者，量为协济"③。

当时，像刘坤一、张之洞这样既有权势，又有头脑的封疆大吏，均持此种立场，难怪《马关条约》签署未久，李鸿章就在俄国的引诱下，签署了丧权辱国的《中俄密约》。此密约的签署，更使慈禧等人加深了对俄国的幻想，以为有俄国做后台，可保二三十年太平无事。连当时在华多年的海关总税务司、中国通赫德亦不得不承认："俄、德、法三强，特别是俄国，为中国帮了这

---

① 刘坤一：《密陈大计，联俄拒日，以维全局折》，《清季外交史料》卷115，第20-21页。

② 刘坤一：《请饬密商俄国，促日还辽，予以新疆数城为谢片》，《清季外交史料》卷115，第21页。

③ 张之洞：《请结强援片》，《清季外交史料》卷116，第35-36页。

样大忙,已使中国人的眼睛,再也看不到别的。"①

清廷当权者的眼睛确实被沙俄的甜言蜜语所迷惑,"再也看不到别的"。直到胶州湾事件发作,慈禧、奕䜣等仍不悔悟,坚持倚俄。康有为对此深感焦虑,这是他提出联英、日策的一个重要原因。

当然,康有为联英、日策的提出,与英国、日本两国武职人员,展开与中国结盟的游说亦有很大关系。光绪二十三年(1897年)岁暮,随着列强在中国划分势力范围日益加剧,特别是在德国武装占领胶州湾,俄国的船只驶向旅顺港以后,英国与日本不甘落后,亦急起直追,从事抢夺,以求补偿。与此同时,两国还进行与中国联盟的活动。刘坤一一改往日联俄的立场,于光绪二十三年十一月十七日(1897年12月10日)致电军机处云:"昨晚沈敦和电,晤英将,言俄、法、德持兵为国,前岁联盟后,俄侵朝鲜及东三省,德据山东,法图云南各省,奸谋毕露矣。英持商为国,今见南北商权尽失,岂能隐忍?倘中、英、日本亦三国联盟,在中日则保疆土,在英则保东方商利,惜华人不分泾渭,计不出此,殊为可叹。"这一电报已流露了刘坤一联络英国的企图。

然而,对康有为最有影响的是日本参谋本部大佐神尾光臣与宇都宫太郎的湖北之行。他们向张之洞游说,声称日本与英国已结盟,可以帮助中国,一用兵船抵御俄、德之船,一用口劝说,一联英以助中国。与此同时,神尾光臣、宇都宫太郎在汉口还会见维新派人士谭嗣同、唐才常等人,极力鼓吹中、日结盟,声

---

① 《中国海关与中日战争》,第173页。

称："贵国亡，必及我，我不联贵国，将谁联？今大地师舰，麇集鳞萃，吮血磨牙，眈眈相向；不于此时薪胆为雄，练兵兴学，更优游卒岁安呼？时乎时乎，不再来，愿君熟思，同往我国，谋定后动……如联盟计成，吾当为介于英，而铁轨资焉，国债资焉，兵轮资焉，一切政学资焉。"① 神尾光臣的花言巧语，已使维新派人士深信不疑，更加深了他们对英、日的不切实际的幻想。唐才常甚至说："今日人既愿联我，且愿密联中英相掎角，且愿性命死生相扶持，千载一遇，何幸如之，何快如之。"当时维新派中间，不止唐才常一个持有与英、日联结的观点，谭嗣同、康广仁都具有相同的认识。而他们这种情绪很快感染了在京师的康有为。康有为于《自编年谱》中写道：

> 自十一月十二日，德人发炮据胶州，掳去提督章高元，朝廷托俄使言和，德使甚桀黠，翁常熟及张樵野日与议和未就，日人参谋本部神尾、宇都宫来觅鄂督张之洞，请助联英拒德。时经割台后未知日情，朝士亦多猜疑日本……日使矢野君极有意，而吾政府终不信是议，乃为御史杨深秀草疏，请联英、日。又为御史陈其璋草疏，再请联英、日。②

康有为这里提到的杨深秀，字漪春，号孴孴子，山西闻喜县人。同治初以入赀为刑部员外郎③，光绪十五年（1889 年）考中进士，旋在刑部郎曹任上滞留多年，直到光绪二十三年十二月初七日（1897 年 12 月 30 日）授山东道监察御史。④ 杨深秀持躬廉

---

① 唐才常：《论中国宜与英日联盟》，《唐才常集》，第 152 页。
② 《康南海自编年谱》，《戊戌变法》，第 4 册，第 138 页。
③ 《清史稿·杨深秀传》。
④ 参阅拙作：《杨深秀考论》，《晋阳学刊》1983 年第 4 期。

正，刚直不阿，"居京师二十年，恶衣菲食，敝车羸马，艰苦刻厉"①，故时人称赞其"敦品励学，为士林所敬服"②。杨氏官台谏数月，而代康有为呈递奏章则有十余篇。

康有为代杨深秀草拟的请联英、日折于光绪二十三年十二月初九日（1898 年 1 月 1 日）上达清廷。③ 该折亦围绕胶州湾事件，进一步筹划对策。

杨深秀此折反对清廷当时准备向德国妥协的主张，认为强敌环来，"心胆自堕，一恫喝而势必割地予之，吾地虽大，不将一朝而尽乎?"④ 故主张通过联结邦交的途径，立制德氛，从而平息胶州湾危机。

杨深秀进一步揭露了俄、德两国暗中勾结的阴谋，提醒清廷千万不可"专倚一俄"。

杨氏折谓："德人称兵犯顺，占我胶州，悍然挟我以六条难从之事，彼其意中以为无能制其死命者耳。我适当铁舰不备，海军未复之时，不得不向俄国求将伯之助，乃俄虽有兵舰，来泊旅顺，竟不闻杖义执言，立斥强横之举。盖倚人本难，集事而专倚一国，则尤未得计也。"⑤ 杨氏折还进而对当时错综复杂的国际形势进行分析，比较早地揭穿了俄国与德国狼狈为奸，相互勾结，合而图我的阴谋诡计，指出："夫我专倚俄，俄、德固有旧盟，必不肯为我而绝德。兼闻德人未来时，其酋躬朝于俄，早已深谋坚约，而我无兵无舰，无以自立，俄岂能为我而出死力，以

① 梁启超：《戊戌政变记》，杨深秀传。
② 苏继祖：《清廷戊戌朝变记》，《戊戌变法》，第 1 册，第 348 页。
③ 中国第一历史档案馆藏：光绪二十三年十二月《早事档》。
④ 中国第一历史档案馆藏：御史杨深秀《请联结英国，立制德氛，而益坚俄助折》。
⑤ 同上。

保护我哉？"①

杨氏还申明了与英国、日本联结的原因。

第一，在帝国主义列强纷纷都向中国伸出魔爪，磨牙吮血，咸思瓜分的局面下，中国作为一个弱小的国家，决不能单单与一个俄国结盟，也应同英国、日本结好。杨氏折谓："今日地球大国，北俄而南则英，吾华临于两强，势颇似春秋之郑，当日郑人从晋，亦兼从楚，俱非亲交，俱非仇雠。要处两大国之中，即无专倚一国之理也。俄与我陆路毗连，诚不可不与深结矣，而英铁舰二百艘，皆大倍他国，海军之强，万国无能与比隆者。今我倚一俄，反足召英人之怒忌。且非止英而已，日本与俄有宿愤，亦必惧而协英以谋我，我将何以堪之。"②

第二，英国占据了优越的战略位置，倘与之联合，可以不战而折各国之兵。因为西方兵舰来华，均要自地中海而达红海，出埃及的苏伊士运河，而"此河总办为英太子，若竟不许其过，则无论何国，断难飞渡。且自此河而东，其要埠如亚丁、锡兰、孟加拉、新加坡，固皆英地，即南绕好望角……亦罔非英土，彼所需煤水食物，船度定限，决难多携，英人若不允其添换，则固不敢涉印度洋咫尺也。故联英一策，所谓不战而折万国之兵也。"③

第三，英国瓜分中国之心，较诸国为缓。这里奏章的作者并不否认英国有瓜分中国的意图，但是，与俄国等相较，则大有区别。该折谓："或疑英人志图占我广东，则又不然。英属地已四十二处，其印度、加拿大、澳大利亚，皆思叛英自主，若再求广

---

① 中国第一历史档案馆藏：御史杨深秀《请联结英国，立制德氛，而益坚俄助折》。
② 同上。
③ 同上。

地于华，更虑控制难周矣。故瓜分我地之心，较诸国为缓，特与俄、德相形，不肯太让。又以我无专使相求，固不能自来助我也。"① 杨氏认为，如果不采用结强援的办法以制止德国的侵略，相反，而是把胶州湾割让给德国，那么"各国谁不思踵其后而瓜分少许？英日即最先者矣"②。可见，维新派当时在强调与英、日联结的同时，亦稍稍存有戒心。

第四，英国和日本皆有心与我联结，正可因势利导，促成联合。杨深秀的奏折特别指出："比闻英实有愿结中华之意，散见各报。即日本亦有联我之心。盖事机立变，虽仇国亦当合也。昔楚王恨商于之诳，怒思伐秦，而陈轸即劝其合秦以攻齐。蜀先主耻猇亭之败，日图报吴，而诸葛亮即劝其合吴以伐魏。故我若联日本，日本为自为计，亦必可听从，而我仍以济成结英之势也。"③

康有为代杨深秀草拟的这份奏折，主要意图是想要通过借助邦交的威力，来制服德国嚣张的侵略气焰。当时，俄国军舰虽踞旅顺，但尚未明言侵吞，故康有为仍然认为"联俄非失策，专倚俄而不兼结英，则似非上策耳"。显然，他是要争取借用一切可以利用的势力来抵制德国的无理苛求。康有为当时的外交方针是："今若北联俄矣，南更结英，立可以制德人之死命，即俄亦不敢包藏祸心，持两端以观变，矧他国而敢生觊觎乎？"④

康有为所筹划的这些应急之策，反映了维新派面对帝国主义列强的疯狂侵略心急如焚、惶惶然不知所措的焦灼心理。他们既

---

① 中国第一历史档案馆藏：御史杨深秀《请联结英国，立制德氛，而益坚俄助折》。
② 同上。
③ 同上。
④ 同上。

想使中国摆脱任人宰割的被动境地，却又找不到任何行之有效的办法，于是只好把希望寄托于联合一些帝国主义国家，反对另外一些帝国主义国家。其出发点虽然是善良的，但是所筹划的办法，却有很多是不切实际的，因此也很难达到他们预期的目的。

其二，康有为提出了在国际交往中，应该详审国势，善全邦交，彻底抛弃"大一统"思想的外交方针。

康有为的这一重要思想是在代御史陈其璋草拟的奏折中表述的。陈其璋，号云仲，浙江省归安县东林山人。光绪十七年（1891 年）补授御史，历任陕西道、福建道、广东道、京畿道监察御史。陈其璋思想开通，见识敏锐，于言官任内，"廉洁自守，敢言直陈，铁面无私，严劾贪污，关怀救国，并力图自强，举行新政，如开矿造路，以及创兴学校，鼓铸银币，诸要政靡不条陈入告"，"其奏疏传颂一时"①。据清宫档案记载，陈其璋在百日维新期间，以俸满截取由吏部带领引见，以后分发湖北以知府用。关于陈其璋后来的情形，史籍罕有记载，不过由《张文襄公电稿》《荣禄存札》等材料看来，陈氏在湖北颇受湖广总督张之洞的冷落。庚子事变期间，陈其璋曾致函荣禄，颇能表示其在湖北郁郁不得志情形，其函曰：

> 敬禀者：八月中旬，肃奉寸禀，由河南钟臬司转呈，谅邀钧鉴。矢螳惊之依慕，随驹晷以驰萦。夫惟中堂夫子，翊赞枢机，和调鼎燮，勋业与山河不朽，恩光偕日月同新，翘跂台垣。允符鄹颂。

---

① 陈祖治：《清御史陈其璋简历》，《清御史陈其璋遗草疏稿择要汇集》（抄本），第 1 集，第 1 页。按：陈祖治先生为陈其璋之子。陈其璋的许多奏稿，清宫档案中多付阙佚，笔者正是借助陈祖治先生整理的抄本，方检获康有为代拟之奏章。在此谨致谢忱。

其璋闲居鄂渚，瞬届年关，更调之期，毫无把握。此次奉文交卸，细加察访，实缘六月间巴东匪案议结，偿恤六千串，批饬就地筹款……仍由省拨款，致拂宪意，因而借端保甲，严词批饬，嗣悉谣言之不实，复又以约束教民之告示，不应有外人衔名，现在此二事均已寂然不提，即恤款之六千串，亦准在绅富捐项下动拨，仍如所禀办理，似督宪意已转圜，当不至再存芥蒂。

惟念卅年辇下，亏负重重，迫至出守彝陵，又复著名瘠苦，旧累新累，愈积愈深，目下坐困省垣，仅恃借贷度日，设竟久闲无缺，即亲友处亦无可通融，旅况维艰，实有迫不及待之势，凤蒙垂爱，用敢一再渎陈，务求俯念窨情，于湖广督宪处，切实函托，另行调署一缺，出自逾格成全，感荷恩施，无任急切待命之至。专肃禀恳。恭叩崇安。①

由陈其璋这封信函，可以窥见陈其璋外放湖北后，受到张之洞的多方排挤刁难，以致"糊口维艰"。张之洞对陈其璋没有好感，不知是否与陈氏在丁酉、戊戌间，屡屡代康有为呈递条陈有关。

康有为光绪二十三年（1897 年）十一月底代御史陈其璋草拟了《外衅危迫，亟宜详审国势，善全邦交折》，此折在联结英国与日本问题上并没有什么超出杨深秀奏折之处，但是陈其璋的奏稿，有两个问题值得注意：

陈氏强调中国在对外交涉方面，要彻底摆脱长期存在的盲目自大的思想，明白中国当时在国际上所处的地位。陈氏疏稿指出：数十年来，中国在对外交涉中屡屡处于被动状态，其中主要

---

① 《致荣仲华中堂》，《荣禄存札》，第 2 函。

原因之一，就是因为当政者不懂得近代外交的知识，仍用"汉唐待匈奴、突厥"之旧法，而这套"攘夷"之旧法早已不适用了。陈氏指出：

> 明以前大地未通，中国为大一统，环四面者皆小蛮夷，及明末地球忽通，周圆凡八十余万里，中国仅八十分之一，于时葡萄牙、荷兰越七万里掠地南洋，凡永乐时职贡小国数十，尽皆并吞，据台湾，控澳门，其险据矣。而尚幸大海隔绝，莫由驰骋，自利马窦东来，而欧罗巴之政俗，渐有与我争衡之势……近十年乃琉球灭，缅甸亡，安南并，朝鲜失。六十年来，亚洲诸国，蚕食殆尽，所能存者，日本、暹罗与我中国。[①]

鉴于这种形势，该折提出，要制定妥善的对外方针，则"莫先于详审国势"，在弄清中国在国际上所处地位之后，方能改变以前那种盲目自骄的"大一统"做法。

再有，陈氏折还指出了要改变被外人凌侮的地位，不仅要变通外交方针，还应与内政改革相辅进行。陈氏疏稿谓：中国的落后与被动，是因为守法皆一统之旧，而治法皆与外国相反，邦交皆攘夷之余，而交亦不亲，言语不通，情意不洽。今欲为补牢之计，则应"以列国并立之治为治法，而去一统之旧制，以春秋交际之情为文法，而去汉唐待匈奴、突厥鄙弃之心。然后弭兵之会，可遣使以通诚，议院之情，可先时而防患。……总之，图存纾患，计非阳与之虚文，而阴修其内政，别无万全之策"[②]。

---

① 陈其璋：《外衅危迫，亟宜详审国势，善全邦交折》，《清御史陈其璋遗草疏稿择要汇集》，第1集。
② 同上。

康有为在代陈其璋草拟的这份奏稿中，虽极力主张联结英、日，却又归结为"阳与之虚文，而阴修其内政"，虽指明俄为中国隐患，却并未具体揭出俄有何种阴谋。由上述内容判断，此奏章可能书于康草拟《上清帝第五书》之后，神尾光臣等赴鄂与张之洞商议中、日联络事之前，故所提各项要求均属模棱两可。不过，康有为在这份奏折中再次提出，设弭兵之会，"可遣使以通诚，议院之情，可先时而防患"。这里再次提到"议院"的问题。这与康氏在《上清帝第五书》中所谓"自兹国事付国会议行"一样，因为中国当时既未开设议院，也未召开国会，行文中突然插入这么一句，颇使人费解，它似乎可以反映康有为当时向往资产阶级民主政治的思想感情。康有为代陈其璋草拟的这份奏章，陈氏生前既未刊行，故后亦未见流传，其未经改纂是显而易见的。因此，它可以从另一个侧面证实康有为《上清帝第五书》中关于国会、议院、民权的论述，均系康当时的真实政治见解。

其三，提出了加强边备的设想。

康有为像历代爱国者一样，对于祖国边陲问题极为关注。面对帝国主义列强虎视鹰瞵、张牙舞爪的局面，康有为最担心的是东北、新疆和西藏等地被沙俄及英国等列强掠夺和蚕食。尤其是沙皇俄国贪得无厌的野心，更使这位维新运动的领导人感到忧心忡忡。他在《自编年谱》中说到，他曾为御史陈其璋草拟了联英、日而固边陲的疏稿，据清宫档案记载，陈其璋的这一奏折于光绪二十四年正月二十九日（1898年2月19日）递上清廷。康有为代他人草折为避免重复计，同一问题从不同角度进行阐述，往往能起到四面呼应的效果。陈其璋的奏折与前述杨深秀之折虽同出于康有为之手，目的是要联英、日，却又各有侧重。陈其璋的奏折着重从注重边备的角度论证，主要论述了三个问题：

第一，俄国是窥伺中国东北、西北边疆的心腹之患。陈氏折指出，随着殖民主义各国相继东来，列强强迫开口通商，中国的边疆危机即随之出现，然而陈其璋认为，在对中国进行侵略的资本主义国家中，"诸夷癣疥也，俄罗斯则心腹之疾也"①。因为俄地与中国边境接壤，"东出珲春，则窥吾东三省；西出倭穆司克，则窥吾新疆；南由托木司克而扎萨克，则又斜探蒙古，而窥我直北之边。扼吭拊背，防不胜防。西伯利亚铁路，今将渐次告成，国势之危，日甚一日"②。陈氏折还指出，俄国不但对中国东北、西北边界垂涎，而且对西藏也不放过。而西藏地处边徼，环印度而接缅甸，实为西南藩篱，俄国近来"屡遣使臣，相视藏地，此又可为寒心者也"③。

第二，批评了清廷自甲午战败以来，对俄国实行的"倾心俯首，恃为外援"的倚俄政策，并批评这一政策进一步助长了俄国对中国的侵略野心，使其"益得逞志于东方"，从而加剧了民族的危机。陈氏折谓："夫利于我，即不利于各国，俄既蓄其阴谋，以收中国无穷之利益，则各国占地之意，愈急而愈坚，即德之据胶，未必不缘是而发。今闻德事亦系俄人调停，果尔，则中俄之交必日益亲，而各国嫉忌之心将日益甚，臣恐后患之未有艾也。"④ 陈其璋的说法是有一定道理的。甲午战争以后，以慈禧、奕䜣为首的清朝统治集团，自以为与俄国结盟，便可太平无事，

---

① 中国第一历史档案馆藏：御史陈其璋《德事将定，后患宜防，亟应外善邦交，内修边备，以维危局而图自强折》。

② 同上。

③ 同上。

④ 同上。

实际上，这是一条非常危险的外交政策，它非但不能减轻帝国主义对中国的侵略，反而加深了民族危机。

第三，揭露了边防存在的严重问题，提出了加强边备的具体措施。陈氏折指出，东北与新疆的防务，本应力求整顿，而各地官员却置若罔闻，现有的卡伦、鄂博，根本抵挡不住侵略者的敌骑，东北与新疆均缺乏后路策应；西藏虽划分为六十八城，但仅仅是"官舍民居，堑山建碉，僧多于民者十之七"，现当强邻压境，若不尽快采取措施，必将后患无穷。因此，陈其璋的奏疏，提出了许多具体的意见：

首先，应重新分部，划分防区。他建议把整个中国的北部、西部边疆，划分为东北、蒙古、西北、西南四部。

东部包括"东起混同江及吉林、盛京全省辖境，西至贺兰山，南界长城，北距瀚海，内蒙古六盟之地属焉"①。北部则包括东起黑龙江全省，西界阿尔泰山，北界俄罗斯，南界瀚海，外蒙古四盟之地属焉。西部的范围是东起阿尔泰山，西尽新疆，北界俄罗斯，南以喀什噶尔河、塔里木河为界。整个西藏为一部。

其次，慎简官员，加强治理。在划分防区基础上，各部都挑选畅晓兵事、熟谙防务者为办事大臣，不分满汉，以期得力。东部驻扎伯都讷城，南部驻扎土谢图，西部驻扎塔尔巴哈台，西藏驻在扎什伦布。四部之间，密切联络，互为策应。对于四部原来的官制，应该大为变更，或仍用大臣统之，参赞佐之，再别设分巡官经常巡视所部。各部大臣应了解本部的防务状况，及时加强薄弱的环节，并且应假以各部大臣举劾之权。优者升擢，久任者给屯田为世禄。

最后，实行保甲，垦荒实边。针对当时边疆地广人稀的现象，陈氏折指出，满族、蒙古族全境丁口，约四百余万，回族又不下三百万，再加上三藏僧众。各部大臣应动员满族、蒙古族、回族、藏族丁口，兴屯保甲，充实边防，各部皆应以卡伦之旧，筑土城，挖城壕，"招外洋华工以实边，徙内地囚犯以垦荒，生聚教训，期以岁年，庶几边围固而无北顾之忧矣"①。

陈其璋的奏折同杨深秀折一样，亦谈到与英、日联结的问题，所阐述结盟理由亦完全相同，故不赘列。陈氏折还要求："今宜特简京外能通各国语言文字、政教风俗，而又声望卓著，才辩纵横，能出万死不顾一生之计者，使之历聘英、日，陈说利害，为保太平之约，庶几俄患可弭。"②

整个看来，康有为代陈其璋草拟的这篇奏章，主要是针对沙俄的侵略野心，出于对列强的防范，提出了许多加紧边防的具体意见。这些建议虽然不能说十分成熟，但亦颇具苦心，它反映了维新派关心边疆，深谋远虑，防患未然的战略眼光。尤其值得重视的是，康有为一方面主张联结英国，与英国结盟，但同时又对英国的侵略野心，颇能注意防范。陈其璋的奏折明确指出："西藏尤为重镇，宜多置官民，广为分布，缘此地不惟防俄，兼防英人之由印度而进也。"即体现了维新派对英国的侵略野心也是特别留意提防的。这从一个侧面说明了他们主张联结英、日的目的是挽救中华民族的严重危机，从制服德国着眼，这一点尤为难能

---

① 中国第一历史档案馆藏：御史陈其璋《德事将定，后患宜防，亟应外善邦交，内修边备，以维危局而图自强折》。

② 同上。

可贵。

其四，在俄国公然提出强占旅顺、大连湾的无理要求后，调整了他的外交方针，康有为重申借用英、日制服俄国的上中下三策。

丁酉、戊戌之交，外交局势瞬息万变。康有为起初提出联英、日以坚俄助，共同来对付德国对胶州的侵略与占领。但是，没过多久，沙俄侵吞旅大的野心又暴露在光天化日之下，这使清廷上下都大为震惊。随着俄国侵略野心的暴露，康有为有关外交政策的建议亦不断进行调整。据康氏《自编年谱》记载："已而，俄人索旅顺、大连湾，三月初一日，吾上折陈三策请拒之。若出于战，则败而复割未迟，否则，用西人蒲卢爹士之例，听俄人占据，非吾所愿，犹可取也。三则请尽开沿海口岸，以利益各国，俄人当无如何。已闻定计将割矣，时门人麦孺博公车适来，吾口授一折，请以旅大与诸国，联英拒俄，言极激切，立写上。"①

其实，康有为除为麦孟华口授一折外，还为御史陈其璋代递了《俄患日深，敬陈三策折》，于光绪二十四年三月初四日（1898 年 3 月 25 日）递上。麦孟华等举人的公呈，被都察院搁置，而康有为以自己名义递上的《为胁割旅大，覆亡在即，乞密联英日，坚拒勿许折》，则由总理衙门于三月初三日（3 月 24 日）代呈递上，收录于《杰士上书汇录》中。综观康有为、麦孟华与陈其璋的奏折，内容大体相同。

康有为把俄国强占旅大一事，看成列强瓜分中国的一个危险信号。康氏认为俄国此举将会引起连锁反应，甚至会导致"天下

---

① 《康南海自编年谱》，《戊戌变法》，第 4 册，第 141 页。

震动，一旦尽割"的局面，因此他极力主张坚拒勿许。而他所筹划的"密联英日，赫怒而战"，"不允画押，徐待英日解难"，以及"布告万国，遍地通商"这三条办法，其前提都是建立在英国和日本愿意帮助中国的基础上。

那么，英、日两国肯不肯出力相助呢？康有为认为，英"欲保东方固有之利，必出全力以扶持"①。"俄人取东三省于日本怀中，日人仇之久矣"。"……若俄人始于仗义而终于攘劫，日人必起而责之；英人与俄不两立"，"故不特英愿出死力而助我，即德法亦必思后患而拒俄。……日铁舰四十，英铁舰二百四十余，我有袁世凯、聂士成、董福祥三军，尚足以战，况加英日之师，以御俄区区之众，败俄无疑"。康有为把形势看得太乐观了，故很有把握地请皇帝"赫然震怒，决战无疑"，否则，倘诸臣畏惧，失机一时，将会使"祖宗二百余年之天下，神圣四百兆之遗民，尽付强俄，皆为奴隶"②。

康有为从光绪二十三年（1897 年）十月德国出兵胶州湾事件，到光绪二十四年（1898 年）三月清政府将旅顺、大连湾租借俄国的半年时间内，不遗余力，四处奔波，多次呈递条陈，反复阐明他的联结英日、抵御沙俄的外交主张。那么我们究竟如何评价康有为的这些主张呢？

首先，应该肯定的是康有为高度的爱国热情。长期以来，对于维新派的外交政策持否定意见者多。有的论者甚至认为，在百日维新中，"改良派在对待帝国主义侵略的问题上，后退之远，

---

① 中国第一历史档案馆藏：御史陈其璋《俄患日深，敬陈三策折》。
② 康有为：《为胁割旅大，覆亡在即，乞密联英日，坚拒勿许折》，《杰士上书汇录》卷 1。

更加惊人"①。这种意见显然是不够全面的。因为这种观点没有
掌握康有为有关对帝国主义方针的建议的全部内容，而只是强调
康有为提出关于旅大问题的三策中，有关"遍地通商""合众公
保"，是在对待帝国主义侵略的问题上大踏步后退。其实，康有
为提出联结英、日，其出发点是为了制止德国和俄国对中国领土
的瓜分要求，这是康有为的真实动机。整个看来，康有为的这些
建议，都是针对慈禧与李鸿章等人推行的倚俄卖国的错误主张而
提出的。康有为在联英、日的同时，并没有放松对他们的警惕；
康有为在强调利用列强矛盾的同时，并没有忘记："夫欲托庇强
邻，藉为救援，亦必我能自立，则掎角势成，彼乃辅车；若我为
附枝，则卧榻之侧，岂容鼾睡，此又中智以下，咸知难持者
也。"② 康有为这话是在光绪二十三年（1897 年）十一月讲的，
正与他提出联络英日、抵御沙俄的主张相辅相成，他向列强的某
些妥协，则是为了创造条件，使中国尽快臻于强盛，他一而再，
再而三地宣称，耸动英、日的目的，是"以此对付，或可缓兵，
然后雷厉风行，力推新政，而政体略举，期年而规模有成，海内
回首，外国耸听矣"。这就是康有为做出某些妥协的真正目的。

　　列宁说过："有各种各样的妥协。应当善于分析每一个妥协
或每一种妥协的环境和具体条件。应当学习区分这样的两种人：
一种人把钱和武器交给强盗，为的是要减少强盗所能加于的祸害
和便于后来捕获、枪毙强盗；另一种人把钱和武器交给强盗，为
的是要入伙分赃。"③ 显然，康有为为联结英、日而做出的某些

---

① 中国社会科学院近代史研究所：《中国近代史稿》，第 3 册，第 142 页。
② 康有为：《上清帝第五书》。
③ 《列宁选集》，3 版修订版，第 4 卷，第 148 页，北京，人民出版社，2012。

让步，正是为日后的振兴，不明白这个道理，就无法理解康有为的用心良苦，也无法看到他那饱满的爱国热情。

其次，康有为的有关外交建议，有很多空想成分。他的联结英、日的想法，并不是建立在英国或日本政府真实的愿意与中国结盟的基础上，而是受了传教士或军界人士的煽惑，因此，他的许多建议只能是一种不切实际的空谈，带有很大的主观盲目性。在康有为本人或他代陈其璋、杨深秀拟的奏折上达清廷后，大多没有引起清廷的重视，只有陈其璋的《德事将定，后患宜防，请外善邦交，内修边备，以维危局而图自强折》被光绪皇帝交给"总理各国事务王大臣妥议具奏"①。二十天之后，由奕䜣领衔的议覆奏折，即否定了康有为的联英、日建议，奕䜣等总理衙门王大臣认为：

> 各国邦交，未便显分疏密，倘拒此联彼，恐将自启衅端。况英、俄相忌，由来已久。日与英合，久有雄视东方之心，法与俄联，渐露逞志东方之态，德虽中立无偶，亦思均势，其间之数国者，各不相下，亦各怀狡谋，皆以中国为绝大关键，一露偏私痕迹，势必群起而争，排难解纷，办理愈多窒碍，此交涉之所以为难也。现若与英、日另立密约，不惟无厌之请难餍贪心，且英、日之政，出诸议院，断难严密，万一泄露，转予人以口实。就今日时势而论，东方太平之局，自应亟图共保，以张国维。臣等现拟奏请，简派专员，分聘英、俄、美、日诸国，似较专联英、日以拒俄，略

---

① 中国第一历史档案馆藏：光绪二十四年正月二十九日军机交片。

为妥善。该御史所奏，应毋庸议。①

奕䜣等人的立场表明，除李鸿章已定的《中俄密约》外，清朝政府不打算再与任何国家"另定密约"，康有为的意见被当政者轻易否决了。究其原因，除了奕䜣仍坚持依俄的立场外，更重要的是他们觉得康有为的建议只是书生空谈，在实践中很难行得通。

事实上，康有为的建议曾对总理衙门或军机处的一些重要官员产生了影响。在康有为等人的劝说、敦促之下，军机处和总理衙门大臣也曾做过某些试探，但都证明是行不通的。当时英国驻北京公使窦纳乐（Claude MacDonald）于光绪二十四年二月十六日（1898 年 3 月 8 日）写给英国首相沙士勃雷侯爵（The Marquis of Salisbury，也译"索尔兹伯里"）的信中称：

> 中英联盟之说，似乎是由湖广总督张之洞所发起，曾受到大多数人的欢迎，关于这事，军机处曾私下向我试探，但事实上，中国对联盟无所贡献，因之未加考虑。②

窦纳乐的这封信说明，联盟必须以实力为基础，一个老牌资本主义国家是不可能与他们的掠夺对象进行联盟的，康有为所谓的英国"仗义执言"，"愿出死力而助我"，以及"日铁舰四十，英铁舰二百四十"出而相助的计划，纯粹系主观构想，严重脱离当时的社会实际。窦纳乐于光绪二十四年三月初七日（1898 年 3 月 28 日）再度致函沙士勃雷称："总理衙门表示，很渴望英国的

---

① 　中国第一历史档案馆藏：总理衙门大臣奕䜣等《遵旨议覆御史陈其璋请外修邦交，内修边备折》。

② 　*British Documents on the Origins of the World War*. Vol. 1，p. 21. 转引自王树槐：《外人与戊戌变法》（台版），第 177 页。

友谊和助力，以对抗俄国。这种渴望正是此间流行的感情。如果我们能稍加以鼓励，则可免除因我们强迫所达到目的时所产生感情上的转变。"① 显然，英国所要的不是与中国联盟，而是利用中国人所处的危难环境来索取它在平时得不到的东西。不言而喻，以康有为为代表的维新派的联结英、日的愿望，是无论如何也实现不了的。

第三节 敦促光绪皇帝明定国是

自戊戌正月以来，康有为及维新派人士，为了促使变法高潮的到来，做了大量宣传鼓动工作，其目标非常明确，即敦促光绪皇帝痛下决心，站到变法的立场来，明定国是，与万民更始。康有为等人不厌其烦地请求，与当时的朝局的变化有着十分密切的联系。

康有为频繁的递折与进呈新书，及其在士大夫中间进行的集会结社活动，产生了很大的影响。非但光绪皇帝等清廷上层人物为康氏所说动，当时京朝内外的知识阶层几乎是人人议西学，户户谈维新。变法救亡的呼声此起彼伏，震动京畿。在守旧派看来，世道大变，天几乎要塌下来。他们对于这种局面的出现，无论如何是不能容忍的。因此，守旧势力在千方百计寻找机会进行反扑。大约在光绪二十四年（1898 年）春三月前后，守旧势力群起出动，对康有为和维新派人士进行反扑，其来势之凶猛，大

---

① *British Documents on the Origins of the World War*. Vol. 1, p. 29. 转引自王树槐：《外人与戊戌变法》（台版），第 177 – 178 页。

有"黑云压城城欲摧"之势。公开起来发难的是吏部主事洪嘉
与。据康氏《自编年谱》记载："洪嘉与者，守旧之有心力，能
树一细党者。三来拜，不得遇，阍者忘其居址，又不答拜，洪以
为轻己，乃大造谣，于是谤言益作。浙人孙灏者，欲得举经济特
科，洪餂之谓某公恶康，若能攻之，必可举特科也。"于是，孙
灏乃草驳保国会章程，"刻数千本，遍投朝贵"，"谤言益沸，乃
停会"①。

康有为把守旧派的攻击，说成是未能及时"答拜"等偶然因
素引起的，显然是错误的。事实上反对康有为主张的不仅仅是洪
嘉与、孙灏等一两个人，在他们背后有着一个庞大的愚昧守旧的
封建地主阶级。孙灏指责康有为诋毁列圣贻谋之良法美政，"结
社拜盟，厚聚党徒"，"以欲立民主为得计"，"大言欺世，邪说诬
民"，等等②，实际上代表了整个地主阶级守旧势力的看法。他
们不喜欢康有为的变法理论，也反对光绪皇帝采纳维新派的政治
主张。

当时，维新派与守旧势力争论的中心问题就是要不要明定国
是，要不要改变"祖宗成法"。在皇权决定一切的封建社会里，
皇帝是一个关键性人物。维新派希望光绪皇帝尽早颁诏明定国
是，宣布维新之意；守旧势力也试图说服争取他，摈弃康有为的
变法建议。军机大臣刚毅三月初二日（3 月 23 日）的上书可称作
这方面的代表作，刚毅的奏折称：

　　我欲自强，当先办我易举之事，当先就我自有之长，人

---

① 《康南海自编年谱》，《戊戌变法》，第 4 册，第 143 页。
② 《觉迷要录》卷 4。

得适从，事半功倍。即如饬吏治以固民心，重农桑以足衣食，储仓谷以备荒歉，联保甲以弭盗贼……是我之所易者也。中国地大物博，人知忠义，民心固结，是我之所长也。果有贤良之督抚以作藩篱，忠勇之提镇以励将士，循能之牧令以安百姓，何患乎强敌外侮？

议者舍易就难，弃长取短，转谓祖宗成法为无用，欲尽驱入夷狄之教，此奴才之愚，更不能解者也。自古无百年不弊之法，当察其致弊之由。时弊但理其时，法弊始易其法。我朝成法，尽美尽善，日久废弛者，皆由于粉饰瞻徇，是时弊也，于法乎何？①

刚毅的态度十分明显，他不同意维新派更张祖宗成法的建议，自然也就更谈不上"明定国是，与民更始"了。因此，他把康有为的行动视作悖逆作乱，要求查办保国会。值得注意的是刚毅的意见获得慈禧的赞许，据翁同龢的日记记载：三月初三日（3月24日），"见起三刻，昨刚公面递封奏，今日又索看，传懿旨所奏甚是，即严切通谕"②。不言而喻，慈禧是非常重视并且赞同刚毅的意见的，而慈禧的政见又不能不对翁氏产生影响。

另一位守旧派代表人物、湘省官僚徐树铭在上书中则公然指责维新派"非尧舜，薄汤武，蔑周孔，二帝三王之心，澌灭殆尽，不可究极。深识远虑之士无不忧危怵惕，恐人心之日即于禽兽而不可禁也。臣至愚极陋，不敢以老成之言为不然，以浮薄之论为可喜，深识我皇上际此异说披靡之日，综览宏括，兼收并

---

① 中国第一历史档案馆藏：刚毅《为时事多艰直陈愚悃折》（光绪二十四年三月初二日）。

② 《翁文恭公日记》，光绪二十四年三月初三日。

蓄，以集众长而补缺漏，于治理不为无补。尤伏愿圣人明诏海内各督抚，访求老师宿儒，深于义理，明于治体者，不拘曾经已仕，抑或未仕，综核行实，保送入京，如倭仁、李棠阶、罗泽南、刘蓉之比者，听候恩旨传见，进用为天下先。庶大本大源既立，即使小才薄技者，亦不过备竹头、木屑之用，不至风教凌夷，颠倒黑白，实为天下万世之幸"①。

徐树铭的这番论说，与梁启超、谭嗣同、唐才常等人在其家乡湖南省开办时务学堂，雷厉风行地推行新法很有关系，其主张是与康有为针锋相对的。康有为要光绪皇帝讲求西学，拔擢草茅新进，而徐氏则要固守尧舜汤武、二帝三王之心，召用深明义理的"老师宿儒"，来抵制维新派。双方的政见，真如康有为所说："如方之有东西，色之有黑白，天之有晴雨"，"毫发不同，冰炭相反"②。也正是由于守旧势力的极力阻挠，康有为才鼓动言官屡屡敦促光绪皇帝明确表态，以示从违。

应该指出的是，守旧派的势力与维新派比较，实在是太庞大了。从中央到地方，他们盘根错节，充斥着封建国家机器的各个角落。因此，当他们开始反扑时，来势凶猛，使原来倾向维新派的官员纷纷退缩，甚至连保荐康有为的翁同龢亦为之动摇，指责康有为"居心叵测"。③ 保国会倡导人之一的李盛铎则卖身投靠，劾会以求自保。在这种形势下，康有为深感势孤力单，其《自编年谱》曰："谤言塞途，宾客至交，皆避不敢来，门可罗雀，与

---

① 中国第一历史档案馆藏：徐树铭《请尊崇圣道以息邪说而收人心折》（光绪二十四年闰三月二十三日）。

② 康有为：《为推行新政，请御门誓众，开制度局以统筹大局，革旧图新以救时艰折》，《杰士上书汇录》卷2。

③ 《翁文恭公日记》，光绪二十四年四月初七日。

三月时成两世界矣。"① 康有为说与三月成两世界，很能说明当时气氛的紧张，他请皇帝明定国是的努力，遭到严重的挫折。

正当维新派备受压抑，作抽身南归之计时，政治局势突然发生了转变，其契机是恭亲王奕䜣病死。恭亲王奕䜣时为军机首辅，自甲午入枢府以来，畏闻兴作，尤不喜变法。时人均谓光绪皇帝对其"亦有所惮，王在，莫敢为戊戌政变之事"②。清档中保存有恭亲王奕䜣遗折，颇能表明其政治态度。遗折谓：

> 窃臣幼蒙宣宗成皇帝养育深恩，无微不至，道光三十年蒙恩封为亲王。咸丰元年四月，蒙文宗显皇帝深恩，授十五善射大臣。二年四月分封府第，著在内廷行走，上书房读书。三年十月奉旨在军机大臣上行走……凡累朝稠叠深恩，洵属非常宠遇……当此时艰孔亟，正主忧臣辱之时，夜寐夙兴，力图补报，不意臣才力素拙，竟至耗伤心气……延至本月初十日戌刻，痰壅气塞，神志昏迷，自揣万无生理，谨伏枕叩谢天恩，未尽愚忱，敬为我皇上陈之：

> 皇上冲龄践阼，值国家多事之秋，仰蒙皇太后垂帘听政，指示机宜。亲政以来，诸凡禀承慈训，幸际海宇乂安，人民乐业。伏愿我皇上，敬天法祖，保泰持盈，首重尊养慈闱，以隆圣治。况值强邻环伺，诸切隐忧，尤宜经武整军，力图自强之策。至于用人行政，伏望恪遵成宪，维系人心，与二三大臣维怀永图。臣荷恩负疚，抱痛九原，将死之言，

---

① 《康南海自编年谱》，《戊戌变法》，第 4 册，第 143 页。

② 魏元旷：《光宣金载》，《戊戌变法》，第 4 册，第 310 页；又见苏继祖：《清廷戊戌朝变记》，《戊戌变法》，第 1 册，第 332 页。

伏望圣明，少垂听览，天下幸甚。①

综观奕䜣遗折，可知时人有关他反对变法诋毁新政的记载殆非子虚。他在临死前夕，仍要光绪皇帝"恪遵成宪"，唯慈禧之命是听，似乎他已经察觉到光绪皇帝有变政之心，故有此遗言。

长期执掌政柄的大人物在历史舞台上的消失，往往会引起政局的动荡不安。奕䜣的病死，确实给了维新派重新抬头的一个极好机会。康有为立即开始行动，其《自编年谱》曰：

> 上读《日本变政考》而善之，再催总署议覆。然以粤中学者咸集，已决归。上时决意变法，使庆邸告西后曰："我不能为亡国之君，如不与我权，我宁逊位。"西后乃听上。于时恭邸薨，吾乃上书常熟。促其亟变法，勿失时，常熟以吾谤鼎沸，亦欲吾去，乃召还，亦听吾归矣。②

翁同龢以守旧势力的攻击而畏首畏尾，希望康有为远离京师而息事宁人。翁氏的这种变幻不定的政治立场，与其所处地位有着密切联系。他贵为帝师，老于世故，又为帝党之魁首，对于帝后之间的势力消长，了解最悉。早在甲午战后，翁同龢的地位曾屡次受到慈禧势力的威胁。吴樵致汪康年的信中曾有述及，谓："自毓庆撤后，盘游无度，太上（按：指慈禧）每谓之曰：'咱们天下自做乎，抑教姓翁的做？'"③ 又谓："常熟日内皇皇自危（伯唐言），恐将来获咎，必更甚芸阁。"④ 此论虽得诸京师士夫传

---

① 中国第一历史档案馆藏：奕䜣《圣恩深重，报称无由，福薄灾生，长辞圣世叩谢天恩折》（光绪二十四年四月十二日）。

② 《康南海自编年谱》，《戊戌变法》，第4册，第143—144页。

③ 吴樵：《致穰公先生书》（光绪二十二年二月二十一日），《汪康年师友书札》，第1册，第480—481页。

④ 同上。

闻，却并非毫无根据，它确实道出了翁同龢在朝廷的窘境。因此，翁氏在帝后之间巧妙周旋，如走钢丝，如履薄冰，在处理涉及新旧之争的事件时，往往小心翼翼，以不贻人以把柄。在国势濒危、难以图存的情况下，他可以向光绪皇帝密荐康有为等维新派人物；在守旧派反扑时，翁氏则欲施金蝉脱壳之计。他是无论如何也不会为支持康有为而担风险的。翁氏对变法的态度，是受其显宦大僚的立场所制约的。

因此，在守旧派气势汹汹地反驳康有为变乱祖宗成法时，翁同龢非但没有为康氏伸张正义，反而劝他一走了之。对此，康有为并未理会，因为他知道，光绪皇帝已被其进呈的制度局折与《日本变政考》等新书说动，颇有志于变政。于是，康有为再次代御史杨深秀草折，请求明定国是。杨深秀的奏折四月十三日（6月1日）递上清廷。杨氏折谓：新旧两派，互相水火，有如仇雠。要求光绪皇帝定国是，明赏罚。他揭露守旧派年老不能读书，则难考新政；且惧新法之推行，"与其富贵之图，大有不便"，于是乃"上托法祖之名，下据攘夷之论，阳塞开新之口，阴便身家之图"①。建议皇帝赏罚严明，像俄彼得变法诛近卫大臣那样，严惩守旧之徒，则新政会速见实效。

为了敦促光绪皇帝痛下变法决心，康有为再为徐致靖草折。徐致靖，字子静，江苏宜兴人，寄籍顺天。光绪二年（1876年）进士，选庶吉士，授编修，累迁侍读学士。② 徐致靖"廉静寡欲，无意于士宦"，戊戌春季，康有为由"金顶庙迁出上斜街"，与徐

---

① 杨深秀：《请定国是明赏罚以正趋向折》，《戊戌变法档案史料》，第2页。
② 《清代人物传稿》，下编，第1卷，第143页。

氏比邻而居，日夕过从，共议新法，"往来辨难无虚日"①。在康有为影响下，徐致靖颇倾向于维新，亦曾多次代康有为递折言新政。四月二十日（1898 年 6 月 8 日）徐致靖递上《外侮方深，国是未定，守旧开新，两无所据，请特申乾断，明示从违折》。该折认为，诸国凭陵，纷纭胁夺，其原因皆由于我行政用人游移两可，莫衷一是。"天下咸窃窃然疑皇上仍以守旧为是也。于是有司不能定政事之趋向，庶士不能审学术之宗旨，天下摇摇莫定，伥伥无之。"② 徐致靖的奏折甚至说："皇上如谓今时之政，仍当循旧，则宜将一切总署、使臣、学堂、商务、洋操、船政、制造、方言、铁路、电线尽罢废之，明谕内外臣工，恪守旧章，实力整顿，无挠于强敌，无眩于他途，有开新为说者罪无赦。"③ 这实际上是采用激将法，促使光绪皇帝尽快表态。

值得注意的是，徐致靖的这份奏折在批评自乙未议和以来，京师学堂尚无片瓦，外省督抚且置之不理时，对两个封疆大吏进行指名道姓的指责：

> 朝旨命开商务局，而各省尚未通行，已革广西巡抚史念祖遏阁诏书，至藩桌不知有是举矣。朝旨命修武备，而粤督谭钟麟乃反废张之洞经营百万金之水师学堂、鱼雷学堂，且废鱼雷轮船，坐令生锈矣。④

康有为与粤督谭钟麟结怨，可能与刘学询等因素有关，本书

----

① 胡思敬：《戊戌履霜录》卷 4。
② 徐致靖：《外侮方深，国是未定，守旧开新，两无所据，请特申乾断，明示从违折》，原件藏中国第一历史档案馆戊戌变法专题档案。又见《康有为政论集》，上册，第258 页。
③ 同上书，第 259 页。
④ 同上书，第 259 页。

第三章已有论述。康有为对史念祖不满，亦有其深刻原因。

史念祖，字淳之，曾任甘肃、云南按察使，左宗棠初"颇赏之"。史氏任广西巡抚时，正值康有为赴桂讲学，"与唐薇卿、岑云阶议开圣学会"，"士夫云集，威仪甚盛"①。而史念祖对康颇有冷落之意。康有仪致梁鼎芬密札中亦曾涉及此事。该函谓：康有为"丙申腊月，游说于桂林，阴结唐薇卿托开学会，同为运动（唐氏在生时，伪保皇会每年助其万金，康逆屡使人在京，为其运动出山之计，昨年又向京中要人，代其钻营团练大臣之职，奉（旨）斥责，今且死矣）。又尝试史抚（念祖），多所干求，史抚厌之，值其来拜，则托病以搪（康逆至今恨之，故其各私报阻其出山）。然逗桂经年，竟已获得抽丰万余金"②。

康有仪此函极为重要，揭示了康有为与史念祖自丙申（光绪二十二年，1896 年）以来交恶的内在原因。康有仪与康有为"幼同游，长同学"③，对维新派内幕甚悉，所言自属可信。

康有为代徐致靖草拟的奏折中，举出史念祖与谭钟麟的例子，证明"朝廷于是非赏罚之间，尚未深切著明"，故守旧者多借口祖宗成法，趋避多方，用以说明画一国是，明示从违是一件急不可待之事。正是在这种情况下，光绪皇帝于戊戌四月二十三日（1898 年 6 月 11 日）颁布了明定国是诏书，该诏书略谓：

> 数年以来，中外臣工讲求时务，多主变法自强。迩者诏
> 书数下，如开特科，裁冗兵，改武科制度，立大小学堂，皆

---

① 《康南海自编年谱》，《戊戌变法》，第 4 册，第 136 页。
② 康有仪：《致梁节庵函》，光绪二十七年九月二十九日。
③ 同上。

经再三审定，筹之至熟，甫议施行，惟是风气尚未大开，论说莫衷一是，或托于老成忧国，以为旧章必应墨守，新法必当摈除，众喙哓哓，空言无补，试问今日时局如此，国势如此，若仍以不练之兵，有限之饷，士无实学，工无良师，强弱相形，贫富悬绝，岂真能制梃以挞坚甲利兵乎？

朕惟国是不定，则号令不行，极其流弊，必至门户纷争，互相水火，徒蹈宋明积习，于时政毫无裨益，即以中国大经大法而论，五帝三王，不相沿袭，譬之冬裘夏葛，势不两存，用特明白宣示，嗣后中外大小诸臣，自王公以及士庶，各宜努力向上，发愤为雄，以圣贤义理之学，植其根本，又须博采西学之切于时务者，实力讲求，以救空疏迂谬之弊。专心致志，精益求精，毋徒袭其皮毛，毋竞腾其口说，总期化无用为有用，以成通经济变之才。

京师大学堂为各行省之倡，尤应首先举办，著军机大臣、总理各国事务王大臣，会同妥速议奏，所有翰林院编检，各部院司员，大门侍卫，候补候选道府州县以下官，大员子弟，八旗世职，各省武职后裔，其愿入学堂者，均准入学肄业，以期人才辈出，共济时艰，不得敷衍因循，徇私援引，致负朝廷谆谆告诫之至意，将此通谕知之。①

光绪皇帝的这一诏书，是宣布维新开始的重要文献，它的颁布是由多种因素促成的。

首先，应归功于康有为及维新派的顽强努力，这是最重要的因素，梁启超在戊戌五月十七日（7月5日）致夏曾佑的书信中

①《德宗景皇帝实录》卷418，第15页。

说："新政来源，真可谓令出我辈，大约南海先生所进《大彼得
变政记》《日本变政记》两书，日日流览，因摩出电力，遂于前
月二十间有催总署议覆先生条陈制度局之议。仆等于彼时乃代杨
侍御、徐学士各草一奏，言当定国是，辨守旧开新之宗旨，不得
骑墙模棱，遂有二十三日之上谕。"[①] 显然，明定国是诏书是维
新派长期争取、鼓动的结果，同时亦可看出，杨、徐二人的奏
折，非仅由康有为一人经手，盖梁启超等弟子无不从旁相助，这
也是情理中之事。

其次，明定国是诏的颁布经过了慈禧允诺与赞同，而且也经
过翁同龢的润删。

以前有一种简单化的看法，似乎慈禧一开始就不同意变法，
显然与当时情形不符。因为慈禧当时表面上已归政光绪皇帝，但
实际上仍操纵着清王朝的军政大权，她在朝廷经营多年，遍布爪
牙，光绪皇帝则上下受牵制，"不能有其权，不能行其志"，"虽
有亲裁大政之名而无其实"[②]，像明定国是这样的大事，没有慈
禧的点头，光绪皇帝颁诏简直是不可思议的。而慈禧之所以同意
颁诏，一方面是由于国势危迫，列强"聚谋以分中国"，慈禧从
清王朝的长远利益考虑，不能不考虑更张挽救之策，另一方面与
受康有为奏折和进呈新书的影响亦有关系。洞悉清廷内情的苏继
祖曾揭示过："恭邸薨逝，康复见用，太后亦为（康有为）所上
之书感动"[③]；又称军机大臣将康有为书"上呈于太后，太后亦
为之动，命总署王大臣详询补救之方，变法条理，曾有懿旨

---

① 梁启超：《与碎佛书》（五月十七日），《梁启超年谱长编》，第 121-122 页。
② 梁启超：《戊戌政变记》卷 2。
③ 苏继祖：《清廷戊戌朝变记》，《戊戌变法》，第 1 册，第 332 页。

焉"①。

证诸翁文恭公日记，可知苏氏所记并非虚构。翁氏戊戌四月二十三日（6月11日）日记记曰：

> 是日奉慈谕，以前日御史杨深秀、学士徐致靖言国是未定，良是。今宜专讲西学，明白宣示等因。并御书某某官应准入学，圣意坚定。臣对西学不可不讲，圣贤义理之学尤不可忘。退拟旨一道。②

翁氏日记证明了苏继祖的说法，并且活龙活现地表现了翁同龢胆小怕事的心理状态。明定国是诏书中，"以圣贤义理之学，植其根本，又须博采西学之切于时务者，实力讲求"，即掺杂了这位帝师的观点。当然，慈禧同意颁诏，并不等于说她完全赞成变法，她采取只是一种"试试看"的狡猾态度，当新法的进行触犯了以她为代表的守旧派利益时，她是会出尔反尔，毫不手软地镇压维新派的。

然而，不管怎么说，明定国是诏的颁布，毕竟为新法的推行打破了坚冰，开通了航线，提供了一种可能性。

---

① 苏继祖：《清廷戊戌朝变记》，《戊戌变法》，第1册，第331页。
② 《翁文恭公日记》，光绪二十四年四月二十三日。

第六章

百日维新期间的变法主张（上）

　　百日维新是中国近代史上最激动人心的篇章之一。从光绪皇帝采纳了康有为的建议，于光绪二十四年四月二十三日（1898年6月11日）颁布明定国是诏书之日起，到八月六日（9月21日）慈禧重新上台执政止，人们把这段时间称作"百日维新"。这是漫长的中国历史上不同寻常的一百零三天。古老的中华大地，犹如"春雷之启蛰，海上志士，欢声雷动，虽谨厚者，亦如饮狂药"①。康有为后来追忆其情景时，有一段极为生动传神的描述。他说：当变法高潮到来之际，"扫两千年之积弊，政厉雷霆；顺四万万之人心，令如流水。书朝上而电夕下，国虽旧而命维新。百日变政，万汇昭苏，举国更始以改观，外人色动而悚听"②。康有为的追述虽然不无夸张成分，然而，这的的确确是一个"谕旨雷厉风行，人心为之一振"③的时刻。

　　百日维新的出现是来之不易的。除了光绪皇帝忧国陟危、乾

---

　　①　罗振玉：《贞松老人遗稿》，《戊戌变法》，第4册，第249－250页。
　　②　康有为：《追述戊戌变法经过并向溥仪谢恩折》，《戊戌变法档案史料》，第523页。
　　③　中国第一历史档案馆藏：黄思永《请设集贤院折》。

纲独断的因素之外，更主要地应归功于以康有为为代表的维新派人士长期奔走呼号，倡导变法。在这三个多月里，康有为既要编写进呈有关变法的书籍，又要草拟章奏（包括代台谏官员草拟奏疏），他日事铅丹，心力交瘁，对变法维新提出了许多极有价值的意见，故探讨康有为在百日维新期间的革新主张，是研究戊戌变法史头等重要的课题。

第一节　以废除八股为中心内容的文化教育改革建议

戊戌维新运动，从某种意义来说，实质上是一场新学与旧学、学校与科举、西学与中学之间的激烈斗争。维新志士为了开发民智，振兴人才，达到富国强兵之目的，曾在思想文化领域里进行了艰苦卓绝的斗争。而传之数百年之久的八股取士制度的废弃，又堪称百日维新开始后，康有为等人谱写的第一个光辉篇章。

早在甲午战败之后，康有为等人即提出彻底改革旧的教育体制的设想。在维新派影响下，李端棻于光绪二十二年五月初二日（1896 年 6 月 12 日）上书清廷，请在全国推广学堂，"自京师以及省府州县皆设学堂"，并建议改革教学内容①，开设藏书楼、

---

① 李端棻：《时事多艰，需才孔亟，请推学校以励人才而资御侮折》，原折存第一历史档案馆光绪二十二年录副奏折类。又见《戊戌变法》，第 2 册，第 292—297 页。李端棻此折系受维新派影响而作，时人谓其"所论皆纳梁（启超）议"（沃丘仲子：《近代名人小传》卷上，第 109 页）。李氏光绪二十二年（1896 年）五月下旬在《复梁孝廉卓如书》中，亦曾提及此折，略谓："贱恙已于三月底销假，勉强从公，元气未复，偶一劳乏，诸多不适，老态逼人，不堪告慰知己。奈何，奈何！月前所上一疏（按：指《推广学校折》），饬交礼部、总署会议，准驳尚未覆奏，俟有定议，再为寄知。"似可看出李氏此折与梁启超的关系。

仪器院、译书局及派遣游历等。但是，由于守旧派的阻隔拖延，李氏建议迟迟未能付诸施行。

丁酉、戊戌间，康有为、康广仁及梁启超诸维新派人士，联袂入都，即将废除八股作为推行新政的重要内容之一。其间，尤以康广仁对废除八股取士一事最为着力，他在《致易一（何树龄）书》中谓：

> 伯兄规模太广，志气太锐，包揽太多，同志太孤，举行太大，当此排者、忌者、挤者、谤者，盈衢塞巷，而上又无权，安能有成？弟私窃深忧之。故常谓：但竭力废八股，俾民智能开，则危崖上转石，不患不能至也。①

不难看出，康广仁几乎将废八股当作变法维新的头等大事，认为八股废除后，民智大开，中国强盛必无疑问，正是在康广仁敦促影响下，康有为于光绪二十四年三月二十日（1898 年 4 月 10 日）向总理衙门呈递了《请照经济科例，推行生童岁试片》。这是康有为最早递上的请求废除八股取士的条陈。② 由此开始，维新派争取废除八股的斗争大体经历了三个阶段：

第一阶段从戊戌三月二十日（1898 年 4 月 10 日）始，到四月二十八日（6 月 16 日）光绪皇帝召见康有为前夕。在为期两个多月的时间内，康氏除了三月二十日（4 月 10 日）递上总署的奏片外，还于四月十三日（6 月 1 日）代御史杨深秀草拟了《请斠

---

① 《康幼博茂才遗文》，张元济编：《戊戌六君子遗集》。

② 《康南海自编年谱》将此折系于戊戌二月。谓《上清帝第六书》"至二月十三日乃上，即下总署议……时进呈《俄彼得变政记》，附片请变生童岁科试，易八股以策论，并下总署议"。此处康有为记事有误。据《杰士上书汇录》卷 1 所辑三月二十三日总理各国事务王大臣《据请代奏折云》："兹于本月二十日复接该主事递到条陈二件，仍恳代为具奏。臣等未敢壅于上闻。"此二件条陈中，即包括此请废八股片在内。

酌列代旧制，正定四书文体折》、《请议游学日本章程片》、《请派近支王公游历片》和《请筹款译书片》，又于四月十八日（6月6日）代御史李盛铎草拟了《时务需才，请开馆译书以宏造就折》。① 在康有为草拟的上述折片中，包括以下两方面内容：

首先，痛陈八股取士的严重危害，提出改革的初步方案。康有为在三月二十日（4月10日）的奏片与代杨深秀草拟的厘定文体折均极力主张尽快废除生童岁科试仍考八股的做法，因为八股流传数百年，文题皆有蓝本，"务为割截枯困之题，侮圣言以难士人。士人以急于科第，亦争勾心斗角，便词巧说以应之"。于是数百万生童士人，"穷志尽气，白首黄馘，日夜孜孜，仍从事于割截枯窘之八股，其为弃才莫甚焉"②。根据惯例，生童岁科试正场之外，先试经古一场，又有覆试一场，康有为提出的改革方案是：请按照经济科之例，以经古场为正场，试专门一艺，时务策一艺。专门类包括天文地舆、化光电重、图算矿律，各占一门，录取人数比定额多一倍。覆试则考"五经题一艺，四书题一艺，取入如额，又略如论体，以发明圣经大义为主，罢去割截枯困侮圣言之题，破承开讲八股之试，及连上犯下，钩渡挽悖谬之法"③。府县试亦限二场，与上面的考试方法略同。对于仍用八股庸滥之格应试者，摈勿录用，"其有仍用八股口气，为代圣立言之谬说者，以僭妄诬罔、非圣无法论，轻则停廪罚科，重则或予斥黜"④。

---

① 关于以上罗列的御史杨深秀、李盛铎折片为康有为代拟，请参阅拙作：《康有为戊戌年变法奏议考订》，胡绳武主编：《戊戌维新运动史论集》，第 328 - 333 页。

② 康有为：《请照经济科例，推行生童岁试片》，《杰士上书汇录》卷 1。

③ 同上。

④ 杨深秀：《请正定四书文体以励实学而取真才折》，《戊戌变法》，第 2 册，第 343 页。

康有为的奏片与杨深秀的奏折只提出改革生童岁科试，对于更高一级的考试则未论及，而且，只注重了考试的格式改变，至于考试的内容虽然增加了天文地舆、化光电重、图算矿律等，但仍然强调传统经典的重要。杨深秀的奏折甚至说："经义之体，肇自宋代，因文见道，意美法良。"① 因此，杨深秀的奏折对四书五经等传统经典并不主张废弃，他甚至还批评说：因为八股文有弊端而欲废四书文者是"过激之说也；因四书之足贵，而并祖护今日之文体者，不通之论也"。他的结论是："厘正文体乃以尊四书，变通流弊乃以符旧制。"② 这种改革的调子显然是比较低沉的。康有为在当时还不敢提出从根本上废除八股取士的要求。

为了耸动清廷，尽快废除八股，梁启超于戊戌四月还联络正在北京应试的公车百余人，联名上书，请求自"丁酉、戊戌乡会试之后，下科乡会试，停止八股试帖，皆归并经制六科举行。其生童岁科试，以经古场为经制，正场四书文为二场，并废八股试帖体格"③。

梁启超的这次上书不仅要求改变生童岁试，而且提出乡会试亦应废八股。但是，由于都察院与总理衙门拒不代奏，故此折并未递上清廷。当时会试举人聚集京师者将及万人，"皆与八股性命相依，闻启超等此举，疾之如不共戴天之仇，遍播谣言，几被殴击"④。据此不难看出改革八股的艰难，也可窥见梁启超的主张比起康有为来要激进些。

---

① 杨深秀：《请正定四书文体以励实学而取真才折》，《戊戌变法》，第2册，第341页。
② 同上书，第343页。
③ 梁启超：《公车上书请变通科举，停止八股试帖，推行经济六科以育人才折》，《戊戌变法》，第2册，第346—347页。
④ 梁启超：《戊戌政变记》。

其次，为了开通风气，提倡西学，培育人才而济时艰，康有为极力主张开馆译书和派人游学。四月十三日（6月1日）杨深秀所递奏片，要求将光绪二十二年（1896年）李端棻提出的请开学堂、派游历一折付诸实施，并请派"近支王公之妙年明敏有才志者，游历泰西各国"①，还要求"请选举贡生监之聪敏有才，年未三十，已通中学者"②，出洋游学。康有为还分别代杨深秀、李盛铎草拟了请开馆译书的折片，杨深秀的《请筹款译书片》已刊入《戊戌变法档案史料》③，兹不赘述，而李盛铎《时务需才，开馆译书以宏造就折》亦由档案中检出，现征引如下：

> 今者梯航鳞集，文轨四通，政俗既同归而殊途，艺学复日新而月异。论外交，非洞明公法律例，无以为应变之方；肆武备，非讲求格致制造，无以为制胜之具；言理财，非考究农工商矿，无以探养民富国之源。风会使然，非用夷变夏之谓也。皇上轸念时艰，博咨众议，诏开大学堂，设经济专科，以因时立法之精心，为破格抡才之盛举，薄海人士，喁喁向风。

> 但特科六事，多采泰西新法，士人讨论有志，苦无门径可寻。……臣愚以为既尚新学，不如多译西书，使就华文习之……查现译之书，仅同文馆暨江南制造局刊印之数十种，且皆二十年前之陈编。在我方目为新奇，在彼或已成嚆矢。仅袭皮毛而未窥闳奥，殊未足餍阅者之心。拟请特旨，开馆专办译书事务，遴调精通西文之翻译数员，广购西书，分别门类，甄择精要，译出印行，以宏智学。

---

① 杨深秀：《请派近支王公游历片》，《戊戌变法档案史料》，第249页。
② 同上书，第248页。
③ 同上书，第446页。

至日本明治以来，所译西书极多，由东译华，较译之西文
尤为便捷。应请饬下出使大臣，访查日本所译西书，全数购寄，
以便译印。并咨访中外人员之通达时务、学问优赡者，酌调数
员，专司润色，务期文义敷畅，俾得开卷了然。俟届三年，译
成之书逾二千卷以上，酌予保奖，以示鼓励。……

若民间有一人专译书籍，准将全书呈送馆中察看，实系
有用之书，所译文理亦无陋劣草率之弊，酌仿外国专利章
程，发给奖牌执照，准其刊印行售，专利十年，庶人思自
奋，亦足广译书之路。①

康有为代拟的这份奏折，在李盛铎递上时，尽管做了一些改
动，但其主旨仍反映维新派引进资产阶级西学，造就一代新人的
迫切心情。在康有为看来，造成中国落后的一个主要原因就是中
外隔绝，思想闭塞。传统的科举制度像一条无形的绳索，使成千
上万的读书人只会作八股文，而对外部世界则一无所知。故康有
为在建议废除八股的同时，要求大量翻译外国新书，或派员到外
国学习。这是开通风气、解除禁锢的两个方面，相辅相成，缺一
不可，只有这两步同时进行，才能达到造就人才的目的。康有为
非但主张国家组织人力，译印西学书籍，还主张鼓励民间私人译
印新书，并给以专利特权以鼓励之，使人自思奋，隔绝消除。这
对于加强中西文化的交流，无疑是很有远见的。

维新派为争取废止八股，改革旧教育体制斗争的第二阶段，
由戊戌四月二十八日（1898 年 6 月 16 日）光绪皇帝在颐和园仁

---

① 李盛铎：《时务需才，请开馆译书以宏造就折》，原件为中国第一历史档案馆光
绪二十四年录副奏折。关于李盛铎此折系康有为代为草拟，见拙作：《康有为戊戌年变法
奏议考订》。

寿殿召见康有为开始，到五月初五日（6 月 23 日）光绪颁布诏书，废除八股止。

这个阶段康有为奋斗的主要目标是敦促光绪皇帝痛下决心，采纳维新派的建议废八股。四月二十八日康有为利用召对的机会，面陈八股之危害，其《自编年谱》记载说：

> 今日之患，在吾民智不开，故虽多而不可用，而民智不开之故，皆以八股试士为之。学八股者，不读秦汉以后之书，更不考地球各国之事，然可以通籍，累致大官。今群臣济济，然无以任事变者，皆由八股致大位之故。故台辽之割，不割于朝廷，而割于八股；二万万之款，不赔于朝廷，而赔于八股；胶州、旅大、威海、广州湾之割，不割于朝廷，而割于八股。上曰："然。西人皆为有用之学，而吾中国皆为无用之学，故致此。"对曰："上既知八股之害，废之可乎？"上曰："可。"对曰："上既以为可废，请上自下明诏，勿交部议，若交部议，部臣必驳矣。"上曰："可"。①

由以上对话可以清楚看出，光绪皇帝对八股的危害亦知之甚悉，在废八股的问题上与康有为的态度完全是一致的。因此，康有为在召对刚结束，即"发书告宋芝栋，令其即上废八股之折，盖已早为草定者"②。四月二十九日（6 月 17 日）宋伯鲁即递上

---

① 《康南海自编年谱》，《戊戌变法》，第 4 册，第 146 页。

② 对于宋伯鲁戊戌四月二十九日的《请改八股为策论，以作人材而济时艰折》的作者，康氏谓自己代拟（《戊戌变法》，第 4 册，第 147 页）。而梁启超《与碎佛书》则云："南海、菊生召见，力言科举事，既退出，即飞告仆，令作请废八股折。"（《梁启超年谱长编》，第 122 页）现在看来，此事已不易辨别清楚。时人尝谓："至于南海诸大奏章，是否有任公赞划，外人固得而知。"（王照：《复江翊云兼谢丁文江书》）因此，宋氏此折很难说是康、梁哪一个人的作品。

了《请改八股为策论，以作人材而济时艰折》。康有为本人亦在
具折谢恩的同时，再度指陈八股取士的种种弊端。在这次上书
中，康有为除言岁科试外，并对乡会试不发明经义，但模仿恶调
提出指责，指出："号称代圣立言，乃如娼优唱曲，不准用秦汉
以后之书，更不准用国朝及外国掌故，故没字之碑，可以中式；
宿学之士，不必登科。"康氏还批评这种取士制度对于培养人心，
美化风俗，立功立政，毗佑国家，均无任何裨益；其培养造就的
人才，知利而不知义，知私而不知公，"敢于作奸犯科，而不敢
于急公仗义"①。康氏折与宋伯鲁折一致要求光绪皇帝特下明诏，
永远停止八股，乡会试及生童岁科一切考试，均著改试策论，除
去一切禁忌，并希望皇帝"立予乾断，饬部议行"②。

宋伯鲁《请改八股为策论，以作人材而济时艰折》递上后，
光绪皇帝即下令枢臣拟旨，是日"京师哗然，传废八股，喜色动
人"。但又连数日没有动静，盖因刚毅等守旧大臣阻挠的缘故，
始则请下部议，继则又愿皇上请太后懿旨，康有为于是敦促徐致
靖于五月初四日（6月22日）再递《请特颁明诏，废八股以育人
才，易风气而救危局折》。徐氏此折与康有为前上各疏大略相同，
唯于最后请皇帝深思明辨而勇断之。指责礼部堂官所守者旧制，
必然会进行反驳，敦请光绪皇帝不要"曲从一二人硁硁拘执之
见，而误天下大计"。并指出："新政之最要而成效之最速者，莫

---

① 康有为：《请商定教案法律，厘正科举文体，听天下乡邑增设文庙，谨写〈孔子
改制考〉进呈御览，以尊圣师而保大教绝祸萌折》，《杰士上书汇录》卷 2。
② 宋伯鲁：《请改八股为策论，以作人材而济时艰折》，《戊戌变法档案史料》，第
216 页。

过于此。"① 徐致靖折递上次日，光绪皇帝即下令："著自下科为始，乡会试及生童岁科各试，向用四书文者，一律改试策论。"②

至此，维新派请废止八股取士的努力，获得了重大成果，海内有志之士，"读诏书皆酌酒相庆，以为去千年愚民之弊，为维新第一大事也"③。

第三阶段的斗争主要是巩固废八股的成果及改革考试内容、场次的设想，并进而提出在全国设立学堂的建议。

在这一阶段中，康有为先后于五月十二日（6 月 30 日）代宋伯鲁草拟《奏请经济岁举归并正科，并各省岁科试迅即改试策论折》与《请旨申禁复用八股取士片》，五月二十二日（7 月 10 日）前递上了《请改直省书院为中学堂，乡邑淫祠为小学堂，令小民六岁皆入学折》。④

在这些折片里康有为请求光绪皇帝进一步颁旨，除乡会试下科为始，改试策论外，其生童岁科试，应饬各学政，一经奉到谕旨，立即照新章实行。并劝光绪皇帝勿为守旧者所摇，斥革降调阻挠者，以使"旧焰消沮，人心大定"⑤。为了促使教育制度的进一步改革及广开民智，造就真才，康有为提出了设立新式学堂的建议。这一建议在近代教育史上具有十分重要的意义。其要点是：

首先，康有为建议尽量扩大受教育面，将教育普及到全体国

---

　　① 徐致靖：《请特颁明诏，废八股以育人才，易风气而救危局折》，原件藏中国第一历史档案馆《戊戌变法专题史料》。

　　② 《德宗景皇帝实录》卷 419。

　　③ 梁启超：《戊戌政变记·新政诏书恭跋》。

　　④ 关于上述折片递上后处理情况，参阅拙作：《康有为戊戌年变法奏议考订》，胡绳武主编：《戊戌维新运动史论集》，第 350－356 页。

　　⑤ 宋伯鲁：《请废八股勿为所摇片》，《戊戌变法档案史料》，第 217 页。

民中间去。

康氏指出，西方各国特别重视乡学，中小学遍地开设，故举国男女，无不知书识字，粗知天文地理；非但士人知学，农工商皆有专门之学，因此，中国欲富强自立，"教学之见效，不当仅及于士，而当下逮于民；不当仅立于国，而当遍及于乡"①。他认为，要实现三年富强的宏伟计划，必使全国四万万人民皆出于学。他建议皇帝应当上法三代，旁采西例，责令民人子弟"年至六岁者，皆必入小学读书"，而教之图算器艺、语言文字，做到农工商兵人人知学，学堂遍地，风气遍开。康有为在当时即提出了向下层社会普及科学文化，提高全民族文化水平，振兴整个中华民族的精神，是十分难能可贵的。他主张教育对象不应该分高低贵贱，不应该区分行业，人人入学，个个成才，这无疑是开了我国教育近代化的先河。

其次，康有为还提出了将旧式书院，改为新式学堂及改革教学内容的设想。

要从根本上改变中国"学校不设，愚而无学，坐受凌侮"②的落后状况，康有为建议从现有的条件出发，将各省及府、州、县、乡邑现有的书院、义学、社学、学塾，均改为兼习中西之学的学校，省会的大书院改为高等学堂，府、州、县为中等学校，义学、社学为小学，并彻底改变以前那种"所课皆八股试帖之业，所延多庸陋之师，或拥席不讲，坐收脩脯"，使"师徒千万，日相率于无用之学"的状况。学校有了，师资有了，教学内容亦

---

① 《请改直省书院为中学堂，乡邑淫祠为小学堂，令小民六岁皆入学折》，《杰士上书汇录》卷2。
② 同上。

大为改观，这样一转移间，过去穷乡僻壤的"莘莘学子"，而今皆知通经史，讲时务，人才振兴，指日可待。

最后，提出了官民并举，中央与地方并重的筹措教育经费的办法。

要大兴学堂，首先必须解决经费问题。康有为说，美国学费十倍于兵费之数，而中国区区教育经费，少得可怜。因此，他认为要大收教育成效，非大增教育经费不能成功。关于筹措教育经费的办法，康有为提出：第一，由皇帝严旨戒饬各省督抚清查善后局、电报招商局各溢款、陋规、滥费，尽拨为各学堂经费。除个别贫瘠省份外，每省可得数十万两，用于各学校延师购书之用。① 康有为再次以广西已革巡抚史念祖为例，说明当时各级官吏，大手大脚，挥霍浪费，他说史念祖"尝请臣一饭，支用善后局款费以百数，乃至臣随仆亦用燕席，答臣一拜，亦费首县十八金。闻广东尤甚，督抚请客百一次支用善后费至六百金，其拜客及他供应费皆类是"②。康有为批评中国的地方官吏挥霍浪费，贪图享乐，但对教育经费却千方百计克扣，他尖锐批评各疆臣"但安荣尊富，滥用民脂，而置国事于不问，竟视严旨若弁髦，犹为有人心者乎？"③

第二，康有为还建议在民间筹集教育资金，鼓励绅民捐创学堂，对于能自捐万两，广募十万两经费者，赏给御书匾额，并给以学衔；对独捐十万巨款，创立学堂者，则应予特旨奖励，赏以世职。

---

　　① 《请改直省书院为中学堂，乡邑淫祠为小学堂，令小民六岁皆入学折》，《杰士上书汇录》卷2。
　　② 同上。
　　③ 同上。

第三，鬼神淫祠，遍布天下，应将无用的庙宇改为学堂，以庙祠公产，作为教育经费。

康有为认为，整个教育改革方案的实行，要靠各省督抚及各地官吏，因此，国家各级官吏对教育的关心程度如何，直接关系到教育事业的发展与成败，他建议光绪皇帝赏罚严明，对于那些最落后的一二官吏，予以纠劾惩处，才能使全国的教育事业发展，达到开风气而广人才的目的。

综合上述可知，康有为在废除八股取士与提倡译书、开设新式学堂等教育文化方面改革的贡献是非常巨大的。正是通过康有为不懈努力，近代中国才迎来了第一次思想解放的滚滚浪潮。虽然戊戌政变之后，慈禧重新上台，倒行逆施，恢复八股，停开学堂，但是，"尔曹身与名俱灭，不废江河万古流"。流传数百年之久的八股取士这一精神枷锁，一旦被打破，便再也难以恢复了。封建专制的罗网一经被冲破，想再要弥缝，也只是痴心妄想。因为八股一废，数月之间，天下易风，数千万之士人，"皆不得不舍其兔园册子帖括讲章而争讲万国之故"，争购新译西书。耳目既开，民智骤进，梁启超用"旧藩顿决，泉涌涛奔"① 八个字来形容当时的思想界，是非常贴切的。以康有为为代表的维新派所倡导的这场教育文化革新，是一次空前的壮举，无论是对封建旧文化的批判，还是对资产阶级新思想的传播，都产生了非常深远的影响，以此为契机而开始的近代思想解放潮流，"如万流滃沸，不可遏抑"②。对康有为在这方面的贡献，的确应该给予充分的肯定。

---

① 梁启超：《戊戌政变记·新政诏书恭跋》。
② 欧榘甲：《论政变为中国不亡之关系》，《戊戌变法》，第 3 册，第 156 页。

但是，也应该看到，康有为的教育改革也有着其不彻底的一面。首先，表现在康有为只要求废八股，但不敢要求废除整个科举制度。中国的科举制度始于隋唐，到了清末已是弊端百出，成了中国教育事业发展的严重桎梏。但是康有为却没有勇气与魄力，将此种腐败不堪的制度"摧陷廓清"。其次，表现在康有为只要求废除八股这种文体，而对于考试内容却只主张增加新的内容，对于四书五经等传统经典却未敢加以触动。在这方面康有为与洋务派官僚并没有原则差异。近年来流传一种看法，似乎洋务派在废科举上同维新派有严重斗争，其实，这是一种误解。当时一般守旧的封疆大吏确实不赞成废八股，但洋务派头面人物，如李鸿章、张之洞等确是同意尽快予以废除的。只要读一下张之洞与陈宝箴五月十六日（7月4日）联名递上的《妥议科举新章折》便会十分清晰，康有为与张之洞在废科举问题上，并无原则争论。张之洞、陈宝箴的奏折六月初一日（7月19日）递上清廷，光绪皇帝称赞"所奏各节，剀切周详，颇中肯綮"①，这不是没有道理的。这一点由梁启超对此上谕所加"恭跋"亦可看出。张之洞的关于"宜合科举经济学堂为一事，求才不厌多门"，及"酌改考试诗赋小楷之法"的建议②，与维新派是不谋而合的。在考试具体内容上，康有为代徐致靖草拟的《请酌定各项考试策论文体折》称："夫不讲先圣经义、中国掌故，而能为通才任政者无之。臣考汉代立博士教诸生，皆以五经，立学尤先于四书，是皆尧、舜、禹、汤、文、武、周公、孔子之微言大义。我朝尊

---

① 光绪二十四年六月《上谕档》。
② 中国第一历史档案馆藏：张之洞、陈宝箴《妥议科举新章折》。

崇圣道，科举大典，岂宜遗阙五经?"① 这里最明白地表现了康有为迷恋旧的经典，不能将旧的一套全部抛弃的局限。可见，在考试内容上他与张之洞并没有什么原则差别。

还有一种看法，认为洋务派主张科举考试内容是以中学为体、西学为用为主导方针的，而康有为和维新派人士则反其道而行之。其实，这也是牵强附会的。康有为代宋伯鲁草拟的《奏请经济岁举归并正科，并各省岁科试迅即改试策论折》即明白宣称：

> 臣窃维中国人才衰弱之由，皆缘中西两学不能会通之故。故由科举出身者，于西学辄无所闻知，由学堂出身者，于中学亦茫然不解。夫中学体也，西学用也，无体不立，无用不行，二者相需，缺一不可。②

宋伯鲁奏折表明，维新派在废八股、兴学堂的问题上，并不反对"中学为体，西学为用"。因为这一口号并不像今天所理解的成了区分洋务派与维新派的政治标准，相反，当时不论是洋务派还是维新派都把"中学为体，西学为用"当成了"至言"③。不言而喻，康有为主张的科举考试内容与张之洞的并无原则差别，二者都认为不通经史，即不可言经济，不达时务亦不可谓之正学，这些地方明显地表现了康有为受传统思想影响之深，尚不能突破旧的樊篱的痕迹。

另外，还应该注意到，康有为当时之所以急迫地要求废除八

---

① 《戊戌变法档案史料》，第 223 页。
② 光绪二十四年五月十八日《国闻报》；又见《康有为政论集》，第 294 页。
③ 梁启超：《清代学术概论》。

股取士，还另有深意存焉。即康有为把废除八股与振兴孔教紧密地联系在一起。教育在任何时候都离不开现实政治，因为它是灌输思想意识的最重要的途径。康有为认为，由于八股文的流行，中国人自幼童开始，即不读孔子之书，不习孔子之教。考试生童，专务防弊，"试以搭截枯困纤小之题，创为破承、开讲、提对、中对、后对、结对之体，连上犯下之法，生童亦钩心斗角，碎义逃难，便辞巧说以应之"①。其结果是使孔教在中国的传播受到极大影响，全国人口虽有四万万之众，但可以"负荷孔子之教，能任国家之事者人才鲜少焉"②。因此，康有为认为复兴孔教最有效的办法应从教育入手，而且应从小抓起，于是，他提出了厘正科举及岁科试四书文体，破除八股之格的建议，专门以发明孔子大义为主。康有为把振兴孔教当作变法的根本，正是从这个角度出发，他自然地要求尽快地废除八股。康有为认为，中国教育的主要内容，应该是以发明孔子的道义为主，培养士子从小信奉孔教，并为将来传播孔教打下基础。

在百日维新过程中，康有为念念不忘振兴孔教，并将此作为变法的根本，正是从恢复发扬孔子教义的目的出发，他才十分重视废除八股取士制度。也正是因为康有为的教育改革目的的狭隘性与局限性，严重影响了他对旧学的批判和对新学的提倡，影响了在教育文化领域里改革的深入进行。所有这些，都与康有为的时代与阶级局限有着内在的联系。

---

① 康有为：《请商定教案法律，厘正科举文体，听天下乡邑增设文庙，谨写〈孔子改制考〉进呈御览，以尊圣师而保大教绝祸萌折》，《杰士上书汇录》卷2。

② 同上。

第二节 成立孔教会的设想

在古今中外的历史上，几乎每个时代都要由自己杰出的思想家，创造出一种能为当时社会所接受的理论，用以团结群众，维系人心，使之为着一个共同的目标奋斗，或在同一个社会环境中和谐地生活。在 19 世纪末的中国，维新派的代表人物康有为，就是这样一位力图以自己创造的理论动员大家起来变法的思想家。他所创造的用以团结争取士大夫进行改革的理论就是孔教。光绪二十四年（1898 年）春季，康有为联络维新派在京师成立保国会，号召人们"激励愤发，刻念国耻"，并提出了"保国家之政权土地""保人民种类之自立""保圣教之不失"的号召①，这里的"圣教"就是指孔教。

百日维新的帷幕刚一拉开，康有为于光绪皇帝召见后不久，即递上了《请商定教案法律，厘正科举文体，听天下乡邑增设文庙，谨写〈孔子改制考〉进呈御览，以尊圣师而保大教绝祸萌折》。② 在这份奏折里，康有为向清朝统治者陈述了振兴孔教的重大意义，并正式向清廷提出了酝酿已久的成立孔教会的建议。康有为在这次上书中对于在中国成立孔教会的方案，设计得十分具体，条理清晰，供光绪皇帝采择实行。

为什么变法的高潮到来伊始，康有为即迫不及待地向清朝最高统治者提出了成立孔教会的方案呢？其原因归纳起来，主要有

① 康有为：《保国会章程》，《国闻报》光绪二十四年闰三月十七日。
② 康有为此折已收入《杰士上书汇录》卷 2。

以下几点：

其一，康有为企图以孔教来抵御帝国主义对中国的侵略。

自第二次鸦片战争以来，在全国各地接连不断发生的教案，已使清朝统治阶级焦头烂额。康有为在成立孔教会的奏折中，首先指出，西方各国凭借兵力以通商，亦凭借兵力以传教，其尊教甚至，其传教甚勇。开始时，他们"欲以教易人之民，其后以争教取人之国"①。而自鸦片战争以来，由于传教士及教民横行乡里，鱼肉百姓而引起的教案，都成了帝国主义一步步加深对中国侵略的借口。这里康有为已经一针见血地揭露了帝国主义宗教侵略的本质。特别是光绪二十三年（1897 年）十月德国借口山东教案竟悍然出兵占领了胶州湾，由此而引起的割地浪潮波及了旅顺、大连湾、广州湾、威海、九龙等地，其他割地失权之事接踵而来。这种鱼烂瓦解、瓜分豆剖的局势，使康有为触目惊心，深深感觉到教案对中国的巨大威胁。因为偶尔有一教案，其"割削如此，彼教堂遍地，随在可以起衅，彼我互毁，外难内讧，日日可作……而彼动挟国力，以兵船来。一星之火，可以燎原。则皇上忧劳，大臣奔走，土地割削，举国震骇"②。长此以往，中国势必会以教案而亡国。

康有为还注意到了帝国主义的宗教侵略已经引起愈来愈严重的后果，他揭露了某些传教士横行乡里，干涉中国内政，甚至"山东知县赴任，须先谒教士。州县见教民畏之如虎。有讼狱一从彼教，则曲亦得直，奸民多托而自庇者。气（欺）压乡曲，小

---

① 康有为：《请商定教案法律，厘正科举文体，听天下乡邑增设文庙，谨写〈孔子改制考〉进呈御览，以尊圣师而保大教绝祸萌折》，《杰士上书汇录》卷 2。

② 同上。

民无知，盖复风从，裹胁益众。广东东莞县有一夜半城从之者"①。因而出现了"畏之愈甚，媚之愈至，从之愈多"的现象。康有为对此深感焦虑。

面对 19 世纪末叶日益猖獗的宗教侵略，康有为五内欲焚，仰天束手，长期以来一直在深思熟虑，以筹划补救之策。但是，康有为没有采取像山东、河北等地的义和团劳苦大众那样的武装斗争方式，高举大刀长矛，使"大法国，心胆寒，英吉、俄罗势萧然"②，而是采取了一种以精神对精神、以宗教对宗教的办法，希图借此来抵御帝国主义的宗教侵略。康有为的具体做法是"开教会，定教律"。他认为，以前与帝国主义列强签订不平等条约时，"我皆逼于兵败，不得已而为之保教。然保彼教之法，其轻重浅深本末，实未有定律"，于是教案一出，便听其任意挟制，"小之强黜守令，妄索偿款，大之若胶案，割地无已"③。康有为认为出现这种被动局面的原因，就是因为当时中国无定律，如果有了定律，那么既可以塞彼保护之借口，也可以避免割偿之重灾，"不致一案而天下忧亡焉"。与此同时，康有为还考虑到，仅仅依靠国家行政定律也是无济于事的，帝国主义国家之所以猖獗，是因为中国的极度虚弱。一个弱小的国家想同帝国主义强国进行国家间的平等交涉那是根本不可能的，因此康有为又提出要避免外国以武力相胁迫，最好的办法是在中国同样成立一个教会，以教会的名义同对方的教会交涉，"与定和约，定教律"。有

---

① 康有为：《请商定教案法律，厘正科举文体，听天下乡邑增设文庙，谨写〈孔子改制考〉进呈御览，以尊圣师而保大教绝祸萌折》，《杰士上书汇录》卷 2。

② 《拳乱纪闻》，《中国近代史资料丛刊·义和团》，第 1 册，第 112 页。

③ 康有为：《请商定教案法律，厘正科举文体，听天下乡邑增设文庙，谨写〈孔子改制考〉进呈御览，以尊圣师而保大教绝祸萌折》，《杰士上书汇录》卷 2。

了教会和教律便可以达到避免被割地瓜分的厄运。正是出于这种考虑，康有为把成立孔教会当成了变法中的一件大事向光绪皇帝提了出来。

其二，康有为认为，孔教最适合中国国情，只有使孔教倡兴，才能"培养人心，美化风俗"，立功立政，使国家日臻于强盛。

作为早期向西方寻求真理的代表人物之一，康有为十分迷信宗教的力量。他认为宗教是衡量一个民族的文化是否发达，政治是否兴隆的重要标志。因此，他的弟子梁启超在写《康有为传》时，曾称之为"宗教家之康南海"①。但康有为把孔教作为挽救世变、维系人心的重要精神支柱，却经历了一个十分曲折而又漫长的探索过程。

康有为孔教思想的形成，可以追溯到他的青年时代。光绪二年（1876 年），19 岁的康有为来到朱次琦门下求学，朱氏"主济人经世，不为无用之空谈高论"以及"发先圣大道之本，举修己爱人之义，扫去汉宋之门户，而归宗于孔子"的理论曾使康有为心悦诚服。他"捧手受教，乃如旅人之得宿，盲者之睹明"，产生了"圣贤为必可期"的信念。② 但是，随着涉猎的广泛，学识的增进，康有为像许多今文学家兼治佛学一样，面对恶浊的现实，产生了烦懑厌世的思想，对于日埋故纸堆中的读书生活，亦渐厌之，欲寻求一个安身立命之所。他始而"绝学捐书，闭户谢友朋，静坐养心"，继而，"忽见天地万物，皆我一体，大放光明"，歌笑无常，似有心疾。他自己说"此《楞严》所谓飞魔入

---

① 梁启超：《康有为传》，第 6 章。
② 《康南海自编年谱》，《戊戌变法》，第 4 册，第 112 页。

心，求道迫切，未有归依之时多如此"①。显然康有为已不知不
觉地遁入空门了。次年，康有为即离开朱九江而到西樵山白云洞
专讲道佛之书，常常"弥月不睡，恣意游思，天上人间，极苦极
乐"，他皆以现身试之，"始则诸魔杂沓，继则诸梦皆息，神明超
胜，欣然自得"。他又学习五胜道，"见身外有我，又令我入身
中，视身如骸，视人如豕"②。康有为苦苦地沉思探求，在他的
孔教教义尚未完全形成之前，佛道之学已在他的思想中打下了深
深的烙印，对他后来的宗教意识也产生了深刻影响。

稍后，康有为又接触了西学，直到光绪十年（1884 年），他
将自己以往所学到的中国的古代典籍以及佛道之书，上自婆罗
门，旁收四教，以及西学书籍，融会在一起，独居一楼，俯读仰
思，所悟日深，"合经子之奥言，探儒佛之微旨，参中西之新理，
穷天人之赜变，搜合诸教，披析大地，剖析今故，穷察后来"③，
并开始以三统论诸圣，以三世推将来，以专为救众生为奋斗目
标，"不居天堂而故入地狱，不投净土而故来浊世，不为帝王而
故为士人"，日日以救世为心，刻刻以救世为事，舍身命而为之。
光绪十一年（1885 年）康有为手定大同之制，名曰人类公理，
多年构思的孔教体系至此已初具端倪。

康有为早年曾将世界上各类宗教进行比较，认为天下教类虽
然名目繁多，不可悉数，然天地之理，唯有阴阳之义，故宗教亦
可分两大种类。孔教顺人之情，阳教也；佛教逆人之情，阴教
也，其余耶稣、喇嘛等杂教，皆由佛教而出。故而孔、佛两教可

---

① 《康南海自编年谱》，《戊戌变法》，第 4 册，第 114 页。
② 同上。
③ 同上书，第 117－118 页。

谓阴阳互补。孔教多于天，佛教多于人；孔教率其始，佛教率其终；孔教极自然，佛教极光大。"无孔教之开物成务于始，则佛教无所成名也……人治盛则烦恼多，佛乃名焉，故舍孔教无佛教也。佛以仁柔教民，民将复愚，愚则圣人出焉，孔教复起矣。"①康有为认为，孔教与佛教，相互联系，相互制约，有无相生，相辅相成，当其时则盛，穷其变则革，智者观其通，而择其所从。

　　但是，随着康有为西学知识的日益增加，对西方各国的了解愈来愈深入，他开始感觉到耶稣教的传播地域之广及威力之无穷，是孔教、佛教无法与之比拟的，他并且把西方欧美各国的国力强大与耶稣教的广泛深入人心联系在一起。康有为在《列国政要比较表》一书中，曾把当时在世界广为流传的耶稣教、天主教、希腊教（康氏原注谓："耶稣、天主、希腊三教，大同小异，率奉耶稣。"）、犹太教等相互比较之后，十分感慨地写了一段按语："诸教人数比之，二十四年耶稣教多至若是，而吾教未尝有传教士推广，日渐月变，所忧滋大，教变而国亦从之矣。"②

　　康有为把中国的贫困落后、受人摆布的被动挨打局面与孔教之衰微不倡紧密联系在一起。康氏认为，在各国互相竞争的世界上，"强胜弱败，自然之理也"。中国如果不从振兴孔教入手，便难以自立于世界之林。因此，梁启超说康有为的宗教意识极为浓厚，常常毅然以"绍述诸圣，普度众生"为己任。"先生之言宗教也，主信仰自由，不专崇一家，排斥外道，常持三圣一体，诸

----

　　①　康有为：《性学篇》，原刊于光绪二十五年四月十一日《清议报》第十五册，"支那哲学"。又见《康有为政论集》，上册，第13页。谓撰于1877年前，笔者以为此处所署时间可能略有提前。

　　②　康有为：《列国政要比较表》（故宫博物院图书馆藏光绪二十四年进呈本），第12《各国比较教民表》。

教平等之论。然以为生于中国，当先救中国；欲救中国，不可不因中国人之历史习惯而利导之。又以为中国人公德缺乏，团体散涣，将不可以立于大地，欲从而统一之，非择一举国人所同戴而诚服者，则不足以结合其感情，而光大其本性，于是乎以孔教复原为第一著手。先生者，孔教之马丁路得也。其所以发明孔子之道者，不一而足。"①

康有为复兴孔教的努力是坚持不懈的。其重要著作《新学伪经考》、《春秋董氏学》以及《孔子改制考》都是围绕发扬光大孔教教义而撰写的。康有为认为，孔子改制，上掩百世，下掩百世，故尊之为教主。他既然把耶稣教当作西方致富致强的根本精神支柱，故亦"恒欲侪孔子于基督，乃杂引谶纬之言以实之"②。因此，从某种意义上可以说，康有为张扬孔教，是在精神上向西方学习的一种象征，他希望用孔教这一精神武器来团结吸引广大士大夫阶层，乃至全国四万万民众，一起来发愤救国，力图自强。康有为再三强调：在列强环伺、时事艰难的情况下，非维持人心、激励忠义便不能立国；而不尊崇孔子，便不能"维人心而励忠义，此又变法之本也"③。康有为把尊崇孔子建立孔教会看作变法的根本，这就是明定国是诏书刚一发布，康有为立即主张成立孔教会的又一个重要原因。

为了使清统治者将设立孔教会的建议尽快付诸实施，康有为对孔教会的全国性和地方的组织构成，以及教会各级领导的产生原则、组织方法提出了比较具体的意见，供光绪皇帝参酌。

---

① 梁启超：《康有为传》，《戊戌变法》，第4册，第15页。
② 梁启超：《清代学术概论》，《戊戌变法》，第1册，第437-438页。
③ 康有为：《请商定教案法律，厘正科举文体，听天下乡邑增设文庙，谨写〈孔子改制考〉进呈御览，以尊圣师而保大教绝祸萌折》，《杰士上书汇录》卷2。

　　他建议光绪皇帝通变酌时，下令由衍圣公出面组织孔教会，自王公士庶，凡有志于承担大任者，都可以参加为会员。孔教会最上层领导称为"总理"，由衍圣公自己担任；其次为"督办"，由会中士庶公举学行最高者充当；稍次者多人为"会办"。以上为全国总会的组织构成。

　　康有为还建议将孔教会的组织推广到全国各省、各府、各县。各级皆推举有学行之士充当"分办"，办理地方孔教会事宜。然后将各级分办的姓名上报衍圣公存籍，再由衍圣公上奏朝廷。

　　关于孔教会与清朝中央政府的关系，康有为亦有进一步说明。他说：孔教会与礼部的关系如同军机处之与内阁，总署之与理藩院。孔教会的督办、会办以及省、府、县的分办，虽然"稍听民举"，但仍总于衍圣公，就像官书局由大臣管理一样，有衍圣公在上，"亦何嫌何疑焉"？[1]

　　显然，康有为所拟定的孔教会各级组织的构成，及其领导的选举，都是经过再三斟酌审慎提出的，因为他已经记取光绪二十四年（1898 年）春二三月间在京师成立保国会时，由于过分露骨地张扬民权，曾受到保守派的弹劾与攻击。孙灏就曾对《保国会章程》提出尖锐的批评，他认为康氏等人立会是违禁"结社拜盟，敛钱惑众"，"厚聚党徒，妄冀非分，务在动摇民心，戕削命脉，形同叛党"[2]。针对康有为提出的"自京师、上海设保国总会，各省、各府、各县皆设分会，以地名冠之"[3] 的条文，孙灏批驳说："明其设会之地，真欲蔓衍天下，以上海一区为逃薮，

---

　　① 康有为：《请商定教案法律，厘正科举文体，听天下乡邑增设文庙，谨写〈孔子改制考〉进呈御览，以尊圣师而保大教绝祸萌折》，《杰士上书汇录》卷 2。
　　② 《觉迷要录》卷 4。
　　③ 康有为：《保国会章程》。

海西公法以叛逆为公罪，继踵孙文，希图脱免。"① 孙灏还针对康有为提出的"本会同志讲求保国、保种、保教之事"②，认为"皆以欲立民主为得计，邪说诬民，此为首恶"③。孔教会与保国会在总会与分会的设置上，不乏相似之处，因此，康有为特别小心。他记取了前车之鉴，在构想孔教会的组织章程时就与保国会有了根本不同。孔教会虽然是民间创立的宗教组织，但是，又基本上隶属于清政府的管辖之下。而且，针对守旧派关于民权的指责，康有为在提出设立孔教会建议的同时，将尊崇孔教与封建伦理纲常联系在一起，康有为说："夫天之生民有身，则立君以群之，有心则尊师以教之。君以纪纲治大群，师以义理教人心。然政令徒范其外，教化则入其中。"④ 显然，康有为是要清统治阶级放心，他所设立的孔教会是要以封建纲常来从思想上支配天下生民，而不会扰乱正常的统治秩序。

为了进一步解除清朝统治者的顾虑，康有为对他所推崇的孔教的教义与统治阶级的根本利益并不矛盾进一步做了阐释。他声称孔子是中国的圣人，他作春秋而乱臣惧，作六经而大义明，"传之其徒，行之天下，使人知君臣父子之纲，家知仁恕忠爱之道，不然，则民如标枝，人如野鹿，贼心乱性，悍骛狠愚，虽有刑政，将安所施？故今天下生民四万万，父子相亲，夫妇相保，尊君亲上，乐事劝功。自非敌国外患之来，皇上得以晏安无为，与二三耆老大臣，垂衣裳而治之。此非法令之所能为，实孔子大

---

① 《觉迷要录》卷4。
② 康有为：《保国会章程》。
③ 《觉迷要录》卷4。
④ 康有为：《请商定教案法律，厘正科举文体，听天下乡邑增设文庙，谨写〈孔子改制考〉进呈御览，以尊圣师而保大教绝祸萌折》，《杰士上书汇录》卷2。

教，有以深入人心，而皇上坐收其报也"①。

在康有为笔下，孔教已经完全成了巩固封建专制主义，维护传统的伦理纲常的精神纽带。如果孔教沦亡，那么就会出现人心离散、君臣道息的局面。这样的孔教自然是封建统治阶级乐于接受的。康有为思想中受旧的封建伦理影响的消极一面，在这里已经暴露得淋漓尽致了。

在做了充分解释之后，康有为希望他所构思的孔教会的方案能在全国尽快推行，为达此目的，康有为还向皇帝提出几条非常具体的建议：

第一，希望皇帝领会孔子之道的精义，举行临雍之典礼，并且下令礼部堂官筹议尊崇孔子的典礼。

第二，希望皇帝特颁明诏，将天下淫祠一律改为孔庙，允许士庶男女顶礼膜拜，虔诚祭祀。彻底改变以前那种对孔教尊而不亲，"天下淫祠，皆杂他鬼神"②，士庶自成童离其乡塾，口不复诵孔子之经，身不再拜孔子之像；天下妇女及一般老百姓，不能祭谒孔子，而去祭祀其他鬼神；以及文庙在城不在乡，有一庙而无二庙的现象，而应该像西方的耶稣教一样，教堂遍地，七日之中，君臣男女都去膜拜诵经。并下令在孔教会中选举生员，为各乡县孔子庙的祀生，专司讲学，不分日夜，讲演传播孔子忠爱仁恕之道，对那些讲学之士中行高道明者，"赏给清秩"③，以资鼓励，从而加强孔教教义在民间的传播与普及。

第三，康有为认为最为重要的一条，就是厘正科举及岁科试

　　① 康有为：《请商定教案法律，厘正科举文体，听天下乡邑增设文庙，谨写〈孔子改制考〉进呈御览，以尊圣师而保大教绝祸萌折》，《杰士上书汇录》卷2。
　　② 同上。
　　③ 同上。

四书文体，立即停废八股，改变过去那种只讲求形式，而不讲求内容的考试方法。各级考试皆以发明孔子大道为主，必须融会贯通后世之书及世界各国掌故，以印证孔教大义，使试子学通古今中外。尽除以前八股、楷法取士所造成的貌为畏谨，而内心则欺诈粉饰，"其交友也，应酬往返，饮食征逐，而内怀险诐轻薄之意；其临下也，则刻暴残忍，而无仁厚恺悌之心"等种种弊端，使全国四万万人，人人都能负荷孔子之教。康有为认为，随着八股的废除和孔教教义的传播，士民靡然向风，人才辈出，"孔子所谓一言兴邦，道未有捷于是者"①。显然，康有为把废除八股一条，不仅视作改革教育制度的一条重要措施，而且当作防止异教传播的釜底抽薪之法，他认为只要做到厘正了科举文体，便能使孔子之教日益深入人心。

综上所述可知，成立孔教会，是百日维新期间康有为在思想意识领域里提出的一条极为重要的建议。他企图凭借被历代封建统治阶级尊崇为孔圣人的力量，使全国士大夫乃至一般的百姓，都团聚在孔教的旗帜下，一方面抵制帝国主义的宗教侵略，另一方面协调步伐，采取一致的行动，实现他那"以群为体，以变为用"，改造中国的方案。

那么，我们究竟应该如何评价康有为关于在中国设立孔教会的建议呢？

首先，康有为的成立孔教会动机虽然有抵制侵略，拯救危亡的目的，但是，这一设计所带有的严重的盲目性，使他的善良目的在很大程度上会流为一种不切实际的空想。

———————

① 康有为：《请商定教案法律，厘正科举文体，听天下乡邑增设文庙，谨写〈孔子改制考〉进呈御览，以尊圣师而保大教绝祸萌折》，《杰士上书汇录》卷2。

按康有为的构思，帝国主义列强既然打着保教的旗号，任意要挟，那么，中国也可以针锋相对地设立一个教会，用以抵挡之，与之交涉，与定和约，商定教律。康有为主观上认为，中国的孔教会一旦成立，人数众多，集款自然容易。有了丰厚的款项，再有衍圣公与会中办事之人，共同商酌，挑选"学术精深，通达中外之士为委员"，然后再由委员出面与外国教会总监督委派的人选进行磋商，"同立两教和约，同定两教法律"。康有为并天真地认为，天主教自护最严，尤不可归法国主持。天主教是由教皇做主的，而教皇既无兵，又无舰，易与交涉，因此，应由衍圣公派人驻扎彼国，直接与教皇定约、定律。教律既定，从此教案皆有定式，"小之无轻重失宜之患，大之无藉端割地之害，其于存亡大计，实非小补"①。

康有为所设想的孔教会能否被清廷批准成立，姑且勿论，退一步说，即使能够成立，康有为所幻想的以教会名义与外国对等谈判的计划也是无论如何不能实现的。因为帝国主义的本性就是掠夺，列强们既要把中国变成他们的殖民地、半殖民地，就必然不会放松利用宗教为媒介加紧对中国的经济和文化侵略。无论是哪一个西方资本主义国家，都毫无例外地用宗教的武器，对内麻痹本国人民的斗志，对外则作为警探和爪牙。可以断言，没有哪一个帝国主义国家的教会会发出善心同康有为所幻想设立的孔教会进行平等的谈判，来商定教约和教律的。道理很简单，在侵略者与被侵略者、奴役者与被奴役者之间，是没有平等可言的，无论是在西方的耶稣面前，还是中国的孔子面前，都不会有什么真

---

① 康有为：《请商定教案法律，厘正科举文体，听天下乡邑增设文庙，谨写〈孔子改制考〉进呈御览，以尊圣师而保大教绝祸萌折》，《杰士上书汇录》卷2。

正的平等。

其次，康有为在成立孔教会的建议中，比较集中、比较充分地暴露了康有为的封建地主阶级的阶级局限性。

在康有为的笔下，孔子的形象是不断改变的。在甲午战败之后，列强交相逼迫，国势日益陵夷的情况下，康有为等维新志士，满怀爱国之情，却又苦于报国无门，他们的变法意见，屡遭封建统治者压抑，"望在上者而一无可望"，"惕心痛极"①。在这种情况下，他们需要宣扬民权，宣扬托古改制，于是把维新派所需要的东西，挂上孔子的招牌。康有为说，孔子创立了"三统""三世"诸义，虽处乱世，却向往太平，这就是说，人类社会不是一成不变的，而是要向前发展的。维新派希望改变现存的封建制度，使人类社会逐渐步入大同之境。康有为认为民主、平等、民权都可以加到孔子头上。康有为在《孔子改制考》中说："孔子拨乱升平，托文王以行君主之仁政，尤注意太平，托尧、舜以行民主之太平。"②又谓："世官为诸子之制，可见选举实为孔子创制。"③康有为显然是在随意编造历史，说世卿制度是由封建而来，而孔子害怕列侯起来竞争，于是一改从前的封建世卿制度，而重新创造了所谓的选举制度，因此，康氏得出结论说："选举者，孔子之制也"，"昭昭然矣"④。既然是孔子创造的民主、选举之制，那么，维新志士向西方学习搞民权，搞选举，自然是合理合法的事情了。这一时期的孔子简直成了维新派以民权救国

---

① 康有为：《与赵曰生书》（光绪二十七年），蒋贵麟编：《万木草堂遗稿外编》，第600页。

② 康有为：《孔子改制考》，第284页。

③ 同上书，第42页。

④ 同上书，第238页。

的护法神。

但是，曾几何时，到变法的高潮真正到来时，在康有为所提出的成立孔教会的方案中，孔子的形象又发生了根本的改变。他已不再讲民主、选举、民权了。康有为反复声称："立君臣、等上下，此非天之所为，乃圣人之所设，中国圣人实为孔子。"①转眼之间，孔子又成了维护封建统治秩序，赞成君君、臣臣、父父、子子的伦理纲常，俨然成了一个君权专制主义的拥护者。同是一个孔圣人，康有为却对他随意打扮，任意解释。在孔教问题上，既反映了康有为的实用主义态度，又反映了他所推行改革的软弱性与不彻底性。

马克思在《路易·波拿巴的雾月十八日》里曾经说过："人们自己创造自己的历史，但是他们并不是随心所欲地创造，并不是在他们自己选定的条件下创造……一切已死的先辈们的传统，像梦魇一样纠缠着活人的头脑。当人们好像刚好在忙于改造自己和周围的事物并创造前所未有的事物时……他们战战兢兢地请出亡灵来为自己效劳，借用它们的名字、战斗口号和衣服，以便穿着这种久受崇敬的服装，用这种借来的语言，演出世界历史的新的一幕。"②

康有为为了向西方学习，用资本主义的先进生产方式来取代落后的封建主义的生产方式，这是一项十分艰巨而又宏伟的事业，然而却遭受到了封建守旧势力的重重阻挠，这就是他要演出中国历史的"新场面"时所遇到的社会环境。为了对付来自各个

---

① 康有为：《请商定教案法律，厘正科举文体，听天下乡邑增设文庙，谨写〈孔子改制考〉进呈御览，以尊圣师而保大教绝祸萌折》，《杰士上书汇录》卷2。

② 《马克思恩格斯选集》，3版，第1卷，第669页，北京，人民出版社，2012。

阶层的阻力，康有为于是"战战兢兢"地请出封建统治阶级的圣人孔子来，对他进行了一番随心所欲的乔装打扮，企图借助孔子的威力来统一人们的思想，进行变法维新。然而，康有为所谓的孔子的思想中存在落伍的、陈旧的东西，不管康有为怎样解释，它毕竟与资产阶级的民主政治是格格不入的。想要用它来在中国发展新的资产阶级的生产方式，康有为的这种企图是注定要失败的。

康有为说："忠爱之心，不摩则冷；学行之事，不激则流。"①在瓜分豆剖、国难当头之际，康有为成立孔教会的设想，是既不现实又十分幼稚的。他要在中国四万万人中间掀起一个尊孔热潮，家家读孔子之书，人人奉孔子之教，用过了时的孔子的思想来武装整个中华民族，其愿望虽然宏伟，但是，孔教无论如何是救不了中国的。康有为钟情于孔子之教，想用它来维系人心，组织力量。它反映了维新派在理论上的贫乏和在政治上的怯懦。康有为要向西方学习，却又找不到一种解脱中华民族苦难的先进理论，于是只好乞灵于孔子，乞灵于中国传统的经典。这并不是一种偶然的历史现象，它说明以康有为为代表的维新派人士虽然刚刚由封建地主阶级中脱胎出来，但是，他们仍然同那个旧的阶级有着千丝万缕的联系。康有为对孔子教义的阐释，说明维新派人士在思想方面显得苍白无力，因为他们未能真正找到能够动员起全国四万万人进行变法的思想武器。

---

① 康有为：《请商定教案法律，厘正科举文体，听天下乡邑增设文庙，谨写〈孔子改制考〉进呈御览，以尊圣师而保大教绝祸萌折》，《杰士上书汇录》卷 2。

第三节　御门誓众的请求

光绪皇帝虽然于戊戌四月二十三日（1898 年 6 月 11 日）颁布了明定国是诏书，但是仅靠一纸诏书是难以使守旧者改变他们阻挠变法的立场的，更难以使大小臣工都统一意志，力行新法。

因此，百日维新的帷幕刚一拉开，康有为就把劝说光绪皇帝实行御门誓众当作一件头等重要的大事，敦促再三。早在四月二十八日（6 月 16 日）光绪皇帝于仁寿殿召对康有为时，康氏即力陈此义。退出之后，又利用谢恩的机会，递上《为推行新政，请御门誓众，开制度局以统筹大局，革旧图新以救时艰折》。[①] 为了进一步说服光绪皇帝，康有为又于四月二十九日（6 月 17 日）代御史宋伯鲁草拟了《变法先后有序，乞速奋乾断，以救艰危折》[②]，五月初十日（6 月 28 日）再代御史杨深秀草拟了《请御门誓众折》及《请惩阻挠新政片》。[③] 康有为希图通过这些频繁的上书，说动清朝统治者，尽快实施御门誓众，以使其新政建议得到采纳实行。

御门誓众是清代前期经常举行的一种典礼，盖取古时大誓之义。《尚书》中有《甘誓》《汤誓》《泰誓》《牧誓》《费誓》诸篇，

---

① 康有为此折据其《自编年谱》记载，系戊戌五月初一日递上，已辑入《杰士上书汇录》卷 2。

② 宋伯鲁此折，又被称作《请讲明国是正定方针折》，见《康有为政论集》，上册，第 261–263 页。

③ 杨深秀上述折片，原件存中国第一历史档案馆戊戌变法专题档案，又见于《戊戌六君子遗集·杨漪春侍御奏稿》。

凡有大事大政，召集群臣大众以誓之，使其统一步调，齐心协力。康有为代杨深秀草拟的奏折即明确提出："夫王者之于天下，非能以法令卧而治之也，必有雷霆以震其郁，风雨以散其气，而后万物昭苏，人有生气也。……我朝自世祖章皇帝开创百度，圣祖仁皇帝、世宗宪皇帝，励精守成，其讲求庶政，犹频御乾清门训励群臣，面相戒谕……我祖宗所遇，天下一统，四海盛平，御门戒励，犹尚如是。况今所值之时，危亡岌岌，至于此乎？""伏乞皇上采先圣誓众之大法，复祖宗御门之故事，特御乾清门，大召百僚，自朝官以上，咸与听对。"①

康有为在许多地方谈到，维新变法刚开始时"宜频有大举动，以震耸之"②。御门誓众就是康氏所建议采取的大举动之一。而维新派之所以主张采取这一措施，是由以下几方面原因促成的：

其一，康有为的变法建议受到守旧派的顽固阻挠。

戊戌变法既然是一场政治思想领域里的深刻改革，那么，它就不可避免地会受到来自社会各个方面的阻力。戊戌正月以来，康有为及维新派人士提出了许多重要的改革建议，包括政治、外交、经济、文化等各个方面。而这些建议大多被守旧派所压制。原因不是别的，主要是因为新法严重触犯了守旧官僚的既得利益。列宁曾经说过："几何公理要是触犯了人们的利益，那也一定会遭到反驳的。"③ 对于守旧派人士来说，旧的社会环境，旧的统治秩序，都是他们谋取私利的最好手段。而且旧的法令制

----

① 杨深秀：《请御门誓众折》，《康有为政论集》，上册，第 292 页。
② 康有为：《日本变政考》卷 2。
③ 《列宁选集》，3 版修订版，第 2 卷，第 1 页。

度，其弊端愈多，守旧派便会更加起劲地保护它。作为维新派代表人物之一的严复对此曾有一段精彩的分析："举凡一局一令，皆有缘法收利之家，且法久弊丛，则其中之收利者愈益众，一朝而云，国家欲变某法，则必有某与某者所收之利，与之偕亡，尔乃构造百端，出死力以与言变者为难矣。"① 严复甚至十分形象地比喻说，法令之弊否，与私利之多寡为正比例。守旧者并不是不知道更张旧法，会给国家带来长远利益，但是如果法令不变，"则通国失其公利，变则一己被其近灾，公利远而难见，近灾切而可忧"，故他们是不会放弃一己之私利而赞成变法的。②

严复的分析真可谓一针见血，入木三分，活龙活现地勾画出守旧者贪婪营私而阻挠变法的可憎面目。当然，在守旧者的行列中，也有不是为"利"而为"义"出面阻挠变法者。这部分人相对来说比前部分人所占比例要少得多。他们受传统伦理和旧的习惯势力的毒害较深，处处以封建伦理纲常的"卫道士"的面目出现，对康有为所倡导的新法，这也挑剔，那也指责，这种人习惯于循规蹈矩，畏闻兴革，喜欢在旧的统治秩序下生活，对祖宗成法不敢越雷池一步，这些盲目信奉祖宗成法的可怜虫，也形成了对变法的一种很大阻力。

康有为对于变法开始后出现的这种社会现象，是早有精神准备的。他在给光绪皇帝进呈《日本变政考》所加按语中曾多次指出："盖国是不定，则天下无所适从，故必御门大誓群臣，以维新之宗旨，布告天下，然后诸事必有下手处矣。……然非常之原，黎民惧焉，新政初行，必为守旧者所不利，必出死力以阻挠

---

① 严复：《上今上皇帝万言书》，《戊戌变法》，第 2 册，第 327 页。
② 同上。

之，苟主见不定，一为所惑，则半途而废。必在上者持之以定力，然后有成。"① 正是出于这种考虑，康有为要反复劝说光绪皇帝实行御门誓众之典，其用意盖在于想以此举使守旧者改弦更张，革新洗面而奉行新法。

其二，康有为之所以要光绪皇帝御门誓众的原因是捍卫变法已经取得的成果，回击守旧势力的反扑。

这与当时变法形势颇有关系。在明定国是诏书颁布后不久，即废除了八股取士的制度。但是，光绪皇帝的这一决定在社会上引起很大的反响。早在戊戌四月，梁启超曾联合在京公车百余名上书都察院与总理衙门，请废八股，均被拒之门外。当时，会试举人"集辇毂下者，将及万人，皆与八股性命相依，闻启超等此举，疾之如不共戴天之仇，遍播谣言，几被殴击"②。可见，在当时的读书人中，绝大多数是不赞成废除他们早已习惯了的八股文的。但是，到了五月初五日（6 月 23 日）清廷明诏废除八股，这在当时士子中引起的反对是空前强烈的。康有为于《自编年谱》中称："八股士骤失业，恨我甚，直隶士人，至欲行刺。于晦若至，属吾养壮士，住深室，简出游，以避之。"③ 废掉八股，革除了千百年的弊政，本来是值得欢呼的大好事，而在当时却引起这么多人的反感，以至于达到了"欲行刺"的程度。可以想见，当初的改革是何等的艰难。

更有甚者，一些与统治阶级上层有联系的守旧派妄图利用光绪皇帝与慈禧、荣禄等人之间的矛盾，奔走策划，"聚议将联名

① 康有为：《日本变政考》卷 2。
② 梁启超：《戊戌政变记》。
③ 《康南海自编年谱》，《戊戌变法》，第 4 册，第 148 页。

翻国是，复八股"①。与此同时，守旧派还大造谣言，甚至说：
"皇上又入天主教矣。""谓康有为曾进药水，上服后性情大变，
急躁异常，并有在宫中设立礼拜堂之说。"② 而这些无稽之谈，
往往是出在"当国诸巨公口中"。这种现象实质上反映了维新与
守旧的政治主张的差异，因为"新旧不同，有若水火，意见既
异，攻击必生"③。为了搞垮维新派，于是乎各种谣言便不胫而
走。康有为代杨深秀草拟的《请惩阻挠新政片》即尖锐指出：守
旧派忘国家之大患，"议论汹汹，聚谋鼎沸，冀幸我皇上持之未
坚，意图恢复。或言新旧之不宜分明，危言耸听；或言八股之能
阐义理，饰说欺蒙……群言殽兴，国是摇夺"④。因此，他希望
皇帝能下令刑部定律，著守旧阻挠之罪，也希望尽快举行御门
之典。

其三，康有为的这一建议与他自己当时的处境亦甚有关系。

康有为自戊戌正月初三日（1898 年 1 月 24 日）被总理衙门
王大臣传见问话之后，即希望能得到清廷的重用。他在写给其弟
康广仁的信函中明确表示："总署延见，问天下之故，乃自有总
署以来［所］无，举朝以为旷典，此实恭邸中许应骙之言，沮召
见，而改作大臣（问话）也。中国旧派如此，如此。然不出游，
则或加五品卿入军机，或设参议［行］走也。"⑤ 但是由于守旧
派的百般阻挠，以及光绪皇帝怕重用康有为而招致守旧派的嫉
恨，故在四月二十八日（6 月 16 日）仁寿殿召见后，仅让康在总

① 《康南海自编年谱》，《戊戌变法》，第 4 册，第 148 页。
② 苏继祖：《清廷戊戌朝变记》，《戊戌变法》，第 1 册，第 337 页。
③ 康有为：《日本变政考》卷 1。
④ 杨深秀：《请惩阻挠新政片》，《戊戌六君子遗集·杨漪春侍御奏稿》。
⑤ 康广仁：《与侄女同薇书之四》，蒋贵麟编：《万木草堂遗稿外编》，下册，第 775 页。

理衙门章京上行走，盖由于刚毅等人的干预阻挠，欲以微差"屈辱"之。① 康有为对此耿耿于怀，久为不平。梁启超在写给夏曾佑的书信中即抱怨说：

> 数日之内，世界屡变，或喜或愕，如读相宗书也。南海召见，面询极殷拳。而西王母主持于上，它事不能有望也。总署行走，可笑之至，决意即行矣。②

梁启超此信写于刚刚召对康有为之后，它流露了维新派人士对清政权不能重用康有为的满腹牢骚和对统治者的失望之情。但是，梁氏所谓"决意即行矣"只是一时的气话，事实上康有为并未因此而灰心，他还希望通过进一步的争取来改变统治者对新政的态度。他们希望通过自己的努力，使统治阶级赞成新法，重用维新派的领导人康有为等。

以上数端可谓康有为再三敦促实行御门誓众的重要原因。

康有为关于御门誓众的请求是十分迫切的，他把这一措施视作变法能否成功的关键，他希望通过这一举动，能达到以下目的：

首先，请皇上与诸臣进一步讲明国是，正定方针。

对于"国是"的概念，康有为在为宋伯鲁草拟的奏折中有进一步的阐发。康氏认为："所谓变国是者，在正明，中国之在大地为数十国中之一国，非复汉、唐、宋、明大一统之时，其为治，当用诸国并立流通比较之法，不能用分毫一统闭关卧治之旧。"对于这个道理，不但皇帝应当明白，而且军机、总署、王

---

① 《康南海自编年谱》，《戊戌变法》，第4册，第147页。
② 梁启超：《与穗卿仁者书》（四月二十九日），《梁启超年谱长编》，第121页。

公、督抚都应该有明确的认识，只有明确了中国在世界上所处的地位，抛弃了盲目自傲、固步自封的劣习，才能对新法有正确的认识，奋起自救，日夜讲求，或派出游学，务必达到至明至尽的程度，使朝廷上下，人人通晓时变，既不泥古自骄，也不拘墟自惑。①

康有为在自己的谢恩折中还根据光绪皇帝在召对时所说的新旧之法，如同"裘葛不能两存"的"圣训"进一步发挥道：治一统之世以静、镇止民心，使少知寡欲而不乱；治竞长之世以动，务使民心发扬争新竞智，而后百事皆举。故应去堂阶之隔，"通上下之情，通君臣之分，通心思，通耳目"②。又说："治一统之世以散，使民不相往来，耕田凿井，不识不知；治竞长之世以聚，令人人合会讲求，然后见闻广，心思扩，有才可用。治一统之世以防弊，务在防民，而互相牵制；治竞长之世以兴利，务在率作兴事，以利用成务。"③

康有为说这番话的目的实际上是在宣扬广开民智，沟通下情，以及合群以挽世变而救危亡的思想，与他在以前的上书中要求皇上"纡尊降贵"的呼吁是一致的。维新派认为只有这样才能打破封建专制主义对人们思想的禁锢，使大家放开眼界，博知地球之大观，克服关起门来称王称霸的思想，树立自救的信心。康有为认为只有树立了这种观念，才能尽涤旧制，尽除旧俗，不留

---

① 宋伯鲁：《变法先后有序，乞速奋乾断，以救艰危折》，见《戊戌变法档案史料》，第3—4页。

② 康有为：《为推行新政，请御门誓众，开制度局以统筹大局，革旧图新以救时艰折》，《杰士上书汇录》卷2。

③ 同上。

毫厘以累新政，并将此作为"变法辨门径之始也"①。

其次，康有为希望通过御门誓众，使内外臣工牢固树立尽弃旧习，彻底变法的观念，使之知道"变或可存，不变则削，全变乃存，小变仍削……显豁无疑，而后推行新政，可无滞碍"②。

康有为强调彻底变法的思想，主要是针对守旧派对新政采取模棱两可、迁就弥缝的手法来阻挠变法的企图。百日维新开始后，执掌政柄的守旧大臣虽然不敢公然与皇帝的诏旨相对抗，但他们却采取了"阳誉而阴绝之，假他端以弃之"③的手法。《时务报》曾发表了一篇文章，论阴挠新法之害，将守旧大臣的手法归结为："延之，限之，孤之，窘之"四类，实际上是采取拖延和尽量缩小改革规模的手法，来消磨维新派的锐气，达到对抗变法的目的。康有为的《上清帝第六书》先是交总理衙门议覆，后又推到军机处与总署合议，议来议去，迟迟没有结果。

康有为统筹全局的建议遭到了守旧大臣的顽强抵制，久议而未决。正是针对这种现象，康有为十分强调"全变"的必要性。他在谢恩折中申述说：

> 方今不变固害，小变仍害，非大变、全变、骤变不能立国也。数十年来亦渐知变法矣。而或辨证不清，诊脉不明，或不通外感内因之变……坐以待亡。至今人人知病症之危，而尚未求医救之方。夫泰西立国数千年，源流深远，能致富强，具有本末。其规模极大，条理极繁，次第有宜，章程极

---

① 康有为：《为推行新政，请御门誓众，开制度局以统筹大局，革旧图新以救时艰折》，《杰士上书汇录》卷2。
② 宋伯鲁：《变法先后有序，乞速奋乾断，以救艰危折》，《戊戌变法档案史料》，第4页。
③ 读有用书室主人：《论阴挠新法之害》，《戊戌变法》，第3册，第208页。

密，其守旧不变者无论，即以开新者言，大都皆补漏支柱、苟且度日之谋，未尝统筹全局，究极终始。①

康有为要求大变、全变、骤变，反映了维新派"重起天地，再造日月"②的雄心壮志。他的这一思想是在总结了数十年以来洋务运动的经验教训后提出的，他多次批评洋务派官僚的不变根本，不新大制，而只是少袭皮毛，弥缝补漏的做法，认为只有确定了全面变法的决心，才能统筹全局，讲求下手之方。

最后，康有为希望通过御门誓众，达到选拔、安排天下通达之才以任新政的目的。

设立制度局，在康有为看来，才可称之为真正的变法。其他所谓兵制、学校、铁路、矿务，无论何项新政，都是就事论事、枝枝节节上的改革，只能称变事，不能称变法。真正的变法只能在设立制度局以后，妙选通才，皇帝亲临，日夕讨论，"审定全规，重立法典，何事可存，何法宜改，草定章程，维新更始"，只有这样，才算得上"变法"。康有为认为，制度局之所以迟迟未开，就是因为国是未昭，人心未改，议论歧异，故变法成效甚微。因此，他大声疾呼：

> 皇上不欲变法则已，若欲变法，请皇上亲御乾清门，大誓群臣，下哀痛严切之诏，布告天下：一则尽革旧习，与之更始；二则所有庶政，一切维新；三则明国民一体，上下同心；四则采万国之良法；五则听天下之上书；六则著阻挠新

---

① 康有为：《为推行新政，请御门誓众，开制度局以统筹大局，革旧图新以救时艰折》，《杰士上书汇录》卷2。

② 康有为：《日本变政考》卷1。

政，既不奉行，或造谣惑众，攻讦新政者之罪。①

看来康有为多次吁请的御门誓众的内容，大多是以前讲过的，他之所以再三强调，是因为数千年之旧说，数百年之积习，数千万守旧之人心，都不以开制度局为然。故"非有雷霆霹雳之声光，风电震惊之气势"，不能使守旧之人改视易听，放弃原来阻挠新政的立场。不言而喻，康有为的御门誓众是手段，而开制度局以置通才才是其真正的目的。

康有为为了使这一计划得以实现，曾设想过许多方法，诸如"令群臣签名具表，咸去守旧之谬见，力图维新"；或是将诏书榜之通衢，使天下人皆发愤报国，不敢怠违。但是，直到戊戌六月，康有为请皇上御门誓众的请求，仍然未能实现。于是，六月初六日（7月24日）由与维新派关系十分密切的仓场侍郎李端棻出面，递上《为变法维新，当务之急敬陈管见折》②，重复康有为的请求，虽然用语与康有为折稍异，却同样吁请光绪皇帝晓谕群臣，共图变法，"以息争论，而一众志"。光绪皇帝在李端棻此折递上的当天，即颁谕称："李端棻奏，变法维新，条陈当务之急一折，著奕劻、孙家鼐会同军机大臣切实覆议具奏。"③ 由光绪皇帝此谕观之，他对李端棻的建议是极为重视的。

六月初十日（7月28日），奕劻、孙家鼐经过与军机大臣的充分协商后，分别将《说片》呈递光绪皇帝。奕劻的《说

---

① 康有为：《为推行新政，请御门誓众，开制度局以统筹大局，革旧图新以救时艰折》，《杰士上书汇录》卷2。

② 李端棻此折极为重要，但目前尚未由清档中检出，对其奏折之内容，笔者系由六月初十日奕劻、孙家鼐所递说片中释出。由军机处档册记载看李端棻同时递有《请饬前太仆寺少卿岑春煊回籍办团片》，此一请求恐怕亦同维新派有关，姑志于此，以俟详考。

③ 中国第一历史档案馆藏：光绪二十四年六月初六日军机大臣交片。

片》谓：

> 查仓场侍郎李端棻所奏四条，第一条，请皇上晓谕群
> 臣，以息争论。奴才见近来时事艰难，凡大小臣工，以国事
> 为心者，无不愿中国之自强，其愚无识者，道听途说，亦无
> 关国是，则争论之说，可勿虑。

> 惟少言变法，则云小变不如大变，缓变不如急变。窃思
> 祖宗成法俱在，果实力奉行，自能日有起色。彼西法之善
> 者，未尝不可参用，若第师其制度，学其梢末，是仍袭其皮
> 毛也。且以中国四千年来之习尚，四百兆人之心思，而骤欲
> 大变而急变之。王道无近功，恐操切非所以治天下也。①

奕劻此说片完全代表了守旧派的立场，其立论虽然是针对李
端棻之折而发，但实际上是针锋相对地对康有为的观点进行反
驳。康有为要尽变旧法，而奕劻则谓祖宗之法俱在，实力奉行，
同样可致中兴。康有为主张骤变，而奕劻却斥之为"操切"。康
有为变法的根本在于学习西方的政治制度，而奕劻则斥之为"袭
其皮毛"。看来维新与守旧的观点迥异，势同冰炭，谁也难以说
服对方。

如果说奕劻的《说片》，尚停留在就事论事，对康有为的观
点进行驳斥上，那么，孙家鼐的《说片》则几乎是在对康有为进
行含沙射影的人身攻击了。孙氏略谓：

> 查仓场侍郎李端棻所奏……其第一条，臣工未能尽喻皇
> 上意旨，尚多争论等语，臣见近日臣工，愿变法自强者，十

---

① 中国第一历史档案馆藏：奕劻光绪二十四年六月初十日说片。

有六七，拘执不通者，不过十之一二。惟新旧党之相争绝少，而邪正党之争实多，盖变法不难，而行法之人最难。用非其人，则小人道长，君子道消，治乱安危，所关非细。贤人君子，不无思深虑远之心，盖皆以宋时王安石为鉴也。皇上宣示臣工，若能严申君子小人之辨，则争论者，自当渐化矣。①

孙家鼐把维新派与守旧派之间的斗争，归结为邪正党之争，显然，在他的心目中康有为就是邪党了。他还奉劝光绪皇帝用人要慎重，否则使小人道长，君子道消，换句话说就是不要让康有为这样的小人得志。因此，在奕劻、孙家鼐看来，当时朝廷根本就不存在什么"讲明国是，正定方针"的问题，当然就更谈不上"御门誓众"了。他们所要求的只是严格区分君子与小人，认为光绪皇帝只要把康有为这样的小人驱逐，自然就会天下太平。孙家鼐的《说片》明确地表露了守旧势力厌恶康有为，并且希望他远离京师的意图。

康有为多次争取的御门誓众，经过了几个月的守旧与开新两派势力的斗争，到奕劻、孙家鼐的《说片》递上，基本上就算是有了定局。尽管康有为在七月十三日（8月29日）的《恭谢天恩，并陈编纂群书以助变法，请及时发愤速筹全局折》② 中还在埋怨光绪皇帝"虽定国是之所趋，而未行御门之大誓"，但那已经是无济于事了。守旧派否定了御门誓众的请求，一方面说明了守旧者人多势众，又有慈禧做后台，所以他们特别有恃无恐；而

———————

① 孙家鼐：光绪二十四年六月初十日说片，原件藏中国第一历史档案馆《戊戌变法史专题档》。

② 康有为此折已辑入《杰士上书汇录》卷3。

维新派所依靠的皇帝却赤手空拳，势薄力单，他本人虽然同情和支持康有为的御门誓众的主张，但奈何不得慈禧及守旧大臣的反对，于是只好不了了之。

维新派争取御门誓众斗争的失败，已经预兆着变法的前景是暗淡无光的。

第七章

百日维新期间的变法主张（下）

　　康有为在百日维新期间频频递折，颇多建议，这些奏议凡是以康氏本人名义递上的，大都收入《杰士上书汇录》的后两卷之中。除此之外，康氏还代王照、徐致靖、杨深秀、宋伯鲁等京官或御史草折，此类奏疏，有的已辑入《戊戌变法档案史料》，有的仍散见于中国第一历史档案馆的各类奏折之中，由于种种原因，康氏代拟的奏折，至今仍未搜集完备。从已检获的各类奏折来看，康有为建议所涉及的内容十分广泛，既包括政治上澄清吏治，革除陋习，出版报刊，广开言路，也包括经济方面兴办实业，奖励发明，整顿厘金，劝工惠商；还有的涉及一些非常具体的问题，诸如弹劾两广总督谭钟麟、云贵总督崧蕃等。本章受篇幅所限，对于康有为百日维新期间的变法主张，不可能面面俱到，通盘论述，而只能择其要者，再作探讨。

第一节　以西法振兴农工商业的宏伟蓝图

　　以康有为为首的维新派，主张对清王朝的内政外交全面进行改革，抛弃祖宗成法，迈开大步向西方学习，这不但表现在政治制度、文化教育方面，而且更多地表现在经济方面。早在甲午战争后，帝国主义对中国疯狂地进行经济侵略，争抢修路、开矿之特权，大量向中国输出资本，贪婪地掠夺原材料。这种现象使康有为怵目惊心，迫使他考虑在经济方面的对策。在著名的《上清帝第二书》与《上清帝第三书》中，康有为提出"以开创之势治天下"的口号，"开创"的含义不仅指政治领域里的更张，而且首先是指经济。因为经济是立国的基础。康有为说："窃为皇上筹自强之策，计万世之安，非变通旧法，无以为治，变之之法，富国为先。"[1] 这里所谓的富国之法，就是康有为关于经济改革的一系列设想，诸如改钞法、修铁路、推广机器轮舟，以及兴办开矿铸造等许多近代化企业。

恩格斯曾经断言："中日战争意味着古老中国的终结，意味着它的整个经济基础全盘的但却是逐渐的革命化，意味着大工业和铁路等等的发展使农业和农村工业之间的旧有联系瓦解"[2]。实际上，自从《马关条约》签订后，中国旧的封建经济基础的瓦解并不缓慢，由于帝国主义侵略的步伐加紧，稍有见识的中国人，其中包括统治阶级中的一些代表人物，如光绪皇帝、翁同龢等，已开始采取一系列措施，鼓励近代工矿企业的建立和发展。正是这一时期民族资产阶级工商业的发展，为康有为的变法理论逐步成熟，提供了一定的经济基础。

进入百日维新高潮之后，康有为面对着强邻四逼、争相削割的危迫局面，目睹资本主义各国工艺日新、商务繁荣的景象，感

---

[1]　康有为：《公车上书》，见《戊戌变法》，第 2 册，第 140 页。
[2]　《马克思恩格斯全集》，中文 1 版，第 39 卷，第 288 页，北京，人民出版社，1974。

到发展民族资本主义经济，使一个贫穷落后的中国变为国富民强、四业兴盛的中国，是一件刻不容缓的任务。除了代御史草拟过发展经济的奏章外，康有为自己于五月初八日（6月26日）递上《请以爵赏奖励新艺新法新书新器新学，以励人才而开民智折》，于六月初一日（7月19日）递上《条陈商务折》，于七月初二日（8月18日）递上《请开农学堂、地质局，以兴农殖民而富国本折》。① 从数量上来看，有关发展经济的奏折占到康有为亲递奏折的六分之一。而且，康有为还在进呈新书的按语中，较为详尽系统地谈到了在中国发展农工商业的设想，这从一个方面反映了康有为对发展民族资本主义经济的重视。

康有为关于经济改革的主导思想，是按照西方资本主义国家的模式对工业、商业、农业进行全面的改造。他首先提出来的就是在工业方面奖励创造发明。这是在光绪皇帝颁诏废除八股取士后的第三天，康有为提出的又一个新建议。

康有为非常重视科学发明在工业生产中的巨大作用。他认为，欧洲富强之源，在于励学开新。自从英国人培根创为新义，"聪明凿而愈出，事物踵而增华，主启新不主仍旧，主宜今不宜古"，康有为建议国家设立专科，奖励创造发明，对于士人著有新书，工人发明新器，均奖以"清秩高第"，或是给予"厚币功牌，许其专利"。对于寻得新地，"为人迹所未辟，身任大工，为生民所利赖者，予以世爵"。欧洲各国实行了这种奖励政策，收到了立竿见影的效果。在此政策感召下，国人踊跃，各竭心思，"争求新法，以取富贵"。工业与科技方面的发明创造，层出

---

① 康有为这三个奏折前两个辑入《杰士上书汇录》卷2，后一个辑入该书卷3。

不穷，日新月异，国家亦日臻强盛。与欧洲相比，中国地大物博，不乏聪明才力，但由于囿于守旧之恶习，不鼓励发明创造，以致日益衰弱。

因此，康有为建议光绪皇帝"观古今之运，通中外之故"，下令总理衙门议定劝励制新器，著新书专科，对有发明创造者，予以破格奖励，或准许专卖。对于"能自创学堂，自修道路，自开水利，有功于民者，酌其大小给予世爵"①。在康有为奖励工艺创新的建议中，有三个问题尤其值得注意：

其一，康有为之所以如此热衷于奖励新器新艺，其根本原因是他认识到了在世界进入资本主义时代之后，机器代替手工劳动是不以人们意志为转移的客观规律。机器是发展资本主义大生产的基本劳动手段。在世界相通、相竞争的情况下，不用机器而用手工，"是犹驱跛羊与骏马争先，使蹶足者而与庆忌争捷也"②。中国的工业不发展的重要原因之一，就是机器制造和科学技术落后；个别地方虽有少量机器，而"损则需修，缺则增配，一针寸木，动需岁月以求之外洋"，"安有万里之中国，而事事仰他人者哉？"③ 在上书中，康有为还以自己的故乡——广东南海县为例，勾画了一幅在机器生产的冲击下，农村手工业频频破产，农民忍饥挨饿、背井离乡的悲惨图画：南海县地盘六千里，人口将近二百万，人均不到半亩田，故皆以手工劳动为谋生手段。但自从机器兴起后，许多亲友的手工业纷纷倒闭，衣食不给，糊口艰难，于是"壮者走而之海外，老妇寡妻不能走也，坐待毙耳"。而美、

---

① 康有为：《请以爵赏奖励新艺新法新书新器新学，以励人才而开民智折》，《杰士上书汇录》卷2。

② 康有为：《日本书目志》卷10，按语。

③ 同上。

澳俱禁华工，故有的铤而走险，沦为盗贼。

机器工业代替家庭手工业，资本主义生产方式代替传统的封建主义生产方式，这是不以人们主观意志为转移的客观经济规律。南海县的悲剧不过是整个旧中国的一个缩影。康有为已敏锐地感觉到发展资本主义的生产方式势在必行，他批评地方官不知道发展机器工业，"不穷谋变通久之规，一任其自生自灭。至其广生而不灭，而无术以待之，则败血溢为痈疽，涨水溢为淫潦，乃适以成大患而已"①。因此，康有为急切地要求尽快地改变传统的手工业生产方式，像西方资本主义国家那样，大力发展机器工业，创造更多的物质财富，"以养无限之贫民"。他认为，如果各地都能这样做，就可以达到"上以开新艺，下以销乱源"的目的。② 康有为主张通过发展工业生产来提高社会生产力，把发展机器工业看作摆脱穷困，实现家给人足、国家富强的重要途径，反映了他对资本主义生产方式的无限向往之情。

其二，康有为把科学技术的发展看作促进工业生产的关键环节。

他曾多次强调："上古之强角力，故务争战以尚武；近世之强斗智，故务学识以开新。"近代工业的发展，首先靠的是科学技术的革新，而科技发明又离不开人才的培养。因此，康有为的结论是："欲富其国，非智其士，智其农工，多著新书，多制机器不可。"而中国以前的做法，恰好与此相反。科举制度的盛行，使许多士人"日夜呻唔，高吟低唱"。有的甚至穷毕生之精力，钻研八股、白折之学。而西方国家则是集中精力研究创造"量

---

① 康有为：《日本书目志》卷 10，按语。
② 同上。

天、缩地之尺"，"地球、浑天之仪"，"千里、显微之镜"，其用力方向不同，而结果亦迥异，中国日益衰败，而泰西诸国"横绝地球矣"①。

封建的小农经济是排斥科学发明的，简陋的生产工具延续使用可达千百年之久而不思改进，康有为曾十分感慨地说："吾中国农业皆数千年旧法，自赵过改用耕犁后，未有增新法。"② 只有资本主义生产方式才第一次使自然科学为直接的生产过程服务，因为大工业生产是一步也离不开自然科学的，而自然科学的蓬勃发展又反过来促进生产的提高。只有资本主义才有魄力和勇气鼓励发展科学技术，并以此作为创造社会财富的有力杠杆。康有为以满腔的热情，高举双臂，迎接中国近代科学技术的黎明；他大声疾呼，要清朝统治阶级破格奖赏新艺、新法、新书、新器、新学，正表现了他思想敏锐，高瞻远瞩，对新的资本主义生产方式由衷的羡慕和执着的追求。

其三，康有为在发展工业生产中，十分重视军事工业。

以前有一种观点，似乎把强调发展军事工业看成了洋务派的经济思想的主要特征之一，这看来是有些片面的。康有为在递给光绪皇帝的奏折中，就十分重视发展军事工业。他曾这样写道："今欲保国自立，非强兵不可，强兵非练士数十万、铁舰百艘不可；而铁舰大者，费至数百千万，克虏伯炮精者，费数巨万，皆需数万万巨款。欲设学购械，非富国不可。"③ 因此他除了建议清政府奖励新艺、新法、新书之外，还特别强调："顷中国之大，

---

    ①　康有为：《日本书目志》卷 10，按语。
    ②　康有为：《日本书目志》卷 7，按语。
    ③　康有为：《请以爵赏奖励新艺新法新书新器新学，以励人才而开民智折》，《杰士上书汇录》卷 2。

尚无枪炮厂，宜募民为之。德铁匠得赏赐创造后膛枪而破法，克虏伯创成精炮冠绝地球，赏以男爵；今以世爵募民，必有精器出焉。"①

不难看出，康有为把发展军事工业放在十分重要的位置上。他之所以提出这样的政策，是与当时帝国主义军事侵略加剧，中国的民族危机十分严重有关。康有为主张发展军事工业的目的，主要是对付列强，抵御外侮。这一点与洋务派的主张当然不尽然相同。正因为康有为对此极为重视，总理衙门在《遵议优奖开物成务人才折》所附章程中，第一款即规定：

> 如有自出新法，制造船械枪炮等器，能驾出各国旧时所用各械之上，如美人孚禄成轮船、美人佘林士奇海底轮船炸药气炮、德人克鲁伯炼钢铸炮……，或出新法兴大工程，为国计民生所利赖，如法人利涉凿苏彝士河……，应如何破格优奖，俟临时酌量情形，奏明请颁特赏，并许其集赀设立公司开办，专利五十年。②

总理衙门所议《振兴工艺给奖章程》基本上是按康有为的奏折精神而议定的，有不少论者认为这一章程反映了洋务派的观点，因为康有为建议"去愚尚智，弃守旧，尚日新，定为工国，而讲求物质"③，而光绪皇帝批准的章程提出鼓励的主要是与军事有关的工业，并没有想变封建的中国为资本主义的中国。这实

---
① 康有为：《请以爵赏奖励新艺新法新书新器新学，以励人才而开民智折》，《杰士上书汇录》卷2。
② 总理衙门：《遵议优奖开物成务人才折》附章程，见《戊戌变法》，第2册，第415页。
③ 康有为：《请厉工艺奖创新折》，见《戊戌奏稿》，第19-21页。

际上是误会，因为在《杰士上书汇录》中所辑录的康有为的原折，并未有只字提出"定为工国"的建议。所谓"定为工国"是后来康氏周游欧美列国，眼界洞开后才提出来的口号，并非百日维新时的真实思想。①

康有为当时十分强调的是允许民间筹资设厂，制造枪炮。因为欧美各国皆"募民为之"，故精器花样翻新，因此，他再三要求中国仿而行之。康有为的这一建议虽然被总理衙门议准推行，但却遭到一些有头脑的洋务派官僚的坚决反对。浙江巡抚廖寿丰在看到《振兴工艺给奖章程》之后，立即上书反对。他认为，总署王大臣虽然"上体圣怀"，力开风气，但是也应该"见利计害"，"预防流弊"。廖寿丰对第一条及第九条关于允许民间设厂、制造兵器提出异议，认为西方虽行得通，但中国却万不可行。因为中国"伏莽遍地，欲逞不得，一旦准设厂制造枪炮……商厂尚未必遽设，而民间私贩私制，皆得依附假托，莫可究诘。曩时循例严禁，且有美生孙文等私购大批军火之案。今专利既奉明谕……枪炮皆可购求，则一夫攘臂，附和随声，岂不猝成巨患乎？"② 由此可见，当时康有为提出允许民间设立专厂制造枪炮，已是非常大胆的建议。他反映了维新派急于在中国兴办机器工业的强烈愿望，不能因为其局限于军事而低估了它的深远意义。

再有，康有为在百日维新期间，对于当时中国商业的改革亦提出了一系列十分有价值的建议，康有为所提出的一些观点，对于中国资本主义经济的发展亦颇具影响。

①　参阅拙作：《康有为戊戌年变法奏议考订》。
②　浙江巡抚廖寿丰：《枪炮专利设厂宜防流弊，请饬酌议量予限制折》，《戊戌变法档案史料》，第338页。该书将廖氏此折所署时间记为光绪二十四年九月初七日，疑误。因为该章程最晚于戊戌六月即下发各省，何能等到九月再提出异议？

首先，康有为批评了在封建统治阶级中长期存在的鄙薄商业的思想，阐明了"商若能盛，国以富强"的道理。

中国的封建统治者长期以来看不起商业，不讲求商务，唯事搜刮，于是造成了财源大量外溢，商务不兴的局面。康有为对此十分痛心，认为这是中国贫困的重要根源之一。他分析欧美资本主义国家的"洋货"之所以能越数万里而在中国畅销并夺华民生计的原因，是因为在西方国家，"有商学以教之，有商报以通之，有商部以统之，有商律以齐之，有商会以结之，有比较厂以厉（励）之，有专利牌以诱之"①。因此，那里的商业日益兴隆。而且资本主义国家的政府还采取一系列政策，鼓励商人发展对外贸易，或假以资本，或减免征税，或有"保险以安其心，有兵船以卫其势"，或有兵轮保护及驻外领事提供的商业情报，于是在欧美出现了"官商相通，上下一体"的局面，商人"进无所畏，退无所失"②，而商业的发展又反过来促进了经济的繁荣。流通有力地促进了工业生产的发展，资本主义国家许多工业品制造精美，畅销世界，"视万里重洋若枕席，情信洽而富乐多，故筹兵饷重款若探囊，民足而君足，国富而势强"③。

但是，中国的情形恰好与此截然相反，千百年来，封建统治者所崇奉的是"重本抑末"信条，歧视商人，把商务视作低贱的职业，封建国家里既无学校、专书、商会等"以摩励之"，政府又不任保护扶植之责，于是商业凋敝，"势拙力屈，如蹶株枸，无敢以其货资尝于万里之外，少尝即败矣"④。康有为对在封建

---

① 康有为：《条陈商务折》，《杰士上书汇录》卷2。
② 康有为：《日本书目志》卷9，按语。
③ 康有为：《条陈商务折》，《杰士上书汇录》卷2。
④ 康有为：《日本书目志》卷9，按语。

专制主义桎梏下的商业不兴，感到由衷的忧虑。他指出：

> 昔之国战以兵，今之国战以商。战以兵则明夺其土地；
> 战以商则阴吸其精华。今之士夫忧土地之失，则惶泣瞿瞿，
> 愤然于土地之失，至于割台湾千里亦有限也。若阴吸精华，
> 日月侵削，举十八行省衣其衣，食其食，器其器，而举国立
> 尽矣。而人不之忧，它日精华既竭，褰裳去之，不知何以有
> 此民也。①

康有为的论说是何等的尖锐深刻，入木三分，既表达了新生的民族资产阶级知识分子对帝国主义肆无忌惮地进行经济侵略、掠夺性贸易的无限忧虑，又抒发了他们对封建统治者愚昧无知，扼抑商业，造成财富外溢，国衰民穷的悲惨状况的无限痛惜之情。

其次，康有为针对以上弊端，还提出了振兴商务的具体设想。

他建议清统治者从思想上彻底抛弃那种早已过时的陈腐不堪的"崇本抑末之说"，弄清楚治一统之世与治诸国并立之世，对商务所采取的政策是根本不同的。在封建统治阶级的一统天下，经济上以自给自足为主，商务不过"一室自为流通而已，故先王务农以定民心焉"②；而诸国并立之世，商务若不畅兴，则国亦"为人取矣"。因此，只有改变对商务的态度，调整商务政策，才会官商融洽，互不猜疑。他在《条陈商务折》中认为，"要整顿商务，精机器之工，精转运之路"，然后像资本主义国家一样，

---

① 康有为：《日本书目志》卷 9，按语。
② 同上。

采取开商学，译商书，出商报以教诲之，"立商律，行保险，设兵舰以保卫之"的措施①，极力扶植本国商业，与资本主义国家抗衡。

然而，商业只解决流通的问题，在中国这样一个以自给自足的小农经济占绝对优势的国度里，商业要发达，从根本上说还要解决一个开源的问题，即振兴工业、农业及其他行业。康有为认为："商之本在农，商之用在工，商之气在路。"因此，要广为种植，发挥中国地大物博的优势，然后大搞机器加工，设厂与外商竞争，货物"不患彼不收买，患我不精良"，只要努力讲求，中国的商务必定会与外国同美，达到商盛国强的目的。因此，康有为建议在中央设立商部，各省设立商务局，统一由总理衙门领之。商务局事务可由商人公举殷实练达之才数人办理，"或仿照广东爱育堂商董轮办章程办理"②。上海为全国商务最发达地区，各行业多有公所，商董较多，举办较易，可优先设局推广，对能购轮行驶海外者，予以破格重赏。

关于商务局人选问题，康有为亦有明确建议。他对"商人"与"士夫"均不太信任，认为"惟商人见小好利，未通大局，士夫官气太深，未谙商务"③，故虽累奉明诏，仍是徒托空文，因此他建议上海商务局办事之人，可由"向来办账诸人"来担任。由他们试行办理，并在两个月内妥议兴办详细章程，由总理衙门代呈御览，然后再向全国推行。康有为推荐的人选中，有翰林院庶吉士沈善登、直隶知州谢家福、湖南候补知府经元善、训导严

---

① 康有为：《条陈商务折》，《杰士书上汇录》卷2。
② 同上。
③ 同上。

作霖、四川知县龙泽厚等。康有为认为上述诸人"操行廉洁，任事忠实，久在商中劝募，商情信服，义声著于海内"①。在康有为推荐的这些人中间，大多是有一定功名和官阶，且与康有为有较密切交往的人，他们的身份大多是亦官亦商，并非像人们所通常理解的那样，康有为主张由单纯的商人来直接管理商务局事务。

康有为《条陈商务折》递上后，光绪皇帝于六月初七日（7月25日）颁谕，强调振兴商务为切要之图，并"著刘坤一、张之洞拣派通达商务、明白公正之员绅，试办商务局事宜，先就沿海沿江，如上海、汉口一带，查明各该省所出物产，设厂兴工，使制造精良，自能销路畅旺，日起有功。应如何设立商学、商报、商会各端，暨某省所出之物产，某货所宜之制造，并著饬令切实讲求，务使利源日辟，不令货弃于地，以期逐渐推广，驯至富强"②。

光绪皇帝的上谕基本采纳了康有为的意见，但亦稍有差异。康有为只主张上海试办，而光绪皇帝定为上海、汉口一带同时开办；对于康有为推荐的人选，光绪皇帝亦无直接采纳，而是要刘坤一与张之洞进行"慎选"，将拟定办法，迅速奏闻。

最后，关于厘金的问题，是与发展商务息息相关的。康有为对厘金的态度是复杂的。长期以来，史学界认为康有为在百日维新期间，是坚决主张废除厘金的。③ 其主要依据是光绪二十五年二月初一日（1899 年 3 月 12 日）于《知新报》第八十册上刊登

①　康有为：《条陈商务折》，《杰士书上汇录》卷2。
②　《戊戌变法》，第2册，第43－44页。
③　参阅中国社会科学院近代史研究所：《中国近代史稿》，第3册，第114－115页；汤志钧：《戊戌变法史》，第366页等。

了康有为的《奏请裁撤厘金片》。该片认为厘金为困商之最大弊政，主张立即废除，声称：

> 内地害商之政，莫甚于厘金一事，天下商人久困苦之，西人亦以为吾虐民之弊政……害民日甚，卡厂日增，密如织网，吏役日多，托为巢穴，每省厘卡百数，吏役数千，吏则以溢额比较其劳，故争剥民以取盈；役则寝馈于是，争以刻商为能事。以二十行省计之，不下十万人，皆仰食于此，吮民脂血，倚势作威，胁索诈赃，肆其荼毒，无所不至。①

该片对厘金的弊病，可谓深恶痛绝，揭露得淋漓尽致，故极力主张皇上"痌瘝小民，垂意保商"，"特下明诏，尽豁天下厘税"，"或令各省商人自充，皇上既经豁免，不收寸款，但以厘额于坐地摊派，留作本地民间公业，听民间聚议举行，阜商、劝工、恤农、开学、筑场诸事"②。

为了使人们信服这是百日维新期间康有为的真实主张，《知新报》在刊登该片的同时还附有小注曰：

> 右片系戊戌年七月附奏者，皇上览奏，恻然动念，面谕维新诸臣，谓：行新政就绪，即决裁厘金。经八月之变，事乃中辍。惜哉！③

长期以来，史学界认为康有为裁撤厘金建议，代表了民族资产阶级独立发展的利益，希望打破洋务派、封建势力的控制与阻碍，是维新派发展资本主义要求的具体化，等等。但是，这样的

---

① 康有为：《奏请裁撤厘金片》；又见《戊戌变法》，第 2 册，265 页。
② 康有为：《奏请裁撤厘金片》。
③ 《知新报》，第 80 册。

评价并不确切，它未能恰如其分地反映出康有为对于厘金的态度。因为康有为的奏片的真实性有问题。

台湾学者黄彰健在《康有为戊戌奏稿辨伪并论今传康戊戌以前各次上书是否与当时递呈原件内容相合》一文中，指出"裁撤厘金片当系康逃到日本后补作"，指出《知新报》附加小注中光绪皇帝"面谕维新诸臣，恐与史实不符"。并认为"康在光绪二十五年初伪撰裁撤厘金片，或系借此表示其对商务方面的关怀，以便向日本、澳门、香港一带侨商募款"①。黄氏以为这不是百日维新时康有为原作的论断，是十分正确的。缺陷是受史料所限，未能全面阐释康有为对厘金的真实立场。

其实，康有为在变法高潮期间，对厘金的态度是曲折复杂的，由于场合的不同，康氏态度亦有所区别。康有为在多年的现实生活中，已亲身领略到了厘金制度病国害民的弊端，但他在戊戌正月呈递的《外衅危迫，分割洊至，宜及时发愤，大誓臣工，开制度新政局折》中仍指出："直省道员凡六七十，每道设一新政局督办……不拘官阶，随带京衔，准其专折奏事……授以权任，凡学校、农工商业、山林、渔产、道路、巡捕、卫生、济贫、崇教正俗之政皆督焉。每县设一民政局，由督办派员，会同地方绅士，会议新政，以厘金与之。"②

很显然，康有为明知厘金为弊政，却仍建议以之充当地方办理新政的经费，盖其亦深知厘金是地方行政经费之重要来源之

---

① 黄彰健：《戊戌变法史研究》，第 577－578 页。
② 康有为：《外衅危迫，分割洊至，宜及时发愤，大誓臣工，开制度新政局折》，《杰士上书汇录》卷 1。

一，骤然裁去，非另谋他法补替不可。①

对于厘金的弊病，在统治阶级中不少人都有认识，甚至连守旧派中的一些人亦主裁厘。但是，封建官吏往往把裁厘与增加关税的问题紧密联系在一起。戊戌四月十七日（6月5日），与康有为关系十分密切的御史陈其璋在呈递的《筹款维艰，请开铁路口岸，藉增关税折》中，认为随着铁路的开通，各国货物之来，有舍舟就车的趋势，"陆地码头，又必为外人所要索，与其日后听其挟取，不如由朝廷先派威望素著、熟悉洋务之大臣，先与各国公使密商，指定内地铁路经过之处，加设口岸几处，准其通商。欲沾此额外之利益者，则须先于现在各口税则值百抽十，为他日内地通商之信约，其国不允，则将来内地口岸，即不准同享利益"②。

该折认为各国垂涎于陆路通商，必定会欣然乐从，同意提高进口税，这样每年可增二千一二百万两。随着进口税的增加，"各省厘捐，本属权宜之计，此次关税加增，数可与厘金相抵，则厘捐亦可渐裁"③。

陈其璋此折，康氏《自编年谱》未志代拟。但由该折内容及用语揆度，很可能系根据康氏的意见而递上的奏折。特别值得注意的是，陈其璋此折还附有一《请加税裁厘片》，亦颇能反映康有为对厘金的态度。而且，康有为后来于《知新报》中刊布的

---

① 康有为关于"以厘金与之"，举办地方新政的建议，军机大臣世铎等在戊戌六月十五日的《遵旨会议具奏折》中曾予以批驳，指出其与厘金一节，"既令作抵经费，即不免任意开销；且各州县不必皆有厘金，其有厘金地方，亦多寡不等，岂能一概笼统，漫无限制，窒碍既多，更非政体，此则不便施行者也"。

② 陈其璋：《筹款维艰，请开铁路口岸，藉增关税折》（光绪二十四年四月十七日）。

③ 同上。

《奏请裁撤厘金片》，很有可能即根据陈其璋此片改删而成，故陈氏此片颇关重要。现征引如下：

> 再臣闻大学士李鸿章在外国时，商加进口税则，各洋报纷纷议论，谓中国税则较诸国本属最轻，只因厘捐节节阻滞，有意□留致令洋货行销不畅，如能将厘捐全裁，即值百抽十，再行酌加，亦无不可。其议论虽出于日报，而外洋各报馆与政府商局息息相通，必确有见闻，方敢登报。盖英商之意，明知中国防营协饷，皆赖厘金为把注，厘金一日不撤，即彼族有所藉口，进口税遂一日不加。

> 臣愚认为，厘金原属国家不得已之举，三十年来已成弩末，况不肖官吏，侵吞中饱，更贻口实于远人，今外人既有此言，刻又值修约之际，应令大学士李鸿章与各公使开议，如果所增之数，足抵各省厘金，则岁入之数并不见少，而各省之局用既有，护卡之炮船可裁，洋商无包揽之权，商民免稽查之苦，既可裕国，又可恤商，实无更利于此者。

> 如因外销之款，无从开支，则一年之后，可易厘金为坐贾，而留难中饱之弊，不革自除，局用薪水，亦可概从节省。此为公法自立之权，他国不能顾问也。愚昧之见，是否有当，伏乞饬下总署核议施行。①

陈其璋的《请加税裁厘片》递上之后，光绪皇帝颇为重视，下令总理衙门议覆。五月十六日（7月4日）庆亲王奕劻领衔，递上《遵议陈其璋请与各国开议酌加进口税折》，略谓：

---

① 陈其璋：《请加税裁厘片》，陈祖治编：《清御史陈其璋遗草疏稿择要汇集》，第1集。

总理衙门查洋货进口税则，原定正税值百抽五，子税值百抽二五。当时系以关平银三两作一金镑计算，近来镑价日昂，税收仍旧，中国受亏甚巨，是以光绪二十二年正月间，臣鸿章出使之便，臣衙门奉令与各国商论，将从前税则酌增。迨臣鸿章抵英，切商外部，拟按镑价收税，而该外部有加镑不如加税之说，允届修约之时，再行商议。

臣荫桓上年奉命出洋，与英外部筹商。该外部云，事关中国税务，应由驻华使臣与总理衙门商办，已给该使臣训条等语。当将商议情形，奏明在案。查光绪二十五年即届与英修约之期，业于本年正月间奏请将英约修改，藉得早定加税之议，奉旨允准……以冀保我利权，藉收得寸得尺之效……

又原奏内称：如所增之数，足抵各省厘金，则岁入之数，并不见少，而各省之局用既有，护卡之炮船可裁。如因外销之款无从开支，则一年之后，可易厘金为坐贾，而留难中饱之弊不革自除，局用薪水，亦可概从节省等语。户部查：各省百货厘金，每年约收一千六百万两，而外销之数，尚未据各省详细开报。今议洋货加增进口税，则一年究可加增若干，殊难预计，未便遽将厘金一项，停止征收。应俟进口税则与各国使臣妥议加增以后，察看一两年内，如果洋税岁收之数，足抵厘金岁收之数，再将裁撤厘金及易厘金为坐贾各节，斟酌核定。此时应请暂缓置议。谨奏。①

---

① 王彦威辑：《清季外交史料》卷132，第11-12页。

　　总理衙门所递的议覆折真实地反映了清政府当时对于裁厘与加税的立场。事实上，帝国主义列强为了确保他们在华享有的经济特权，满足其贪得无厌的侵略需求，无论如何也不同意清政府关于加增进口税的正当要求，因此所谓"裁厘"之说，自然也就流于空谈。值得注意的是，陈其璋的《请加税裁厘片》提到了"易厘金为坐贾，而留难中饱之弊，不革自除"，与《知新报》所登康氏《奏请裁撤厘金片》中"以厘额于坐地摊派"十分类似。这可以进一步说明，陈氏此片乃康有为授意之作。它说明康有为在百日维新中，确实洞悉厘金弊端，亦曾奏请过裁撤厘金，只不过康有为的奏请是有条件的，即与加进口税联系在一起，因为只有如此才能解决清政府经费不足的困难。

　　尔后，康有为在《条陈商务折》中，建议清政府采取措施，振兴商务，认为宜"立商律，行保险，设兵舰以保卫之，免厘金税，减出口征以体恤之，给文凭，助经费游历以奖助之，行比较、赛珍会以激劝之"① 等等。康有为在这里罗列的许多护商措施中，"裁厘金税"亦是其中一条，但只是与许多措施罗列在一起，并未专门提出来强调。作为清王朝工部主事的康有为知道，厘金确实有碍于中国商务的发展，但是没有进口税的加增以抵补之，厘金是难以一下子废除的。

　　综上所述，我们可以清楚地看出康有为对裁撤厘金的真实立场。作为早期资产阶级代表人物的康有为既十分希望中国商业长足发展，但又不敢无条件地提出废除厘金制度，这实际上是一种矛盾的立场。康有为的阶级局限性使他还不能彻底摆脱这种矛盾

---

　　①　康有为：《条陈商务折》，《杰士上书汇录》卷2。

的境地。

此外，康有为在百日维新的经济改革建议中，对改变封建制度下的农业也曾提出许多有价值的建议。

康有为认为，农业是富国的基础，农业不发展，工业和商业都会受影响。他认为"万宝之源皆出于土，故富国之策咸出于农"，因此，绝不可忽视农业水平的提高。他曾经屡次把农业比作"地面之矿"，"今日人皆知言矿，而地下之矿无凭，地面之矿有据，农者地面之矿也，不开地面之矿，而遽求地下之矿，得无本末稍失乎"①。这个比喻形象地说明农业与工业的关系，康有为已意识到在发展近代化经济中，农业还是本，绝不可对农业的发展掉以轻心。

康有为对农业改革的指导思想是以西法治农。他认为日本用泰西之法治农，已取得显著成效，中国自应仿行。而且，康有为已经认识到，中国当时农业改革的重点是实现农业技术的近代化，他列举了许多外国农业的先进技术，批评中国的"牧民者但知收其赋税，不预为谋"②。

为了推广农业先进技术，他曾建议在全国各省府县皆立农业学堂，酌拨官地公费，令绅民讲求，令开农报以广见闻，令开农会以事比较。他还建议每省开一地质局，专译农业之书，绘农学之图，并延请化学技师考求各地土壤，因地制宜，进行推广。他还建议于京师设立农商局，各省设立分局，以加速农业的近代化进程。他对农业的改革充满信心，认为只要"去楛从良，用新去

---

① 康有为：《请开农学堂、地质局、以兴农殖民而富国本折》，《杰士上书汇录》卷3；《日本书目志》卷7，按语。
② 康有为：《日本书目志》卷7，按语。

旧"，农业自然会兴盛，有土自有财，"安有万里之地而急贫者哉"！

　　总之，康有为在变法期间，无论对工业、商业，还是对农业，都有比较具体而系统的建议，尤其是对发展机器工业与开展国内和国际间的贸易建议更为具体。这些建议反映了维新派改革传统的经济体制，振兴民族经济的强烈愿望。康有为在《万寿庆辰，乞许士民庆祝，并刊贴新政诏书，嘉惠士农工商折》中，认为应将昭信股票筹集的款项资助中国发展经济，称"日本有起业国债，多为起学校，兴农务，助商资，补工业起见"①，中国亦应照此办理，"四业皆以西法兴之，数年大盛，故能收其余利以归其本，上大益于国，下大益于民"②。康有为提出的四业皆以西法兴之，正体现他在经济改革中向西方学习的指导思想。这种新思想与传统的旧体制是格格不入的，因而，它受到了守旧官僚的抵制，尽管光绪皇帝三令五申，不断颁布上谕，但是各省官吏却视若具文，并未认真奉行，致康有为的许多有价值的改革意见，并未能获得多少实际的效果。

第二节　官制改革的理论及实践

　　官制改革是维新派在变法过程中遇到的一个十分重要而又棘手的课题。梁启超在《论变法不知本原之害》一文中，曾明确指出："变法之本，在育人才，人才之兴，在开学校，学校之立，

---

①　《杰士上书汇录》卷3。
②　同上。

在变科举，而一切要其大成，在变官制。"① 梁启超只是由教育
改革入手，谈到了官制改革是涉及面非常广泛的问题。事实上，
随着变法运动的日益深入，愚昧闭塞、庞大臃肿的官僚队伍愈来
愈成了康有为推行新法的主要阻力。康有为在多年的官场和社会
实践中，已经了解到为数众多的守旧官僚成了中国社会前进的巨
大阻力和障碍。因此，在正月初三日（1 月 24 日）总理衙门传见
问话时，康有为开门见山，提出官制问题：

> 廖（寿恒）问："宜如何变法？"
>
> 答曰："宜变法律，官制为先。"
>
> 李（鸿章）曰："然则六部尽撤，则例尽弃乎？"
>
> 答以："今为列国并立之时，非复一统之世，今之法律
> 官制，皆一统之法，弱亡中国，皆此物也，诚宜尽撤，即一
> 时不能尽去，亦当斟酌改定，新政乃可推行。"②

康有为对自己的政治观点，没有做丝毫掩饰。不管守旧官僚
高兴与否，他已直截了当地提出了官制改革是进行变法的前提，
不从这个最大的难题开刀，新政就寸步难行。为了说服光绪皇帝
全面改革官制，康有为在进呈的《日本变政考》中，对此又做了
进一步的阐明。康有为指出：各级官吏是法令政策的推行者，既
然要推行新法，就必须要有一支热心改革的官吏队伍。这就好像
夏葛冬裘，各有其宜。旧法需要旧官来维护，新法需要新官来推
行。苟易其法，必易其官。在官制改革这个问题上，绝不能中立
两存。日本变法即大变官制，而且"日日议变之，务求美善"，

---

① 梁启超：《论变法不知本原之害》，《戊戌变法》，第 3 册，第 21 页。
② 《康南海自编年谱》，《戊戌变法》，第 4 册，第 140 页。

因为以旧人任新官，据旧例而行新法，无异于"方凿而圆枘，却行而求及前也"①。

康有为还认为，官制改革虽然困难重重，但是必须尽快着手进行。他以日本的官制改革为例，指出日本变官制，最难者莫如废藩，因为日本的封建制度，相沿已八百年之久，诸侯各君其国，各子其民，想要改弦更张是非常困难的，但是，由于日皇决心变法，故卒能毅然行之。可见，天下无难事，全在主政者持之以坚，毫不动摇。若瞻前顾后，委曲迁就，则无一事可办。守旧官僚之所以反对改革官制，"实则皆以便其偷安作弊之私图耳"②。

从戊戌正月康有为呈递《上清帝第六书》，到他代宋伯鲁、杨深秀等言官草拟的奏折，乃至他自己进呈的《日本变政考》《波兰分灭记》等新书中，康有为不惮其烦地强调官制改革的重要，希望光绪皇帝排除重重阻力，尽快付诸实施。可见，官制改革已经成了康有为百日维新中的中心议题之一。那么，康有为所倡导的官制改革究竟包括哪些内容呢？

康有为认为，在官制问题上，应该学习西方的议政制度。他回顾了中国人对这一问题认识逐步深化的过程，指出：当欧美各国以财富兵力，横行世界"越数万里而灭人国，削人土"之时，中国人咸惊其"兵舰之精奇，或骇其制造之新巧。吾国甲午以前所论西人，大率如此"③。但这仅是对西方认识的初步阶段。在重重障隔的封建帷幕缝隙中，只看见了西方的船坚炮利，这种对

---

① 康有为：《日本变政考》卷 3。
② 康有为：《日本变政考》卷 2。
③ 康有为：《日本变政考》卷 1。

欧美富强原因的认识，无疑还停留在狭隘的表面认识阶段。甲午战争的失败，导致对西学讲求渐深，于是认识亦有了深化。一些先进的士大夫，已"略知泰西之强，不在炮械军兵，而在学校，于是言学校者渐多矣"。这是对西方认识的第二个阶段。这时的认识，虽比以前稍有深化，但仍局限于就事论事。第三个阶段已接触到实质问题，即官制问题。康有为说，泰西之强，在其政体之善，官制之美。其国家政权有三个部分："其一立法官，其二行法官，其三司法官。"① 这里的立法官就是指西方具有立法权力的议会。

康有为对这一问题的论述，并不十分准确。因为在中法战争前后，比较先进的中国人已提出了不仅要学西方的物质文明，而且要在政体方面进行更张。如王韬、薛福成、马建忠等，都曾程度不同地提到这方面的问题。郑观应的《盛世危言》云："欲行公法，莫要于张国势；欲张国势，莫要于得民心；欲得民心，莫要于通下情，欲通下情，莫要于设议院。"② 这些议论早在甲午战争之前，已在少数先进的思想家中间传播。尽管如此，康有为所说中国人对西方的认识所经历的由表及里、由现象到本质的发展过程，仍然大体反映了历史的本来面目。

康有为在代御史宋伯鲁草拟的《变法先后有序，乞速奋乾断，以救艰危折》中，对设官议政的思想有了进一步的发挥，该折略谓：

> 考泰西论政，有三权鼎立之义。三权者，有议政之官，

---

① 康有为：《日本变政考》卷1。
② 郑观应：《盛世危言》卷1。

有行政之官，有司法之官也。夫国之政体，犹人之身体也。议政者譬若心思，行政者譬如手足，司法者譬如耳目，各守其官，而后体立事成。①

将整个国家的权力，区分为立法、行政、司法三个部分，并且由三个不同的国家机关来执行，既不能两权合一，更不能三权合一。这就是孟德斯鸠所创立的三权分立说。这是资产阶级政治优越于封建制度的最根本的地方。康有为对此已经有一定的认识，因此，他把议政之官比作心思，可见其在整个官僚机构中所占有的举足轻重的地位。尤其是在变法更张时期，一切无旧例可循，没有论思议政之官，便不可能改定新制，所以他屡次强调日本变法最成功的经验就是变官制。而官制改革的核心，"尤在分议政、行政二官"②。康有为还批评中国的封建统治者不重视设立议政之官，而国家大事只是由君主与少数亲信商议，其余的绝大多数公卿"无得与闻焉"③。军机大臣跪对不过须臾，仅为出纳喉舌之人，并无论思经邦之实，这同西方国家把大政大疑交给议政机构讨论简直有天地之别。康有为十分感慨地说，西方皆设有议政之官，国家蒸蒸日上，皆致富强，中国却将国家大事交给少数人决断，"一二人谋之，至重至密，然而割地失权，岌岌恐亡矣。书曰'谋及庶人'，孟子称'国人皆曰'，盖真吾中国经义之精也，吾自弃之"④。

针对上述弊端，康有为提出，从根本上改良中国政治体制的

---

①　宋伯鲁：《变法先后有序，乞速奋乾断，以救艰危折》，《戊戌变法档案史料》，第4页。

②　康有为：《日本变政考》卷2。

③　康有为：《日本变政考》卷1。

④　同上。

重要途径，在于设立专门的论思之官。在大地忽通、万法更新之际，一切新法新政，皆非旧臣老耄所能知，故论思之官应选天下通才来担任。这种议政的机构，在康有为的《上清帝第六书》中被称作制度局，在《日本变政考》一书中，又称作"集议院"。他提出："今日最急之务，当仿日本成法，设集议院以备顾问，然后一切新政，皆有主脑矣。"① 在代宋伯鲁草拟的《变法先后有序，乞速奋乾断，以救艰危折》中，康有为又将议政机构称作立法院，指出："日本变法之始，特立参议局于宫中，选一国通才为参与。今欲改行新政，宜上法圣祖仁皇帝之意，下采汉、宋、日本之法，断自圣衷，特开立法院于内廷，选天下通才入院办事，皇上每日亲临，王大臣派为参议，相与商榷，一意维新，草定章程，酌定宪法，如周人之悬象魏，如后世之修会典，规模既定而条理出，纲领既举而节目张，然后措正施行，百废俱举。"②

由上述可知，康有为把设立议政之官，摆在了十分重要的地位，认为只有设立了议政之官，才能使新政得以推行，中国才能转危为安，徐图富强。

康有为关于官制改革的第二个重点是区别官与差。他主张虚官高位可以让老臣旧官去做，但是，重要的差使一定要委任给通达之才。

康有为这一思想主要是针对封建官场中限年绳格、循资排辈、逐级升转的弊政而提出的。他认为这种扼杀埋没人才的做

---

① 康有为：《日本变政考》卷2。
② 宋伯鲁：《变法先后有序，乞速奋乾断，以救艰危折》，《戊戌变法档案史料》，第4-5页。

法，也是造成中国贫困落后的原因之一。因为"循资格者，可以得庸谨，不可以得异材；用耆老者，可以为守常，不可以为济变"①。在旧守耆老把持权位，不愿退出的情况下，康有为提出了区分官差这样一种使维新派人士得以参与政权的权宜之计。

戊戌七月十三日（8月29日）康有为向朝廷呈递了以他个人名义所上的最后一个奏折，即《厘定官制，请分别官差以行新政折》。② 在这份奏折中，康有为较为详尽地阐述了区别官差的思想。他指出："从古用人，皆分官爵"。"爵以辨等，官以得才"，二者皆不可偏废。唐宋皆以官爵分途，而宋世尤美。宋代的所谓官，即古代伯爵。宋臣"虽名某部某寺卿贰，而百官皆不任本职，但寄禄秩而已"。康有为很推崇这种"只享禄秩，不任实事"的做法，指出，清朝的所谓军机处与总理衙门，均属差使，并非官职，侍郎、京卿、翰林、出使及学差"皆不营本职，但用其顶戴章服"，也是区别官差的一种做法。所以他说："宋人尽用之，而今略用之耳。"但是，他认为，清朝的官差区分并不彻底，在许多重要官职上，仍是"官差不别，品秩太峻，则非积资累格，不足以至大位，至是则年已老矣"③。

与此相联系的是反对兼差的思想。他很不赞成中国官场流行的一人兼数职，一职任数人的做法。早在光绪十四年（1888年）康有为在《上清帝第一书》中，他就对官吏成堆而无所责成的腐败现象提出指责，说各部堂官，"每日到堂，拱立画诺，文书数尺，高可隐身……卿贰既非专官，又多兼差，未能视其事由"④。

---

① 康有为：《公车上书》。
② 康有为此折已辑入《杰士上书汇录》卷3。
③ 《厘定官制，请分别官差以行新政折》，《杰士上书汇录》卷3。
④ 康有为：《上清帝第一书》。

尔后，康有为在《与洪给事右臣论中西异学书》中，又指出："中国以一君而统万里，虑难统之也，于是繁其文法以制之，极其卑仰以习之，故一衙门而有数人，一人而兼数差……途杂而选之极轻，官多而俸之极薄……泰西则不然，政事皆出于议院，选民之秀者与议，以为不可则变之，一切与民共之，任官无二人，不称职则去。"① 康有为把兼差的现象与君权联系在一起，表现了其政治上的远见卓识。他敢于一针见血地指出清代腐朽官僚体制的根源，在于封建君主专制制度，应该说是抓住了官制问题的根本。因为在封建帝王看来，君权是否巩固，远远要比提高行政效率重要得多，于是在官吏制度上就出现了一职而有数人，一人而兼数职的做法，因为"道路极塞，而散则易治；上下极隔，而尊易成"，于是在官僚体制方面，就出现了权力分散、互相牵制的"分权掣肘之法"②。

百日维新期间，与康有为关系十分密切的御史宋伯鲁，曾就京师大学堂选派官员问题上书，坚决反对新设机构的兼差现象等陋习。宋伯鲁的奏折指出：大学堂"乃卧薪尝胆之谋，非位置闲员，希图保举，粉饰承平之地也。其中人员自当不拘资阶，破格录用，但论才识之高下，不问官阶之尊卑，将一切官场恶习，痛除净尽，而后能实事求是，日起有功。总办、提调、分教各员，业经管学大臣孙家鼐奏请简派，自必妙选通才，取孚众望。惟是京官向来习气，以奔走为能，以多事为荣，常有一人而兼行两署，一官而兼差十数者。其旧署各事，有成例可援，有胥吏可

---

① 康有为：《救时刍言·与洪给事右臣论中西异学书》，见汤志钧编：《康有为政论集》，上册，第48页。汤先生以"康有为与洪良品相识为光绪十四年"，故将康有为此书系于1888年。由此文内容揆度，似乎应在比较晚些时候。

② 康有为：《上清帝第四书》。

役，故虽一人兼营，或者不致贻误。如大学堂乃新创之局，经纬万端，事体重大，为各省所取法，各国所观望，本无成例可循，惟赖诸臣朝夕在学，考求详密，庶国家获劝学之实效，而不致徒托空言。闻奏派各员，自翰林编检，以及各部司员，大抵兼差者居多，人生精力几何，使之两边奔走，势必顾此失彼。部务、学务，均皆废弛。……臣愚以为宜饬下各该堂官，凡派出诸人，其已有差使者，一律开除；其未有差使者，一律停止；其记名御史及枢译两署者，一律注销；京察试差，一律停止。俾各该员得以专精竭虑，讲求学务，亦并不得引用司事，务使事事躬亲，不得染一毫习气"①。

宋伯鲁这个奏片集中体现了康有为一向反对"以奔走为能，以多事为荣"的思想，它很可能是康有为等维新派人士被孙家鼐排斥于大学堂之外后，颇怀怨愤之情，于是代宋伯鲁草拟的。而且片中的所谓"妙选通才"等措词，也是经常出现于康有为笔下的用语，该片最后很不客气地要孙家鼐"宜格外振刷精神，虚心延揽，方冀有济。此何时也，此何事也，若仍以官常旧法，瞻徇情面行之，鲜不贻笑外人矣"②。这些论说直接流露康有为对孙家鼐以旧的兼差之法而排斥通才进入京师大学堂任职的不满。

晚清官场的兼职现象十分严重，一些被宠信的大臣，一个人占据着许多职位，严重地阻碍了有才之士的成长。因此，康有为特别指出："官差不别，则若尚书、侍郎，既领枢垣、译署之差，

① 中国第一历史档案馆藏：御史宋伯鲁《大学堂派办各员请开去别项差使片》（光绪二十四年六月十一日）。

② 同上。

即不当复任本部任事，即不当充各要差，盖以一人之身，才力有限，精神无多，且皆垂老之年，而令其官差杂沓，归并一人，势必一切具文不办而后止。"① 百日维新后期，康有为倡议设立的制度局与十二新政局遭到守旧势力的屡次反驳之后，他又建议光绪皇帝在推行新政时，必须先"注意差使，令各政皆别设局差，如军机、译署之列，选通才行走，如宋及日本法。自朝官以上，不拘资格任之，去卿贰大臣方任专差之例，若以积习相沿，骤难变易，则凡此专差人员，皆赏给京卿、御史职衔，准其专折奏事，自辟僚佐。其每省亦派通才一人，办理新政，体制亦同。若不设新局，则每衙门皆派人行走"②。康有为这样做的目的，仍在于使维新派人士能够比较顺利地进入清政权的各级行政机构，发挥才能。但是，不管康有为如何变换方式，守旧派官僚们都丝毫不做出让步。

最后，康有为在官制改革中，还有一个重要的内容，即以高秩优耆旧。

大凡政治上的改革，总是要遇到一个如何对待旧臣的问题。维新派对此曾动过一番脑筋。梁启超在《论变法后安置守旧大臣之法》一文中，曾归结为"如其爵位"，"免其办事"，"增其廉俸"等办法，并称："旧班之官，不足以任事，于是乎欲设新班以易之，然旧班之人，又不能一扫而去也，于是不得不别设一名焉以为位置，使旧班者，虽无其权，而仍有其名焉；使新班者，虽无其名，而可有其权焉。于是乎新旧之间，可以相安。自古以来，官制之变迁未有不由此者也。"③

① 康有为：《厘定官制，请分别官差以行新政折》，《杰士上书汇录》卷3。
② 同上。
③ 梁启超：《论变法后安置守旧大臣之法》，《戊戌变法》，第3册，第35页。

梁启超讲得头头是道，并谓能如此者，"可称医旧国之国手矣"①。然而，坐而论道是容易的，具体实行起来却是一件十分困难的事情。康有为在百日维新中，虽然也懂得这些道理，然而，在实践中却出现了许多漏洞。

在百日维新开始前夕，乃至光绪皇帝明定国是诏书颁布之后的很长一段时间内，康有为强调的是新旧水火，势不两立，屡屡痛斥守旧派"或年老不能读书，或气衰不能任事，不能读书则难考新政，不能任事则畏闻兴作"②，甚至怕变法后与其富贵之图，大有不便，"惟以一己之利禄为事，故不思外患"，各存私意，多方阻挠。③ 因此，康有为建议光绪皇帝用赏罚之大柄，严惩守旧之徒。

为使新法得以推行，康有为甚至建议皇上宜频频采取"大举动"，以"震聋"守旧派。④ 对于这种所谓的"大举动"，康有为在代杨深秀草拟的奏折中亦有说明："昔赵武灵王之罢公叔成，秦孝公之罢甘龙，日本之君睦仁变法之罢幕府藩侯，俄彼得变法之诛近卫大臣，此皆变法已然之效也。"康有为为了使光绪皇帝速奋乾断，严明赏罚，雷厉风行地推行新政，甚至要采取"诛杀近卫大臣"的严酷手段，真可谓耸人听闻。

抑不特此，康有为对守旧势力这种疾恶如仇的心理，居然会在荣禄面前情不自禁地流露了出来。据曹孟其《说林》记载：

> 组菴（谭廷闿）闻之荣相，荣相既被命为直隶总督，谒

---

① 梁启超：《论变法后安置守旧大臣之法》，《戊戌变法》，第 3 册，第 33 页。
② 杨深秀：《请定国是，明赏罚，以正趋向而振国祚折》，《戊戌变法档案史料》，第 2 页。
③ 康有为：《波兰分灭记》（戊戌进呈本）卷 6。
④ 康有为：《日本变政考》卷 1。

帝请训。适康有为奉旨召见，因问何辞奏对。有为第曰："杀二品以上阻挠新法大臣一二人，则新法行矣。"荣相唯唯，循序伏舞，因问皇上视康有为何如人？帝叹息以为能也。已而荣相赴颐和园谒皇太后，时李文忠放居贤良祠，谢皇太后赏食物，同被叫入。荣相奏：康有为乱法非制，皇上如过听，必害大事，奈何？又顾文忠，谓鸿章多历事故，宜为皇太后言之，文忠即叩头，称皇太后圣明。太后复叹息，以为"儿子大了，那里认得娘？其实我不管倒好，汝作总督，凭晓得的做罢"。荣相即退出。康君告人，荣禄老辣，我非其敌也。①

这段记载系谭延闿亲耳听荣禄讲述，与当时情理亦有相合处，应该说是比较可信的。康有为将"杀二品以上阻挠新法大臣一二人"这样令人瞠目结舌的话，当着荣禄的面讲了出来，实在是有些忘乎所以了。其对守旧派大臣深恶痛绝之情已溢于言表，这种不慎于言的举动，不能不引起荣禄等人深深的忌恨。可见，在相当长时间内，康有为对优待老臣的政策是比较疏忽，或者说尚未来得及考虑。而且在康有为的《上清帝第六书》中，名为统筹全局，但对于变法后老臣的安置，却没有周密考虑，只是对守旧官吏一味斥责。而且康有为不但对京朝官员进行批评，对各直省地方官吏亦极力抨击。康氏谓："其直省藩臬道府，皆为冗员，州县守令，选举既轻，习气极坏，仅收税断狱，与民无关。故上有恩意而不宣，民有疾苦而莫告……且督抚官尊，久累资格，故多衰眊，畏闻兴作，若督抚

---

① 曹孟其：《说林》，《戊戌变法》，第 4 册，第 322 页。

非人，下虽有才，无能为治。"① 因此，康有为再次重复"莫若变官为差"的建议。

官制改革是最敏感的问题，因为它几乎涉及每个官员的切身利益，因此，在百日维新期间，这个问题特别受到人们的关注。例如，《崇陵传信录》的作者恽毓鼎，当时正在翰林院任职，对于官制改革即十分留意。他在六月十二日（7月30日）的日记中写道："灯下签《抗议》（按：指签注《校邠庐抗议》一事），至三鼓，慎之丈……同时来谈，语及时事，相与太息。乱将作矣，吾奚适归？又闻改官制覆奏已上（按：似指军机及总署大臣联衔议覆康有为《上清帝第六书》之事），吏部、翰林院皆在当裁之列，未知当道大臣有能挽回此举者否？果尔，则无官一身轻，余将遁迹荒江，抱圣贤遗书，私白讲明，以待后世，留此清白不随俗变之身，见先人于地下。"② 由恽毓鼎的这则日记不难看出，当时的官制改革给一般官僚在精神上带来的巨大压力。这种压力往往又直接影响了他们对新政的态度。维新派人士对官制改革这样极严肃的问题往往掉以轻心，致使流言蜚语到处传播。据苏继祖记载："京中已有裁撤六部九卿，而设立鬼子衙门，用鬼子办事之谣，竟有老迈昏庸之堂官，懵懂无知之司官，焦急欲死者，惟有诅谤皇上，痛骂康有为而已。"③ 还有的谣传说，"荣禄尝询康以变法之方，康曰：'变法不难，三日足矣。'荣问其故，康曰：'但将二品以上官尽行杀了，可

---

① 康有为：《上清帝第六书》，《杰士上书汇录》卷1。
② 恽毓鼎：《澄斋日记》（稿本），光绪二十四年六月十二日。（原件藏北京大学图书馆善本室。）
③ 苏继祖：《清廷戊戌朝变记》，《戊戌变法》，第1册，第337页。

矣。' 荣恶其言，故欲去之云云。"① 这种政治上流言蜚语的传播，搞得人心惶惶，动荡不安，严重破坏了推行新政所需要的社会环境。而造成这种现象的原因，虽与"新旧不同，有若水火，意见既异，攻击必生"②，守旧派虑"攻击之无从，则必造为谣谤，以诋毁之"有关，但与康有为在官制改革中忽略妥善安置守旧大臣亦不无关系。苏继祖就曾批评说："新党中少年高兴，到处议论，某官可裁，某人宜去，现已如何奏请皇上饬办，而皇上发下何旨，肆意矜张，为守旧中有心相仇者听去，遍传也。办大事者，慎言语，慎用人，几事不密则害成，于人乎何尤？"③

苏继祖本人对新政是持拥护态度的，他对维新派的批评，往往是从爱护的角度出发，故所言颇能反映当时的实际情形。它说明了维新派对守旧大臣的态度开始时是相当失策的，无形中使这些守旧官僚加深了对新政的仇恨，增大了变法的阻力。

康有为在《日本变政考》中，已经提到了妥善对待旧臣的问题，说过"若以旧官一时难裁，则惟立新政局，以任内外之政，差官别宋太祖曾行之，以官优勋旧，以差待才能，则两不误矣"④。但是，人们已经认识到了的东西，在实践中做到也是很不容易的。康有为在变法的实践中，往往按捺不住对守旧大臣的憎恶之情，其言论每每刺痛旧臣，引起了他们的强烈反感。当康有为强调优待老臣的政策时，已经在百日维新中后期了。七月十三日（8月29日），他十分强调"以高秩优耆旧，以差使任贤

---

① 梁启超：《论变法后安置守旧大臣之法》，《戊戌变法》，第3册，第33页。
② 康有为：《日本变政考》卷1。
③ 苏继祖：《清廷戊戌朝变记》，《戊戌变法》，第1册，第337页。
④ 康有为：《日本变政考》卷3。

能"。他在这次上书中指出："《论语》谓：故旧不遗，则民不偷。昔光武以高秩厚礼允答元勋，峻文深宪，责成吏职，故开国功臣皆予特进奉朝请，虽以邓禹之才，亦不任职。宋太祖亦用此道，故当时功臣，皆不挂吏议，保全终始。既有劳于前，亦当恩礼于后。论者以为君臣交得焉。"① 又谓："其年较耆老者，不必劳以事任，赏给全俸，令奉朝请，如此则耆旧得所，人才见用，新政能行，而自强可望。"②

康有为的这些优待老旧的论说，是无法使守旧大臣动心的，因为是时新旧两派鸿沟已深。举朝谣言纷纭，不可听闻，"盈廷数千醉生梦死之人，必欲得康之肉而食之"③，他们是不会理会康有为这些旨在夺取其职位的"花言巧语"。而且康有为的这份奏折，是应军机大臣廖寿恒之托而递上的。其《自编年谱》记载说：

> 时奏折繁多，无议不有，汰冗官、废卿寺之说尤多，上决行之。枢臣力谏不获听，且曰："康有为并请废藩臬道府，何为不可。"而吾向来论改官制，但主增新，不主裁旧，用宋人官差并用之法，如以尚书、翰林同直南斋，侍郎、编修均兼学政，亲王、京卿同任枢垣、总署，提督、千把同作营官，专问差使，不拘官阶，故请开十二局及民政局，选通才以任新政，存冗官以容旧人。
>
> 军机大臣廖仲山闻我论，托人来请我言之，吾乃草折言官差并用之制，引唐宋为法，举近事为例，乃言方今官制，诚不可不改，然一改即当全改。统筹全局，如折漕之去漕

---

① 康有为：《厘定官制，请分别官差以行新政折》，《杰士上书汇录》卷3。
② 同上。
③ 梁启超：《戊戌政变记》。

运，抽灶之去盐官，尤为要义也。上既大裁冗散卿寺，及云南、广东、湖北三巡抚，及各道、各局，并及漕运。西后不肯裁漕，而新局之置，上将有待也。廖乃咎我，将请吾谏止裁官，而吾乃请全裁。盖上于变政勇决已甚，又左右无人顾问议论，故风利不得泊也。①

长期以来，不少论者将光绪皇帝大裁冗散卿寺谕旨的颁布，与康有为的奏请联系起来，仿佛这是根据康有为的建议才采取的行动，此与史实殊为不合。因为康氏此折重点在于区别官差，以高秩优者旧，以差使任贤能，并没有要求光绪皇帝着手进行裁汰冗署。康氏折只是谓：

> 窃闻朝议纷纭，多有议厘定官制并裁冗署者，臣以为言之是也，而今行之非其时也。夫立政变法，有先后轻重之序，若欲厘定新制，须总筹全局，若者宜增，若者宜改，若者宜裁，若者宜并，草定宪法，酌定典章，令新政无遗，议拟安善，然后明诏大举，乃有实益。若稍革一二，无补实政，似非变法先后轻重之序也。然统筹全局，改定官制，事体重大，不能速举也。②

康有为讲得十分清楚，官制必须要改，但现时却不宜动，稍革一二，非但无益，反而会使新政受害，说明他已经注意到了当时的社会舆论，劝说光绪皇帝千万不要在官制问题上轻举妄动。康有为提到了在全面官制改革前，应统筹规划，"草定宪法，酌定典章"。康有为在自己的上书中明确提到"宪法"二字，很值

---

① 《康南海自编年谱》，《戊戌变法》，第 4 册，第 157–158 页。
② 康有为：《厘定官制，请分别官差以行新政折》，《杰士上书汇录》卷 3。

得注意。但是，这里的"宪法"由上下文分析，并不是确立我们现在所理解的类似资本主义国家的宪法。再有，在这份奏折中，康有为没有任何一处提到了所谓"折漕之去漕运，抽灶之去盐官，尤为要义也"。康有为《自编年谱》中关于折漕的记载明显与史实不符。又康氏《自编年谱》称，"廖乃咎我，将请吾谏止裁官，而吾乃请全裁"的记载，恐亦系虚构。康氏折大多由廖寿恒代递，故廖氏作为军机大臣，不可能不知道康氏折的内容。

光绪皇帝之所以要裁冗署，与岑春煊的奏折有着直接的关系。岑春煊，字云阶，广西西林人，云贵总督岑毓英之子。与康有为相友善。甲午战争中，曾奋勇请缨，谓："自幼侍先父，于用兵事宜粗知大略，当此年富力强，何可自耽安逸，不思勇往杀敌，为朝廷分宵旰之忧。"[1] 后因郁郁不得志，乃请假归里。戊戌春间入都，七月初七日（8 月 23 日）递折条陈改革事宜。[2] 此折与新政关系甚大，然洋洋数千言，难以悉引，其要点共分十条。

一曰严赏罚以饬吏治；

二曰停捐纳以清仕途；

三曰裁冗员以节糜费；

四曰厚廪禄以养官廉；

五曰行采访以杜中饱；

六曰汰吏胥以除积蠹；

七曰颁档案以重交涉；

---

① 中国第一历史档案馆藏：岑春煊《军事孔亟，情殷报国，恳恩派往前敌折》（光绪二十年十二月初二日）。

② 中国第一历史档案馆藏：前太仆少卿岑春煊《敬陈管见伏冀采择折》（光绪二十四年七月初七日）。

八曰收旧部以储将才；

九曰办团练以清内匪；

十曰免厘金以恤商困。

其中第三条专讲裁冗署事，与光绪皇帝颁旨殊有关系，故征引如下：

> 伏读叠次谕旨，以裁兵节饷为急务，臣以为冗员之当裁，亦有如兵者。国朝设官，多因明制，时移势异，往往有官仍其旧，而职守全非，前此臣工条奏，亦有以裁官为言，然议裁仅一二员，虽裁如不裁也。臣谓当无论大小，无论京外，分别裁并。即京员计，詹事府为青宫官属，国朝无立储之典，则詹事府可裁。九卿满汉正少数十缺，所属数百缺，一无事事。宗人府统于宗令，则宗丞可裁。大理寺并入刑部，则大理寺可裁。封奏径达军机处，则通政司可裁。太常寺、光禄寺、鸿胪寺并入礼部，则太常寺、光禄寺、鸿胪寺可裁。太仆寺并入兵部，则太仆寺可裁。内务府领将作之任，供奔走之职，诚不宜概从简陋，然员缺太多，则其半可裁。……此京官之宜量裁者也。
>
> 至如外官，总督主兵，而兼察吏；巡抚察吏，而亦治兵。权均则牵制反多，同城之督抚宜裁其一也。河工之在山东者，东抚可以兼理；在河南者，豫抚可以兼理；河道总督可裁也。南漕岁数百万石，装运之地，有地方官；经过之地，有州县，有营汛，不必待设漕督，始能漕运也，则漕督以下各员弁兵皆可裁。盐政既领之督抚，则运使、盐道可裁。盐场可并入州县，则运同、运副、运判、大使可裁。绿兵既汰，则武职可以量裁。学堂既设，则教职可以全裁。此

外，如同通判丞之属，与府州县同城者，皆可裁。此外官之宜量裁者也。①

岑春煊的这一裁官方案是比较彻底而又切实的，与康有为的裁官主张不同。因为康有为考虑的只是如何使维新派人士尽快进入清政权的中央和地方各个机构中发挥作用，施展才能，执掌政柄，所以并不主张立即进行裁官。而岑春煊则由于既担任过京卿，又对地方官场情形颇为稔熟，因此提出了一个大胆可行的裁官方案。为了解除皇帝顾虑，岑春煊还做了进一步的解释："或者虑裁及京官，京员无升转之阶，各衙门必形拥挤。查定制，翰林科道部曹京察记名，皆可外放道府，则京员不至拥挤；捐纳既停，外官疏通，虽京官外放者多，外官亦不至拥挤。更复国初行取州县之制，内外互相升转，则京官不至不知各省情形，外官亦得研究各部例案，务使人历一官，皆有职守之事，不较之虚设一位，徒糜廪禄之为愈乎？"② 岑春煊所讲道理，颇能使人信服，故岑疏一上，即打动了光绪皇帝。光绪皇帝正是在全面权衡了岑春煊与康有为的奏折后，才决定采纳岑春煊的裁官方案。③

戊戌七月十三日（8月29日）光绪皇帝正式颁布了裁冗官上谕，基本上全部采纳了岑春煊的意见。这一举动使新旧两党的矛盾空前激化。陈夔龙在《梦蕉亭杂记》中指出：

戊戌变政，首在裁官，京师闲散衙门被裁者，不下十余处，连带关系因之失职失业者，将及万人，朝野震骇，颇有民不聊

① 岑春煊：《敬陈管见伏冀采择折》。
② 同上。
③ 据《早事档》记载，岑春煊此疏于七月初七日即已递上，康有为的《以高秩优耆旧，以差使任贤能折》则于七月十三日递上，而光绪皇帝的裁官上谕亦于十三日颁布。

生之戚。太仆寺一应事件，应归并兵部，事隶车驾司……讵寺中自奉旨后，群焉如鸟兽散，阒其无人，非特印信文件，一无所有，即厅事户牖均已拆毁无存，一切无从着手。①

陈夔龙当时是具体办事人员，见闻真切，他的记载反映出光绪皇帝的裁冗官上谕在京朝所引起的连锁反应，社会动荡，人心惶惑。守旧派对新法更加切齿痛恨，于是纷纷聚集在一起，伺机进行反扑。官制改革刚刚开始，就遇到了极大阻力。对于这种后果，康有为在一定程度上是已经预料到了。因此，他再三劝阻光绪皇帝只要区别官差，"以官为虚爵，以差任职事，留此虚爵，以为转官之地"，但光绪皇帝却是"恶冗旧之臣已甚，故赫然裁之"②。

整个看来，百日维新中关于官制改革的实施是不成功的。前期康有为强调新旧对立，忽视了以高秩优耆旧；后期康有为虽然已经注意到这个问题，但光绪皇帝又感情用事，以致激化了新旧矛盾，加快了政变的到来。官制改革是一个十分复杂的问题，既涉及开新，更涉及除旧，诚如梁启超所言："变法之事，布新固难，而除旧尤难。譬犹患附骨之疽，欲疗疽则骨不完，欲护骨则疽不治，故善医旧国者，必有运斤成风，垩去而鼻不伤之手段，其庶几矣。"③ 政治改革中的裁汰冗官就是除旧，它关系到成千上万旧官僚的身家性命，不可不慎之再慎。光绪皇帝没有掌握"运斤成风，垩去而鼻不伤"之手段，其结果只能是事与愿违，欲速则不达，徒遭守旧之徒的怨谤而已。

---

① 陈夔龙：《梦蕉亭杂记》，《戊戌变法》，第 1 册，第 485 页。
② 梁启超：《戊戌政变记·新政诏书恭跋》。
③ 梁启超：《论变法后安置守旧大臣之法》，《戊戌变法》，第 3 册，第 33 页。

第三节　从制度局到懋勤殿

在宫中设立制度局是康有为于《上清帝第六书》中提出的重要政治主张。康有为在变法高潮期间对制度局几乎着了迷，无时无处不谈论它。稍后又改称懋勤殿，但这只不过是换了个提法，其实懋勤殿与制度局并无多大差异。因此，许多论者把康有为在变法高潮中争取在宫中设立制度局的主张称作维新派的政治纲领，看来是不无道理的。康有为从戊戌正月直到八月初五日（9月20日）离开京师前夕，正是围绕这个中心展开活动的。要研究康有为的政治思想、变法活动以及新旧两党的斗争，不可不对制度局进行剖析。

从康有为提出设立制度局的主张开始，直至慈禧发动政变之前，维新派与守旧势力围绕制度局的斗争，大体经历了三个阶段：

第一阶段，由总理衙门召见康有为问话，到明定国是诏书颁布，这是康有为大造开设制度局舆论的阶段。

第二阶段，由四月二十三日（6月11日）明定国是诏书颁布之后，直到六月十五日（8月2日）军机大臣会同总理衙门大臣递上《遵旨议覆折》，这是守旧派压制、否决康有为关于制度局建议的时期。

第三阶段，从戊戌六月初李端棻最早提出设立懋勤殿的建议开始，直到慈禧否决光绪皇帝关于开懋勤殿的请求，这是设立"制度局—懋勤殿"的建议最终失败的时期。

这三个阶段在时间上各有交叉，从内容上看，则各有侧重，而且康有为对设立制度局的目的及规模的设想亦不尽相同。以下将以康有为的奏议为主要线索，对新旧两派围绕制度局的斗争略予探讨。

在最初阶段，康有为于《上清帝第六书》中，对制度局的组成及职能都讲得十分明确。即仿照南书房、会典馆之例，妙选天下通才十数人为修撰，派王大臣为总裁，彼此体制平等，俾易商榷，"每日直内，同共讨论，皇上亲临，折衷一是"①。康有为这一构想已经包含了矛盾。因为南书房和会典馆都是文人学士侍奉皇帝之所，他们的主要职责，是根据皇帝的旨意撰写文字，用奕劻后来的话说"南斋之徒以词章供奉也"②。这两个机构成员本身并不直接参与对国家大政大疑的商讨，更谈不上"将旧制新政，斟酌其宜，某政宜改，某事宜增，草定章程，考核至当"③了。因此，康有为所谓的"用南书房、会典馆之例"，仅仅是幌子，不过是欲借此以减少守旧派的阻力。而在他二月初八日（2月28日）代宋伯鲁草拟的《请设议政处折》中讲得就比较透彻明确了④，该折谓：

> 窃维国初有议政之设，六部有交议之事，皆所以揆度事情，抉择可否，行之邦国，施之民人者也。自设立军机处，议政之员遂罢，六部交议之件，皆臣工随时条奏，率非国家

---

① 康有为：《外衅危迫，分割洊至，宜及时发愤，大誓臣工，开制度新政局折》，《杰士上书汇录》卷 1。

② 中国第一历史档案馆藏：奕劻光绪二十四年六月初十日《说片》。

③ 康有为：《外衅危迫，分割洊至，宜及时发愤，大誓臣工，开制度新政局折》，《杰士上书汇录》卷 1。

④ 宋伯鲁此折系康有为代拟，参见拙作：《康有为戊戌年变法奏议考订》，胡绳武主编：《戊戌维新运动史论集》，第 315 页。

大政大疑，而翰詹科道九卿集议之举，在当日时时有之。今则独有朝审一事尚存旧制，而一切大政大疑，均由军机大臣议论裁决，或会同别署而已。

时局之棘，莫棘于今日，今日之关系亦巨矣，今日之庶务亦殷矣。而奠危康险，责诸数人，万绪千端，决于一旦，理繁数赜，尺短寸长，揆诸时务，或似合而实离，施之天下，或始集而终殆。书曰"询谋佥同"，又曰"汝则有大疑，谋及乃心，谋及卿士，谋及庶人，谋及卜筮"。盖不虚衷则理不显，不博采则事不明也。泰西上下议院，深得此意，其所以强耳。

朝廷近年以来，推广各省学校改三场策问，今复设经济特科，采干搜岩，有若饥渴，然而缓不济急者，所论皆储才之事，非能解眉睫之危也。以中国之大，沐浴祖宗德泽二百余年，岂真无康济时艰、通达体用其人，以疗目前之急哉？或屈抑下僚，或隐处岩穴，不招之不至，不用之不出耳。

今拟略师泰西议院之制，仍用议政名目，设立议政处一区，与军机、军务两处并重，令各省督抚举实系博通古今、洞晓时务、体用兼宏者各一人，令京官一品以上，共举十人，无论已仕未仕，务限一月内出具考语，咨送吏部，引见后即充当议政员，以三十员为限，月给薪水，轮流住班，有事则集，不足则缺。凡国家大政大疑，皆先下议政处，以十日为限，急则三五日议成，上之军机王大臣，不可则再议，军机覆核，无异乃上之皇上，而裁断施行焉。盖合众通材而议一事，可决其算无遗策矣。办有成效，请旨按级迁擢疆枢之任，皇华之选，皆于是乎取之。此后京外各三年一举，外省不即咨送，听候调取，将来经济特科得人，亦可充入。此诚目前转祸为福、化危为安之第一关键枢纽也。①

宋伯鲁要求设立的议政处，实际上就是康有为的制度局，只不过两人的称谓不同而已。但是，宋伯鲁的奏折，亦与康有为的建议有所区别，该折明确提出了略师西方议院之制，与军机处、督办军务处并重，这才是康有为本来的意思。因为制度局本身就是议政机构，把它说成是南书房、会典馆，确实是有些不伦不类。康有为自己不便说，只好通过宋伯鲁之口提了出来。

戊戌三月二十日（4月10日）康有为向总理衙门呈递了《议纂〈日本变政考〉成书折》，此书由总署于三月二十三日（4月13日）进呈给光绪皇帝。康在此折中再次提出请光绪皇帝去束缚拘牵之例，改上下隔绝之礼，政府专意论思，勿兼数职，广罗才俊，勿蔽聪明。他说："皇上但稍留意人才，拔至左右，日与讨论，立即施行，拱手垂裳，而土地可保，中国可安矣。"② 康有为在此书中反复论证"开制度民政之局，拔天下通达之才"是最为重要的救国之方，保国之策。他甚至抱怨清统治者在这个至关重要的问题上，循常中立，模棱两可。声称："哀莫大于心死，病莫重于痿痹，冥行无适，举体不能，刺之不可，达之不下。夫强邻分割尤是外伤，若冥行迷阳，则为不治之症。皇上之天章聪明，诸臣之公忠爱国，而举措如此，此臣所为明明忧悲而不能解者也。"③

① 宋伯鲁：《请设议政处折》，见《续修醴泉县志稿》卷12，艺文一，第18页。又该折递上日期系由中国第一历史档案馆光绪二十四年《早事档》《随手登记档》确定。
② 《杰士上书汇录》卷1。
③ 康有为：《译纂〈日本变政考〉成书乞采鉴变法折》，《杰士上书汇录》卷1。

　　康有为在这次上书中，把希望在宫中开设制度局的急切心情抒发得淋漓尽致。为了避免引起清朝统治阶级的猜疑，他在折末还专门进行了一番自我表白。声称："臣薄田足以自赡，著书足以自娱，本无宦情，非求禄仕"①，只不过看到了胶、旅尽弃，门户尽失，国势危急，间不容发，实在不忍心目睹"沼吴之事立见，分晋之祸即来"②的悲惨结局，于是才再三请求变法的。康有为的上书说理痛切，声情并茂，确实是催人泪下的。光绪皇帝正是被这种充满忠君爱国激情的言辞所打动，于是决心采取康有为的变法方案。

　　明定国是诏书颁布后，光绪皇帝破格召见了康有为。康氏则利用这一千载难逢的机遇，再三强调开设制度局的要求，并且利用谢恩的机会递上的《为推行新政，请御门誓众，开制度局以统筹大局，革旧图新以救时艰折》再次申明：皇上不欲变法自强则已，若欲变法而求下手之端，非开制度局不可，只有妙选通才入直，"皇上亲临，日夕讨论，审定全规，重立典法，何事可存，何法宜改，草定章程，维新更始"③，才可以言变法。

　　四月二十九日（6月17日）康有为又代宋伯鲁草折，要求仿照西方三权鼎立之义，特开立法院于内廷，选天下通才入院办事，"草定章程，酌定宪法，如周人之悬象魏，如后世之修会典，规模既定而条理出，纲领既举而节目张"④。

　　整个看来，在第一阶段康有为所主张开设的制度局明显带有

---

①　康有为：《译纂〈日本变政考〉成书乞采鉴变法折》，《杰士上书汇录》卷1。
②　同上。
③　《杰士上书汇录》卷2。
④　宋伯鲁：《变法先后有序，乞速奋乾断，以救艰危折》，《戊戌变法档案史料》，第5页。

西方资产阶级国家议会的色彩。宋伯鲁的二月初八日（2月28日）奏折就明确提出了泰西上下议院是富强的基石，要求谋及庶人，呼吁中国亦不妨略师泰西议院之制而行之，已讲得十分露骨。制度局的职掌十分重要，它不仅要讨论国家的大政大疑，而且要审定全规，定立法典，或者是"草定章程，酌定宪法"①。这里的宪法虽说不是资本主义国家的宪法，但是，它无疑会在一定程度上体现新兴的民族资产阶级的权益。

在制度局与封建君权的关系方面，康有为的建议虽然还没有完全摆脱封建的君臣隶属关系的樊篱，但这个制度局又可以在一定程度上制约君权。因为制度局既然是发扬通才的集体智慧，当然就不是昔日的皇上一个人"乾纲独断"；而且康有为一而再，再而三地说："人主不患体制之不尊，而患太尊；天下不患治安之无策，而患不取。"② 不言而喻，康有为的意思是在一定范围内开放民权，即可以找到治安之策。稍后，康有为又吁请皇上"纡尊降贵，采纳舆论"，"去束缚拘牵之例，改上下隔绝之礼"③。康有为讲得十分明白，他不主张废弃君权，但他却主张稍稍实行资产阶级的民主政治。

新旧两党围绕制度局斗争的第二阶段是守旧势力千方百计地压制、拖延康有为的建议。先是，光绪皇帝已为康有为的上书说动，早在二月十九日（3月11日）刚看到《上清帝第六书》时即

---

① 宋伯鲁：《变法先后有序，乞速奋乾断，以救艰危折》，《戊戌变法档案史料》，第5页。
② 康有为：《为译纂〈俄彼得变政记〉成书，可考由弱致强之故，呈请代奏折》，《杰士上书汇录》卷1。
③ 康有为：《译纂〈日本变政考〉成书折》，《杰士上书汇录》卷1。

着"总理各国事务王大臣妥议具奏"①。于是新旧两党进行了激烈的争论，总署亦抑压迟迟，故光绪皇帝"自四月日日催之，继之以怒。庆邸暗将折内改官换人诸大端，潜陈于太后，太后谕以'既不可行之事，只管驳议'"②。由于有慈禧做后台，奕劻于五月十四日（7 月 2 日）递折，以"成宪昭垂，法制大备，似不必另开制度局、设待诏所，迹涉纷更，未必即有实际"③ 为理由，将康氏建议全部予以否定。奕劻等还声称："墨守成规，固无以协经权，轻改旧章，亦易以滋纷扰"④，言外之意，就是说康有为的变法建议只不过是徒滋纷扰，未必有补实际。

但是，光绪皇帝并未就此罢休，五月十六日（7 月 4 日）他再次下令，要总理衙门"另行妥议具奏"⑤。五月二十五日（7 月 13 日），光绪皇帝又根据奕劻的请求，亲自写下朱批"著军机大臣，会同总理各国事务衙门王大臣，切实筹议具奏，毋得空言搪塞"⑥。他还专门为此事"面责张荫桓焉"⑦。

光绪皇帝以非常明朗的态度，支持康有为开制度局的主张，这种举措使守旧派十分难堪。最近笔者在协办大学士、军机大臣李鸿藻文书档案中检获戊戌六月间一封密札，寄信人与收信人均未署名，唯于密札末尾注明"付丙"二字。由该札颇可窥见当时朝局，该札第一段谓：

---

　① 光绪二十四年二月十九日军机交片，见总理各国事务王大臣三月三日《据情代奏折》，《杰士上书汇录》卷 1。

　② 苏继祖：《清廷戊戌朝变记》，《戊戌变法》，第 1 册，第 337 页。

　③ 奕劻等：《遵旨议覆折》，《戊戌变法档案史料》，第 7 页。

　④ 《戊戌变法档案史料》，第 8 页。

　⑤ 同上。

　⑥ 同上书，第 9 页。

　⑦ 《康南海自编年谱》。

> 康有为条陈各衙门改为十二局，先设制度局，议论一切
> 改革之事……交总署议驳。再下枢、译两署议，上意在必
> 行。大约不日即须奏上。都下大为哗扰云。

该密札第三段谓：

> 外间传闻，康因内监王姓者以进，有所建白，皆直达御
> 前。每日旨从中出，盖康笔也。……以小臣而受殊知，实古
> 今未有之奇遇也。康封奏皆径交军机大臣直上，不由堂官代
> 奏，闻系上面谕如此。自康召对，枢臣每进见多被诮责。以
> 前奏对，不过一二刻，近日率至五刻。诸大臣深嫉苦之。然
> 以上遇厚，弗敢较也。

由上引史料可以看出，密札所云，虽是得诸传闻，然与当时朝局亦颇吻合，可见作者并非一般局外之人。密札清楚表明，光绪皇帝与军机大臣对康有为完全持有截然相反的态度。由于康有为屡次条陈变法，声情并茂，光绪皇帝极受感动，求变心切，屡次诮责军机及总署大臣，故守旧大臣对康有为憎恨是情理中之事。苏继祖在《清廷戊戌朝变记》中亦云："自四月二十三日以后，凡遇新政诏下，枢臣具模棱不奉，或言不懂，或言未办过；礼邸推病未痊，恭邸薨逝，刚相每痛哭列祖列宗，其次更不敢出头，皇上之孤立，可见一斑也。"[1] 苏继祖所记与上引密札所述大略相同，军机大臣在制度局这样关系到整个中央机构的重大变动的事情上，无论如何也不会向维新派让步。六月十五日（8月2日）军机大臣会同总理衙门大臣递折，将康有为设立制度局的

---

[1] 苏继祖：《清廷戊戌朝变记》，《戊戌变法》，第1册，第336页。

要求变通为："皇上延见廷臣，于部院卿贰中，如有灼知其才识，深信其忠诚者，宜予随时召对，参酌大政。其翰林院、詹事府、都察院值日之日，应轮派讲读编检八人、中赞二人、科道四人，随同到班，听候随时召见，考以政治，藉可觇其人之学识气度，以备任使。此制度局之变通办法也。"① 康有为在《上清帝第六书》中提出的改革方案，除了在京"专设一矿务铁路总局"外，其余各节均被以"变通"的形式否定掉了。尤其是康有为屡屡提议设立的制度局，是要由光绪皇帝妙选天下深通西学的英勇通达之才，来讨论新政，制定决策，结果却被守旧大臣"变通"为选用封建的文人学士及科道官员，临时召对，进行考察，了解其学识，以作为用人的参考。其性质与作用，不啻天壤之别。

康有为对这一结局深感失望与不满，他于《自编年谱》中写道：戊戌正月提出的开设制度局的建议，使"京朝震动，外省悚惊，谣谤不可听闻矣。军机大臣曰：'开制度局，是废我军机也，我宁忤旨而已，必不可开。'王文韶曰：'上意已定，必从康言，我全驳之，则明发上谕，我等无权矣，不如略敷衍而行之。'王大臣皆悟，咸从王言，遂定议。……大官了事，所谓才者如此，虽'轻舟已过万重山'，而恶我愈至，谤言益甚"②。

守旧派的百般阻挠，使康有为于宫中开设制度局的建议很快化为泡影，他的建议非但未被采纳，而且，他本人亦成了守旧大臣的眼中钉，必欲排挤出京而后快。由于制度局的争执，康有为的处境愈加困难。

先是，康有为以汪康年经理《时务报》不善，尽亏巨款，报

---

① 世铎等：《遵旨会议具奏折》，《戊戌变法档案史料》，第 10 页。
② 《康南海自编年谱》，《戊戌变法》，第 4 册，第 153－154 页。

日零落，于是于五月二十九日（7月17日）代御史宋伯鲁草折谓："臣窃见广东举人梁启超，尝在上海设一《时务报》，一依西报体制，议论明达，翻译详明。其中论说，皆按切时势，参酌中外，切实可行。……该举人既蒙皇上破格召见，并著办理译书局事务，准其来往京沪。……拟请明降谕旨，将上海《时务报》改为《时务官报》，责成该举人督同向来主笔人等实力办理，无得诿卸，苟且塞责。"① 并在折末特地声称："既为官报，似应分设京师。"康有为草拟此折之目的，原是想将《时务报》由汪康年手中夺回，交梁启超掌管，一面可加强维新派的舆论宣传，一面又可"借以报复私怨"②。此折递上后，光绪皇帝交给管理大学堂事务的孙家鼐议覆。

孙家鼐，字燮臣，安徽寿州人，咸丰九年（1859年）以一甲一名及第。自光绪三年（1877年）起，与翁同龢一起在毓庆宫授读。孙氏"深自韬晦，恪谨奉职"，无所表见。甲午战争中附和李鸿章，力言"衅不可启"③。战后一度倾向维新，康有为创设强学会时，孙氏曾代备馆舍，以供栖止，曾在一定程度上参与了北京强学会的活动。④ 然而，孙家鼐虽为帝师，对维新变法态度远不若翁同龢那样支持。百日维新开始后，光绪皇帝对孙家鼐颇寄厚望，命管理大学堂事务，凡重要事件必交孙氏议覆，而孙家鼐却与康有为屡不相能，"虽依违其间，心实不怿"。

关于孙家鼐与康有为龃龉缘起，据夏孙桐《书孙文正公事》

---

① 宋伯鲁《请将〈时务报〉改为官报折》，原件藏中国第一历史档案馆戊戌变法专题档案；又见《觉迷要录》卷1。

② 冯自由：《革命逸史》，初集，第53页。

③ 马其昶：《武英殿大学士赠太傅孙文正公神道碑》，《碑传集补》卷1。

④ 蔡尔康：《上海强学会序·按语》，《中东战纪本末》卷8。

云：“戊戌德宗锐意变法，而翁文恭罢，无任事之人，悉由康有为等阴为主持。新进竞起，中外小臣，上书言事日数十，上视廷臣无可语，悉下公（指孙家鼐）议。公面折有为曰：‘如君策万端并举，无一不需经费，国家财力只有此数，何以应之？’有为曰：‘无虑，英吉利垂涎西藏，而不能遽得，朝廷果肯弃此荒远地，可得善价，供新政用不难也。’公见其言诞妄，知无能为。”① 夏孙桐谓，他本人曾侍孙数年，系闻见所得，其言盖非子虚。姑志于此，以供参酌。

孙家鼐对康有为既无好感，故对其制度局建议尤为不满，因此，利用议覆宋伯鲁请求将《时务报》改为官报的机会，奏称：“梁启超奉旨办理译书事务，现在学堂既开，急待译书，以供士子讲习，若兼办官报，恐分译书功课，可否以康有为督办官报之处，恭请圣裁。”② 其目的是显而易见的，欲借此机会将康氏“挤而出之”③。而且，据了解宫廷内部的人说，孙家鼐此举是根据“枢臣之嘱”而采取的。④

问题十分明显，康有为关于在宫廷开设制度局及其他改革条陈，已使守旧大臣十分恼火，因此想把康有为挤出京师，以图息事宁人。康有为于《自编年谱》中亦谓：

> 时枢臣相恶，欲藉差挤我外出，然后陷之，乃托孙家鼐请我办官报，并以京衔及督办字样相诱，吾却之。……至是辞官报事，孙家鼐将仍归之汪康年，卓如虑其颠倒是非也，

---

① 《碑传集补》卷1。
② 孙家鼐：《奏遵议上海〈时务报〉改为官报折》，《戊戌变法》，第2册，第432页。
③ 胡思敬：《戊戌履霜录》卷1，见《戊戌变法》，第1册，第363页。
④ 苏继祖：《清廷戊戌朝变记》，《戊戌变法》，第1册，第335页。

故请我领之。吾亦以朝局危疑，欲藉此以观进退，乃许之。①

康有为在接到前往上海办报上谕的第二天，又曾致书汪康年：

久不奉教，无任愿言。一月以来，新政络绎，使人蹭厉，君想同之。昨日忽奉上谕，命弟督办报事，实出意外，殆由大臣相援，虑其喜事太甚，故使之居外，以敛其气。昔朱子自谓在朝四十日，弟正同之。②

这一阶段新旧两党的斗争表明，制度局的设立与否，不仅直接关系到康有为等维新派能否在朝廷内部站稳脚跟的问题，而且涉及整个新政沿着什么轨道推行的大问题。守旧派几乎动员了一切力量，既有军机大臣、总理衙门大臣，还有管理大学堂的大臣孙家鼐，一齐出动，一面以"变通"的手段，全盘否定康有为开设制度局的变法方案，一面又借机排挤康有为出京，以为釜底抽薪之计。

新旧两党围绕制度局斗争的第三阶段自六月上旬即已开始。早在六月十五日（8月2日）军机与总署联合递折否定康有为制度局建议之前，康有为即已与梁启超等维新派人士开始策划在内廷设立懋勤殿。

所谓懋勤殿乃是位于乾清宫西侧的一座殿宇，屋凡五楹，为历代皇帝"燕居念典"之所。据恽毓鼎在《崇陵传信录》中记载："咸丰中叶何秋涛福建主事以进《朔方备乘》（原名《北徼汇编》，文宗赐今名），诏在懋勤殿行走。同治后，殿久虚，惟南书

① 《康南海自编年谱》，《戊戌变法》，第 4 册，第 152 页。
② 康有为：《致汪康年书》，转引自汤志钧：《戊戌变法史》，第 192－193 页。

房诸臣，时就其中应制作书，以其与南斋毗连也。"① 康有为以
为制度局为外来名词，故而遭守旧诸臣反对，而开懋勤殿在清代
历史上曾有先例，故而用懋勤殿来代替制度局，其实二者并无实
质性差异。

最早向清廷提出设懋勤殿建议的是仓场侍郎李端棻。康有为
于《自编年谱》中记曰：

> 时言新政，皆小臣耳，无大臣言之者。于是，卓如为李
> 苾园草折陈四事：一曰御门誓群臣；二曰开懋勤殿，议制
> 度；三曰改定六部之则例；四曰派朝士归办学校。乃下之庆
> 亲王及孙家鼐议。②

据此可知，李端棻开懋勤殿的建议，是由梁启超代拟的。是
折于六月初六日（7 月 24 日）递上，当天军机大臣即面奉谕旨：
"李端棻奏变法维新条陈当务之急一折，著奕劻、孙家鼐会同军
机大臣切实覆议具奏。"③ 由光绪皇帝的谕旨中，可以看出他对
李端棻的建议是极为重视的。

六月初十日（7 月 28 日），庆亲王奕劻与孙家鼐关于议覆李
端棻条陈的《说片》同日递上，关于懋勤殿一节，奕劻之《说
片》称：

> 第二条请皇上选博通时务之人，以备顾问。奴才以为如
> 令各部院择优保荐召对，时察具品学纯正、才具明敏者，俾
> 朝夕侍从，讲求治理，诚是有裨圣治。然品类不齐，亦薰莸

---

① 恽毓鼎：《崇陵传信录》，《戊戌变法》，第 1 册，第 477 页。
② 《康南海自编年谱》，《戊戌变法》，第 4 册，第 153 页。
③ 中国第一历史档案馆藏：军机大臣交片（光绪二十四年六月六日）。

异器，必严加选择，慎之又慎，盖此非南斋之徒，以词章供奉也。且以圣祖仁皇帝之天亶聪明，而高士奇犹能招摇纳贿，声名狼藉，则君子小人之辨，不可不严也。至于汤若望、南怀仁者，圣祖转以其精于天文测算，制造仪器，偶一召问而已。至内外大臣，开馆辟贤一节，政事既有司官，督抚亦延幕友，且各公事纷繁，亦恐无此闲暇，与诸人讲求，况自行延请，自行保荐，亦恐开党援奔竞之风。①

由奕劻的《说片》可以看出李端棻所请开设的懋勤殿共包含三个主要内容：其一，挑选博通时务的人才充当皇上推行新政的顾问。其二，李端棻的奏折可能会提到延聘外国人讨论政事的问题。梁启超在《戊戌政变记》中曾提及光绪皇帝图治心切，广采群议，决意开懋勤殿："选集通国英才数十人，并延请东西各国政治专家，共议制度，将一切应兴革之事，通盘筹划，定一详细规则，然后施行。"② 李氏此折，既为梁草，那么很可能会包含这方面内容，否则奕劻的《说片》不会说，康熙皇帝对汤若望、南怀仁仅"偶一召问而已"。其三，李氏奏折还提到让内外大臣开馆辟贤，商讨政事的问题。盖亦为安排维新派人士着想，奕劻自然不会支持。

孙家鼐所递《说片》是同奕劻事先商议好的，故对李端棻建议的态度是一致的。但是，二者的说片却各有侧重，孙家鼐声称：

第二条请皇上选择人才，在南书房、懋勤殿行走，此亲

---

① 中国第一历史档案馆藏：奕劻光绪二十四年六月十日《说片》。
② 梁启超：《戊戌政变记》卷3。

近贤人之盛意也。惟朝夕侍从之臣，不专选取才华，尤须确知心术。方今讲求西法，臣以为若参用公举之法，先采乡评，博稽众论，庶贤否易于分辨。至大臣开馆延宾一节，诚恐公事傍午，暇日无多，且亦无此经费，较之胡林翼等为督抚，盖难并论。且胡林翼等之开宾馆，自有照料宾馆委员，非真终日与宾客周旋也。惟在各大臣休休有容，集思广益，果有好贤之雅，亦不必以接纳为事。①

孙家鼐认为，皇上选人才充顾问是可以的，但强调"心术"。言外之意即是指康有为等心术不正，自难充选。因此他主张，选择人才先采取"乡评"的办法来确定其人之贤否，孙家鼐之所以这样说，我怀疑他很可能是受了许应骙的影响。

许应骙，号筠庵，广东番禺人。时为礼部尚书，并在总理各国事务衙门行走。许应骙迂谬守旧，"素以不学名，言语甚鄙"②。因开保国会事与康有为发生龃龉，百日维新开始后屡屡阻挠新政，故五月初二日（6月20日）康有为代御史宋伯鲁、杨深秀草疏，联名弹劾许应骙，诏令许氏按照所参各节明白回奏，许氏则利用回奏机会，反唇相讥，痛诋康有为曰：

> 康有为与臣同乡，稔知其少即无行，迨通籍旋里，屡次构讼，为众论所不容，始行晋京，意图倖进。终日联络台谏，夤缘要津，托词西学，以耸听观。即臣寓所，已干谒再三，臣鄙其为人，概予谢绝。嗣在臣省会馆私行立会，聚众

---

① 中国第一历史档案馆藏：孙家鼐光绪二十四年六月初十日《说片》。
② 李慈铭：《越缦堂日记》，光绪六年四月二十七日。

至二百余人，臣恐其滋事，复为禁止。……今康有为逞厥横议，广通声气，袭西报之陈说，轻中朝之典章，其建言既不可行，其居心尤不可测，若非罢斥，驱逐回籍，将久居总署，必刺探机密，漏言生事，长住京邸，必勾结朋党，快意排挤，摇惑人心，混淆国事，关系非浅。①

孙家鼐之所以主张懋勤殿人选要经过"乡评""公举"，就是因为康有为在乡声名不好，守旧派谓其居心亦不可测，故只要一经博稽众论，康氏自难入选。不难看出，奕劻、孙家鼐虽未正面对李端棻开懋勤殿的意见进行反驳，但是他们一则强调要严君子小人之辨，一则建议采取乡评之法，确知心术，这样一来，康有为进入懋勤殿的愿望自然难以实现，无形中就将懋勤殿的建议搁浅起来。

在奕劻、孙家鼐搁浅了李端棻开设懋勤殿的建议后，康有为并没有停止活动。六月二十七日（8月14日），他代徐致靖草拟了《请开译书局折》，欲在京"编万国强盛弱亡之书及制度风俗之事"；七月二十日（9月5日）再次代替徐致靖草拟了《冗官既裁，请置散卿以广登进折》，欲以散卿或散学士的身份参加议政。② 同日，张元济上书请设议政局，主张仿照懋勤殿、南书房之例，设于内廷，以年富力强，通达时务，奋发有为者充之，约以二十人为额，每日轮流入直，皇上随时临幸局中。遇有要事，

---

① 许应骙：《遵旨回奏折》，朱寿朋：《光绪朝东华录》，总第 4100－4101 页。
② 康有为代草上述奏折情形，参阅拙作《康有为戊戌年变法奏议考订》。又康有为在致广东家人书信中称："然报事为人所共指，且汪某深恨，亦不好办，或得编书局以自寄耳。"（戊戌六月二十三日）这表明了康有为当时的处境。见《康南海先生戊戌家书》，蒋贵麟编：《万木草堂遗稿外编》，第 777 页。

在局各员齐集，皇上驾幸局中，听诸臣详细核议。① 但是，维新派的这些建议均遭守旧势力的否决，康有为已十分焦虑。光绪皇帝新任命的军机章京杨锐在致其弟肖岩的家书中指出："现在新进喜事之徒，日言议政院，上意颇动；而康、梁二人，又未见安置，不久朝局恐有更动。"② 此信正反映新旧两党围绕康有为是否留在京师，参与新政的问题久争而未决的动荡局面。

七月下旬，光绪皇帝决意欲开懋勤殿，选拔英勇通达之才以议制度，"将一切应兴应革之事全盘筹划，定一详细规则，然后施行"③。光绪皇帝的这一决策是在康有为代宋伯鲁等人草拟的《请选通才以备顾问折》影响敦促下做出的。宋氏此折于七月二十八日（9月13日）递上。康有为于《自编年谱》中称："四卿（按：指光绪皇帝新拔擢的军机四章京）亟亟欲举新政，吾以制度局不开，琐碎拾遗，终无当也。故议请开懋勤殿以议制度，草折令宋芝栋上之，举黄公度、卓如二人。王小航又上之，举幼博及孺博、二徐并宋芝栋。徐学士亦请开懋勤殿，又竟荐我。复生、芝栋召对，亦面奏请开懋勤殿。上久与常熟议定开制度局，至是得诸臣疏，决意开之。"④

康有为的这段记载十分重要，基本上把维新派围绕懋勤殿开展的活动揭示得一清二楚，不过还有些问题需做进一步澄清：

其一，康有为只是说他为宋伯鲁草折，而王照及徐致靖的奏折仿佛是王、徐二人自动递上，与史实不尽吻合。

---

① 张元济：《变法自强亟宜痛除本病，统筹全局以救危亡折》，《戊戌变法档案史料》，第 43－44 页。

② 杨锐：《杨参政公家书》，《戊戌变法》，第 2 册，第 572 页。

③ 梁启超：《戊戌政变记》卷 3。

④ 《康南海自编年谱》，《戊戌变法》，第 4 册，第 159 页。

据王照《关于戊戌政变之新史料》云："二十九日午后，照方与徐致靖参酌折稿，而康来，面有喜色，告徐与照曰：'谭复生请皇上开懋勤殿，用顾问官十人，业已商定，须由外廷推荐，请汝二人分荐此十人。'照曰：'吾今欲上一要折，不暇及也。'康曰：'皇上业已说定，欲今夜见荐折，此折最要紧，汝另折暂搁一日，明日再上何妨？'照不得已，乃与徐分缮荐（折），照荐六人，首梁启超；徐荐四人，首康有为。夜上奏折，而皇上晨赴颐和园见太后，暂将所荐康、梁十人，交军机处记名。其言皇上已说定者，伪也。"[①]

王照说得很清楚，他和徐致靖的推荐懋勤殿人选的奏折，都由康有为鼓动而上，应与史实相符。王照在另一则回忆录中，还进一步谈到康氏动员他荐梁情形，谓："七月杪，此案未得结果（按：指《时务报》与汪康年之争），南海始有意放弃其派梁氏南下之计划，托余密保梁氏为懋勤殿顾问（是时南海上折，须依司官体制，由总理各国事务大臣加封代递，不如余以京堂资格宫门径递之简洁也。），当日南海戚然告余曰：'卓如至今没有地步，我心甚是难过。'"[②] 王照的这些回忆，真切地反映了维新派人士因未得到妥善安排，十分焦虑，于是亟亟托人推荐的真实情景。

据清宫档案记载，王照与徐致靖的奏折均于七月二十九日（9月14日）递上，徐致靖所递为《遵保康有为等以备顾问折》，王照则为《遵保康广仁以备顾问折》[③]，因原折尚未检出，故懋勤殿的十名确切人选，尚难一一厘清。

---

① 《戊戌变法》，第 4 册，第 332 页。
② 王照：《复江翊云兼谢丁文江书》（1929 年 4 月），《戊戌变法》，第 2 册，第 574 页。
③ 中国第一历史档案馆藏：光绪二十四年七月二十九日军机奏片。

其二，康有为说"复生、芝栋召对，亦面奏请开懋勤殿"。清制，一般官员，非有特旨不得觐见皇上。据清宫《早事档》记载，光绪皇帝于七月初八日（8 月 24 日）召见了御史宋伯鲁。是因为宋氏俸满截取，由都察院保送堪胜额缺知府而照例召见的。宋伯鲁"造膝密陈无所隐"。光绪皇帝亦有"八旗三品以上今鲜明通之员等谕"①。宋伯鲁很可能利用这次召对的机会谈到懋勤殿的问题。至于谭嗣同，虽为军机章京系"天子近臣"，亦仅于七月二十日（9 月 5 日）授任章京前召对一次。谭氏是否谈到懋勤殿，尚缺乏可靠记载。

宋伯鲁、徐致靖、王照三人一齐奏请开懋勤殿，除了陈述开懋勤殿的紧迫性外，并提出了具体的人选，这是维新派在百日维新后期为争取到议政的机会所做的最后一次努力。当时，新旧两党矛盾已十分尖锐，光绪皇帝对新政的态度亦十分坚决，于是下令谭嗣同拟旨，"并云康熙、乾隆、咸丰三朝有故事，饬内监捧三朝圣训出，令复生查检，盖上欲有可据，以请于西后也"②。先是，维新派曾告谭嗣同皇上无权，荣禄不臣，谭氏尚不相信，至是乃悟。退朝告同人曰："今而知皇上真无权矣。"③ 当时，京朝人人咸知懋勤殿将开，以为谕旨将下。但是，谁也不曾料到，等来的却是光绪皇帝告急的密诏。光绪皇帝的密诏谓：

> 近来朕仰窥皇太后圣意，不愿将法尽变，并不欲将此辈老谬昏庸之大臣罢黜，而登用通达英勇之人，令其议政，以为恐失人心。虽经朕累次降旨整饬，而并且有随时几谏之

---

① 《清代人物传稿》，下编，第 1 册，第 124 页。
② 《康南海自编年谱》，《戊戌变法》，第 4 册，第 159 页。
③ 梁启超：《戊戌政变记》卷 5。

事，但圣意坚定，终恐无济于事。即如十九日之朱谕，皇太后已以为过重，故不得不徐图之。此近来之实在为难之情形也。朕亦岂不知中国积弱不振，至于阽危，皆由此辈所误。但必欲朕一旦痛切降旨，将旧法尽变，而尽黜此辈昏庸之人，则朕之权力实有未足。果使如此，则朕位且不能保，何况其他！今朕问汝，可有何良策，俾旧法可以全变，将老谬昏庸之大臣尽行罢黜，而登进通达英勇之人，令其议政，使中国转危为安，化弱为强，而又不致有拂圣意。尔其与林旭、刘光第、谭嗣同及诸同志等，妥速筹商，密缮封奏，由军机大臣代递。候朕熟思，再行办理。朕实不胜十分焦急翘盼之至。特谕。[1]

关于光绪皇帝与慈禧交涉开懋勤殿的经过，档案中没有明确记载，不过由光绪皇帝的行踪上似可窥知一二。据清档案记载，七月二十九日（9月14日）光绪皇帝见到徐致靖、王照关于开懋勤殿的奏折后，才去颐和园请示慈禧的。因为起居注七月二十八日（9月13日）有明文记载："皇上明日办事后，至颐和园皇太后前请安，驻跸。"[2] 可见光绪皇帝这次去颐和园的目的与开懋勤殿极有关系。关于光绪皇帝在颐和园同慈禧交谈情形，苏继祖记载说：

> 皇上赴颐和园请安。上意仿照先朝懋勤殿故事，选举英才，并延东西洋专门政治家，日夕讨论，讲求治理，从康请

---

① 赵炳麟：《光绪大事汇鉴》卷 9。光绪皇帝此诏极其重要，故笔者于中国第一历史档案馆广为寻觅，然仍无所获。康有为于戊戌政变后曾篡改增删，黄彰健先生《衣带诏辨伪》一文，以赵炳麟所记较确，今姑用之。

② 中国第一历史档案馆藏：《光绪朝起居注册》，戊戌七月二十八日。

也。蓄心多日，未敢发端，恐太后不允。至是决意举办，令谭嗣同引康熙、乾隆、嘉庆三朝谕旨拟诏，定于二十八日（按：康、梁、苏诸人所记日期均往后错一日，系推算有误，应为二十九日）赴颐和园时，禀请太后之命，太后不答，神色异常，惧而未敢申说。①

此段记载说明光绪皇帝开懋勤殿的请求触怒了慈禧，并使新旧两党矛盾急剧激化。光绪皇帝深感悚惧，于七月三十日（9月15日）回大内，并在当天召见崇礼和杨锐。② 召见崇礼是因为崇氏谢抵销处分恩，照例一见而已，召见杨锐则是为了下达密诏。

光绪皇帝的密诏十分痛切真诚地向维新派表白了开设制度局或懋勤殿，以登用英勇通达之人，令其议政，而取代那些老谬昏庸之大臣，是使中国转危为安、化弱为强的根本措施。这个道理光绪皇帝早已心领神会，也是他渴望已久的事情，并经随时几谏。但是，皇太后却以怕失人心为理由，屡加驳斥，而他自己权力"实有未足"。倘若真的置皇太后的意见于不顾，降旨开懋勤殿，那么他的皇位都不能保，遑论其他？光绪皇帝的难言苦衷已跃然纸上，表露无遗。在此密诏中两次提到"议政"，正说明其受康有为建议影响之深；密诏中所谓"朕实不胜十分焦急翘盼之至"，正说明了新党执意要开懋勤殿的建议，已使新旧两派的矛盾处于极端尖锐的状态，甚至光绪皇帝的皇位亦受到威胁。光绪皇帝密诏的颁布既说明了时局的严峻，也宣告了康有为梦寐以求的制度局—懋勤殿宏伟计划的彻底破灭。据军机处档案记载：宋

① 苏继祖：《清廷戊戌朝变记》，《戊戌变法》，第1册，第342页。
② 中国第一历史档案馆藏：《光绪朝起居注册》，戊戌七月三十日。

伯鲁、徐致靖、王照三人请选通才以备顾问的奏折于"八月初二日发下，分别抄交归籤"，由于慈禧的反对，光绪皇帝也根本不敢将这些通才"交军机处记名"，故在戊戌年军机处的记名档中无法找到康、梁等维新派的名字。

在宫中设立制度局是百日维新期间维新派与守旧派政治斗争的焦点。康有为为了实现这一目标曾花费了大量的精力，那么究竟应该如何评价康有为关于开设制度局的言论与行动呢？

其一，在评价康有为的开制度局的活动时，应当如何看待他在百日维新时期只提开制度局于宫中，而不再提设国会、定宪法、开议院的建议？这是不是一种政治上的倒退？

应该明确地说，与以前康有为提出的兴民权、开国会的政治主张相比较，是倒退了。康有为自己对此是直言不讳的。百日维新开始后，许多原先热心变法的人士纷纷写信问康有为，为什么改变初衷，放弃兴民权的立场？康氏专门写了一篇解释的文字，讲述自己的难言苦衷。康有为说：在守旧势力充斥的情况下，姑且不说议院根本难以设立，就是有了议院，也必然为守旧派所把持，新法难以通过。因此，他说："君犹父也，民犹子也，中国之民皆如幼童婴孩。问一家之中，婴孩十数，不由父母专主之，而使童幼婴孩自主之，自学之，能成学否乎？必不能也。敬告足下一言，中国惟以君权治天下而已，若雷厉风行，三月而规模成，二年而成效著。"[①] 康有为讲得十分露骨，他还告诉昔日的维新派人士，如果他们还要批评指责他的话，那他也只能"俯首

---

① 《答人论议院书》，《国闻报》光绪二十四年五月二十八日。按：原文未署作者姓名，经笔者考订系康有为之作。参阅拙作：《关于康有为的一篇重要佚文》，《光明日报》1982 年 8 月 2 日。

两面，受过而已"①，然而，要推行新法，还得依靠君权雷厉风
行。因此，当内阁学士阔普通武上书请开议院时，光绪皇帝本欲
用之。而康有为于《日本变政考》中"力发议院为泰西第一政，
而今守旧盈朝，万不可行。上然之"②。稍后，"复生、暾谷（指
林旭）又欲开议院，吾以旧党盈塞，力止之"③。康有为的态度
何等鲜明，怎么能说不是倒退呢？

其二，如何评价康有为的这种倒退行为，能否说康有为等维
新派"在实行立宪政体问题上，先亲手与洋务派划分界限，然后
又亲手消灭了彼此间的界限"？"在这个问题上，比他们的'圣
主'光绪皇帝，甚至还不如一些？"④

诚然，兴民权、设议院是维新派与洋务派、顽固派激烈争论
的问题。康有为从甲午战争之后，即致力于兴民权活动，而在百
日维新中则倒退到尊君权的立场上。但即使如此，也不能说康有
为同洋务派消灭了彼此间的界限，其原因有以下两个方面：

第一，康有为在主张以君权雷厉风行的同时，还高度评价西
方的民主政治。他于《日本变政考》中充分论述了西方的议会政
治无比优越，他借引述伊藤博文的演说，宣传自己的政治主张。
他称赞西方国家的议会开设，"所以议政治之得失也。故法律制
定，须询众谋之金允，无隔膜勉强，此宪法第一主义也"，而在
封建制度国家里，君主"坐深宫，闭九重，俨然如天帝，与民之

① 《答人论议院书》，《国闻报》光绪二十四年五月二十八日。按：原文未署作者姓名，经笔者考订系康有为之作。参阅拙作：《关于康有为的一篇重要佚文》，《光明日报》1982 年 8 月 2 日。
② 《康南海自编年谱》，《戊戌变法》，第 4 册，第 158 页。
③ 同上书，第 159 页。
④ 中国社会科学院近代史研究所：《中国近代史稿》，第 3 册，第 135、142 页。

隔膜然如天渊，豪贵世禄，代持国柄，虐民如草芥，彼此不相谋，彼此自私自利，上无保护之律，下无爱国之心，散漫不相联属，有国之名，无国之实"①。康有为实践上主张让皇帝"运造化而生于心，发雷霆而出于手"，靠君权一反掌间，"而措天下于泰山之安"，可以说与洋务派是没有差别的。但他在理论上却高度赞扬西方的民主政治、三权分立、国会宪法，甚至敢于痛斥封建制度的不民主，这却是洋务派无论如何也达不到的水平，应该说维新派与洋务派的界限并没有被"消灭"。

第二，康有为分明知道资本主义政治制度比封建的"大一统"制度优越，但是，却不主张立即实行那种先进的制度，而主张先倒退一步，从君权变法开始，是从当时的实际斗争环境出发的。从本节上述康有为争取开制度局的曲折过程可以看出，在当时的中国，连懋勤殿这样有过先例的机构都遭到了严重的压抑与百般阻挠，尽管康有为几乎动用了一切可以动用的力量，但开设的希望还是那样的渺茫，最后几乎弄到连光绪的皇位"几不能保"的地步，试想在这样的情况下，康有为能再高喊设议院、开国会吗？因此，康有为告诉光绪皇帝：

> 日本维新之始，规模阔大，条理通达如此，宜其致治之速也。惟中国风气未开，内外大小多未通达中外之故，惟有乾纲独断，以君权雷厉风行，自无不变者，即当妙选通才，以备顾问。若各省贡士，聊广见闻，而通达下情，其用人议政，仍操之自上，则两得之矣。②

---

① 康有为：《日本变政考》卷11。
② 康有为：《日本变政考》卷1。

制度局也罢，懋勤殿也罢，都是百日维新时康有为借以寄身，借以参与到清中央政权中去指导变法的机构。应该说康有为采取制度局这种形式是一种现实主义的态度。历史唯物论主张把问题提到一定的范围、一定的环境中来讨论，而不能以今人之标准来衡量前人之是非，故对康有为的制度局主张应该予以肯定，而不可提出过高的苛求。

其三，康有为开制度局的要求虽然是无可非议的，但是却不能排除这一正当要求的背后，掺杂着康氏个人谋求获取高位的政治欲望。通观康有为变法时期的奏议可以看出，康氏之为人处世颇为老练。守旧官僚曾讥评他"热衷好进"，并非空穴来风。光绪三十一年（1905年）革命派中人胡汉民在东京举行"戊戌庚子死难诸人纪念会"上讲话时曾经指出：康有为在政治上一向有极强烈的欲望，在"中进士之后，他的上当今皇帝书，竟然有人为他的主张蛊惑，圣恩深重，屡蒙召见。康有为议论却比从前退缩几分，从前讲立宪，就是君主立宪，也须开个议院。前时因为草茅新进，官职不高，或者立宪条陈，被一封敕旨弄个贵族院议员，岂不是非常荣耀？及特旨召见，指日可以大用，变法之际要用他多少条陈，他是新政要人，何患不得大位？万一他握政府的权柄，却被议院监督住他，岂不是好些不便？万一朝家错会了意，以为康有为意在立法，正要使他做议员，那时岂不抱屈？岂不辜负了非常的知遇？因此，康有为的议论又变，以为实在连议院可以不必开，宪法可以不定，有这般一个好皇上，但求变法够了。诸君但试记忆康有为驳建立议院的文章，系在中进士及屡蒙召见之后，便可知康有为的心事"①。

胡汉民所说的关于康有为反对建立议院的文章就是指戊戌五月二十八日（1898 年 7 月 16 日）发表于《国闻报》上的《答人论议院书》一文。在这篇文章中，康有为确实反对在中国当时条件下匆匆开设议院，认为如果开设议院，非但无补新政，反而会把事情弄糟。康有为还对自己以前主张开议院的做法表示认错，对于同伴的指责，亦表示他"俯首两面，受过而已"的难言苦衷。因此，胡汉民批评他开始主张设议院，而在皇上召见之后，一反常态，反对开议院，胡汉民所述与事实基本相符。不过，胡汉民当时对康有为的批评带有浓厚的感情色彩，对康有为关于议院态度转变动机的批评未免有些过于苛刻。事实上，康有为以制度局代替国会与议院在当时亦有着其正当的合理的一面，因为守旧派连制度局、懋勤殿都不同意开设，更难设想他们会同意在中国开设议院，当时开设议院的条件的确不具备。康有为为了把包括他自己在内的维新派志士拔擢到中央及地方各级政权机构中，发挥作用，力行新政，而设想出了在中央设立制度局或懋勤殿，在地方上设立新政局、民政局一类的机构，应该说是颇费了一番苦心的。既然要推行新法，没有维新派的参政怎么能行？

问题是在守旧派屡次否定了康有为的设立制度局的请求之后，康氏应该及时地改弦更张，改换斗争的方式和策略，而不宜抓住制度局不放，自始至终，一味纠缠于此，以致影响了其他新政的推行。康有为在戊戌正月递上《外衅危迫，分割洊至，宜及时发愤，大誓臣工，开制度新政局折》后，又接连不断地代御史

---

① 《民报》，第一号。

宋伯鲁、学士徐致靖及王照等人草折，请开议政处，立法院，设散卿，开懋勤殿，这些机构的名称花样翻新，但是，目的只有一个，即拔通才以议政。康有为不惮其烦地为他人草折，其预期的结果非但没有达到，反而引起守旧派的反感。由是观之，胡汉民对康有为的批评又不是全无道理的。

第八章

进呈书籍述考

在古今中外的历史上，利用进呈书籍，来指导一场全国范围内颇有声势的改革，这样的例子是罕见的。而康有为正是利用这种独特的方式来指导变法。从戊戌正月起，康有为为了推动变法运动，除了直接向清廷呈递条陈外，还源源不断地向皇帝进呈有关各国变法的新书。这些书籍观点新颖，针对性强而又充满了感情，故能产生强烈的力量，几乎成了光绪皇帝裁决新政的"蓝图"。然而，在百日维新前后，康有为究竟向朝廷进呈了哪些新书？这些书籍的内容如何？它对变法起到了何种作用？这些问题对于戊戌变法史的研究至关重要。变法的当事人康有为在其《自编年谱》及宣统辛亥出版的《戊戌奏稿》中罗列了许多书名，其弟子陆乃翔等还编撰了《南海先生所著书目》，但所述有诸多失误。本章拟据笔者所接触到的康有为进呈书籍及其他文献资料，对康氏向清廷所呈递的变法书目略予考订。

第一节　进书缘起

长期以来，清政府执行闭关锁国政策，一般士大夫的思想一直处于封闭状态。"只知护己之短，不知师人之长"，"只知闭关自守以为治，不知人非就学于人为耻"①，甘愿不学而自居人后。至于中国的封建帝王更是避处深宫，高高在上，把他们自己与外部世界完全隔离开来。直到晚清，这种状况并无根本改变。在等级森严的封建制度下，君与臣隔绝，官与民隔绝，大臣与小臣又相隔绝。康有为将此种情形比作"如浮屠百级，级级难通，广厦千间，重重并隔"。在这种制度约束下，封建帝王一个个都十分闭塞。他们对本国的状况，一知半解，对有关外国的政治、经济、军事、科技等知识，则更是无从谈起。如果说这种情形在闭关锁国的国度里还可以"垂裳而治"，勉强维持的话，那么到了近代，列国交通，争雄竞长，这种关起门来称王称霸的局面，简直一天也难以继续下去了。

康有为对此有着极清醒的认识，他在《上清帝第二书》中已明确提出："中国大病，首在壅塞。"他建议光绪皇帝放下架子与外界接触，从而操天下之舆论，采万国之良法。到了光绪二十三年（1897 年）胶州湾事件发生之后，中华民族的危机已迫在眼前，亡国灭种的大祸随时会降临。康有为再次提出向外国学习，变更祖宗成法的要求，他认为：当时的形势是，臣民想望，有不

---

① 《泰西新史揽要》（节刻本）序言。

可不变之心，外国逼迫，有不能不变之势，倘仍迁延观望，后果是不堪设想的，"变辱非常，则不惟辍简而不忍著诸篇，抑且泣血而不能出诸口"①。

这些沉痛激烈的论说和日益严重的局势，终于使光绪皇帝为之动情，变法维新一天天提上了皇帝的议事日程。但是，变法从来不是一件轻而易举的事情。条理万端，从何着手呢？康有为虽然曾经提出过"至近之墨迹可摹，绝佳之画谱可临者，职于地球中新兴者得二国焉：曰俄，曰日"，希望光绪皇帝能"以俄国大彼得之心为心法，以日本明治之政为治谱"②，但是这些说法毕竟有些过于简单。因为变法要触及的是整个旧制度，大臣又习惯于因循，固守旧制，即使新法利国便民，也会遭到他们的阻挠。因此，新政推行之本末，先后之次序，"章程节目之繁，刚柔宽猛之用"，不可不认真讲求。

光绪皇帝的这种处境早已在康有为意料之中。但是，按照清朝的制度，作为一个小小的工部主事的康有为，是不能被皇帝召见的。尽管后来光绪皇帝允许康有为上书言事，但折片篇幅有限，不能尽述胸臆，于是，康氏决定采取进呈变法新书的办法。尤其是在光绪皇帝召见时，当面要他"广事搜罗"，及时进呈，从而使康有为更加坚定了以进书指导变法的信念，"明镜足以鉴妍媸，新史足以究隆替"③。在整个百日维新期间，康有为花了很大气力，撰写变法书籍。他在《日本变政考》的跋语中称，他所进呈的书籍，都是最切于中国之变法自强的，是他在万国新书

---

① 康有为：《上清帝第六书》，《杰士上书汇录》卷 1。
② 同上。
③ 《泰西新史揽要》，译本序。

中仔细挑选出来的，"虽使管、葛复生，为今日计，无以易此。我皇上阅之，采鉴而自强在此。若弃之而不采，亦更无自强之法矣"①。不难看出，康有为对他所进呈的新书寄托着何等殷切的希望。

第二节　《俄彼得变政记》

《俄彼得变政记》是康有为最早向光绪皇帝进呈的一部书，全书仅一卷，七千余言。正文前有一序，康氏称为《为译纂〈俄彼得变政记〉成书，可考由弱致强之故，呈请代奏折》（以下简称《呈请代奏折》）。坊间有《南海先生七上书记》流传，为光绪二十四年（1898年）春三月，上海大同译书局石印本。

康有为在戊戌正月初三日（1898年1月24日）总理衙门大臣传见问话后，随即呈递的《外衅危迫，分割洊至，宜及时发愤，大誓臣工，开制度新政局折》中声称：他"译纂累年，成《日本变政考》一书，专明日本变政之次第，又有《大彼得变政记》，顷方缮写，若承垂采，当以进呈"②。次日，军机大臣翁同龢将此情转告光绪皇帝，即引起光绪皇帝极大兴趣，亟促呈递。康有为在戊戌正月写给家人的信件中称：总署召见毕，越日，常熟托樵野来云："上急欲变法，恭邸亦有□□吾日本变政记及吾条陈，上乃宣促速上，吾顷拟抄此书及条陈同上，□□□启圣，

---

① 康有为：《日本变政考》跋。
② 康有为：《上清帝第六书》，《杰士上书汇录》卷1。

亦千载一时之机也。"①"于是昼夜缮写……忙甚。"②

　　然而,《俄彼得变政记》究竟何日递上,坊间各刊本,记载纷然。

　　张伯桢编的《万木草堂丛书目录》记曰:"《四上书兼呈俄大彼得变法考》,丁酉十一月上,戊戌八月、庚子正月,两奉伪旨毁板。"又记曰:"《俄大彼得变法考》,上下二卷,丁酉十一月进呈,八月抄没。"③ 据张氏所记:《俄彼得变政记》似乎曾经两度进呈,显然与史实不符。张伯桢很可能把《日本变政考》的两次进呈,误系于此,其实,《俄彼得变政记》只进呈一次。

　　康有为《戊戌奏稿》所辑《进呈俄罗斯大彼得变政记序》与《湘报》第一〇四号所载此书所署时间均为"戊戌正月"。故今人著述多以为康氏此书于戊戌正月呈递清廷。

　　其实,上述记载均欠确切。据总理衙门王大臣《据情代奏折》称:

　　　　窃工部主事康有为,前至臣衙门呈递条陈,经臣等于本年二月十九日代奏(按:指代递康《上清帝第六书》)。本日,准军机处片交,军机大臣面奉谕旨:"著总理各国事务王大臣妥议具奏。钦此。"除该主事前递条陈,由臣等另行妥议外,兹于本年二月二十日,复据该主事至臣衙门,续递条陈一件,并译纂《俄彼得变政记》一册……均恳代为具奏。臣等未敢壅于上闻,谨照录该主事续递条陈,及所递

---

① 《康广仁与侄女康同薇书》,《万木草堂遗稿外编》(下册),第775页。
② 《康南海自编年谱》,《戊戌变法》,第4册,第140-141页。
③ 张伯桢:《万木草堂丛书目录》,《戊戌变法》,第4册,第39页。

《俄彼得变政记》恭折进呈御览，伏乞皇上圣鉴。谨奏。光
绪二十四年三月初三日。①

据此可知，戊戌二月十九日（1898 年 3 月 11 日）康有为在
闻讯总理衙门将其正月所上之《上清帝第六书》代呈之后，第二
天即递上《俄彼得变政记》与《呈请代奏折》，《杰士上书汇录》
辑有康氏代奏折，唯《俄彼得变政记》进呈本未被收录，且至今
尚未由故宫藏书中发现。

康有为采用进呈新书的方式指导变法，是在总理衙门召见
后，即已确定的方针。但是，为什么康氏首先进呈的是《俄彼得
变政记》呢？

这与康有为确定的变法方针有着直接的关系。康氏在《上清
帝第六书》中，已不再提国会与议院，而是要皇上"乾纲独断，
发愤维新"，并愿皇上"以俄国大彼得之心为心法，以日本明治
之政为治谱"②。这表明康有为改变了以民权救中国的做法，改
而采取以君权雷厉风行推行新政。与此相适应，康有为急于为光
绪皇帝提供一个可临摹的"画谱"与"墨迹"，选来选去，选中
了俄国的彼得大帝。康有为于《呈请代奏折》中称：

臣窃考之，地球富乐莫如美，而民主之制与中国不同；
强盛莫如英德，而君民共主之制仍与中国少异。惟俄国其君
权最尊，体制崇严，与中国同。其始为瑞典削弱，为泰西摈
鄙，亦与中国同。然其以君权变法，转弱为强，化衰为盛之
速者，莫如俄前主大彼得。故中国变法，莫如法俄，以君权

① 总理大臣：《据情代奏折》，《杰士上书汇录》卷 1。
② 康有为：《上清帝第六书》，《杰士上书汇录》卷 1。

变法，莫如采法彼得。职前言至近之谱迹可临摹者也。①

康有为这里已讲得十分清楚，他之所以进呈此书，就是要光绪皇帝照俄国的办法"临摹"，像彼得一样，以君权变法。

康有为进呈此书的另一个重要目的是与其"开制度局于宫中"的要求相呼应。他在《呈请代奏折》中指出，俄彼得之所以能辟地万里，称霸大地，经验只有八个字，即"纡尊降贵，游历师学"②。凡是强敌之长技，必通晓而模仿之，凡万国之美法，必应采择而变行之，只有照此办理，国家才能富强。然而要做到这一点，就必须由"纡尊降贵"始。康有为虽然主张以君权变法，但却又极力批评中国的体制尊隔，虚骄尊大，从而使百弊丛生。乍看起来，似乎有些自相矛盾，但这种矛盾正体现了康有为灵活多变的策略。他之所以提倡以君权雷厉风行，是因为当时中国的政治条件所限，只有靠皇帝的权威，才能使新政得以推行；他之所以提倡纡尊降贵，是希望光绪皇帝破除成规，接纳维新派人士参政。康有为在此折中，并没有一处提到制度局，然而，他反复论说的主旨，却很容易使光绪皇帝联系到制度局。康有为说：

> 枢臣位尊，体重礼绝，百僚卿贰大臣不易得见，至与群僚，益复迥隔。东阁不开，咨谋无人，自塞耳目，自障聪明。故有利病而不知，有贤才而不识，惟有引体尊高，望若霄汉，虽比之外国君主，尊隔过之。③

① 康有为：《上清帝第六书》，《杰士上书汇录》卷1。
② 康有为：《呈请代奏折》，《杰士上书汇录》卷1。
③ 同上。

康有为言而不露，引而不发，其用意至为清楚，这就是希望光绪皇帝尽快把维新派志士选拔到制度局，以改变那种"深居法宫，一切壅塞"，"但见一二大臣，不接文学贤士，蒙蔽甚矣"①的隔绝状况。

康有为进呈此书，还有一个希望光绪皇帝采取严厉措施，冲破守旧派的重重阻挠，尽快将变法提上日程的目的。

康有为在多年的变法实践中，屡遭挫折压抑，饱尝了顽固势力深闭固拒，阻挠新政的苦头。因此他在这部书中借题发挥，以揭露俄国的守旧贵族为名，痛斥中国的顽固派，甚至要求光绪皇帝"诛其首恶"，对不称职的则"削其职，只守禄"。该书写道，当彼得下诏取法外国而变旧政时，廷臣咸阻之，有谓国王宜居国内，缓为化导，风俗自丕变者，有谓用外国法，与本国恐难适用者，有谓以国王之尊，而出外游学，甚为可耻者，千方百计阻挠之，彼得均不听。而当彼得力革秕政，大举变法时，守旧大臣以触犯了其利益，煽兵作乱，彼得又果断地"悉聚而歼之"。这些守旧派"动曰国体有碍，或于民不便，或出于愚昧，不知外国情形……以为一旦变法，而失吾富贵，毋宁使其不行焉"②。康有为把守旧派阻挠变法的丑恶面目揭露得淋漓尽致，目的无非是要光绪皇帝彻底醒悟，挣脱守旧势力的羁绊。

康有为相信，只要光绪皇帝"几暇垂鉴此书，日置左右，彼得举动，日存圣意，摩积激动，震越于中，必有赫然发愤，不能自已者。非必全摹彼得，而神武举动，绝出寻常，雷霆震声，皎日照耀，一鸣惊人，万物昭苏，必能令天下回首面内，强邻改视

---

① 《南海先生七上书记》。
② 同上。

易听，其治效之速，奏功之奇，有非臣下所能窥测者"①。不难看出，康有为对进呈的这本书，几乎寄托着维新派"改造天地，重造日月"的全部希望。

还有一处需要说明的是，黄彰健先生于《康有为〈戊戌代奏稿〉辨伪》一文中称："没有人想到《戊戌奏稿》所载奏折二十篇，及进呈编书序五篇，其中仅进呈《俄彼得变政记》序及呈请代奏皇帝第七疏，见于光绪二十四年三月上海大同译书局石印本《南海先生七上书记》，系戊戌政变前公开印行，真实可信，其余二十三篇，都是假的。"② 现《俄彼得变政记》进呈本虽未检获，不过已知《呈请代奏折》确实辑入《杰士上书汇录》，将此折与坊间流行的《上清帝第七书》对照，亦有数处改删，如坊间流传的《上清帝第七书》谓：

> 夫威权者实也，体制者虚也，皇上既自强之后，绥服邻国，大地内外，悉主悉臣，欲崇体制，何求不得？若国体不立，割地赔款，筑路开矿，勒逐疆臣，强出上谕，俯首宛颈，委命他人，无复自主之权，亦无保国之术……③

而《杰士上书汇录》所辑原折则云：

> 夫威权者实也，体制者虚也，皇上既自强之后，鞭笞四夷，大地内外，悉主悉臣，欲崇体制，何求不得？若土地听人割据，疆臣为人勒逐，铁路听人兴筑，矿产听人搜求，至自筑铁路，自借款，自通商而不可得，俯首听命，惟敌所

---

① 康有为：《呈请代奏折》，《杰士上书汇录》卷1。
② 黄彰健：《戊戌变法史研究》，第540页。
③ 《南海先生七上书记》，又见《康有为政论集》，上册，第219页。按：引文着重号系笔者所加。下同。

为，无复自主之权，亦无保国之术。①

再如坊间流传《上清帝第七书》谓：

> 昔周公吐哺握发以待天下士，况无周公之才美而加以骄吝，而欲旋乾转坤，安可得哉？②

查原折所述却为：

> 昔周公吐握以待天下士，计当时之士，岂有及周公万一者，而周公下之如此，今舍周公之法，而欲旋乾转坤，安可得哉？③

　　两折相互比照，即可窥见坊间流传的刊本与进呈给皇上的原折，用语亦多有不同。一些比较尖刻的语句，被删去了。这些改易说明，康有为在向皇帝上折时，往往亦要对其已在坊间流传的折件斟字酌句，以期更加妥善。

第三节　《日本变政考》

　　《日本变政考》是戊戌年康有为向光绪皇帝进呈的一本最为重要的指导新政的书籍，故宫博物院图书馆藏有戊戌年进呈本，共分为上、下两函，凡十三卷。康有为于书前题记中称："是书经于二月恭进，顷奉旨宣取，原本所译日文太奥，顷加润色，令

---

① 《杰士上书汇录》卷1。
② 《康有为政论集》，上册，第220页。
③ 《杰士上书汇录》卷1。

文从字顺，并附表注，以便阅看。"① 据此不难推断，该书在光绪二十四年（1898 年）曾两度向清廷进呈，一部书籍在短短的数月中，竟需要两次呈递，足见康有为与光绪皇帝对它的重视。

关于第一次进呈此书的经过，康氏在其《自编年谱》称，正月总署召对后，即昼夜缮写《日本变政考》，忙甚，但抄毕并未及时呈上，而是在观察时机，因为"是时以旅大事，朝廷震悚，不遑及内政，故写书已成不进，至（三月）初八日进呈，附《日本变政考》，顺时呈《泰西新史揽要》《时事新论》等书"②。

其实，康有为这里的记载并不准确。《杰士上书汇录》中辑有总理衙门王大臣三月二十三日（4 月 13 日）的《据情代奏折》一件，对此事记载确切。该折谓：

> 窃工部主事康有为前至臣衙门呈递条陈、书籍，经臣等于本年二月十九日、三月初三日，两次代奏在案。兹于本月二十日，复据该主事递到条陈二件，仍恳代为具奏。臣等未敢壅于上闻，谨将该主事续递条陈二件，及所递《日本变政考》《泰西新史揽要》《列国变通兴盛记》共三种，恭折进呈御览，伏乞皇上圣鉴。③

据此可以确定，康有为第一次进呈《日本变政考》当于三月二十日（4 月 10 日）递总署，三月二十三日（4 月 13 日）总署代呈光绪皇帝。军机兼总署大臣翁同龢于日记中亦谓："总署代康有为条陈折变法片一件，岁科试改去八股，并书三部：《日本

① 康有为：《日本变政考》（戊戌进呈本，下同），题记。
② 《康南海自编年谱》，《戊戌变法》，第 4 册，第 142 页。
③ 总理衙门王大臣：《据情代奏折》（三月二十三日），《杰士上书汇录》卷 1。

变政记》《泰西新史摘要》《各国振兴记》。"①

这里须略加说明的是，关于康有为初次进呈本的书名，由于康氏、翁氏等时人记事不确，记为《日本变政记》，遂引起了不少学者的误会。黄彰健先生的《戊戌变法史研究》曾推断康有为初次进呈本书名应作《日本变政记》，尔后一些论者亦采用此说。然而，黄彰健在看到陈凤鸣简介《杰士上书汇录》的文章后②，当即撰写《康有为戊戌年真奏议——〈日本变政考〉〈杰士上书汇录〉等书，已在北平故宫博物院发现》一文，该文声称："我因戊戌四月二十五日徐致靖以康代草的《保荐人才折》进呈，该折称康著有《俄彼得变政记》及《日本变政记》……曾推断：康戊戌二月恭进的书名应作《日本变政记》。今据《杰士上书汇录》所载……则书名仍应作《日本变政考》。"③ 是黄氏已做纠正，然近年来一些论著仍将康有为初次进呈的书称作《日本变政记》，实为误记。

康有为在初次进呈此书时，还递有一折，即《译纂〈日本变政考〉成书折》，据此折所记，康氏初进本为十卷，但考虑到光绪皇帝"万机少暇，本书太繁，观览考求，甚费日月，别为撮要八篇，一览可得，以备急迫推行，冀有裨补"④。可知初次进呈本为十卷，除此之外，尚有撮要八篇。惜迄今为止，康氏最初进呈的《日本变政考》仍无下落。

康有为第二次进呈《日本变政考》是在戊戌五月。先是，四

　　① 《翁文恭公日记》，光绪二十四年三月二十三日。
　　② 陈凤鸣：《康有为戊戌条陈汇录——故宫藏清光绪二十四年内府抄本〈杰士上书汇录〉简介》，《故宫博物院院刊》1981 年第 1 期。
　　③ 《大陆杂志》，第 62 卷，第 6 期。
　　④ 康有为：《译纂〈日本变政考〉成书折》，《杰士上书汇录》卷 1。

月二十八日（6月16日）光绪皇帝在召见康有为时，康"又条陈所著书及教会事，久之"①。"五月初三日（按：似应作初四日），总理大臣代递谢恩折……又令枢臣廖寿恒来，令即将所著《日本变政考》《波兰分灭记》……立即抄写进呈，乃片陈谨当昼夜编书，不能赴总署当差。"② 可知此书的进呈，当于五月上旬即已在着手进行。然此书部帙浩繁，"每日本一新政，皆借发一义于案语中，凡中国变法之曲折条理，无不借此书发之，兼赅详尽，网罗宏大，一卷甫成，即进上。上复催，又进一卷，上以皆日本施行有效者，阅之甚喜，自官制、财政、宪法、海陆军、经营新疆、合满汉、教男女、改元迁都、农工商矿各事，上皆深然之。新政之旨，有自上特出者。每一旨下，多出奏折之外，枢臣及朝士皆茫然不知所自来，于是疑上谕，皆我所议拟，然本朝安有是事？惟间日进书，上采案语，以为谕旨"③。

康有为自己没有说明此书何时进呈完毕。黄彰健认为，康氏进呈此书时间应为"五月下旬至六月上旬"④，而陈华新则认为，自五月初三日（6月21日）到六月底（8月中旬）进呈完毕。⑤拙见以为，由于此书"一卷甫成，即进上，上复催，又进一卷"，可知此书进呈如果上旬即已着手，似不会拖得太久，虽然康有为在致汪康年函中，称"顷因进呈书籍，尚未告成，须十日外乃可成之"⑥。这里康氏所谓进呈的书籍恐非指《日本变政考》，因为

---

① 《康南海自编年谱》，《戊戌变法》，第 4 册，第 147 页。
② 同上书，第 148 页。
③ 同上书，第 150 页。
④ 黄彰健：《戊戌变法史研究》，第 208、245 页。
⑤ 陈华新：《康有为与〈日本变政考〉的几个问题》，《论戊戌维新运动及康有为、梁启超》，第 271 页。
⑥ 转引自黄彰健：《戊戌变法史研究》，第 245 页。

在此书写呈完毕之后，康有为还要着手进呈《列国政要比较表》《波兰分灭记》等书。不过，康氏自称朝士皆疑光绪皇帝谕旨皆他所议拟，揆诸当时议论，则确有其事。

康有为在非常忙碌的情况下，为什么花很大气力进呈《日本变政考》? 最重要的原因，有以下几个方面：

首先，康有为希望光绪皇帝把日本作为变法的榜样，全面学习日本明治维新时的新鲜经验。因为在康有为看来，中国当时的改革，"但采鉴日本，一切已足"[1]。他在三月二十二日（4 月12 日）的《译纂〈日本变政考〉成书折》中提出，分割已至，亡国在即，并不可怕，只要能像日本一样，讲求新法，刮垢除弊，便足以扶危定倾。康有为曾说："惟泰西国数极多，情势各异，文字政俗，与我迥殊，虽欲采法之，译书既难，事势不合，且其富强精巧，皆逾我百倍，骤欲致之，下手实难。惟日本文字政俗，皆与我同，取泰西五百年之新法，以三十年追摹之，始则亦步亦趋，继则出新振奇，一切新法，惟妙惟肖……吾地大人众，皆十倍日本，若能采鉴变法，三年之内，治具毕张，十年之内，治化大成矣。"[2] 他要清统治者假日本为向导，以日本为图样，实行自上而下的改革，凡日本行之而错谬者，中国不复践之；凡日本的成功经验，中国但取而誊写之。这样，"先后之序，不致有误分毫；轻重之宜，不致失于举措"，一转移间，便可以"措天下于泰山之安矣"[3]。

其次，康有为着重阐明了中国的变法为什么只能开制度局，

---

① 康有为：《日本变政考》跋。
② 《杰士上书汇录》卷1。
③ 康有为：《日本变政考》序。

而不能开国会与议院。

在《日本变政考》中，康有为高度评价了以三权鼎立为中心内容的西方政治制度，并赞扬了资产阶级的民权学说。他指出："日本变法，以民选议院为大纲领，夫人主之为治，以为民耳，以民所乐举乐选者，使之举国政，治人民，其事至公，其理至顺。"① 因为"通国大小之事，皆民事，通国上下之官，皆为民事设"②。在赞扬民权的同时，康有为还指出，西方的强盛，是由于其政体最善，国家政权由三部分构成："其一，立法官；其一，行法官；其一，司法官。"这样立法、行政、司法三权分立，互相监督，"三官立而政体立，三官不相侵而政事举"③。他批评中国在封建制度下，少数人执政，"一二人谋之，至重，至密，然而割地失权，岌岌恐亡矣"④。

康有为虽然百般讴歌西方的"天之生人，并皆平等"，以及立法、行政、司法三权分立的政治制度，却不主张中国立即实行这种制度，是因为"民智未开，蚩蚩自愚，不通古今中外之政，而遽使之议政，适增其阻挠而已。令府州县开之，以奉宣德意，通达下情则可，日本亦至二十余年，始开议院。吾今开国会，尚非其时也"⑤。

康有为指出，中国的救急之方、保国之策，不在于开议院，而在于"开制度民政之局，拔天下通达之才"。"皇上但稍留意人才，拔至左右，日与讨论，立即施行，拱手垂裳，而土地可保，

---

① 康有为：《日本变政考》卷6。
② 同上。
③ 康有为：《日本变政考》卷1。
④ 同上。
⑤ 康有为：《日本变政考》卷6。

中国可安矣。"康有为真是一位出色的能言善辩之士，说一千，道一万，最后还是归结到要开制度局，要拔通才志士，真乃万变不离其宗。《日本变政考》涉及新政的许多方面，诸如游学、编书、商务、铁路，乃至改朔、易服等新政措施，但根本的一条还是要开制度局。

最后，应特别提到的是，康有为于戊戌三月进呈《日本变政考》的同时，还递了两部外人著述，亦与康有为所建议推行的新法有密切关系。

其一为《泰西新史揽要》。该书原名《泰西近百年来大事记》，英国马恳西原著，李提摩太译。其中文助手为蔡芝绂（尔康）。李氏序言称，他于光绪十八年（1892年）到上海后，"亟思翻译华文，以饷华人，爰延访译书之有名者，闻蔡君芝绂，于中外交涉之事，久经参考，遂以礼聘之来，晴几雨窗，偶得暇暑，即共相与抽译"，直到光绪二十一年孟夏（1895年5月），才正式由上海广学会出版。李氏自诩此书为"暗室之孤灯，迷津之片筏，详而译之，质而言之，又实救民之良药，保国之坚壁，疗贫之宝玉，而中华新世界之初桄也。非精兵亿万，战舰什佰，所可比而拟也"①。

李氏所译此书二十三卷，附记一卷，凡二十四卷。以叙述欧美各国近代史实为经，以事为纬，又以英国为当时泰西的政治枢纽，法国为欧洲治乱之关键，故尤详于英、法史实的论述。其余德、奥、意、俄、土、美等国，各为一卷。该书除了在一些地方为西方列强的殖民侵略辩护外，亦有许多论点与康氏的新政构想

---

① 《泰西新史揽要》，译本序。

殊有关系。比如，李氏极力主张改革中国的科举制度，主张各类考试必就西史命题条对。又如请皇上降旨，让"潢诸贵胄，翰苑中人，取是书悉心考核"，然后遴选年在四十岁以内者，"令其游学各西国，肄习新法，期以数年，学成回国，量才擢用"①。再如主张更改学校之制，李氏认为中国"士子但读本国古书，但知我为首出之大国，素著盛名，彼他国皆远出我下，微特不知他国之善已也……万病之生，盖皆出于此。……倘能善与人同，易不知而进于知，则救华之机，全在此举"②。

李提摩太的这些主张，与康有为的变法奏议在不少地方有惊人的相似之处。康有为进呈传教士著作的本意，是与他提出的变法建议相呼应，更增强对光绪皇帝的说服力。而我们则可以从中看出康有为变法思想的渊源，在许多方面与传教士的宣传说教有着千丝万缕的联系。

其二为《列国变通兴盛记》。该书系传教士李提摩太所著，全书凡四卷，分别为《俄罗斯变通兴盛记》《日本变通兴盛记》《印度变通兴盛记》《缅甸、安南变通兴盛记》，光绪二十年（1894年）七月上海广学会印。李氏在序言中谈及此书编写缘起时，曾谓："仆前在天津，忝主《时报》，目击华民辛苦垫隘，无所控告，爰取邻于中国之俄罗斯、印度、日本、缅甸、安南诸国杂史，而撮其改弦更张之纲领，举其民生休戚之端倪，排日纪撰，录诸报纸。"③ 该书按国分卷，大多叙述该国改变内政、仿效西法、皇上出游、水师铁路、学问道德、外交格致、矿务通商

① 《泰西新史揽要》，译本序。
② 同上。
③ 李提摩太：《列国变通兴盛记》弁言。

等内容，以及印度、缅甸、越南等国为英、法并吞的简略经过。其主旨则在于劝说士大夫不耻下问，采取西法，遍交邦国而达于其政，弃瑕握瑜，以裨时政。李提摩太认为，中国学校如林，人才辈出，但是问以各国之新政，非瞠目而不能答，即强颜以为不必知。即便略知一二，"非仅得其皮毛，即误会其膛理。以华人之聪明智慧，何至昏昏然如隔十重帘幕？"① 因此，他希望中国的明哲之大吏，"俯采刍荛，以为河海泰山之助"②。此书在史实方面有许多地方并不那么精确，但在当时来说，对于启发清统治者认识世界，开拓见闻，已是一本很难得的新书，故康有为亦一并将其进呈。书中的不少论说与康有为的政治主张亦多有吻合处。诸如该书开首即称："呜呼，国之兴衰，虽曰天命，岂非人事哉？方俄罗斯之受困于人也……何以日蹙百里，今何以雄跨两洲？昔何以守株一隅，今何以带甲百万？然后知故君彼得之奋发有为者，其功烈之留遗，为至深远也。"③ 此番论说正好与康有为以君权变法的主张相呼应。

这些新书进呈后，无疑会对光绪皇帝产生很大影响，必然会促使其奋起变法，力图自强。它与康氏进呈的《俄彼得变政记》《日本变政考》正可以彼此印证，交相辉映，更增强其感染力。

第四节 《孔子改制考》

《孔子改制考》是一部被称作如"火山大喷火"一样的变法

---

① 李提摩太：《列国变通兴盛记》弁言。
② 同上。
③ 李提摩太：《列国变通兴盛记》卷1，俄事缘起。

理论著作。长期以来，人们研究康有为的这部著作，主要使用的是光绪二十四年（1898 年）上海大同译书局刊本。人们并不知道在变法期间，康有为曾将《孔子改制考》重新抄写，进呈光绪皇帝，这主要是受辛亥（1911 年）五月出版的《戊戌奏稿》的影响。该书辑录的《请尊孔教为国教，立教部教会，以孔子纪年而废淫祀折》云：

> 窃臣昔面对，蒙荷圣慈，令进所著群书。又承天恩，特令军机大臣廖寿恒迭次传问，催将所著书速写进呈。以臣愚陋，粗事撰述，奚足以仰承天鉴，乃蒙眷问稠叠……今并将臣所著《孔子改制考》《新学伪经考》《董子春秋学》进呈，以卷帙繁重，日月迁速，未及写黄，谨以刻本上呈，惶恐万罪。[1]

康有为在这里说得一清二楚，故晚近论者都以为康有为进呈的是刻本，并非写本。其实，康有为此处论说与历史真实相距甚远。在当时历史条件下，康有为根本不敢把充满了"非圣无法""无父无君"言论的刻本直接进呈给朝廷，而是经过一番改缮之后，重新写黄，进呈光绪皇帝。《孔子改制考》卷帙浩繁，缮写颇费时日，对这样一件大事，康有为怎么能把写本误记为刻本，看来绝非是记忆失误，而是对历史真相的有意掩饰。宣统辛亥年(1911 年)，康有为可能很不愿意让人们知道，戊戌年间他曾将《孔子改制考》改写进呈这回事。他没有想到深藏宫禁的进呈本还会公之于众。

关于《孔子改制考》的进呈时间，《戊戌奏稿》署为光绪二

---

[1] 康有为：《戊戌奏稿》，第 26 页。

十四年六月①，而据《自编年谱》所记：戊戌四月二十八日（1898 年 6 月 16 日）召见毕，"既退出，军机大臣面奉谕旨，著在总理衙门章京上行走。……乃与幼博游西山。既还，将议诣宫门谢恩，以诸臣忌甚，又无意当差，于（五月）初一日，乃具折谢恩，并再陈'大誓群臣，统筹全局，开制度局'三义，又陈请废八股及开孔教会，以衍圣公为会长，听天下人入会，令天主、耶稣教各立会长，与议定教律。凡有教案，归教会中按照议定之教律商办，国家不与闻。并进呈《孔子改制考》，请听沿边口岸准用孔子纪年，附呈《列国岁计政要》。疏留中"②。

征诸清宫档案，康有为此处所记不误。军机档光绪二十四年五月初四日（1898 年 6 月 22 日）登录有"总理各国事务衙门代递康有为条陈折"，并注明条陈两件，"均未发下"。参酌《杰士上书汇录》，可知这两件条陈分别为：《为推行新政，请御门誓众，开制度局以统筹大局，革旧图新以救时艰折》和《请商定教案法律，厘正科举文体，听天下乡邑增设文庙，谨写〈孔子改制考〉进呈御览，以尊圣师而保大教绝祸萌折》，所署时间为"光绪二十四年五月"③，与《自编年谱》所记相符。

又据《上谕档》记载："本日总理各国事务衙门奏，代递康有为条陈折，又康有为奏，进呈孔子改制考折，并书一函，奉旨留。"④ 军机处档案并明确标明，总署封奏与康有为的条陈，同一天"恭呈慈览"⑤。

① 康有为：《戊戌奏稿》，第 26 页。
② 《康南海自编年谱》，《戊戌变法》，第 4 册，第 147 页。
③ 《杰士上书汇录》卷 2。
④ 中国第一历史档案馆藏：光绪二十四年夏季《上谕档》。
⑤ 中国第一历史档案馆藏：光绪二十四年夏季《随手登记档》。

综上所述可知，《孔子改制考》写本于戊戌五月初一日（1898年6月19日）递交总理衙门，五月初四日（6月22日）再由总理衙门进呈光绪皇帝。《戊戌奏稿》所署六月乃属误记。

四月二十三日（6月11日）光绪皇帝颁布明定国是诏书，宣告了酝酿多年的变法高潮已经到来，二十八日（6月16日）又召见康有为，商讨变法方略。两天之后，康有为即将《孔子改制考》一书缮写进呈。当时，此书已有刊本，康有为何以又要花很大气力重新缮写？写呈本与刊印本有何重要区别？弄清楚上述问题，对于了解康有为政治思想的演变具有极为重要的意义。

其一，进呈本在一定程度上磨灭了康有为大同思想的精华。

天下大同，是维新派执意追求的社会政治理想，在康有为思想体系中占有十分重要的地位。这一思想的核心是把西方资产阶级进化论学说和中国传统的今文经学变易的哲学观点融为一体，又吸收了《礼运》小康大同说，附会公羊三世论，认为人类社会是循着"据乱世—升平世—太平世"的规律发展，最终达到"政府皆由民选"，实现天下为公的大同世界。

随着康有为对西学的认识逐步加深，尤其是在甲午战败之后，帝国主义列强对中国的侵略日益加剧，中华民族面临着亡国灭种的威胁，康有为及弟子便决定把这种大同思想广为传播，并以此作为挽救民族危亡的精神武器。《孔子改制考》正是在这种思想指导下刊出的。戊戌正月元日（1898年1月22日），康有为特撰序言，以彰其义，开门见山地宣称：

> 孔子卒后二千三百七十六年，康有为读其遗言，渊渊然思，凄凄然悲，曰：嗟夫！使我不得见太平之泽，被大同之乐者，何哉？使我中国……不得见太平之治，被大同之乐

者，何哉？①

在短短千余言的序文中，康有为口口声声不离"太平之治，大同之乐"，重复有八九处之多。晚近论者往往把《孔子改制考》一书看成是"为变法改制张本"的著作，而每每忽略了它同时也是一部张扬大同思想的宣言书。在这部著作中，康有为将封建地主阶级的圣人，乔装打扮成一个极力主张改革的教主，而把大同思想说成是孔子教义的最高境界。只是由于"新歆遽出，伪左盛行，古文篡乱"，孔子的地位才降低，"公羊之学废，改制之义湮，三世之说微，太平之治，大同之乐，暗然不明，郁而不发"②。

为了宣扬大同思想，康有为对当时占统治地位的朱熹思想也大胆予以讥讽。他在序言中说朱熹"多言义而寡言人，知省身寡过而少救民患"③，实际上是指责程朱理学只注重宣传纲常名教、封建义理，以此来束缚人们的手足，禁锢人们的头脑，而不注重把人们从现实的苦难中解脱出来，其所以如此，是因为他们"蔽于据乱之说，而不知太平大同之义"④。因此，康有为得出结论，数百年来所尊崇的朱熹言论，实际上是"偏安"的说教，故长期以来，中国大地上被黑暗所笼罩，"冥冥汶汶，雾雾雰雰，重重锢昏，皎日坠渊"。而康和他的弟子"朝夕钩撢八年于兹"，方"扫荆榛而开途径，拨云雾而览日月"，使大同思想重见天日。⑤

《孔子改制考》初版序言集中地表达了康有为撰写此书的目

---

① 康有为：《孔子改制考》（光绪二十四年刊本，以下简称"刊本"）序。
② 康有为：《孔子改制考》（刊本）序。
③ 同上。
④ 同上。
⑤ 同上。

的，字字句句都是发自肺腑的声音。在当时历史条件下，提出用大同社会取代封建专制统治，确实是向传统思想提出了严重挑战，显示了刚刚登上历史舞台的维新派的虎虎生气，起到了振聋发聩的作用。

但是，在写呈本中康有为将戊戌正月所作序言中有关大同思想的论述全部删除，重写了一篇旨意全然相反的序言，把撰写此书的目的称为"尊圣扶教，防遏横流"①。他反复强调，"释老词章之学行，至使天下不知尊圣，不知亲圣，异教横流，不可向迩，耗矣哀哉！大昏也，博夜也……则我君臣父子之道将坠将湮，岂不畏哉？"② 显然，康有为在这里采取了偷梁换柱的手法，使原刊印本所宣扬的大同思想，变得非常淡薄了。

其二，写呈本削弱了对封建专制主义的批判，冲淡了民主自立思想。

《孔子改制考》刊本的重要特色之一就是对封建专制主义的猛烈抨击。在康有为看来，人类大同的思想是要到遥远的太平之世才能实现，"方今为'据乱'之世，只能言小康，不能言大同"。然而，康有为并不是消极地等待大同太平之世的到来，而是主张积极争取。

譬如，在刊本中有一篇是《孔子改制法尧舜文王考》，讲得就十分含蓄。康有为认为孔子改制只是效法尧舜，其原因就在于"尧舜以行民主之太平，然其恶争夺而重仁让"③，故其传位不是像后世帝王那样世袭传位，而是通过禅让来实现的。康有为十分

① 康有为：《孔子改制考》（故宫博物院图书馆藏，光绪二十四年进呈本，以下简称"进呈本"）序。
② 康有为：《孔子改制考》（进呈本）序。
③ 康有为：《孔子改制考》（刊本）卷12。

推崇这种自让其位的"盛德"，说"尧舜为民主，为太平世，为人道之至，儒者举以为极者也"①，并进而引申其义说："尧典一字（篇？）皆孔子作"，"春秋、诗皆言君主，惟尧典特发民主义，自钦若昊天后，即舍嗣而巽位，或四岳共和，或师锡在下，格文祖而集明堂，辟四门以开议院……故尧典为孔子之微言，素王之巨制，莫过于此"②。康有为托古改制，借古喻今，其用意十分清楚，这一番论说正是与他那选"议郎"，开议院的论说遥相呼应的，因而写呈本将此篇删去未录。

　　刊本的许多篇章满腔热情地称颂民权，认为百姓应该具有"自主自立"之权。《孔子为制法之王考》说："孟子大义云：民为贵，但以民义为主，其能养民、教民者则为王，其残民、贼民者则为民贼。"③ 又谓："一画贯三才谓之王，天下归往谓之王，天下不归往，民皆散而去之，谓之匹失。以势力把持其民谓之霸……夫王不王，专视民之聚散向背名之，非谓其黄屋左纛，威权无上也。"④ 显然，康有为在这里完全是用民心的向背来解释王权思想，这在一定程度上，是在以资产阶级的民权思想来批判封建的君主专权。但是，当百日维新的高潮到来时，维新派对民权的态度已经有所改变，故康有为在重新缮写的序言中说："天哀大地生人之多艰，乃降圣人而救民患，为神明，为圣王，为万世作师，为万民作保，为大地教主。生于乱世，乃据乱而立三世之法，而垂精太平，乃……以天统君，以君统民，正五伦，立三

---

① 康有为：《孔子改制考》（刊本）卷 12。
② 同上。
③ 康有为：《孔子改制考》（刊本）卷 8。
④ 同上。

纲，而人人知君臣父子之义。"① 经过这番改动，康有为又回到历代封建统治者所宣扬的君权神授的立场上，把封建皇帝说成是"顺承天意"而统治人民的，从而美化了君权，为它的存在披上了一层合法的外衣。

非但如此，进呈本还大大削弱了对封建专制政体的批判。刊本有不少篇章的批判矛头是直接指向在中国延续多年的封建君主专制的。如在《儒攻诸子考》中，康有为对封建君权的攻击相当激烈，他说：孟子、荀子都认为桀、纣非君，汤、武非弑，其道理即在于"为民贼者，人人皆得而僇之也"②。由此引申，他甚至把陈涉起兵反秦看作顺乎天理、合乎人情的壮举。他说："见秦王无道，人人皆得而诛之，而陈涉、项羽首先亡秦，可以代秦，是亦一汤、武也。"③ 在这里，康有为敢于将农民起义的领袖与千百年来被统治阶级尊为圣人的汤、武相提并论，在当时来说，确实是惊世骇俗的，表露了他对腐朽的君主专制制度的怨恨之情。但是，在进呈本中，这些明显的对封建专制痛快淋漓的批判都被删去。

其三，进呈本的主旨在于宣扬以孔教挽世变的思想。

康有为认为，要在政治上雷厉风行地推行新法，振兴国家，首先应该用孔教来统一国人意志。他非常重视思想的作用，认为孔子的教义最为适合中国的国情，最能帮助中国摆脱贫困挨打的局面，故进呈本开首第一句即是："天哀大地生人之多艰，乃降圣人而救民患，为神明，为圣王，为万世作师，为万民作保，为

---

① 康有为：《孔子改制考》（进呈本）序。
② 康有为：《孔子改制考》（刊本）卷 17。
③ 同上。

大地教主。"① 这个圣人不是别人，正是孔子。

　　然而，值得注意的是，进呈本中孔子的形象与刊本中的有明显的不同。刊本中的孔子在很大程度上是民主、大同的化身，而进呈本却把同一个孔子装扮成君权的维护者。康有为在进呈《孔子改制考》时，告诉清统治者："孔子作春秋而乱臣惧，作六经而大义明，传之其徒，行之天下，使人知君臣父子之纲，家知仁恕忠爱之道，不然则民如标枝，人如野鹿，贼心乱性，悍鸷狠愚。"倘若孔子教义深入人心，那么皇上便可以"晏安无为"，"垂衣裳而治之"②。在这里，康有为把孔教当成了维护栋折榱坏、行将坍塌的封建大厦的精神支柱，认为在当时情况下，非维持人心，激励忠义，便不能立国。

　　不言而喻，康有为已经把孔教的传播，当作了推行新法、挽救世变的根本大计。故百日维新的帷幕刚一拉开，他便急不可待地将《孔子改制考》进呈清廷，并根据提倡孔教的政治需要，对大同译书局刊本进行较大幅度的更动。

　　综上所述可以看出，《孔子改制考》进呈本与刊本的主旨已迥然不同，前者言民权，后者言君权；前者倡大同，后者倡孔教。人们不禁要问，究竟是什么原因，促使康有为进行这样的原则性改动呢？

　　《孔子改制考》的改写是与当时新旧两党斗争形势紧密相关的。

　　《孔子改制考》是在甲午战败之后，随着民族危机日益加深，

----

① 康有为：《孔子改制考》（进呈本）序。
② 康有为：《请商定教案法律，厘正科举文体，听天下乡邑增设文庙，谨写〈孔子改制考〉进呈御览，以尊圣师而保大教绝祸萌折》，《杰士上书汇录》卷2。

变法维新的呼声日益强烈的情况下刊出的。康有为托孔夫子之名，行更张旧法之实，以封建统治阶级最尊崇的偶像孔夫子的权威，来打击那些在政治上恪守旧法的顽固派，以减少新法的阻力。

然而，此书刚一刊出，舆论界就如同炸响了一声霹雳，卷起了一阵旋风，在封建士大夫的各个阶层中间都引起了极为强烈的反响。在顽固派方面，他们把民主、大同之说视作洪水猛兽，公开指责邪说横溢，人心浮动，"其祸肇于南海康有为"。他们认为："孔子之制在三纲五常，而亦尧舜以来相传之治道也"①，指责康有为伪六籍而灭圣经，托改制而乱成宪，伸民权而无君上，实属士林败类，名教罪人，要求清统治者予以严惩。

洋务派对《孔子改制考》的态度和顽固派大体相同。早在光绪二十一年（1895年）变法呼声强烈之时，康有为"入江宁，居二十余日，说张香涛开强学会，香涛颇以自任，隔日一谈，每至夜深，香涛不信孔子改制，频劝勿言此学"②，并派梁鼎芬苦苦相劝。因此，当康有为的《孔子改制考》刊出后，张之洞十分恼怒，立即在《劝学篇》中予以反驳。在洋务派看来，君臣之义，"与天无极"，而《孔子改制考》却完全抛弃了三纲五常，鼓吹民权，无论如何是不能容忍的。张之洞指责康有为有菲薄名教之心，"忘亲"，"忘圣"，"欲举世放恣黩乱而后快"。③

非但如此，由于《孔子改制考》的影响，原来与维新派关系极为密切的帝党官僚也开始改变对康有为的看法。翁同龢日记中

---

① 苏舆：《翼教丛编》卷4。
② 《康南海自编年谱》，《戊戌变法》，第4册，第135页。
③ 张之洞：《劝学篇·明纲》。

有这样一段记载：

> （四月）初七日……上命臣索康有为所进书，令再写一
> 分递进。臣对："与康不往来"。上问："何也"？对以"此人
> 居心叵测"。曰："前此何以不说？"对："臣近见其《孔子改
> 制考》知之。"①

由此可见，《孔子改制考》的刊出，在当时思想界确实引起
了一场轩然大波。康有为本来打算用孔子改制的理论为变法张
目，开通风气，唤起舆论，以转换人心士习，结果事与愿违。他
的民权、大同的理论树义太高，和者甚寡，非但不能使一般士子
接受，而且引起了整个官僚、士大夫阶层的强烈不满。尤其是康
有为有关孔子改制的考证，牵强附会，生拉硬扯，甚不严密，这
在儒家学说居统治地位的封建社会，很容易引起士人的反感。譬
如，政治上对慈禧专权极为不满的朱一新即对康有为学术上的不
严谨提出责难："明学术而学术转歧，正人心而人心转惑。"② 不
言而喻，《孔子改制考》的刊出，并没有起到预期的作用，相反
却授人以柄，给了守旧势力攻击的口实。刚毅、徐桐等顽固派因
此书而对维新派愈加怨恨，即使原先同情变法的官吏也因此书而
生疑忌之心。康有为正是考虑了上述诸种因素，决定对《孔子改
制考》做某些更动，以息众怒，以顺舆情。

康有为改写进呈此书，同时又是为了巩固光绪皇帝对他的信
任，使新法得以顺利推行。

百日维新开始后，光绪皇帝对康有为恩宠有加，深信不疑，

---

① 《翁文恭公日记》，光绪二十四年四月初七日。
② 朱一新：《朱侍御答康有为第三书》，《翼教丛编》。

并破格允许其专折奏事。康有为由一个默默无闻的小人物，变成了新政要员，他深知这种地位来之不易，深恐有人会将社会上流行的《孔子改制考》进呈清廷，借以离间他和光绪皇帝之间的关系，于是，他便于光绪皇帝召见之后，匆匆将改写本递上。

事情的发展果不出康有为所料。在康有为将此书递上不过一个月，协办大学士孙家鼐即上奏请严禁悖书。孙揭露康有为《孔子改制考》第八卷中《孔子制法称王》一篇："杂引谶纬之书，影响附会，必证实孔子改制称王而后已，言春秋既作，周统遂亡，此时王者即是孔子。无论孔子至圣，断无此僭乱之心，即使后人有此推尊，亦何必以此事反复征引，教化天下？"[①] 孙家鼐认为，正当朝廷宣告维新，百废更张之时，康有为却要"以衰周之事，行之今时，窃恐以此为教，人人存改制之心，人人谓素王可作"，其结果必然是蛊惑民智，"导天下于乱"[②]。因此，他要求皇帝明降谕旨，将康有为书中有关孔子改制称王等字样，"亟令删除，实于人心风俗大有关系"[③]。

应该说，孙家鼐对《孔子改制考》的攻讦并未抓住要害，因此光绪皇帝只是要孙家鼐"传知康有为遵照"[④]，并未使光绪皇帝怀疑康心术不正。康氏在《自编年谱》中曰："（孙家鼐）上折劾《孔子改制考》……上令军机大臣传旨与孙家鼐，令孙家鼐转传旨与我而已，并不明降上谕，盖我已将《孔子改制

---

① 孙家鼐：《译书局编纂各书，请候钦定颁发，并请严禁悖书折》，《戊戌变法》，第2册，第431页。
② 同上。
③ 同上。
④ 中国第一历史档案馆藏：光绪二十四年夏季《上谕档》。

考》进呈，并无少妄，早鉴在帝心也。"① 可见，康氏进呈此
书，是颇具先见之明的。

更有甚者，原来与维新派过从甚密的湖南巡抚陈宝箴也上书
攻击康有为对孔教的论述伤理害道："其徒和之，持之愈坚，失
之愈远，嚣然自命，号为康学，而民权平等之说炽矣。甚或呈其
横议，几若不知有君臣父子之大防"，因此他请求皇帝"饬下康
有为即将所著《孔子改制考》一书板本，自行销毁"，认为这样
既可"以正误息争"，又能使其"平日从游之徒不至眛眛然胶守
成说误于歧趋"②。除去孙家鼐、陈宝箴之外，百日维新期间还
有御史文悌、礼部尚书许应骙等人均曾攻击过康有为的民权学
说。但是，如此众多的弹劾均未能说动光绪皇帝，这不能不说与
康有为事先进呈《孔子改制考》有一定的关系。

第五节 《列国政要比较表》

《列国政要比较表》(以下简称《政要表》)是百日维新进入高
潮之际，康有为赶写出来的一部重要的经济著作。在这部书中，
康有为用数字对比的方法，说明当时中国封建经济十分落后的状
况，试图劝说清王朝最高统治者，在革新政治的同时，努力完成
经济方面的改革，尽快改变那种"民数以吾为冠，而贫以吾为

---

① 《康南海自编年谱》，《戊戌变法》，第4册，第151页。
② 陈宝箴：《请旨厘正学术以期造就人材维持风教折》，《戊戌变法》，第2册，第
359页。

殿"① 的落后状况，赶上和超过西方资本主义国家。对于这部著作，《万木草堂丛书目录》中亦有所记，谓："《列国政要表》，每表一序，另进呈有折，戊戌七月奉旨令进呈，八月抄没。"② 多年来，人们研究康有为经济思想，虽然经常提到它，但始终未能见到原本。

关于康有为这部重要著作在什么时候进呈给光绪皇帝的问题，就目前资料所载，大致有三种说法：

其一，上引张伯桢所说，"戊戌七月奉旨令进呈"。这种说法可能是错误的。因为管理大学堂大臣孙家鼐在六月底、七月初议覆六月二十七日（8月14日）徐致靖请开编书局的奏折中，已提到此书。孙折云："又查康有为编成《俄彼得堡变政考》《日本变政考》《列国比较表》《日本书目志》，业已进呈御览，其各国变政之书，亦拟陆续写呈。"③ 孙氏已提到了《列国比较表》，可见七月进呈的说法是没有道理的。

其二，《自编年谱》说，光绪皇帝于颐和园仁寿殿破格召见之后，康有为于五月"初一日，乃具折谢恩，并再陈'大誓群臣，统筹全局，开制度局'三义，又陈请废八股及开孔教会……并进呈《孔子改制考》……附呈《列国岁计政要》。疏留中"④。这里康有为明确提出此书于五月初一日进呈。但是，参酌《杰士上书汇录》中所载戊戌五月初一日（6月19日）康有为所上《为推行新政，请御门誓众，开制度局以统筹大局，革旧图新以救时

---

① 康有为：《各国比较商务表》，《列国政要比较表》（故宫博物院图书馆藏光绪二十四年进呈本，下同）。
② 张伯桢编：《万木草堂丛书目录》，《戊戌变法》，第4册，第40页。
③ 《戊戌变法档案史料》，第455页。
④ 《康南海自编年谱》，《戊戌变法》，第4册，第147页。

艰折》和《请商定教案法律，厘正科举文体，听天下乡邑增设文庙，谨写〈孔子改制考〉进呈御览，以尊圣师而保大教绝祸萌折》，所述内容与《自编年谱》所记略同，但原折只提到进呈《孔子改制考》，并未提及此书，且《自编年谱》所记书名与原书名不尽相同，故疑《自编年谱》所记有误。

其三，亦出自《自编年谱》所记："时上（指光绪皇帝）频命枢臣，催所著各国变政书……六日（月）进《波兰分灭记》《列国比较表》，七日（月）进《法国变政考》"①。康有为此处又说为六月进呈。参酌孙家鼐的议覆编书局折和其他档案材料，可以认为此书于戊戌六月进呈是可信的。因为当时维新运动已形成高潮，光绪皇帝迫切需要了解各国变法情况以为借鉴，康有为正是在这种情况下将此书进呈的。

故宫博物院所藏《政要表》系戊戌变法时康有为写呈的原本，一函一册，全书均系白纸墨笔抄写，字体前后不尽相同，像康有为的其他进呈本一样，由他本人撰写，弟子们代为誊抄。全书由序言、比较表格及按语三部分组成。该书共收录了各种不同内容的表格十三种，计有：第一，各洲诸国名号表；第二，各国比较地数表；第三，各国比较民数表；第四，各国比较每英方里人数表；第五，各国比较学校生徒人数表；第六，各国比较商务表；第七，各国比较铁路匀算方里表；第八，各国比较电线匀算方里表；第九，各国比较出洋轮船夹板装载吨数表；第十，各国比较邮政进款表；第十一，各国比较国债钱粮，并以钱粮抵还国债表；第十二，各国比较教民表；第十三，各国比较铁甲快船

① 《康南海自编年谱》，《戊戌变法》，第4册，第150页。

表。康有为在每张比较表之后，均以"臣有为谨按"的形式，结合表格内容，加进了长短不一的按语，借以表达自己的变法主张。

康有为对列国政要比较是极为重视的，他的这种思想在此前进呈的《日本变政考》中已有明确表述。他说："各国岁出入皆有会计录布告天下，日本昔无此制"，但在明治维新之后"乃行之"①。康有为认为，将国家的经济状况公之于众，"与民共之，令一国之民皆知其赢余不足，出纳度支而后不足，则国人知忧而补助之"②。康有为还主张国家应将铁路、农工商业，年年与外国加以比较，使全国百姓借此"以觇国事、政事、学业之得失盛衰，视其消长，以为法戒，又可以耸动其心"③。显然，康有为编撰、进呈此书的目的，也是"耸动"清王朝最高统治者，使之"悚然戒惧"，锐志更张，以利于新法顺利施行。

康有为在《恭谢天恩，并陈编纂群书以助变法，请及时发愤速筹全局折》中曾向光绪皇帝表白："臣所著书，或旁采外国，或上述圣贤，虽名义不同，务在变法，期于发明新义，转风气，推行新法，至于富强。"④ 那么，在这部重要著作中康有为"发明"了哪些新义，这些新义对变法的指导意义何在？

首先，康有为痛切地陈明了帝国主义的经济侵略在中国、在亚洲所造成的严重危害，论述了经济上的改革势在必行，刻不容缓。

康有为用大量事实说明，以前那种舟车不通、各不相知的时

---

① 康有为：《日本变政考》卷 6。
② 同上。
③ 同上。
④ 《杰士上书汇录》卷 3。

代已一去不复返了，一统自尊的思想应彻底抛弃。他说，在整个世界上，亚洲开辟最古，有着中国、印度、波斯这样的文明古国。但是随着资本主义的到来，许多国家先后被荷兰、葡萄牙、英国、俄国、法国所吞并，"而我（洲）数国中，惟日本变法骤强，暹罗亦将兴焉，余皆耗矣。哀哉！汉阳诸姬，楚实尽之。自古虽有废兴，而未有铲除削变若今之甚者也。览吾洲国统之衰，能不耸哉？"① 康有为继续指出：面对泰西相逼、列强环伺的新形势，中国既不能跳出大地之外，又不能为闭关之谋，只能向西方学习，奋起直追，与列国互为比较，争雄竞长，才能御外侮，止分割，扶危定倾。他认为，贫穷落后并不可怕，可怕的是"自尊胜而无与比，安怠傲而不求进"②。他说："凡物进退赢缩之故，率视其比较而已，有比较则长短、高下、大小立见，而耻心生，惧心生，竞心生，无比较则长短、高下、大小俱不见，独尊自大，不耻、不惧、不竞，无复有求进之心，则退将至矣。"③ 康有为极力劝说光绪皇帝将中国情形与外国"合而比较"，认清差距，迎头赶上，明白"今为列国竞长之时，则必以列国竞长之法治之，而不参以分毫大一统之旧"的道理，"翻然变计"④，全面维新。马克思与恩格斯在《共产党宣言》中指出：资本主义驱使资产阶级奔走于全球各地，打破一切"过去那种地方的和民族的自给自足和闭关自守状态"，"把一切民族甚至最野蛮的民族都卷到文明中来了。它的商品的低廉价格，是它用来摧毁一切万里长城、征服野蛮人最顽强的仇外心理的重炮。它迫使一切民族——

① 康有为：《各洲诸国名号表》，《列国政要比较表》。
② 康有为：《列国政要比较表》序。
③ 同上。
④ 同上。

如果它们不想灭亡的话——采用资产阶级的生产方式"①。康有为在《政要表》一书中许多按语说明 19 世纪末叶，先进的中国人已经认识到了用资本主义生产方式取代腐朽不堪的封建主义生产方式是不可抗拒的历史潮流。用康有为的话来说，这就叫作"势既相逼，不能中立"②。

其次，康有为在这部著作中还论述了经济方面的改革不能单独实行，必须与政治方面的改革同时并举，二者相辅相成，不可偏废。

《政要表》一书虽然以分析比较各国的经济状况为主，但也有不少地方直接或隐晦地将抨击矛头直接指向封建专制政体，为维新派人士直接参与清政府的中央决策机构制造舆论。他声泪俱下地告诉光绪皇帝，当前事势之急，间不容发，胶州、旅顺既弃，门户尽失，哪里能够再迟疑呢？他希望光绪皇帝以日本明治维新为图样，"按迹临摹"③，对传统的祖宗之法实行大胆改革。其具体措施则是开制度局于宫中，拔通才以济时艰，百废庶政，一切更始。而要将这些政治上和经济上的改革推行下去，取得成效，则必须坚信和依赖维新派，不拘资格，委以重任。他说："诗云：昔也日辟国百里，今也日蹙国百里。究所以然，其辟也，变法维新之故；其蹙也，守旧不变，或少变而不全变，缓变而不骤变之故。然则辟国自辟之，亡国自亡之。而守旧者尚操不变之论，或谓应少变、徐变，国家虽不采其说，而犹用其人，是虑亡之稍迟而速之也。"④ 显然，康有为所说"操不变之论"者，指的是徐桐、刚毅以及他们的后台慈禧等顽固派，他们深闭固拒，死

---

① 《马克思恩格斯选集》，3 版，第 1 卷，第 404 页。
② 康有为：《列国政要比较表》序。
③ 康有为：《日本变政考》序。
④ 康有为：《各国比较地数表》按语，《列国政要比较表》。

不进步。而持"少变、徐变"论者，是指李鸿章、张之洞等洋务派，他们"徒糜巨款，无救危败"①，对封建专制政体进行修修补补。康有为认为推行新法，绝不能依靠这些人，尤其是对于从政治上阻挠新政的"守旧之徒"，应坚决将他们抛弃。他们的根本错误，在于"泥守中国一统旧法，采择一统时之旧书，以施之诸强竞长之时"②。如果采用他们那套办法，"是犹病寒而投热剂，乘车而渡大水也，岂惟无益，适以促其亡也"③。

康有为还在许多按语中，表露出对西方资本主义政治制度的向往之情。他认为资本主义国家之所以有"若是之土地、财赋、学校、商货、兵卒、铁舰、铁路、电线"，并非只是因为那里的统治者诱之有方，励之有法，根本原因在于那里的政治制度比中国优越，是因为那里"上下相亲，天下为公"④。"若夫英、美国债之重，而国民不苦之者，彼皆民债，上下相亲、相信，与其寄资它所，不若寄之国也。……故有国者，务在爱民而教养保护之，与其农工商矿之政，国欲不富，不可得矣。"⑤康有为的这些按语反映了维新派要求摆脱封建生产关系的束缚，尽快把西方资本主义生产方式引进中国的迫切要求。

最后，康有为在这部著作中提出了一系列发展资本主义经济的主张和建议，希望中国不仅在政治上奋起，经济上亦应举国奋跃，努力向上。

康有为十分重视商业在国民经济中的作用，主张逐步地用商

---

① 《戊戌变法》，第 2 册，第 178 页。
② 康有为：《列国政要比较表》序。
③ 同上。
④ 康有为：《各国比较国债、钱粮，并以钱粮抵还国债表》按语，《列国政要比较表》。
⑤ 同上。

品经济代替传统的自给自足的自然经济，并且主张在发展民族资本主义经济中，必须努力培养、造就本国的技术力量，认为这是"富强至计"。他指出："今万国之势，竞智不竞力，竞生徒不竞兵伍"①，希望清统治者多方劝励人才，奖募创新，以便与列国比较，竞而胜之。

对于某些洋务派所办企业中一味依赖洋员、洋匠，不注重培养本民族的技术力量的愚蠢做法，康有为进行了严厉的抨击。他说："招商局开设数十年，而驾驶一切尚皆用外人，是虽有亦藉寇兵而已。"究其原因，则是不注重人才，"内无驾驶学堂故也"②。康有为强调，应想方设法提高全民族的科学文化水平，改变人才贫乏的状况。他说："大地各国人民，吾国最庶矣。然皆承旧日言之，于政治之日进无关也。""吾民虽多而愚，不识字者百之八十，其士大夫亦不读书，而无以通中外古今之故，故边事一起，如俄人之索黑顶子、巴朱尔，英人之索野人山，吾大臣、使臣皆不知之，尚何以为政？"③

康有为认为，中国之所以遭受帝国主义列强的剥削与欺凌，民族工商业之所以发展缓慢，很重要的一条原因是人才缺乏，尤其是专门人才更少。他曾举例说过，要把美锦做成衣服，必须选择裁缝而为之，庖人虽精不能使用；即使泛舟小溪，也必须择榜人为之，舆夫虽捷不能使用。他将变法维新，建立与发展资本主义的经济基础，比喻为"泛万里大航"，经常会遇到狂风恶浪，没有专门人才如何驾驶得了？他在全书最后一节按语中，分析了

---

① 康有为：《各国比较学校生徒人数表》按语，《列国政要比较表》。
② 康有为：《各国比较出洋轮船装载吨数表》按语，《列国政要比较表》。
③ 康有为：《各国比较民数表》按语，《列国政要比较表》。

人才与富国强兵的关系：不开学校培育之，"无以为士农工商之本；不注意士农工商，无以为富国之本；不富国，无以为用兵之本"①。

总之，康有为的这些主张和建议，反映了维新派在帝国主义列强和本国封建势力的双重重压下，迫切要求改变现状，迅速发展资本主义经济的强烈愿望。康有为告诉光绪皇帝，他看到帝国主义在全球范围内横冲直撞，到处掠夺，实在是感到"心骨悚然，毛耸发竖"。并且预言：今后二十年里，列强的侵略非但不会丝毫放松，而且只会加紧，"相并益急，不可言矣"②。因此，他希望光绪皇帝"虚心采纳，刚断施行"③，从根本上扭转那种工商俱败，十室九空，"以地球第一多民之国，而见削于寡民小国"的被动挨打局面。

康有为从抵御外侮、拯救祖国的愿望出发，在《政要表》一书中比较完整地提出了建立和发展资本主义经济的方案，并希望清统治者"以民生之不易，祸至之无日，戒惧之"，努力从经济上改变"中国土地、财赋、商货、学校、生徒、兵卒、船舰、铁路、电线，事事远逊人"④ 的落后状况。全书的字里行间，充满了不甘落后、奋发图强的思想，洋溢着爱国主义的炽热感情。这是全书的主导思想，在当时无疑是具有进步意义的。

但是，康有为作为刚刚由地主阶级转化而来的资产阶级知识分子，他并没有系统地阅读过关于资本主义的经济、政治、思想、文化等方面的著作，对于资本主义制度的认识，尚停留在朦

①　康有为：《各国比较铁甲、快船表》按语，《列国政要比较表》。
②　康有为：《各国比较地数表》，《列国政要比较表》。
③　康有为：《日本变政考》卷2。
④　康有为：《列国政要比较表》序。

胧的感性认识阶段，尤其是对于西方资本主义国家经济飞跃发展的内在原因缺乏正确的、深刻的认识。因此，康有为的这部著作暴露了维新派许多理论上的错误见解。

譬如，康有为虽然洞悉封建专制政体窳败腐朽是资本主义经济发展的严重桎梏，却没有勇气提出变革封建生产关系的革命要求，只是幻想在不触动清王朝封建统治的前提下实施改革。他有一段很典型的话："传曰：四海困穷，天禄永终。民贫则奸邪生，盗心起，可不念哉！吾中国咸曰天下一治一乱，视若固然。臣考之：凡黔苍之民，有室家妻子，未有欲思乱者也。然五十年间，民数辄倍，经二三百年则五六倍，而财不加多，民因为盗，以致诛死，经大乱后死人如麻，民易谋生。故谓：为治论者，不思殖民之法，而妄委之天运，岂不大谬哉！"① 在这里，康有为将他倡导的变法运动与防止"奸邪生，盗心起"联系在一起。可见，维新派进行变法，除了挽救民族危亡之外，还有防范农民起义的目的，力图使行将就木的清王朝苟延残喘，这是其一。其二，康有为提出以"殖民之法"来缓和清王朝的危机，并宣称："此理古今罕有及者，故苟得治民之道，多民而皆有以为养，虽一国而百万亿年可也。"② 康有为说"此理古今罕有及者"，这无疑是正确的，因为"殖民主义"是随着资本主义制度的出现而大量出现的，中国历代封建统治者何能及之？但他要清统治者实行此法，则是痴心妄想。封建顽固派的掣肘姑且不论，单就帝国主义列强而言，是绝不会允许中国走这条路的。康有为企图仿效西方资本主义的"殖民之法"，来缓和清王朝所面临的经济与政治危机，达到"虽一

① 康有为：《各国比较商务表》按语，《列国政要比较表》。
② 同上。

国而百万亿年可也"的目的，从理论上来讲是荒谬的，从实践上讲也是行不通的。这反映了维新派理论上的浅薄和幼稚。

康有为的另一个错误观点是，他认为西方资本主义国家经济之所以繁荣，国家之所以富强，人民之所以安乐，一个很重要的原因是他们都有明确的宗教信仰。因之，康有为在这部书中，还专门将世界各国信仰"耶稣教、天主教、希腊教、犹太教、回教、坏根教"的人数列表比较，企图从精神方面，为西方经济的迅速发展寻找原因。

康有为认为："二十四年耶稣教多至若是，而吾教未尝有传教士推广，日渐月变，所忧滋大，教变而国亦从之矣。"① 在这里，康将中国经济上的衰颓落后、政治上任人欺凌与孔教之不倡直接联系起来。这种错误认识，是与康有为的家庭出身、个人经历紧密相关的。

恩格斯在评价空想社会主义理论时，非常深刻地指出："不成熟的理论，是和不成熟的资本主义生产状况、不成熟的阶级状况相适应的。"② 以康有为为代表的维新派人士，面对当时空前严重的社会危机，以经营天下为己任，他们搞政治改革，却不敢触犯封建专制政体，不敢废除君权；搞经济改革，却不敢变革封建生产关系，不敢触及土地问题，这与整个民族资产阶级上层的软弱性是紧密相连的。尽管甲午战争之后，中国民族资本主义发展较快，但它在小农经济的茫茫夜空中寥若晨星，民族资产阶级力量非常单薄。尤其是像康有为、梁启超这样的刚刚由地主阶级

---

① 康有为：《各国比较教民表》按语，《列国政要比较表》。
② 《马克思恩格斯全集》，中文 1 版，第 20 卷，第 283 页，北京，人民出版社，1971。

脱胎而来的资产阶级知识分子，他们同旧的营垒还有着千丝万缕的联系。康有为的这些错误思想和主张，说明了当时先进的中国人在向西方学习的过程中所走过的弯路，反映了他们在封建正统理论体系中痛苦挣扎而又不能完全冲破旧思想樊篱的艰难经历。

第六节 《日本书目志》

《日本书目志》是研究康有为变法思想的重要著作之一，但往往不为人们所注意。张伯桢编写的《万木草堂丛书目录》对是书记载云："《日本书目考》，丁酉印于上海，戊戌八月、庚子正月，两奉伪旨毁板。"[1] 张氏此处将《日本书目志》误作《日本书目考》，且未言及奉旨进呈事。

关于是书向清廷进呈一事，在清宫各类档册中，尚无发现明确记载。笔者在披阅故宫博物院所存清宫遗留书目时，亦未见到此书之进呈本。唯管理大学堂大臣孙家鼐光绪二十四年七月初三日（1898 年 8 月 19 日）所递《遵旨议覆编书局折》称：

> 臣查徐致靖之疏，请开一编书局，令康有为编译外国各书恭呈御览，系为请皇上变法起见。又查康有为编成《俄彼得堡变政考》《日本变政考》《列国比较表》《日本书目志》，业已进呈御览，其各国变政之书，亦拟陆续写呈。我皇上聪明圣智，即此数种书，于列国兴废之故，岂不洞若观火乎？[2]

① 《戊戌变法》，第 4 册，第 41 页。
② 《戊戌变法档案史料》，第 455 页。

　　观孙家鼐此折，即可断定《日本书目志》在百日维新期间曾经进呈光绪皇帝御览。唯该书之进呈本尚未检获，究竟是以刻本进呈，抑或以写本呈递，尚难确定。不过，由故宫博物院现藏康氏戊戌年进呈各书来推断，《日本书目志》亦当系抄写恭呈。又据孙氏奏折所开列顺序来判断，康有为此书进呈的具体时间，似应为戊戌六月下旬至七月初三日之前的这段时间。

　　由坊间流传刊本来看，康氏在此书中将其所知道的日本新书分门别类，予以排列。全书除序言外，又分为生理、理学、宗教、图史、政治、法律、农业、工业、商业、教育、文学、文字、美术、小说、兵书等，共十五门之多。而且，康有为绝非仅仅开列日本新书书名及价目而已，更重要的是，他在开列书名的过程中，随时以按语的形式，发表自己的政治见解，以为其推行的新法张本。

　　康有为自己毫无隐饰，其在序言中即公然声称：他撰写此书的目的，是使官吏士夫通过读日本的新书，树立起彻底更张旧法的信念。其序曰："孔子作六经而归于易、春秋。易者，随时变易，穷则变，变则通。孔子虑人之守旧方而医变症也，其害将至于死亡也。春秋发三世之义，有拨乱之世，有升平之世，有太平之世，道各不同，一世之中，又有天、地、文质三统焉，条理循详，以待后世变之穷而采用之。"他指出，今天的中国虽亦汲汲思自强，但是，变法很不彻底，仅补缀其一二，以具文行之，"譬补漏糊纸于覆屋破船之下，亦终必亡而已矣"①。康氏认为，挽救危亡的最好办法，不在于军兵炮械之末，而在于其士人之学，在于大量阅读新书。今日世界各国群起争胜，日本步武泰西，变法骤强，积累

---

　　① 康有为：《日本书目志》序。

了大量的新书。"吾今取之至近之日本，察其变法之条理先后，则吾之治效，可三年而成。"日本的书籍，可为中国变法"探路"，只要安步从之，即可以"从容驾驭，尽弃阻坂，而驱坦途"①。

在《日本书目志》中，康有为还借推荐新书之机会，明确地表达了他对西方民主政治的羡慕向往之情。他在介绍各国发展史学书籍时十分深情地写道："百余年来，为地球今古万岁转轴之枢，凡有三大端焉：一自培根创新学而民智大开，易守旧而日新；一自哥伦布辟新地，而地球尽辟……而文明；一自巴力门倡民权，而君民共治。"②他称赞西方的法律，保护国民之权，不受侵犯，"人有自主之权，又有互制之法，泰西之良法哉！"③康有为认为，世界发展正是按照他以前所说的通过"拨乱世"而达到"升平世"的规律发展的。他指出外国史书中这方面的记载，中国完全可以借鉴。康氏谓："我之自论不如，鉴于人言，可去忌讳，而洞膏肓，若鉴而用焉，皆药石也。"④

但是，康有为对西方民主的认识，亦有很大的局限性。他把西方民主制度的许多内容都说成中国"古已有之"。康有为在评介有关西方国家政治学说的书中，曾说过"政治之学，最美者，莫如吾六经也。尝考泰西所以强者，皆暗合吾经义者也"⑤。康有为指出，西方自强之本，在教民、养民、保民、通民气、同民乐，而这些东西与中国古代"春秋重人，孟子所谓与民同欲，乐民乐，保民而王也"都是一样的含义。他甚至认为连西方发扬民主政治的议院，也是从

---

① 康有为：《日本书目志》卷4。
② 同上。
③ 康有为：《日本书目志》卷6。
④ 康有为：《日本书目志》卷4。
⑤ 康有为：《日本书目志》卷5。

中国学去的，他说："西方合一国人于议院，吾洪范所谓谋及庶人，孟子所谓国人皆曰贤也。"① 西方实行代议制，康有为则认为，古代"谋事必有三人，春秋所谓族会，洪范所谓三人占，则从二人言也"②。康有为把这种中国传统的帝王征询臣下意见的方式，与西方议会的讨论等同起来，实际上反映了康氏当时认识的局限。

他一方面高度赞美西方的政治制度，认为在这种制度下，能够"通天下之气，会天下之心，合天下之才，政未有善于议院者也"③；另一方面却把这种东西说成是中国古已有之，并引经据典地解释道："尧典曰：辟四门，明四目，达四聪。盘庚登进，厥民命，众悉至于庭。洪范谋及卿士，谋及庶人。孟子左右皆曰贤，诸大夫皆曰贤，未可也，国人皆曰贤，然后用之。……黄帝曰合宫，尧曰总章，三代曰明堂，中国古固有议院哉！"④ 他甚至把西方资产阶级的民权学说与封建主义的民本主义混同起来，并认为"凡泰西之强，皆吾经义强之也"⑤。中国后来衰弱，则是因为违背了古代经义。

康有为的这些论说，完全是牵强附会。以前不少论者以为康有为的这种"礼失而求诸野"的论说，是一种托古改制的策略，这种解释固然不无道理，但是，由康有为的《日本书目志》按语看来，仅仅以此解释尚难使人信服，因为它实际上反映了康有为对西方的资本主义民主政治缺乏深刻的本质认识。长期的传统理论的熏陶，使康有为还不能将资产阶级的民主精华与封建的开明

① 康有为：《日本书目志》卷 5。
② 同上。
③ 同上。
④ 同上。
⑤ 同上。

政治严格区别开来，他对西学的认识，基本上还停留在感性认识阶段，这也就为他日后的倒退埋下了根苗。

总之，《日本书目志》的按语中，包括了康有为的许多重要的变法思想，无论是政治方面，还是经济、思想、文化方面，包含的内容都至为丰富，有待进一步深入探究。

第七节　《波兰分灭记》

《波兰分灭记》是百日维新后期，康有为为了击退顽固派的猖狂反扑，使光绪皇帝痛下决心，"持之以坚"，将新法推行下去而进呈的一部非常重要的著作。由于这部著作未曾刊印，因而在张伯桢的《万木草堂丛书目录》和陆乃翔、陆敦骙所著的《康南海先生传》（上编）所附刻的《南海先生所著书目》中，均称此书已于戊戌八月政变时被抄没。① 多年来人们在研究戊戌变法史时，很少谈及这部珍贵的史料。其实，《波兰分灭记》既未被抄没，也未阙失，在故宫博物院历次所出藏书目录中，均有记载。它是康有为向光绪皇帝进呈的原本。除序之外，共有七卷，分订为三册。是书为白纸无界格，墨笔书写，字体工整，每一册扉页右下方都有作者的署名："工部主事臣康有为撰"。

康有为的这部著作，主要是叙述波兰三次惨遭俄、普、奥等国瓜分的历史事实。各卷均以叙述波兰史实为主，而分别以"臣有为谨按"的形式，紧密联系中国的实际，有的放矢地发了许多

---

① 陆乃翔、陆敦骙：《康南海先生传》上编，第 52 页。

议论。在序言和各卷的按语中，康有为以充满感情的笔触，详细分析了波兰国王守旧不变，与民隔绝，不敢大胆拔擢勇于变法更张的仁人志士，结果被沙俄等国"蹂躏而蚕食之"① 的惨痛教训，绘声绘色地勾画了一幅"涂炭其衣冠，系缧其贵族，肝脑涂地，血流成河"②，令人毛耸发竖的分灭图。康有为痛切地吁请光绪皇帝尽快开设制度局，"百废庶政，一切更始"，否则，"我之不为波兰者几希！"③ 因此，这部书刚一进呈，便深深地刺痛了光绪皇帝。正如康有为所说："当万寿后，进《波兰分灭记》，言波兰被俄、奥分灭之惨，士民受俄人荼毒之酷，国王被俄人控制之害，守旧党遏抑之深，后国王愤悔变法，俄使列兵禁制，不许变法，卒以割亡，哀痛言之。上览之为之唏嘘感动，赏给编书银二千两。"④

关于《波兰分灭记》的进呈时间，《自编年谱》中有两处提及。一处曰："惟间日进书，上采案语，以为谕旨。六日（月）进《波兰分灭记》《列国比较表》……"⑤ 另一处则更具体地说万寿后进呈。光绪皇帝生日为六月二十八日（8 月 15 日），如果康有为记忆无误，那么《波兰分灭记》当于六月二十九日（8 月16 日）进呈。

那么，在《波兰分灭记》一书中，康有为对变法维新提出了哪些思想？这部著作的重要性表现在哪些方面？

其一，它进一步揭露了帝国主义瓜分中国的阴谋，尤其是沙

① 康有为：《波兰分灭记》（故宫博物院藏光绪二十四年进呈本，下同）序。
② 康有为：《波兰分灭记》序。
③ 同上。
④ 《康南海自编年谱》，《戊戌变法》，第 4 册，第 155 页。
⑤ 同上书，第 150 页。

皇俄国侵略中国的狼子野心，揭示了中华民族当时所面临的危迫局面，把"救亡"号角吹得更响。

戊戌变法是帝国主义和中华民族矛盾激化的产物。康有为针对慈禧等人所奉行的"一意倚俄"的错误主张，联系波兰于 18 世纪下半叶惨遭瓜分的事例，着重揭露了沙皇俄国的侵略野心。他在序言中一针见血地指出："观于波兰之分灭，而知国不可不自立也！俄为狼虎之国，日以吞并为事，大地所共闻也"[1]，"自大地列国会盟以来，未闻俄有救人，但闻其规取人国而已，稍倚其力，必干预其政，至于勒裁波国之兵，私立波人为党，以控制其主，则无事不可为矣"[2]。他深刻而尖锐地指出："俄为虎狼国，岂有可从之理"，要特别留神其"使使行贿"的阴谋诡计，如果像波兰国王那样"甘心从俄"，受其贿赂，则必然会出现"国权既失，权在强邻，则立君废君皆听之，且立异姓编民亦听之"[3] 的亡国局面。

康有为在揭露沙俄侵略野心时，还特别强调了国家独立自主的重要性，他认为："欲变法自强者，宜早为计；欲保国自立者，宜勿依人。"[4] 在康有为看来，救亡之道无他，只有奋起变法，锐志更张，振兴国家，才是逃脱瓜分厄运的唯一出路。

康有为以深刻而又敏锐的洞察力，透过纷纭复杂的历史现象，指出沙俄是诸列强中最穷凶极恶者，是瓜分中国的肇始者，这对于揭露老沙皇的侵略阴谋，唤醒人们对它的警惕，无疑是很有意义的。但是，由于阶级和时代的局限，康有为对帝国主义的

---

① 康有为：《波兰分灭记》序。
② 康有为：《波兰分灭记》卷 1。
③ 康有为：《波兰分灭记》卷 3。
④ 康有为：《波兰分灭记》序。

认识还停留在感性认识阶段，他像 18 世纪末叶的波兰革新派一样，在揭露沙俄侵略阴谋的同时，忽视了其他列强的侵略野心，甚至对其寄予希望，这不能不是一个很大缺陷。

其二，它明确指出了顽固派阻挠变革，是导致国家贫穷落后以至灭亡的根本原因。

康有为沉痛地指出，波兰之所以被分割，完全是守旧大臣各存私意，多方阻挠变法所致。他说："当时通才志士以国家微弱，欲发愤变法图自立。惟大臣皆垂老守旧，不解外事。"① 波兰的守旧大臣常言"波为贵族之国，万不可使百姓明白，只可使其慕富贵，即不敢悖君上，如是，则君位乃可保全"，一味推行愚民政策。在守旧大臣看来，"今波兰之法，固甚善矣，立国已久，何必听莠言乱政，多事更张"②。

顽固派的历史罪恶就在于深闭固拒，仇视改革，反对一切新鲜事物，"一言变法，若不共戴天之仇"。他们对有志于改革的志士仁人，极尽排斥打击之能事，对"稍有忠心热血，或通外国情势，或晓解新法，讲求至熟，条理秩然者，大臣皆压抑之。诬为异端乱为，或更诬以欲为民主不道之语。播传于国，务陷之罪，以钳众口"③，从而扼杀了民族的生机。

康有为还进而分析了顽固大臣之所以拼命反对变革的原因。首先是不学无术，愚昧无知，昏昏然"不知变法为何物，因虑变法多流弊，且无把握"；其次是贪图个人荣华富贵，置国家民族安危于不顾，于是，"尤恶言变法"，担心"变法之后，非有才则

---

① 康有为：《波兰分灭记》卷 6。
② 同上。
③ 同上。

不用。彼自知无才，虑波王变法即见弃也"。因此，他们宁肯亡国，也不变法。声言："虽受制于俄，亦不失为国；若变法论才，则我辈之国先亡矣！彼不知才可学而能，国既亡不可复也。"康有为愤怒地指出：这些守旧派"愚惑成风，无一讲求新政"的根源，就在于他们"不以国之存亡为事，惟以一己利禄为事，故不思外患，惟日事内讧而已"①。

康有为通篇采用的都是指桑骂槐的比附手法。表面上他在严厉指责波兰的守旧大臣，实际上是在无情地鞭挞中国的顽固派分子。他们思想僵化，麻木不仁，对于迫在眉睫的民族危亡视若无睹，反对任何改革和进步，只是一味崇奉封建伦理纲常，把西方先进的科学知识和政治制度视若洪水猛兽；他们把有志于改革的人视作"士林败类""名教罪人"，甚至解散变法团体，迫害维新志士；他们手中掌握着军事实权，社会联系非常广泛，构成了近代中国社会中最腐朽、最反动的势力。因此，顽固派的所作所为，阻碍了生产力的发展和社会进步，是导致国家贫穷落后的主要根源。

其三，这部著作明确指出要把变法维新事业进行下去，必须持之以坚，冲破顽固派的百般阻挠。

戊戌变法是在新旧两党激烈的斗争中艰难进行的，每向前走一步，顽固派都"必出死力以阻挠之"②。但不冲破顽固派所设置的障碍，变法将一事无成。在《波兰分灭记》中，康有为劝说光绪皇帝珍惜千载难逢的变法时机，万万不可瞻前顾后，委曲迁就，否则，一为守旧者所惑，新法则将半途而废，前功尽弃。他

---

① 康有为：《波兰分灭记》卷 6。
② 康有为：《日本变政考》卷 2。

语重心长地说："圣人不能为时当变而不变者，过时则追悔无及矣。"① 他认为波兰国王对守旧派因循迁就，"新旧并用"，因而"不能上下一气"②。他说："以波兰王之明，决意变法，可谓贤主，而内制于大臣，外胁于强邻，因循不早为计，遂至于国亡身辱，妻子不保，备古今寡有之酷毒。"③

康有为非常强调主持变法之人必须有勇气，有魄力，勇于冲破顽固派的重重阻挠，才能把新法推行下去。他把俄国彼得大帝的锐意改革同波兰国王的优柔寡断做了一番比较，指出："观俄彼得之所以强，观波兰之所以亡，其欲变、知变也同，而兴亡迥异，岂有他哉？变法之勇与不勇异耳。"④ 他认为波兰国王没有勇气与守旧大臣决裂，步步退让，对维新志士又"不能专用之以变法"⑤，一切政务，仍出诸老大臣，"故阴为阻抑"⑥，致使国家社稷土崩瓦解，虽奋发慷慨，欲图恢复而不能。康有为无限感慨地说："每考波兰事而流涕太息也。谨编其略以待鉴观焉。"

康有为的这些按语有的放矢，有感而发，对光绪皇帝确实起到了振聋发聩的作用。光绪皇帝从康有为的这部著作中得到了启迪，增加了不少勇气。他"不惑于浮言，不挠于旧党"⑦，对顽固派攻击康有为等人的奏折统统驳回。正如梁启超所说："皇上深知守旧大臣与己不两立，有不顾利害，誓死以殉社稷之意，于是

---

① 康有为：《波兰分灭记》卷 7。
② 康有为：《波兰分灭记》卷 6。
③ 康有为：《波兰分灭记》卷 7。
④ 同上。
⑤ 同上。
⑥ 康有为：《波兰分灭记》卷 6。
⑦ 《戊戌变法档案史料》，第 42 页。

益放手办事。"① 他不顾慈禧的反对、顽固派的恐吓，将阻挠礼部主事王照上书的怀塔布、许应骙等礼部六堂官统统罢斥，并将谭嗣同等四人擢为军机章京，参与新政，以及接受维新派的建议，同意开懋勤殿，召见袁世凯，等等，这些果敢行为，都是在读了《波兰分灭记》之后采取的。

《波兰分灭记》与之前所进呈的《日本变政考》，都引起了光绪皇帝的重视，堪称姊妹篇。在《日本变政考》中，康有为为光绪皇帝描绘了一幅日本明治天皇进行改革时，"重起天地，再造日月"的宏伟蓝图，以便光绪皇帝"按迹临摹"②；在《波兰分灭记》中，康有为又根据当时的形势，进一步提出了一些具体措施：

一曰：改宪法而图维新。鉴于旧法已不可再用，非采万国之良法，重新设局另行草定新法不可。

二曰：任客卿以办新政。因为"百官不知外国之故，又乏学问"，因此，必须聘请外国政治家来指导新政。其具体做法是"每衙门派一人，以为咨访"，但"恐其窃位"因而"不授以实官"。

三曰：拔通才以济时艰。老臣的泄沓守旧，导致了国家的懦弱不振，要推行新政，就应该"尽拔天下通才，不拘资格，授以事任"。

四曰：设经济以理财政。选"少年能任事之人以总之"，以最快的速度发展农、工、商业。

五曰：变衣服以易人心。由于"守旧者固结甚深，非易其衣

___

① 梁启超：《戊戌政变记》卷3。
② 康有为：《日本变政考》序。

服不能易人心，成风俗，新政亦不能行"，因此须将衣着尽行改换。①

应该指出的是，康有为所开列的这几条措施，并非完全是波兰改革家们当所采取的行动，其中大多是康有为从中国的变法运动的实际需要出发，以表达19世纪末叶中国维新派的心声。从波兰18世纪90年代的情况来看，当时的波兰社会面临着空前严重的民族危机与政治危机。以胡果·科旺泰（1750—1812）、斯坦尼斯瓦夫·斯塔西茨（1755—1826）为首的一些中小贵族和新兴的资本家，"从与思想生活沸腾的法国的接触中汲取真正的教益"②，在欧洲资产阶级启蒙运动影响下组成"爱国主义党"。他们对国内反动贵族的叛卖活动十分不满，对在国际上任人欺凌、任人摆布的地位感到痛心疾首，决心为维护国家的独立而斗争。在1788年至1792年间召开的议会里，爱国主义党人占了优势。他们为了复兴自己的国家，摆脱沙俄的控制，进行了英勇的斗争，并于1791年5月3日通过了新的宪法，决定废除沙俄的特权，对波兰的政治制度进行一系列重大改革。恩格斯对这个宪法评价很高，认为它"在维斯瓦河两岸竖起了法国革命的旗帜"③。可见波兰当时的政治局面与中国戊戌变法时期是不完全相同的，因此，二者所采取的措施也不可能完全一致。其主要不同点在于，波兰改革家们的奋斗目标是制定宪法，召开国会，而康有为在戊戌维新时期的政治纲领是极力争取"开制度局于宫中，将一切政事重新商定"④。如《日本变政考》中所讲的那样，康有为

---

① 康有为：《波兰分灭记》卷6。
② 斯坦尼斯瓦夫·阿尔诺耳德、马里安·瑞霍夫斯基：《波兰简史》，第92页。
③ 《马克思恩格斯选集》，3版，第3卷，第288页，北京，人民出版社，2012。
④ 《戊戌变法档案史料》，第7页。

认为戊戌维新时开国会、立宪法为时过早。

康有为在《波兰分灭记》序言中明确指出:"我辽东之旧地,实藉俄力,而以铁路输之,今岁则以旅大与之,动辄阻挠,我之不为波兰者几希。今吾贵族大臣未肯开制度局以变法也。夫及今为之,犹或可望,稍迟数年,东北俄路既成,长驱南下,于是,我乃欲草定宪法,恐有勒令守旧法而不许者矣。"① 据清宫档案记载,康有为在进呈《波兰分灭记》十多天之后,又于七月十三日(8月29日)上疏光绪皇帝,再次强调以波兰事为借鉴,尽快在内廷开设制度局的主张,"万国眈眈,虎视此土,如箭在弦,如马在坻,既无俄人西伯利之路,岂能待我数年教训乎? ……制度局不开,措施之散漫乖错,延阁如彼,犹泛沧海而无航,经沙漠而无导,冥行乱使"②。"至于纂波兰分灭之记,考其亡国惨酷之由,因变法迟延之故!"③ 可见,康有为所竭尽全力争取的不是开国会,立宪法,而是设立制度局。

但是,人们由于没能见到康有为在戊戌变法时所进呈的此书原本,只能用《戊戌奏稿》来研究其百日维新时期的政治主张,而《戊戌奏稿》则于宣统三年(1911年)才出书,其时距百日维新已达十三年之久。事过境迁,政治形势发生了很大变化,因此,《戊戌奏稿》所辑奏疏之内容多有改易,特别是在一些重大问题上。譬如《戊戌奏稿》所收录的《进呈波兰分灭记序》已改得面目全非,与戊戌进呈原本几无共同之处,如把原序中要求开制度局那段话改为:"与其分灭于外,惨为亡国之戮囚,孰若付

---

① 康有为:《波兰分灭记》序。
② 《杰士上书汇录》卷3。
③ 同上。

权于民，犹得守府而安荣。乃逡遁避终，徘徊不决，至于国势濒危，大势尽去，乃始开国会而听之民献，则已为强邻所制，虽有无数之忠臣义士，终无救于亡矣。"① 长期以来，学界对维新时期康有为的政治思想评价欠公允，尤其是对他这一时期的立宪思想评价不当，在读了《波兰分灭记》等书之后，便会一目了然。

第八节　《戊戌奏稿》等书开列，实际上
并未进呈的书目考订

康有为在戊戌年曾经向光绪皇帝进呈过不少指导变法的新书，这些新书对指导新政作用甚大。但是，康氏所进新书除上文已论列者之外，在《戊戌奏稿》中，还附录了另外一些新书，并声称曾于戊戌年向清廷呈递。在《杰士上书汇录》中，康氏还说了一些已经撰好，或正在撰写的新书。这些新书目录，与康氏《自编年谱》及清宫档册的记载，诸多不符。在故宫博物院的清代遗留的进呈书籍中，亦尚未检出。

为了准确了解康有为的变法活动及戊戌年进呈新书情况，以下将把《戊戌奏稿》等书已经开列，实际上并未进呈的书籍，略予澄清，以存真迹。

《突厥削弱记》

据张伯桢编《万木草堂丛书目录》记载："《突厥削弱记》，

---

① 康有为：《戊戌奏稿·进呈波兰分灭记序》。

六卷，戊戌五月奉旨令进呈。八月抄没。"① 《戊戌奏稿》一书，亦辑有《进呈突厥削弱记序》一文，并注明系戊戌五月。② 同书所辑《请尊孔教为国教，立教部教会，以孔子纪年而废淫祀折》亦声称曾进呈是书③，唯书名作《突厥守旧削弱记》。

但是，值得注意的是，《自编年谱》中，所记戊戌年进呈新书中，并没有说过曾将此书进呈。在《杰士上书汇录》所辑各折中，康有为不时将其撰写新书书目，向光绪皇帝呈报，始终未曾言及《突厥削弱记》一书。因此，似乎可以断言，戊戌年康有为并未向清廷进呈过这本书。按《戊戌奏稿》所记，此书为戊戌五月进呈，而戊戌七月初三日（1898 年 8 月 19 日）协办大学士孙家鼐所递《遵旨议奏折》，所罗列康有为所进各书，亦未见言及是书。④ 黄彰健先生《〈进呈突厥削弱记序〉辨伪》一文，怀疑此序未必是真折，并指出该"序文说'窃幸恭逢皇上神圣英武，维新变法，且决立宪，有以起病而扶衰焉。'语气与《请立宪开国会》伪折同，此可证其伪"⑤。黄先生揭示其作伪，无疑是非常正确的。但结合清宫档册及进呈书籍观之，《突厥削弱记》根本就未曾向清廷进呈过。

《新学伪经考》《春秋董氏学》

张伯桢《万木草堂丛书目录》对《新学伪经考》的记载是："光绪辛卯刻于广州，各省五翻印，甲午奉旨毁板，戊戌、庚子

---

① 《戊戌变法》，第 4 册，第 39 页。
② 康有为：《戊戌奏稿·进呈编书序目》。
③ 参阅《戊戌奏稿》，第 26 - 27 页。
④ 《戊戌变法档案史料》，第 455 页。
⑤ 黄彰健：《戊戌变法史研究》，第 572 页。

又两奉伪旨毁板，今再刻未讫。"① 对《春秋董氏学》的记载是："光绪丙申刻于广州，戊戌、庚子，两奉伪旨毁板，今再刻。"② 但是，据汤志钧先生考释，此书为光绪二十四年戊戌上海大同译书局刊本；而大同译书局本谓，撰于光绪二十三年十月朔日（1897 年 10 月 26 日）。而这时该局甫在上海创设，次年三月三十日（1898 年 4 月 20 日）《申报》即有《春秋董氏学》出书广告。③ 照此说来，张氏所谓丙申（光绪二十二年，1896 年）刻于广州之说，当属倒填。

由张伯桢所记观之，康有为的《新学伪经考》与《春秋董氏学》两书，戊戌年间并未向清廷进呈过。然而，在康有为的《戊戌奏稿》一书中，却辑有《为进呈〈孔子改制考〉〈新学伪经考〉〈董子春秋学〉敬备宸览，乞设立教部、教会，并以孔圣纪年，听民间庙祀先圣，而罢废淫祀，以重国教折》。该折堂而皇之地言道：

> 窃臣昔面对，蒙荷圣慈，令进所著群书……以臣愚陋，粗事撰述，奚足以仰承天鉴。乃蒙眷问稠叠，自非大圣人虚怀下问，垂采刍荛，安得有此。经昼夜写黄，将臣所编《日本明治变法考》《俄大彼得变政致强考》《突厥守旧削弱记》《波兰分灭记》《波国革命记》进呈御览，聊备法戒。然凡此只言治术，未及教旨，未足以上酬圣意也。今并将臣所著《孔子改制考》《新学伪经考》《董子春秋学》（按：康此处记书名有误，应为《春秋董氏学》）进呈，以卷帙繁重，日月

---

① 《戊戌变法》，第 4 册，第 38 页。
② 同上。
③ 汤志钧编：《康有为政论集》，上册，第 196－197 页。

迁速，未及写黄，谨以刻本上呈，惶恐万罪。①

康氏此折系到日本后重新撰写，失误比比皆是。其中有的是由于康有为记忆不确，诸如《日本变政考》《俄彼得变政记》等书名记忆不确；有的则系有意伪造历史，如《孔子改制考》前已阐明，分明是"写黄进呈"，康氏偏说是以"刻本上呈"。至于《新学伪经考》《春秋董氏学》两书，康氏根本未曾进呈，其理由如下：

其一，据康氏《自编年谱》记载，他在光绪皇帝召见后，"乃与幼博游西山。既还，将议诣宫门谢恩，以诸臣忌甚，又无意当差，于（五月）初一日，乃具折谢恩……又陈请废八股及开孔教会，以衍圣公为会长，听天下人入会，令天主、耶稣教各立会长，与议定教律。凡有教案，归教会中按照议定之教律商办，国家不与闻。并进呈《孔子改制考》，请听沿边口岸准用孔子纪年，附呈《列国岁计政要》。疏留中"②。康有为这里记得十分清楚，他为劝说光绪皇帝立孔教会，曾进呈过《孔子改制考》，并没有丝毫涉及《新学伪经考》与《春秋董氏学》的进呈问题。

其二，康氏《戊戌奏稿》中的《请尊孔教为国教，立教部教会，以孔子纪年而废淫祀折》系根据《请商定教案法律，厘正科举文体，听天下乡邑增设文庙，谨写〈孔子改制考〉进呈御览，以尊圣师而保大教绝祸萌折》改删而来，真折已辑入《杰士上书汇录》。康氏真折称：

臣考孔子制作六经，集前圣大成，为中国教主，为神明

---

① 康有为：《戊戌奏稿》，第 26-27 页；又见《戊戌变法》，第 2 册，第 231 页。
② 《康南海自编年谱》，《戊戌变法》，第 4 册，第 147 页。

圣王，凡中国制度义理，皆出焉。故孟子称，孔子春秋为天子之事，董仲舒为汉代纯儒，称孔子为改制新王，周汉之世，传说无异，故后世祀孔子皆用天子礼乐，唐宋以前上尊号为文宣王。臣谨从孟子、董仲舒之义，纂周汉人之说，成孔子改制考一书，谨写呈敬备乙览。①

真折凿凿可信，康氏进呈的只有《孔子改制考》一书，并未呈递《新学伪经考》与《春秋董氏学》。

据光绪二十四年《上谕档》记载，五月初四日（6 月 22 日）"总理各国事务衙门奏，代递主事康有为条陈折，又康有为进呈《孔子改制考》折，并书一函，奉旨留"②，更可证明是二书未曾进呈。

其三，《新学伪经考》是一部引起严重争议的书，许多人因此书而群起攻之，李翰章在《查覆举人康祖诒参款折》中，亦明言"既经参奏，即饬其自行抽毁"③，康有为怎么敢再次将已"抽毁"之书，再行进呈，这岂不是自找麻烦？康有为在《戊戌奏稿》中所说的这些假话，实在是经不起推敲。

除以上三本书可以断定戊戌年未曾进呈外，还有几部书亦应略予讨论。

康有为在《译纂〈日本变政考成书〉折》中谈道：

臣尚有《英国变政记》《法国变政记》《德国威廉第三作内政记》《波兰分灭记》，大地兴亡法戒，略尽于是矣。④

① 《杰士上书汇录》卷 2。
② 中国第一历史档案馆藏：光绪二十四年夏季《上谕档》。
③ 《德宗景皇帝实录》卷 344，第 5 页。
④ 《杰士上书汇录》卷 1。

康有为在七月十三日（8月29日）的《恭谢天恩，并陈编纂群书以助变法，请及时发愤速筹全局折》中又称：

> 臣所著书，或旁采外国，或上述圣贤，虽名义不同，务在变法，期于发明新义，转风气，推行新法，至于自强。臣尚编有《皇朝列圣改制考》一书，详述列圣因时制宜，变通宜民之制，尚未脱稿，如蒙赐览，当赶速辑缮恭呈。①

上述各书，除《波兰分灭记》于戊戌七月进呈外，其余数种，均可能因时日紧迫，并未来得及进呈。唯《法国变政记》一书，康有为于《自编年谱》中称："六日（月）进《波兰分灭记》《列国比较表》，七日（月）进《法国变政考》，其德、英二国变政考，至八月上，而政变生矣。"②

据康氏自称《法国变政记》似乎已于戊戌七月进呈。故张伯桢编《万木草堂丛书目录》亦云："《法国革命记》四卷，戊戌六月奉旨令进呈，八月抄没。"③ 康氏与张伯桢均称此书曾进呈，唯所署时日有异，且书名亦不同。《戊戌奏稿》尚辑有《进呈法国革命记序》一篇。

然而，据我推测，康有为此书亦可能并未呈递。因为按照康有为戊戌进呈新书的惯例，大凡要进呈某国变政考一类的书籍，均有进呈折同时呈进，今《杰士上书汇录》中未收有进呈《法国变政记》的奏折，很有可能康氏没有进呈过是书。再有，七月初三日（8月19日）协办大学士孙家鼐奏折，未言及此书。④ 这似

---

① 《杰士上书汇录》卷3。
② 《康南海自编年谱》，《戊戌变法》，第4册，第150页。
③ 《戊戌变法》，第4册，第39页。
④ 孙家鼐：《遵旨议覆编书局折》，《戊戌变法档案史料》，第455页。

可证明七月初三日前并没有进呈。而康氏《自编年谱》记，他自七月十二日（8月28日）（按：据《杰士上书汇录》所记，应为七月十三日）后，"以制度局未开，不复言事矣"①。如此看来，康有为的《法国变政记》很可能并未呈进。其《自编年谱》所记此事，很可能虚妄不实。

尤其是《戊戌奏稿》所辑《进呈法国革命记序》一文，将年谱的"七月"，改作"六月"，将《法国变政记》改作《法国革命记》，且谓："流血遍全国，巴黎百日而伏尸百二十九万，变革三次，君主再复，而绵祸八十年。十万之贵族，百万之富家，千万之中人，暴骨如莽，奔走流离，散逃异国，城市为墟，而革变频仍……至夫路易十六，君后同囚，并上断头之台，空洒国民之泪，悽恻千古……革命之祸，遍于全欧……而君主杀逐，王族逃死，流血盈野，死人如麻……"②

这些论说似乎不像是戊戌年间启发光绪皇帝奋起变法，倒像是在辛亥革命风暴来临之前，康有为诅咒革命的言词。康氏甚至称："窃观近世万国行立宪之政，盖皆由法国革命而来"云云，更标明了此折的改纂痕迹。故黄彰健谓："此文言立宪，其语气与《请定立宪开国会》伪折同。"③ 由此似更可断言《法国变政记》未曾向清廷呈递。

当然，由于故宫博物院的清室遗留书籍不时有新的发现，上述推断是否准确，似还有待进一步证实。

---

① 《康南海自编年谱》，《戊戌变法》，第 4 册，第 156 页。
② 《进呈法国革命记序》，《戊戌变法》，第 3 册，第 7 - 8 页。
③ 黄彰健：《戊戌变法史研究》，第 573 页。

第九章

局势的恶化与康有为的挽救之策

戊戌七月下旬，新旧两党矛盾激剧尖锐，以慈禧、荣禄为首的后党，对于新党的举措已经达到了不能容忍的地步。尤其是光绪皇帝根据康有为的建议，亟亟争取在宫中开设懋勤殿和裁汰冗署的决定，引起守旧势力的极度不满。于是，他们或制造流言蜚语，诋毁光绪皇帝和康有为，或策划于密室，积极准备发动政变，扑灭新政。康有为对于局势的迅速恶化亦感到压力沉重，因此，他动员了身边的一切力量，力图对守旧势力的反扑进行回击。但总的看来，康有为所采取的措施并不成功，有的甚至是非常错误的，非但未能有效地遏止旧党的行动，反而加速了政变的到来。

第一节　罢黜礼部六堂官后的朝局

开放言路是维新派的一贯主张。康有为在其变法奏议中，屡次强调应鼓励士民上书，采纳天下舆论。在《上清帝第六书》

中，康氏提出日本维新之始所办的三件大事中，有一件即是"设
待诏所许天下人上书"。根据日本的经验，康有为建议，光绪皇
帝在午门设立待诏所，"派御史为监收，许天下人上书，皆与传
达，发下制度局议之，以通天下之情，尽天下之才。或与召见，
称旨者擢用，或擢入制度局参议"①。百日维新开始后，康有为
又多次要求开放言路。他在进呈《日本变政考》一书时，再次强
调了日本明治维新成功的经验之一就在于，"广集众议，博采舆
论"，因为天下之事甚多，绝非少数人之聪明才力可以胜任，更
不是那些"一二老臣，精力既衰，学问甚旧之人所能办"，日本
在维新过程中，广泛征集国人的建议，"上自侯伯，而下及于庶
士"②。

　　然而，在封建专制制度下，开放言路却并非一件轻而易举之
事。封建皇帝为了巩固自己至高无上的统治地位，千方百计地钳
制言论自由，百姓既不能随心所欲地发表自己的政见，更不能向
皇帝上书。有清一代，上书格式极严，"除督抚卿贰台谏数十人
外，无能递折上言者，即叩阍亦不能递"③。千百年来，对国家
大事，只有少数人有发言权，绝大多数人民群众被排斥在外。清
政府规定，一般士民上书只能经由都察院代递，而都察院在代递
之前，亦有种种严格限制，是汉人者，必须有同乡京官之印结；
是满人者，则必须随带佐领发下的图片，而印结与图片的取得是
非常不容易的，不仅要花费大量的银两，而且还会屡遭责难。尤
其是"八旗佐领少见多怪，畏事喜功，其积习如出一辙，微末士

---

　　① 康有为：《外衅危迫，分割洊至，宜及时发愤，大誓臣工，开制度新政局折》，
《杰士上书汇录》卷1。
　　② 康有为：《日本变政考》卷2。
　　③ 梁启超：《新政诏书恭跋》，《戊戌变法》，第2册，第86页。

人，有为条陈取具图片者，白眼阻格，在所不免"①。因此，经由都察院代奏者，亦属有名无实，少得极为可怜。而那些有上奏之权的督抚卿贰，皆累数十年资格而后至，耆老昏庸，因循守旧，所以皇帝所能听到的皆是"守旧愚陋之谈"。这种政治上的极端不民主，正是造成中国落后的根源之一。维新派抓住这一问题，反复上书，争取言论和结社的自由，应该说是切中时弊的。

但是，由于光绪皇帝的软弱地位，虽然他明诏敦促中外大小臣工力言新政，部院司员有条陈事件者，由各堂官代奏，士民则赴都察院呈递，"毋得拘牵忌讳，稍有阻格"②。但守旧大臣却不予理会，于是终于发生了礼部阻挠王照上书事件。

王照，字小航，直隶宁河人，光绪甲午进士，由庶吉士改官礼部主事，"治事有能名"③，与维新派颇多往还。戊戌七月初五日（1898 年 8 月 21 日），王照响应光绪皇帝鼓励臣工昌言新政的诏令，在礼部上书条陈三事：一是请旨宣示削亡之祸，已在目前。指责守旧派"视改旧章为伤元气，倡新政为启乱萌"，以空谈正学术为纯臣，以致新法难以推行。二是请皇上奉太后巡幸中外，先自日本始，体太后之意而变法。三是尊孔子为国教，设立教部，专门讨论经术，维系纲常，以正人心风俗，学堂则以学课为主，宜另立学部统辖。

王照上书的深意在于调和光绪皇帝与慈禧之间的关系。他认为守旧者皆阴持太后，以阻挠新政，而太后早年"原喜变法，此时因不得干政，激而阴结顽固诸老，实不过为权利之计耳。余为

---

① 镶白旗蒙古生员诚勤：《为旗士上书，宜预防阻格，不发图片，请饬各都统明白晓谕片》。

② 《德宗景皇帝实录》卷 421，第 16 页。

③ 胡思敬：《戊戌履霜录》卷 4。

皇上计，仍以变法之名归诸太后，则皇上之志可伸，顽固党失其倚赖矣。而张荫桓之为皇上谋，与此意相反；南海袒张，谓撤帘已久之太后，不容再出……余如鲠在喉，非言不可；故假借游历外邦之大题目，出此架空之论……而调和之术行乎其中矣"①。

　　但是，守旧派对王照的调和之术并不满意。礼部堂官怀塔布、许应骙等，"掷还王折，不肯代递"，于是堂司交哄。王照上书劾堂官公然违旨阻挠上书，怀塔布则递折称王照"条陈时务，藉端挟制"。在这场冲突中，光绪皇帝完全站在维新派一边，他认为朝廷广开言路，本期明目达聪，逐言必察，"诚以是非得失，朕心自有权衡，无烦该堂官等鳃鳃过虑也。若如该尚书等所奏，辄以语多偏激，抑不上闻，即系狃于积习，致成壅蔽之一端，岂于前奉谕旨，毫无体会耶？"② 于是下令将怀塔布等六人全部交部议处。

　　王照上书所引起的冲突并非一起孤立的、偶然的事件，它是维新派与守旧派矛盾长期衍化的结果。而且，从康有为的《自编年谱》来看，王照的过激行动是在康广仁的鼓动下才采取的。③因为五月初二日（6 月 20 日）御史宋伯鲁与杨深秀联名弹劾许应骙守旧迂谬、阻挠新政的奏折，亦是康有为鼓动而上的。苏继祖对其中原委颇有揭示，谓："尚书许公与康树敌，曾劾康，康又使人劾许，互相攻讦屡矣。今见王照所言，大都维新之道，正触其恶，不欲代奏；王又为康友，素知许与新党为难，故面斥其背

----

① 王照：礼部代递奏稿，《戊戌变法》，第 2 册，第 355 页。
② 《德宗景皇帝实录》卷 424，第 11 - 12 页。
③ 《康南海自编年谱》谓：王照上书后，礼部尚书许应骙、怀塔布掷还，不肯代递，"幼博以为皇上明目达聪，广开言路，岂容大臣阻蔽不达，谓宜劾之。小航性勇直，即具折弹劾堂官"（《戊戌变法》，第 4 册，第 156 页）。

旨，壅蔽言路，复具一折劾之。"① 可见，王照事件所反映的正是康有为与许应骙之间的宿怨和冲突。这一事件的发生，大大激化了新旧两党的矛盾，加剧了彼此间的冲突。梁启超在对光绪皇帝罢黜礼部六堂官上谕所加按语中即指出："礼部全堂即斥，守旧大臣皆怒，至是咸怀震动之心，荣禄亦惧不免，于是祸变促矣。"② 可见，光绪皇帝的这一举动，带来的后果是十分严重的。

第二节　保荐袁世凯

在新旧两党矛盾急剧尖锐的情况下，康有为深感光绪皇帝势薄力单，尤其是皇帝手上没有掌握兵权，不足以对付守旧势力的突然袭击。康有为对此忧心忡忡，其《自编年谱》记曰："是时以天津阅兵期迫，收兵权则恐警觉，不抚将帅则恐不及事，日夜忧危。复生至是知上果无权，大恐惧。吾于是连日草请仿日本立参谋本部，选天下虎罴之士，不二心之臣于左右，上亲擐甲胄而统之。"③ 于是康有为首先想到了袁世凯。推荐袁世凯是百日维新期间的一件大事，它与戊戌变法的成败有着极为密切的关系，故此事之原委不可不辨析清楚。

袁世凯，字慰亭，河南项城人。父保庆，官江南盐巡道，为项城地方世族。袁世凯"少恣纵，吴重熹守陈州，考试拔前茅，

① 苏继祖：《清廷戊戌朝变记》，《戊戌变法》，第 1 册，第 339 页。
② 梁启超：《戊戌政变记》卷 1。
③ 《康南海自编年谱》，《戊戌变法》，第 4 册，第 159 页。

得入邑庠，旋以资为中书"①。光绪八年（1882 年）随吴长庆督
兵赴朝鲜，以功推同知。十一年（1885 年），由于李鸿章的推
荐，奉旨以道员升用，加三品衔，驻朝鲜总理交涉商务事宜。光
绪二十年（1894 年）朝鲜东学党举事，李鸿章电总署召袁回国，
适逢中日战争爆发，袁氏得浙江温处道实缺，滞留京师，迟不赴
任。袁氏与维新派相交，亦在此时。当时，康有为与梁启超在京
师成立强学会，袁世凯即为该会发起人之一，并捐多金入会②，
与维新派关系十分密切。

　　长期以来，不少论者由袁世凯后来的表现，推论其早期与康、
梁等人的交往，往往谓其伪装维新，将其参加强学会等活动称为
投机行为，虚假地赞成变法。其实这种评价并不十分确切。

　　袁世凯由于长期居留朝鲜，故对外洋情形了解较为真切。
《马关条约》签署之后，康、梁倡言变法维新，袁世凯亦不甘落
后。光绪二十一年六月十二日（1895 年 8 月 2 日）光绪皇帝召见
了袁世凯，并命其条陈变法事宜。袁氏条陈于七月初一日（8 月
20 日）递上，此条陈已由清档中检出，它无疑是表明袁世凯当
时对变法维新之态度的最佳见证。该条陈开首即称：

　　　　窃维天下大势，递变而不穷者也。变局之来，惟变法以
　　应，则事变乃消弭于无形。此次军兴失利，势诚岌岌，然果
　　能中外一心，不忘仇耻，破除积习，因时变通，不过十数年
　　间，而富强可期，是亦更始之一大转机也。

----

　　①　沃丘仲子：《当代名人小传》卷上，第 3－4 页。
　　②　梁启超：《与穗卿足下书》（光绪二十一年八月初三日）谓："此间数日内袁慰
庭、陈仲垣诸人开一会，集款已有二千（以后尚可通达官得多金），拟即为译书、刻书、
刻报地步，若能成亦大佳也。"《梁启超年谱长编》，第 42 页。又梁氏《初归国演说辞》
亦谓："袁公首捐金五百。"《饮冰室合集》，文集之二十九，第 1 页。

顾说者谓：我国声名文物，远驾他邦，何必舍己从人，
轻更古制？不知孝悌忠信，礼义廉耻，自应恪守我法，而富
国强兵之道，彼已久著成效，势不得不参用各国新法，择善
而从。试观三代之际，行井田，设封建，秦汉而后，农政钞
法，兵律官制，迭经更易，降至今日，旧制所存者，百难一
举。以汉宋大儒名臣，亦不能强违时势，追复三代成规，盖
因时制宜，人心运会，有必不能相沿者也。①

袁世凯讲得非常明白痛切，他是衷心地赞成变法的，他不羡
慕三代成规，而主张因时变通，并认为这是富国强兵的重要途
径。这些论说与康有为当时的一些变法奏议比较起来并不逊色。

抑不特此，袁世凯对于当时流行的与俄国结盟的倾向，亦表
示反对。由于《马关条约》签署后，俄国出面，邀约德、法两国
共同干预，强迫日本将辽东半岛归还中国，而在中国官绅中间出
现了与俄国结盟的呼声。袁世凯则认为：

历观中外各国交涉情形，万国公法，指势力相均者言
之；两国条约，为承平无事时言之；强邻奥援，又为彼图自
利者言之。处今日之势，欲弭衅端杜外侮，舍亟求富强之
道，讵有他策？且万国君臣，莫不互引治法，力图振兴，精
益求精，孜孜不已。而我犹蹈常习故，孑然默处于五洲之
中，风气隔阂，制胜无术，具繁庶之资，而甘居贫弱如病
者，以屝躯而博狼虎，欲求倖免，曷可得乎？②

① 中国第一历史档案馆藏：袁世凯《遵奉面谕，谨拟条陈事件呈》（光绪二十一年
录副奏折）。
② 同上。

袁世凯认为，欲消弭外侮，只能靠变法图强，而不能依赖与外国结盟。这些议论，比当时的一些封疆大吏高明许多，原因就在于其见闻广博，故能洞见本源。

袁世凯当时已提出以日本为变法的榜样，并言及外国公卿出洋游历的问题。袁氏谓：

> 说者又谓，用夷变夏，古有明训，缙绅子弟，耻与彼族共周旋，不知通商开禁以来，门户洞启，即欲闭守，亦无善道，既不能不与各国交际往来，自必须习知其风土人情，始可相机制服，不为欺侮，犹之知物性者，虽猛虎毒蛇，亦可训而豢之；不知物性者，虽犬马牛羊，亦不免触噬之患。近来海外各国王子公卿每多出外游历，并学习他国语言文字，无他，亦以备两国有事，为折冲樽俎，指挥筹用耳。
>
> 日本幅员仅敌我两省之地，我则十数倍之，彼之所以胜者，由于讲求西法，实力推行；我之所以败者，由于拘守旧规，罔思改辙。殷鉴不远，亟宜更张。以我之地大物博，但求日人所以制胜之故，而事半行之，必将雄视海内，强邻悚息。①

甲午战后袁世凯所递的这一条陈，规模宏伟，条理粲然，涉及政治、经济、文化、军事、外交等方面的改革，洋洋一万三千余言，共分为储材九条、理财九条、练兵十二条、交涉四条，与康有为的《上清帝第二书》有异曲同工之效。

尤可注意者，袁世凯第一条具体建议就是在京师设立馆院。馆院的人选是"由六部九卿，翰詹科道诸衙门内精选品学敦实及

---

① 中国第一历史档案馆藏：袁世凯《遵奉面谕，谨拟条陈事件呈》。

留心时务之员，以入其中，并罗致各省有用之才，与之同处。延请精通各种学问西师数人，与之切磋；更令在外洋之华人，周旋介绍，优以廪饩，隆以礼貌，略仿同文馆之例而扩充之。简派亲王大臣督领其事，并设提调总办，司事支发，巡查各馆，斟酌于中国书院、外国学堂之间，分天算、舆地、制造、机器……及各国条约、律例、史事、语言文字各门，各就学之所习，性之所近，分隶各处，互相考证，日察之，月省之，岁计之……俾各努力自好，期底于成。每遇枢译各处关系国计民生利害大端，交各员分条妥议，折衷至当"①，以备采择。可见，这里所谓的馆院，既类似于书院，又类似于议事机构，其目的是"集众人之思虑以施政，罗天下之才智以救时"，使国家的措施无乖误，因应咸得宜。并且在办出成效之后，向各省推广。这与康有为在《上清帝第二书》中所建议的选举议郎，"皇上开武英殿广悬图书，俾轮班入值，以备顾问"，虽性质不同，但在集众才以议事这一点上却不乏相似之处。

总的看来，袁世凯在甲午战后，是倾向变法维新的，其对于西法的了解，并不在康有为之下。袁世凯对变法的赞同，来自袁氏对中国在世界上所处地位的了解，故深感列强"蚕食生心，逼处日近"，"骎骎图我，决无餍心"，与外国相比较，不变法则不能自存，不采择西法则不能致富强。因此，他"刻以国耻时艰为念"，亟思补救，这正是袁世凯在京师成立强学会期间能和维新派人士相接近的思想基础，舍此即不可能理解，为什么康有为向光绪皇帝推荐"天下虎罴之士，不二心之臣"，首先就想到了袁

---

① 中国第一历史档案馆藏：袁世凯《遵奉面谕，谨拟条陈事件呈》。

世凯。事实上，早在荐袁之前，康有为也曾设想过取得聂士成军队的支持。王照在《方家园杂咏二十首并纪事》一文中曾说：

> 在袁氏奉诏来京之十日前，南海托徐子静及谭复生、徐莹甫——子静名致靖，莹甫子静次子仁镜也——分两次劝余往聂功亭处，先征同意，然后召其入觐，且许聂以总督直隶。余始终坚辞，曾有王小航不作范雎语。迨至召袁之诏下，霹雳一声，明是掩耳盗铃，败局已定矣。世人或议世凯负心，殊不知即召聂、召董，亦无不败。……当日徐子静以老年伯之意态训余曰："尔如此怕事，乃是为身家计也。受皇上大恩，不趁此图报，尚为身家计，于心安乎？"余曰："我以为拉皇上去冒险，心更不安，人之见解不能强同也。"①

可见，康有为曾打过聂士成的主意，只不过因为王照不肯从命无从下手罢了。但是，随着新旧两党对峙的形势越来越紧张，康有为便把希望全都寄托在袁世凯身上。他认为袁氏凤驻朝鲜，赞同变法，又一起开过京师强学会，"知其人与董（福祥）、聂（士成）一武夫迥异，拥兵权，可救上者，只此一人"②。然而，对于袁世凯与荣禄之间的关系，康有为亦曾有过顾虑，担心其为荣禄用，不肯从命。因此，早在戊戌六月间，康有为即派徐仁禄（毅甫）到天津小站兵营对袁世凯进行游说，"游其幕，与之狎，以观其情"③，并得出了"袁倾向我甚至"④的结论。袁世凯甚至称康有为具有"悲天悯人之心，经天纬地之才"。徐仁禄"以词

---

① 王照：《方家园杂咏二十首并纪事》，《戊戌变法》，第4册，第359－360页。
② 《康南海自编年谱》，《戊戌变法》，第4册，第159页。
③ 同上。
④ 同上。

激之，谓：'我与卓如、芝栋、复生，屡奏荐于上，上言荣禄谓袁世凯跋扈不可大用。不知公何为与荣不洽？'袁恍然悟曰：'昔常熟欲增我兵，荣禄谓汉人不能任握大兵权，常熟曰：曾、左亦汉人，何尝不能任大兵？荣禄卒不肯增也。'毅甫归告，知袁为我所动，决策荐之，于是事急矣"①。

对于康有为派徐仁禄游说袁世凯的情形，王照所述与康氏《自编年谱》的记载有明显不同。王氏谓：

> 往小站征袁同意者，为子静之侄义甫，到小站未得见袁之面，仅由其营务处某太史传话（指徐世昌），所征得者模棱语耳。夫以死生成败关头，而敢应以模棱语，是操纵之术，已蓄于心矣。②

这两种记载虽然细节颇有差异，但是，康有为派人游说袁世凯这件事是确有其事的。而且，以情理推论，像袁世凯这样"热中赋性"，不甘"郁郁久居"之人，为了求得高升，逢人说人话、遇鬼说鬼话也是完全可能的。康有为正是被袁世凯的花言巧语所迷惑，才孤注一掷地将希望完全寄托于袁氏。康有为这种在关键时刻，在生死攸关的问题上，轻信于人的举动，不仅给变法运动带来很大的危害，而且给晚近中国历史酿造了无穷的祸患。

其实，袁世凯与荣禄关系至为密切，远非世人所能知晓。袁、荣之交对晚近以来的政局影响至深，故对其渊源，不可不稍事追溯。

众所周知，袁世凯之所以能去小站训练新军，主要是依靠了军机大臣与督办军务大臣李鸿藻的推许。③ 而在此之先，张佩纶

---

① 《康南海自编年谱》，《戊戌变法》，第 4 册，第 160 页。
② 王照：《方家园杂咏二十首并纪事》，《戊戌变法》，第 4 册，第 360 页。
③ 袁世凯为李鸿藻所保为练兵大臣，见下文袁氏给李鸿藻的上书与陈夔龙《梦蕉亭杂记》卷 2 的记述。

曾致函鸿藻，指出："合肥托大酿成此祸（指甲午之役），诸将已伏其辜。而祸端萌自袁世凯，炽于盛宣怀，结于李经方。仪老（指李鸿章）稍有明机，为此三人蛊惑，更成糊涂。小李（经方）卖父误国，天地不容，自已终身废弃；盛（宣怀）亦累经弹劾，虽有大力芘之，终为财色冥殛；独袁（世凯）以罪魁祸首，而公论以为奇才，直不可解。花房之役，攘吴长庆功，此不足论。虽曰欲尊中朝，而一味铺张苛刻，视朝鲜如奴，并视日本如蚁，怨毒已深，冥然罔觉。土匪之起，即倭所使，电禀日数十至，请兵往剿。……求翼长不遂，与叶（志超）争忿不相见，指牙山使之屯剳，致入绝地。既回津门，所与合肥论者，皆无甚高论嘉谟；而与盛腾书都下，各表所见，均系事后诸葛，实则全无影响。……都下诸公，主持清议，皆呆人也。袁乃子久从侄，于蒉执礼甚恭，且推子久旧交，亦何取雌黄后进？弟对此公与之深谈数次，大言不惭，全无实际；而究其所为，骄奢淫佚，阴贼险狠，无一不备。公以通家子弟畜之则可，以天下奇才目之，则万万不可。所以不能已于言者，既已误合肥矣，更恐误国，更恐误公，与之实有恩而无怨也。"①

张佩纶，字幼樵，一字绳庵，号蒉斋，直隶丰润人。原系清流中之佼佼者，后入李鸿章幕，与李鸿藻渊源甚深，无话不谈。其所论袁世凯败坏朝事，沽名钓誉，阴贼险狠，真可谓一针见血，洞见本源。通观张氏所论，虽不无为李鸿章开脱之嫌，但其对袁世凯的评说无疑独具慧眼，颇有先见之明，可叹的是李鸿藻竟不为所动。

---

① 张佩纶：《涧于集》，书牍 6。

光绪二十一年（1895 年）十一月下旬，袁世凯终于实现了执掌兵权的宿愿。① 时帝后党争已日趋明显，李鸿藻年老多病，翁同龢被后党忌恨，而荣禄虽由西安将军任上调回来未久，却执朝廷兵柄，且为慈禧所宠信，权势日张。善于窥测政局的袁世凯对此十分留意。他到小站后才三四个月，即上书李鸿藻，表示愿归荣禄节制。略谓：

官保太夫子中堂钧座，敬禀者：窃凯违侍慈颜……到营后选汰训练，现已稍具规模。惟时事多艰，势日岌岌，坐耗巨饷，效难骤期……伏查各国政治武备，争先整顿，不遗余力。我于新败之后，尤当卧薪尝胆，为一刻千金之计，果能自强，乃可杜人侵陵，此不战而屈人之谓也。即如方今急务，首在练兵，若仍敷衍因循，亦复何济于事。凯谬荷知遇，举任兵事，四阅月来，左支右吾，几已进退维谷。然区区方寸，上不敢负君师，下不敢负初心。但能支持，决不畏难规避。特恐才庸力薄，遗误偾事，其所以负国恩，玷师知者尤多耳。

盖练兵事极杂沓，在在均应讲求，必须有威信素孚之重臣，通盘筹划，彻底考核，始可有补时艰，否则断难立国。反复筹思，每至彻夜不寐。因具禀拟恳军务处堂宪，奏请简派重臣，专司练兵。凯得追随秉承，庶免陨越。倘蒙邸堂采纳，可否乞商请荣大司马，肩此重任。大司马忠义为怀，明达事理，必可补偏救弊，措置裕如。盱衡时局，曷胜幸盼，

---

① 清廷十月二十二日命袁世凯督练新建陆军，是年十一月三十日胡燏棻《定武军移交袁世凯接统折》始上之朝，当日奉旨"知道了"。见中国第一历史档案馆藏：光绪二十一年十一月《早事档》。

逾分妄渎，伏乞鉴原，无任悚惕待命之至。①

袁世凯此函是光绪二十二年三月二十二日（1896 年 5 月 4 日）发出的。这很有可能是他到小站兵营后，给李鸿藻最初的重要书信。袁氏作为一个练兵的道员，却指名道姓地请求朝廷派荣禄为练兵大臣，当自己的上司，这在当时确实是"逾分"的，其讨好荣禄已情见乎词。袁世凯敢于给李鸿藻写这样的信，依情理推断，在荣禄那里，必然有更阿谀的请求上之于前矣。而且，李鸿藻见到袁世凯的上书后做何感想，亦是不难想象的。

此书上达不久，即发生了御史胡景桂弹劾袁世凯事件。胡景桂对袁氏弹劾极为严厉，共列举了四条罪状：

其一，徒尚虚文。凡兵丁衣帽，营官服色，营房规制，悉仿泰西。胡氏谓："果住洋房兵即精乎？抑洋房营造之费，倍于华房，可以从中渔利耳。"② 如此更张，粉饰外观，非徒尚虚文而何？

其二，营私蚀饷。该军营弁哨弁，每营不下四五十员，得此差者，不论才略之高下，但论情面之大小，馈遗之多寡；且对每个士兵月饷，层层剥扣，以致武备学堂中人，咸抱不平。

其三，性情谬妄。袁氏自以为钦差大臣，北洋大臣王文韶，札以公文，拒而不纳。往来均以敌体仪，建造营房，强占民田，津民上控有案。

其四，扰害地方。该军营门有卖菜之人，与兵丁口角，该道横行跋扈，听信一面之词，竟将卖菜人杀毙。

---

① 袁世凯：《上李宫保太夫子中堂书》（未刊稿）。
② 中国第一历史档案馆藏：河南道监察御史胡景桂《练兵大员，性情谬妄，营私蚀饷，扰害地方，请旨查办严惩折》。

胡景桂的奏折要求朝廷特派大员，前往查办，或令督臣王文韶严密查参，"今袁世凯如此谬妄，兵民愤恨，而犹望其练成劲旅，以御外患，不亦难乎？"因此胡氏折提出，"另选贤员接办，庶帑项不致虚糜，而津民亦免受荼毒矣"①。

胡氏奏折前面一条，仅指责袁氏在服色、营房方面仿照泰西，并不构成对袁氏的威胁，而后面三条却言之凿凿，颇中要害。光绪皇帝于四月十六日（5月28日）下令荣禄驰赴天津，将袁世凯督练洋操一切情形详细查明："其被参各节是否属实，一并秉公确查，据实具奏。"②

胡景桂对袁世凯的弹劾，并非一起偶然的事件，它实际上是清廷上层不同意见的反映。据陈夔龙记述说：

> 当奏派（袁世凯）时，常熟不甚喟然，高阳主之。讵成立甫数月，津门官绅，啧有烦言。谓袁君办事操切，嗜杀擅权，不受北洋大臣节制。高阳虽不护前，因系原保，不能自歧其说，乃讽同乡胡侍御景桂撷拾多款参奏，奉旨命荣文忠公禄驰往查办，文忠时官兵尚，约余同行。③

陈夔龙说，胡景桂的弹章出自李鸿藻的主使，这一点非常重要。说明袁氏到天津后的言行确实使李鸿藻失望，与袁氏三月二十二日（5月4日）给李鸿藻的上书当有关系。陈夔龙当时是随同荣禄赴津查办袁案的随员④，一向为荣禄所器重，其所揭示内

---

① 中国第一历史档案馆藏：河南道监察御史胡景桂《练兵大员，性情谬妄，营私蚀饷，扰害地方，请旨查办严惩折》。
② 中国第一历史档案馆藏：光绪二十二年四月十六日军机交片。
③ 陈夔龙：《梦蕉亭杂记》卷2，《戊戌变法》，第1册，第483页。
④ 中国第一历史档案馆藏：荣禄《赴津查办案件请带随员折》。

幕，很可能是闻诸荣禄，故陈氏所云，要可深信。又当时与李鸿藻关系极为密切的闲居京官豫师在致李氏密函中谓："正封函间，得奉手教，微物齿及，愧愧。仲华出何差？往返半月，令人闷损。又顿。"① 这封密信反映出李鸿藻周围的人对荣禄的天津之行是极为关注的。

荣禄驰赴天津后，名为袁氏参款进行查核，然其主导思想是"此人必须保全，以策后效"②。因此，荣禄所关心的，实际上并不是如何认真查覆参款，而是如何包庇袁世凯渡过难关。据陈夔龙回忆：

> 迨参款查竣，即以擅杀营门外卖菜佣一条，已干严谴，其余各条亦有轻重出入。余拟覆奏稿请下部议。文忠谓：一经部议，至轻亦应撤差，此军甫经成立，难易生手，不如乞恩姑从宽议，仍严饬认真操练，以励将来。覆奏上，奉旨俞允。③

由陈夔龙草拟的《遵查袁世凯被参各款折》于五月十三日（6月23日）上之朝，该折对胡景桂所列罪状逐条批驳，且声称："奴才奉命查办，曷敢不破除情面，认真考查……惟有秉公持平，以求一是，兹既查明，均无实据，应请勿庸置议。……该道血性耐劳，勇于任事，督练洋操，选拔精锐，尚能不遗余力，于将领中洵为不可多得之员。惟初膺总统之任，若有人节制之，策勉之，庶使多加磨练，日久自不至启矜张之渐，冀可备国家折衡御侮之材，抑之者，正所以成之也。"④

---

① 豫师：《致兰翁仁兄同年》，光绪二十二年四月（未刊稿）。
② 陈夔龙：《梦蕉亭杂记》卷2，《戊戌变法》，第1册，第484页。
③ 同上。
④ 中国第一历史档案馆藏：荣禄《遵旨查明袁世凯参款据实覆奏折》。

荣禄非但将袁世凯罪状一一否认，而且还专门具折，对袁氏练兵进行称赞，其奏片谓：

> 再新建陆军之设，为中国切己自强之至计，当此强邻逼处，事急势迫，若再不变法，认真讲求，则后患何堪设想？每思及此，五内如焚。是以去岁督办军务处，原议奏撤东三省练军项饷每年九十万两，为新军月饷之需，一转移间，化无用为有用，法至善也。既效西法，项饷经费不得不略加优裕。果能练成劲旅，朝廷亦何惜此费用耶？若只袭其皮毛，不求实际，徒饰外观，贻笑中外，是不若早为裁撤，另图良法，以节虚糜。

> 奴才奉命详查，于初一日由津驰赴小站，悉心校阅。查该营练军七千余人，除出差及现患时症者二百余人，其患病者仍抬至操场请验。奴才率同司员、差弁等，安排逐一详细查阅，该军勇丁，均年在二十岁上下，身体魁梧，一律雄健，无一老弱残幼充数。以奴才近年所见各军尚无出其右者。据道员袁世凯声称，定武军四千余人，现已更换，另募三千余人。是该道之挑选认真，已可概见。复查阅分统营哨，各官弁亦皆勇往将事。洋员魏贝尔、曼德、高士达三员，确系尽力教练。且营制规模，井井有条，号令赏罚，亦极严肃，步队操演，身段步伐，攻守埋伏，枪炮接应，驰驱进退，均能合式。马队则跳越沟壕，亦能如格。惟马上尚未执枪，战马仅有二百余匹。该道拟请派员，赴口采买。其马价拟于现存马乾、截旷项下一万一千余两内动拨。至炮位则以北洋所领之格鲁森炮为佳……

> 查该营自二月成军，每日三操，迄今三月余，已属可

观，若能一气呵成，始终不懈，一二年后，定成劲旅，尚非徒饰外观也。奴才仰承简命，不敢稍涉敷衍，谨附片据实具陈。①

荣禄的这一奏片，实系近代军事史上一重要史料，他不仅说清了袁世凯小站练兵的项饷、军队的来源，而且讲明了这支军队最初的训练情形。荣禄的奏折全面否定了胡景桂所罗列的四条罪状，后面的奏片，又对袁氏所练新军褒扬备至，虽不无夸饰之处，但袁世凯所练新军比旧式的中国军队优越得多，则是毋庸置疑的。因此，清廷上层即使有人对袁世凯不满，见了荣禄的查覆折片，亦无话可说。于是光绪皇帝于五月十三日（6月23日）颁谕称：

> 前据御史胡景桂奏参袁世凯营私蚀饷各款，当经派荣禄驰往查办，兹据查明覆奏，袁世凯被参各款，均无实据，即著毋庸置议。新建陆军督练洋操，为中国自强关键，必须办有成效，方可逐渐推广。袁世凯此次被参各款，虽经荣禄查明，尚无实据，惟此事关系重大，断不准徒饰外观，有名无实，为外人所窃笑。袁世凯勇往耐劳，于洋操情形亦尚熟悉，第恐任重志满，渐启矜张之习，总当存有则改之，无则加勉之心，以副委任……②

综上所述可知，御史胡景桂对袁世凯的奏劾，曾构成对袁氏的极大威胁，而荣禄的出面保全，才使袁氏转危为安，非但未受惩处，反而受到清廷嘉勉。荣禄对袁世凯的"再造"之恩，曾使

---

① 中国第一历史档案馆藏：荣禄《遵旨查明袁世凯所练新军片》（光绪二十二年五月十三日）。

② 《德宗景皇帝实录》卷390，第11-12页。又《实录》日期与《上谕档》日期有差别，是因为清廷每于颁旨后的次日才公诸邸抄。

袁氏感激涕零，永图报称。自此之后，袁氏即投到荣禄门下，言听计从，而荣禄对袁世凯则极尽提掖拉拢之能事。康有为及维新派对荣、袁之间这种非常亲密的关系自然是很难全部知悉，故而才做出错误的决策。

譬如，康有为说，他在向光绪皇帝推荐袁世凯之前，曾委托徐仁禄去天津小站看操，并趁机离间荣、袁之间的关系。这种离间术本身就是十分蹩脚的，说明维新派对袁世凯和荣禄关系的渊源及发展均不甚了解。清宫档案记载，光绪二十四年六月初二日（1898 年 7 月 20 日），作为直隶总督兼北洋大臣的荣禄，曾向光绪皇帝递折，推荐他所信赖的文武大员："直隶按察使袁世凯，质性果毅，胸有权略，统领新建陆军，督率操防，一新壁垒。"同折保荐的还有四川总督鹿传霖、江南道监察御史李盛铎、兵部员外郎陈夔龙等数十人之多，希望光绪皇帝破格录用，"匡时济变"，"折冲御侮"①。七月二十一日（9 月 6 日）荣禄再次递折，为小站新建陆军武备学堂将弁请奖。略谓："查督练新建陆军直隶臬司袁世凯，自成军以来，即规仿西制，创设德文、炮队、步队、马队四项武备学堂，于所部各营内挑选官兵，作为学生入堂肄习……该臬司轮调各生，亲加考验，所学兵法、战法、算学、测绘、沟垒、枪学、炮学、操法及德国语言文字，均能洞悉窍要，日臻精熟"②。荣禄对袁氏推许备至，而康有为、徐仁禄却说荣与袁"不洽"，这样的离间自然不会起什么作用。

---

① 中国第一历史档案馆藏：荣禄《为时事多艰，特保人才，以备朝廷任使折》。
② 中国第一历史档案馆藏：大学士直隶总督荣禄《新建陆军、创设武备学堂，著有成效，援案择优请奖折》。

至于袁世凯当着徐仁禄的面称道康有为，并表露出对荣禄的不满，谓荣禄反对汉人握兵权，卒不肯增小站之兵，等等，纯粹是满口谎言，是对维新派的欺骗和愚弄。而康有为未能识破其庐山真面目，反而信以为真，并得出了"袁为我所动"①的错误结论，并匆匆忙忙地为徐致靖草折荐袁，"又交复生递密折，请抚袁以备不测"②。

康有为代徐致靖草拟的奏折于七月二十六日（9月11日）递上，该折称赞袁世凯"年力正强，智勇兼备"，"惜所练之兵仅止七千，为数太少，为力过单，虽曾奉旨添练数营，徒以饷无所措，不敢冒昧召募"③，与康氏《自编年谱》所述荣禄反对增兵之意颇相吻合。该折又谓："该臬司尝言：假令西兵倍我，与之战，可胜；再倍我，亦可胜；若使数十倍于我，惟有捐躯效命而已。言之慷慨泪下。"④ 所述颇似袁氏口吻，言大而夸，未必切合实际，而袁氏"言之泪下"的这番话很可能是康有为、徐致靖、徐仁禄等人与之接触时所发的感慨之词。康氏代拟的奏折又称：袁世凯昔使高丽，近统兵旅，谋勇智略，久著于时，"而官止臬司，受成督府，位卑则权轻，呼应不灵，兵力不增，皆为此故。臣以为皇上有一将才如袁世凯者，而不能重其权任以成重镇，臣实惜之。伏乞皇上深观外患，俯察危局，特于召对，加以恩意，并予破格之擢，俾增新练之兵，或畀以疆寄，或改授京堂，使之独当一面，永镇畿疆"⑤。"否则，处兹岌岌之时，边患

---

① 《康南海自编年谱》，《戊戌变法》，第 4 册，第 160 页。
② 同上。
③ 徐致靖：《边患日亟，宜练重兵，谨密保智勇忠诚之统兵大员折》，《戊戌变法档案史料》，第 164－165 页。
④ 同上。
⑤ 同上。

一开，势成瓦解，缓急安所恃哉?"①

　　康有为以边患岌岌为名，亟请光绪皇帝破格拔擢袁世凯，实际上则是希望袁氏摆脱荣禄束缚，直接由光绪皇帝调遣，以增强同后党对抗的实力，其用意至为明显。故徐致靖保荐袁氏的奏折甫上，光绪皇帝即颁布谕旨：要荣禄"传知袁世凯即行来京陛见"②。同样是这个袁世凯，戊戌六月初二日（7 月 20 日）荣禄曾经予以保荐，但光绪皇帝既未予以召对，亦未破格拔擢，只是将荣禄的奏折做"留中"处理③；而经过徐致靖推举，光绪皇帝则于八月初一日（9 月 16 日）即匆匆忙忙予以召见，并颁谕称赞袁世凯"办事勤奋，校练认真，著开缺以侍郎候补，责成专办练兵事务，所有应办事宜，著随时具奏。当此时局艰难，修明武备，实为第一要务，袁世凯惟当勉益加勉，切实讲求训练，俾成劲旅，用副朝廷整顿戎行之至意"④。荣禄时为大学士兼直隶总督，徐致靖则仅为翰林院侍读学士，后虽署礼部右侍郎，然二者官阶实有尊卑之分。光绪皇帝对朝廷大员的建议视若敝屣，而对与维新派关系密切的官员之意见，则极为重视，这种一反常态的举动，自然不能不使守旧派感到震惊。

　　对维新变法持拥护态度的王照很不以此举为然，他在流亡日本后与木堂翁笔谈时曾谓：

　　　　至七月二十八日，忽闻徐致靖请召袁世凯入都，照大惊，往问徐。答曰："我请召袁为御外侮也。"照曰："虽如

　　①　徐致靖：《边患日亟，宜练重兵，谨密保智勇忠诚之统兵大员折》，《戊戌变法档案史料》，第 164 - 165 页。
　　②　《德宗景皇帝实录》卷 425，第 13 页。
　　③　中国第一历史档案馆藏：光绪二十四年六月《早事档》。
　　④　《德宗景皇帝实录》卷 426，第 1 页。

此太后岂不惊？"于是照急缮折，请皇上命袁驻河南归德府以镇土匪，意在掩饰召袁入京之计，以免太后惊疑。①

王照所述与历史事实大体相符。据清档记载，王照于七月三十日（9 月 15 日）确实曾递有《敬陈管见折》②，惜此折尚未检出，不过依情理推断，当系请光绪皇帝派袁世凯往河南镇土匪之类的内容。王照以为这样会解除慈禧及守旧派的惊疑，其实完全是徒劳无益的，它只能使维新派推荐袁世凯的计划欲盖弥彰。后党官僚在袁世凯被召见拔擢后，频繁地调动军队，紧张地穿梭密谋，正是在康有为保荐袁世凯以后出现的。

其实，对于康有为保荐袁世凯这一重大决策，在维新派内部，持反对意见者，除王照之外，毕永年也是其中的一个。永年，字松甫，湖南长沙人，拔贡生。少年时即隐然有兴汉灭满之志，具有强烈的种族观念，"弱冠与浏阳人谭嗣同、唐才常相友善"③。百日维新后期，当谭嗣同被光绪皇帝破格拔擢为军机章京之后，毕氏乃"北上访之，嗣同引见康有为，有为方交欢直隶按察使袁世凯，有兵围颐和园擒杀清西后之阴谋，以司令艰于人选，知永年为会党好手，遂欲委以重任，使领兵围园便宜行事"④。毕永年作为维新派选中的领兵围颐和园的带头人，对康有为荐袁的举动，即深不以为然。毕氏于事后追忆道：

他于戊戌七月二十七日（1898 年 9 月 12 日）抵京，次日移居南海会馆。二十九日（9 月 14 日）夜九时，康"召仆（毕永年

① 王照：《关于戊戌政变之新史料》，《戊戌变法》，第 4 册，第 332 页。
② 中国第一历史档案馆藏：光绪二十四年七月《早事档》。
③ 冯自由：《毕永年削发记》，《革命逸史》初集，第 73 页。
④ 同上书，第 75 页。

自称）至其室，谓仆曰：'汝知今日之危急乎？太后欲于九月天津大阅时杀皇上，将奈之何？吾欲效唐朝张柬之废武后之举，然天子手无寸兵，殊难举事。吾已奏请皇上，召袁世凯入京，欲令其为李多祚也。'仆曰：'袁是李鸿章之党，李是太后之党，恐不可用也。且袁亦非可谋此事之人，闻其在高丽时，自请撤回，极无胆。'康曰：'袁前两日已至京，吾已令人往远（袁）处行反间之计，袁深信之，已深恨太后与荣禄矣。且吾已奏知皇上，于袁召见时，隆以礼貌，抚以温言，又当面赏茶食，则袁必愈生感激而图报矣。汝且俟之。吾尚有重用于汝之事也"[1]。

毕永年由湖南乍到京师，对袁世凯与荣禄之间的诡秘关系尚不清晰，但他认为袁世凯非可谋此事之人，并一再向康有为申辩此义，按理说，他的意见应该引起康氏的警惕，但是康有为却坚执己见，丝毫也听不进不同见解，一意孤行。康氏的这一错误决策，使百日维新面临着前所未有的危机。

第三节　联结与国计划的破产

百日维新后期，以光绪皇帝为首的新党，同以慈禧为代表的守旧势力的冲突愈来愈尖锐，而这一局面的出现，主要是由于自戊戌七月以来，光绪皇帝在看到康有为的一系列奏折和进呈的新书后，深受感动，于是对守旧派大发雷霆，"非复曩时之迂回

---

[1]　毕永年：《诡谋直记》，日本外务省档案，《各国内政关系杂纂》（支那之部），《光绪二十四年政变、光绪皇帝及西太后之崩御、袁世凯之免官》。转引自汤志钧：《关于戊戌政变的一项重要史料》（下同）。

矣"①。光绪皇帝于七月十九日（9月4日）将礼部尚书怀塔布、许应骙"即行革职"后，又因枢臣耄老不能辅佐新政，而他又无权更换军机大臣，于是乃选用新进小臣以辅变法。"以杨锐、刘光第为陈宝箴所保，故信之；以谭嗣同为徐致靖所保，故信之；以林旭为康有为弟子，故信之。令入军机，参预新政。"② 军机四章京的任命，在一定程度上加强了维新派在枢机重地的势力。继此之后，他又根据维新派的建议，于七月二十六日（9月11日）下令要召见袁世凯，二十九日（9月14日）又赴颐和园请开懋勤殿③，引进维新派人士与东西洋政治家讨论政治。

光绪皇帝和维新派人士的这一系列举动，都使守旧势力感到了前所未有的挑战和威胁，几乎达到了忍无可忍的地步。局势逼迫他们不得不做出抉择，要么眼看大权旁落，要么动员一切力量反击。这种局面正像马克思在《反教会运动。——海德公园的示威》一文中所分析的那样："为历史所证明的古老真理告诉我们：正是这种社会力量在咽气以前还要作最后的挣扎，由防御转为进攻，不但不避开斗争，反而挑起斗争，并且企图从那种不但令人怀疑而且早已被历史所谴责的前提中作出最极端的结论来。"④

以慈禧、荣禄为首的后党正代表了这种落后腐朽的力量，他们不会甘心情愿地放弃手中的权力，于是，以维护祖宗之法为"前提"，得出了将光绪皇帝赶下台的"最极端的结论"。守旧派的这一企图是蓄谋已久的，但是直到七月底才逐渐表面化。光绪

---

① 《康南海自编年谱》，《戊戌变法》，第 4 册，第 156 页。
② 梁启超：《戊戌政变记》卷 1。
③ 光绪赴颐和园日期，据光绪二十四年七月《起居注册》记载。
④ 《马克思恩格斯全集》，中文 1 版，第 11 卷，第 363 页，北京，人民出版社，1962.

皇帝于七月三十日（9 月 15 日）赐杨锐的密诏中说："朕位且不能保"，并要维新志士们"妥速筹商，密缮封奏，由军机大臣代递。候朕熟思，再行办理。朕实不胜十分焦急翘盼之至"①。

光绪皇帝的这一密诏实际上是危险的信号，但由于杨锐震恐，不知所为计，直到八月初三日（9 月 18 日）始由林旭传到康有为手中。康氏与其他维新派人士跪诵痛哭，心急如焚，并急忙筹划对策。康有为当时除了在军事上依赖袁世凯的军队制服旧党外，还提出了所谓"合邦"的建议。联结与国，甚至实行"合邦"，这是康有为在匆忙逃离京师之前提出的一项重要建议，其目的是企图借助外国的力量，来解救维新派所面临的灭顶之灾。他在《自编年谱》中写道：

> 是日（八月初三日）尽却客，及夜，杨漪川、宋芝栋、李孟符、王小航来慰。杨言：京师市人皆纷纷传八月京师有大变，米面皆腾贵，并董军纷纷自北门入，居民震恐，乃有纷纷迁避者。李孟符言：英人有七舰在大沽，将与俄战。吾未与诸公谈密诏事，而以李提摩太交来"瓜分图"，令诸公多觅人上折。②

康有为此处提到的李孟符，名岳瑞，陕西咸阳人，光绪九年（1883 年）进士，时以工部员外郎充总理衙门章京。光绪二十三年（1897 年）冬季，在维新派影响下，曾与宋伯鲁、阎迺竹等创立关西学会，并曾帮助推销《时务报》。③ 二十四年七月初五日（1898 年 8 月 21 日）光绪皇帝赏赐康有为"银二千两以为编

① 赵炳麟：《光绪大事汇鉴》卷 9。
② 《康南海自编年谱》，《戊戌变法》，第 4 册，第 161 页。
③ 汤志钧：《戊戌变法人物传稿》上册，第 332 页。

书津贴之费"，即由李岳瑞转交的。① 在八月初气氛已极端紧张的情况下，李氏仍与杨深秀、宋伯鲁一道来慰问康有为，足可见其与维新派关系密切。李岳瑞所云英人兵舰在大沽游弋，无疑是从总理衙门打探来的动向。据清宫电报档记载，八月初三日（9月18日）直隶总督兼北洋大臣荣禄在打给清廷的电报中称：

> 初二日戌亥，接聂提督电称：昨下午六点钟，由营口来兵轮七艘，三只泊金山嘴，四只泊秦皇岛。风闻系英国兵舰，何以突来，若此之多等语。复于亥刻，又接该提督来电称：查沽子药库在塘沽南，现外国兵轮已泊塘沽口内……各等情。除电饬罗镇，不动声色，暗为防探，并一面派委黄道建筦密赴塘沽查探，特先电闻。②

荣禄在同日另一则电报中则云："查系英艇，复问事由，直谓俄国意甚不善，英艇特派来此，保护中国云云。"③

同一天，清廷还收到依克唐阿的电报，称：

> 昨金州副都统寿长电称：日内传闻英、日、俄在海参崴开仗，旅、大两口俄人颇形慌乱。昨派人密往大连湾探试，顷又据回称，果见俄国铁甲船一只，受炮弹甚重，开仗之说，众口纷纭。④

李岳瑞告诉康有为"英人有七舰在大沽，将与俄战"的动向，显然与上述电报内容有关。可见，李氏初三日（9月18日）

---

① 康有为：《恭谢天恩，并陈编纂群书以助变法，请及时发愤速筹全局折》，《杰士上书汇录》卷3。
② 中国第一历史档案馆藏：光绪二十四年电报档，收电簿。
③ 同上。
④ 同上。

晚间访问康有为，很可能是向康有为通报消息而来的。这种动荡不安的国际局势正好为康有为提出合邦说提供了机会。

八月初五日（9月20日），根据康有为的授意，杨深秀递上《时局艰危，拼瓦合以救瓦裂折》，正式提出了"合邦"建议。杨氏奏折称：

> 窃近来时事孔棘，劲敌环伺，臣尝虑皇上变法自强之计，虽如救火追亡，犹恐缓不逮事，而士大夫守旧梦者，尚疑为故甚其辞，以耸听闻。前者敌人显绘瓜分之图，明倡破竹之说，而此辈反诋谓康有为所伪造，竟似臣等甘徇友党，共蔽圣聪者。今不幸而此变萌芽果现，谓之何哉？臣闻德、法诸国皆言中华守旧者阻力过大，积成痿痹……只宜武断从事，谋定而发，即为所欲为耳。……俄则分我燕、晋、秦、陇，法则分我闽、广、滇、黔，德则分我山东、河南。英人虽本无此志，亦不得不藉手于吴、越、荆、益，以求抵制。各国重复绘图，明画分界，兼闻英舰七艘已至大沽……其余诸国亦转瞬即来耳。①

不难看出，以康有为为代表的维新派所说的瓜分破竹的"萌芽果现"，指的正是李岳瑞所带来的英国兵舰七艘出现于大沽的消息。这在当时并不算是什么大不了的事情，而康有为却以此为契机，提出了要求皇上"早定大计，固结英、美、日本三国，勿嫌合邦之名之不美，诚天下苍生之福矣"②。

然而，究竟怎样固结英、美、日三国，如何施行合邦的计

---

① 杨深秀：《时局艰危，拼瓦合以救瓦裂折》，《戊戌变法档案史料》，第15页。
② 同上。

划，杨深秀并没有将话说尽。而在御史宋伯鲁于八月初六日（9月21日）递上的奏折中则有详细的阐明。宋氏谓：

> 昨闻英国兵舰七艘已驶入大沽口，声称俄人将大举南下，特来保护中国。又闻俄君在其彼得罗堡邀集德、法、英各国，议分中国，绘图腾报……眈眈环视，旦夕宰割，是昔仅有其言者，今将见诸实事，危急存亡，变在顷刻，若不急筹善法，一旦分裂，悔将何及？

> 昨闻英国教士李提摩太来京，往见工部主事康有为，道其来意，并出示分割图。渠之来也，拟联合中国、日本、美国及英国为合邦，共选通达时务、晓畅各国掌故者百人，专理四国兵政税则，及一切外交等事，别练兵若干营，以资御侮。凡有外事，四国共之，则俄人不敢出；俄不敢出，则德、法无所附，势必解散。吾既合日，彼英与日素善，不患不就我范围。①

宋、杨二位御史将维新派的合邦计划已和盘托出。那么，应该怎样评价康有为在百日维新期间提出的这最后一项建议？

从康有为主观上来说，他是企图借此机会来转移守旧派的视线，缓和局势，以减轻维新派所受的压力。当时，荣禄、怀塔布、杨崇伊等守旧派的频繁的往来策划，已使康有为感到局势危迫。但是，对于顽固派如何反扑，康有为并不明确。维新派始终以慈禧会在戊戌九月天津阅兵时"即行废立"，康有为的《自编年谱》与梁启超的《戊戌政变记》，都持有这种观点。② 然而，这

---

① 宋伯鲁：《事变日亟，请速简重臣，结连与国，以安社稷而救危亡折》，《戊戌变法档案史料》，第170页。
② 参阅《康南海自编年谱》，《戊戌变法》，第4册，第159页。

实际上是一种错觉，也是后党制造的遮人耳目的烟幕。八月初二日（9月17日）与维新派关系密切的兵部候补郎中李钟豫曾递折谓："窃维目今时事艰难，自强要图，首在武备，皇上恭奉皇太后慈谕，由九月初五日启銮，由南苑以至天津，校阅各处操演。此诚整军经武之隆规。……惟是今年多闰一月，节令较早，九月天气，即与往年十月无殊，严寒道远，加以校阅勤劳，晷短事繁，似与慈躬珍摄之道，未尽相宜……若能缓至明年二三月间，彼时天气融和，沿途风景，盖足豫悦慈怀，春色旌旗，发皇飞越，皇太后跸路所经，必更顾而乐之也。"①

李钟豫的奏折不知是否与康有为有关，但他反映的无疑是维新派的意见，希图以天气寒冷为理由，要光绪皇帝延缓赴津巡阅日期，"以卫慈躬，以彰孝治"，从而达到推迟实行废立的时间。李氏折由刚毅于当日奏上，"奉旨留中"②。初二日（9月17日）刚毅还亲自递上《巡幸天津调取驼马折》，略谓："凡遇圣驾巡幸，所有恭备御营、尖营城以及随扈官兵，需要驼马繁多，向由臣部先期调取察哈尔牧群驼马到京，奏请钦派大臣于启銮前七日监放，若不先期调取，诚恐贻误要差。此次皇上于九月十五日南苑团河恭奉皇太后启銮，御轮车由铁路诣天津行营驻跸，所有随扈各差，应否援案调取驼马，抑或统由轮车赴津之处，臣等未敢擅拟，理合奏明请旨，恭候钦定。"③ 当日即奉旨："著兵部约计随扈人数，应需驼马若干，酌量调取于南苑、天津两处备用。"④

---

① 中国第一历史档案馆藏：李钟豫《天气渐寒，巡阅天津可否请缓至春融折》。
② 中国第一历史档案馆藏：刚毅《据情代奏折》。该折称："臣部候补郎中李钟豫有封口奏折一件，呈请代奏，臣等不敢壅于上闻，谨将原折代递。"
③ 中国第一历史档案馆藏：兵部尚书刚毅等《随扈各差应否调取驼马请旨办理折》。
④ 《德宗景皇帝实录》卷426，第4页。

据《起居注册》记载，光绪皇帝发布此旨时，尚在颐和园驻跸，对于有关巡幸事宜，无疑是要请示慈禧意见的。[1] 李钟豫请暂缓巡幸的意见未被慈禧采纳，而刚毅请调驼马则奉旨允行，说明直到八月初二日（9月17日）慈禧在外表仍没有丝毫放弃或推迟巡幸天津的表示。这无形中对维新派造成一种错觉与精神压力。正是受这种因素的影响，光绪皇帝于当天还颁布一道谕旨。略谓：

> 工部主事康有为，前命其督办官报局，此时闻尚未出京，实堪诧异。朕深念时艰，思得通达时务之人，与商治法。闻康有为素日讲求，是以召见一次，令其督办官报，诚以报馆为开民智之本，职任不为不重，现筹有的款，著康有为迅速前往上海，毋得迁延观望。[2]

光绪皇帝让康有为出京，其用意亦十分明显，也是为了减轻旧党的忌恨，以图缓和局面。他所表白的只"召见一次"，是针对当时社会上广为流传的蜚语，说康有为、康广仁兄弟"日日进宫见皇上"。光绪皇帝的这种表白，说明当时他有难言的苦衷和所受到的巨大的精神压力。

正是为了缓和局势，转移后党视线，康有为提出了合邦的建议。他在为宋伯鲁代拟的奏折中甚至声称："今拟请皇上速简通达外务、名震地球之重臣，如大学士李鸿章者，往见该教士李提摩太及日相伊藤博文，与之商酌办法，以工部主事康有为为参赞，必能转祸为福，以保乂我宗社，奠安我疆土。时至今日，危

---

[1] 据光绪二十四年八月初二日《随手登记档》记载，李钟豫的奏折与刚毅的奏折均"恭呈慈览"。

[2] 《德宗景皇帝实录》卷426，第2页。

急万分，守旧之言万不可听，伏愿皇上独奋乾断，速下明诏，则四万万生灵，庶不至沦于异类。"①

康有为当时把形势说得万分危急，是过甚其词，其实当时并不存在"沦于异类"的危险，因此，慈禧对这种建议自然不会予以理睬。至于维新派要光绪皇帝"独奋乾断"，事实上已成空想，因为光绪皇帝当时已自顾不暇了，哪里能决断"合邦"这样的大事呢？

康有为的"合邦"建议由来已久，是与他的"借才"计划紧密相联系的。早在百日维新开始前后，康有为就曾私下同日本驻京公使矢野文雄约好举行中、日两国"合邦大会议，定稿极详。请矢野君行知总署答允，然后，可大会于各省"②。可见，康有为关于合邦建议，规模甚大，条理亦甚详，只是后来由于惧俄国干涉，矢野文雄也就没有敢再向总理衙门提出类似建议。而康有为则始终未放弃这种努力。

百日维新后期，与维新派关系十分密切的刑部司员洪汝冲递上《呈请代奏变法自强当求本原大计条陈三策疏》，提出了迁都、借才、联邦三项重要建议。③ 洪汝冲的这次上书非常重要，颇能反映维新派的观点。如关于合邦一条，该疏谓：

---

① 宋伯鲁：《事变日亟，请速简重臣，结连与国，以安社稷而救危亡折》，《戊戌变法档案史料》，第 170 页。

② 《康南海自编年谱》，《戊戌变法》，第 4 册，第 144 页。

③ 关于洪汝冲此折递上时间，通常认为系"戊戌六月十五日以后"（黄彰健：《戊戌变法史研究》，第 478 页）。其依据有二，一是该疏自注为光绪二十四年六月，二是该疏开头称："窃职恭读邸钞，见本月（六月）十五日上谕，饬令各部院司员条陈事件，即自士民亦准上书言事……职虽在末职，然值圣主达聪明目，兼容并包之时，何敢拘泥故常，自安含默。"盖应撰书于六月，但据军机处档册记载，七月二十四日刑部才将洪汝冲原呈递上。

　　中国论治，主闭主分；欧西论治，主通主合。盖闭则智
屈，通则智伸，分则力散，合则力聚。故士有学堂之合，农
工商有公司之合，欧西所以强盛无他，亦在通与合二者而
已。故论地形则同洲者先通先合，论种族则同种者宜通宜
合，论文教则同文者可通可合。今欧美各国与我洲异种异
文，天之所限，势难联成一气，易启杀机。惟日本则不然，
虽以岛夷，国势骤盛，进步之速欧美惮之，顾急于自见，发
难于我，受制俄人，致有唇亡齿寒之惧。……为日本者，所
亲宜无过中国，以我幅员之广，人民之众，物产之饶，诚得
与之联合，借彼新法，资我贤才，交换智识，互相援系，不
难约束俄人。……而祖宗缔造之业，亦巩如磐石矣。此事若
在欧西，即合为一国，亦不为怪。①

　　洪汝冲的奏折公然要求将中国与日本合为一国，这与康有为
与矢野文雄的合邦建议何其相似。洪氏此折很可能由康有为代
拟，其理由如下：

　　第一，康有为于《自编年谱》中曾说过，他自从戊戌七月十
二日（1898年8月28日）（按：据《杰士上书汇录》记应为十三
日）后，“以制度局未开，不复言事矣”②。但是，七月下旬康有
为又草拟了包括推荐袁世凯在内的不少折奏，说明康氏所谓“不
复言事”，盖指不以自己名义递折而已。七月下旬，康氏曾“请
迁都上海，借行幸以定之，但率通才数十人，从办事，百官留
守，即以弃旧京矣。力言旧京旅大、胶威门户尽失，俄人屯重兵

────────────

① 洪汝冲：《呈请代奏变法自强当求本原大计条陈三策疏》，《戊戌变法》，第2册，
第365页。

② 《康南海自编年谱》，《戊戌变法》，第4册，第156页。

于旅顺，扼吾之吭，无可守矣。又北京连年水灾，城崩屡次，尘土坌天，泉恶脉坏，王气已绝。又旗人环拥，旧党弥塞"①，极力主张迁都。但是，康有为没有说明，他的迁都奏折是为谁代草的。唯洪汝冲此折，关于迁都一条，亦称："顺天负山面海……自日本一战之后，德据胶澳，俄据旅大，英据威海，辽渤洋面，战舰蜂屯，堂奥已危，门户尽失。况俄人西伯利亚铁路，直接东陲"②，亦力主迁都。与康氏《自编年谱》所述，不乏相合之处。

第二，洪汝冲疏稿称："中国之自强，惟在日本之相助，英人保泰持盈，其所要求，亦对待于俄而不得已耳，其实商务之外，无志他图，此举若成，则俄人不敢出太平洋，必将修弭兵之会。"③ 查康有为光绪二十三年十二月初九日（1898年1月1日）代御史杨深秀草拟的《请联结英国，立制德氛，而益坚俄助折》，即谓英国保泰持盈，"瓜分我地之心，较诸国为缓，特与俄、德相形，不肯太让……日本为自为计，亦必可听从，而我仍以济成结英之势"，这与洪汝冲疏稿所云，诸多吻合。

第三，戊戌八月初五日（1898年9月20日）御史杨深秀代康有为所递《时局艰危，拼瓦合以救瓦裂折》中称："臣闻刑部主事洪汝冲所上封事中，有迁都、借才两说，而其最要最要者，莫过联结与国之一条，盖亦深恐新政不及布置，猝为强敌所乘，蹈波兰之覆辙耳。犹忆前冬胶澳事急，臣尝建联结英、美之计；今夏奏请王公游历，臣又曾有日本宜结之论。今该主事所见与臣暗合。"④

杨深秀所述各折，均系康有为代为草拟，康有为于《自编年

---

① 《康南海自编年谱》，《戊戌变法》，第4册，第159页。
② 《戊戌变法》，第2册，第362－363页。
③ 同上书，第365页。
④ 《戊戌变法档案史料》，第15页。

谱》中已言之历历。杨氏折称洪汝冲所云，与其"暗合"，亦与事实相符，故黄彰健先生推测"洪折之上或亦系康的授意"①。这一推断应该说是符合当时实际的。康有为代人草折，在许多场合下并不说明为谁草拟，由谁递上，这就给我们后人研究其变法奏议增加一定困难。不过，康氏的观点及奏折用语，却有自己的固有特征，故经仔细辨别，亦不难认出。

康有为所提出的合邦建议，还与李提摩太的鼓动有着直接的关系。李提摩太系英国威尔士人，英国基督教传教士，父亲是小农场主。同治八年（1869年）被派遣来华，翌年在山东烟台登岸。② 光绪十七年（1891年）担任由英美外交官、商人、传教士在上海设立的文化出版机构同文书会总干事。次年同文书会改名广学会，在李提摩太主持下，扩展会务，大量出书，鼓吹西学。除此之外，李提摩太还穿梭活动于地方督抚、王公卿相之间，指陈时事，兜售其政治主张。

作为维新派代表人物的康有为，最早同李提摩太接触是光绪二十一年八月二十九日（1895年10月17日）。当时李提摩太正在北京与清政府交涉保护传教事宜。康有为因鼓吹变法受到守旧势力的攻击，正准备离京南下。在离京的前一天，康氏来到李提摩太的寓所，"当康有为的名片递进来的时候，李提摩太正在给他在巴黎的妻子写信，他立刻去见这位著名学者"③。康有为热情地表示愿意"在改革中国的活动中"与李提摩太"合作"，并声称"相信上帝是天父，世界各国是兄弟"。临行，康氏将给皇

① 黄彰健：《戊戌变法史研究》，第480页。
② 《清代人物传稿》，下编，第1册，第427页。
③ 苏特尔：《李提摩太》（英文版），第218-219页。

帝的上书赠送给李提摩太。李提摩太在阅读了康有为的上书后惊奇地发现："几乎我以前所作的种种建议，全部概括和凝聚在他那份具体而细微的计划中了。无怪乎他来访问我时，我们有那么多共同之处。"①

这个基督教传教士声称，康有为的改革计划和他有"那么多共同之处"，反映了维新派所受李提摩太宣传的影响是很深的。通观康有为的变法奏议，凡有关文化教育改革、经济改革以及联合英日建议等方面都与李提摩太的宣传结下了不解之缘。百日维新开始之后，康有为由一个普通的小京官——工部主事一跃而为新政要员，踌躇满志。在最得意之际，康有为仍不忘李提摩太，通过书信向在上海的李提摩太请教变法的办法，并请他做光绪皇帝的新政顾问。李提摩太欣然同意，很快来到北京。他还曾向康有为建议："既然伊藤博文那样成功地把日本变成了一个强国，那么最好的办法，是由中国政府请他作皇帝的顾问。"②

当李提摩太抵达京师之后，戊戌新政正面临严重危机。于是，他建议康有为用"合邦"的办法来解救危难。当时的《国闻报》透露说：

> 教士李提摩太君久居中国，极望中国之振兴，数年前曾在上海立设广学会，著书多种，期开风气。乙未在京又曾上一疏，所陈皆缠绵往复，不惮烦言。中国士大夫未有不爱敬之者。兹李君回国数年，于近日重到北京，闻拟于日内至总署进呈一图，名曰《瓜分中国图》，此图为外国所定之新图，

① 苏特尔：《李提摩太》（英文版），第218-219页。
② 同上书，第238页。

与旧图微有不同，而更为不留余地。李君译呈此图，又复继之以说，大略谓：此时即欲变法自强，已恐缓不济急，为今之计，须急与英、美、日三国定一确实联邦之约，先求足以图存，而后可言自振也。①

这段报道与康有为于《自编年谱》的记载基本相符，可见所谓"合邦"计划的始作俑者原来不是别人，正是李提摩太。康有为代宋伯鲁草拟的合邦方案提出："渠之来也，拟联合中国、日本、美国及英国为合邦，共选通达时务晓畅各国掌故者百人，专理四国兵政税则及一切外交等事。"其实，这一方案并不是什么新鲜货色，他不过是李提摩太光绪二十一年（1895 年）所拟订的"新政策"的翻版。当时，李提摩太极力主张英国应设法帮助中国结束对日战争，使中国不丧失任何领土；而中国则应有所报答，"将实际上在一定年限之内把中国的全部行政管理移交给英国，并且使英国独享改组和控制陆海军各机构、修筑铁路、开发矿山的权利，而且还加开几个新的口岸，对英通商"②。

拆穿了李提摩太的西洋镜，原来是一个赤裸裸的并吞中国的阴谋。康有为在变法事业面临危机的关键时刻，请了这样一个充满野心的传教士做自己的顾问，这一举动实在是不明智的，也是愚蠢而又危险的。这一合邦计划幸好没有实行，倘若付诸实施，则中国无疑会成为英、美、日等资本主义国家的附属国和殖民地。康有为提出合邦建议的动机，虽然是善良的，是为了挽救变法维新事业免遭厄运，但他所采用的手段则是很不光彩的。显

---

① 《国闻报》，光绪二十四年八月初七日，《戊戌变法》，第 3 册，第 412 页。
② 转引自丁则良：《马关议和前李提摩太策动李鸿章卖国阴谋的发现》，见《中日甲午战争论集》，第 37 页。又见苏特尔：《李提摩太》（英文版），第 236－237 页。

然，康有为是被李提摩太的花言巧语迷惑了。

康有为虽是力图向西方学习的先进中国人，但是却不通西文，亦未曾去过西方，故当时对于西学的了解，大多通过传教士出版的书刊。非但康有为一人如此，陈炽、梁启超等一大批维新志士都是这样。这一客观事实说明，基督教传教士在中国近代的文化教育、书刊出版方面，曾经发挥过不容否认的桥梁和启蒙作用。尽管传教士的主观动机各有不同，但是，不承认他们的积极作用，而笼统将近代传教士斥责为"帝国主义分子侵略"的观点，并非是历史唯物主义者应采取的立场。然而，传教士热心于文化教育和出版事业的动机究竟是什么，康有为等人并非了解，维新派非常崇拜的李提摩太就曾直言不讳地表示：

> 每一个与广学会有关的人士，他的最大目标就是推广基督教文明，只有耶稣基督才能提供中国所需要的这个新道德的动力。[①]

李提摩太讲得十分清楚，他们之所以热心传播西学，目的并不在于使贫穷落后的中国变成富裕强盛的资本主义国家，而在于用基督教精神来控制中国，进而实现他的"多与英国商务利益，如准英商在中国开铁路、开矿山、兴各项化学工作制造等事。……准其在中国办二十年"[②] 等等。不言而喻，在堂而皇之的言辞后面，包藏的却是侵略中国的野心。康有为在同李提摩太打交道时，对他十分崇拜，认为他熟谙西法，周知世界，同时又有很大本领，足以挽救危局。但对于李提摩太的动机则知之甚

---

① 《广学会五十周年纪念特刊》（英文本），第99页。转引自顾长声：《从马礼逊到司徒雷登——来华新教传教士评传》，第332页。

② 林乐知：《中东战纪本末》，第3卷，附录。

少，甚至错误地把英国当作"救人之国"，把传教士当作救人于苦难之中的"天使"，对于其掠夺中国的野心很少觉察。其实，李提摩太的所谓"神通广大"，不过是靠吹牛骗人。戊戌八月初四日（9月19日）康有为向他求救时，李氏曾向康氏保证说："他可以向英国政府说项，取得英国的支持。"① 这完全是欺人之谈，李提摩太根本不具备这样的本领。戊戌政变发生后，李氏要求英国驻京公使窦纳乐出面保护光绪皇帝与维新派首领，结果，窦纳乐只是责备李氏不应多管闲事，对其要求并未予以理会。当时，英国驻上海的外交官班德瑞和白利南向英国外交部说明戊戌政变中李提摩太的情况时称：

> 李提摩太是英国教会驻北京的办事人，他是个阴谋家，他大约向康有为和维新派作了一些愚蠢的建议。②

作为英国正式外交官的班德瑞和白利南对于李提摩太究竟向康有为出了哪些主意，并不十分清楚，但是，他们却把李氏视作一个"阴谋家"，并说："康有为是一位富于幻想而无甚魄力的人，很不适宜作一个动乱时代的领导者，很显然的，他被爱好西法的热心所驱使，同时又被李提摩太的一些无稽之谈所迷惑。"③ 不难看出，李提摩太的所谓"合邦计划"，以及说服英国政府支持光绪皇帝改革的说法，只是他个人的想入非非，事先并未征得英国政府的同意。难怪上海的英国领事要把李氏称作"阴谋家"了。

然而，就是这样一个阴谋家，康有为却奉若上宾，甚至推荐他做光绪皇帝的顾问。康有为的这种做法说明了他对传教士的本

---

① 《英国蓝皮书·康有为与班德瑞谈话》，《戊戌变法》，第 3 册，第 525 页。
② 《英国蓝皮书·康有为与班德瑞谈话附注》，《戊戌变法》，第 3 册，第 528 页。
③ 《英国蓝皮书·康有为与班德瑞谈话》，《戊戌变法》，第 3 册，第 527 页。

质缺乏真正的了解，对于帝国主义国家的认识尚停留在感性认识阶段，以至于把阴谋家控制中国主权的奸计当成了挽救危急的灵丹妙药。作为早期资产阶级政治代表的康有为，面临危难，手足无措，在他的心目中看不到人民群众中蕴藏的力量，于是只好病急乱投医。这种做法非但没有成效，反而促成了戊戌政变的发生。

第四节　错误的抉择　悲惨的结局

戊戌八月上旬，形势一天比一天严重。康有为所提出的保荐袁世凯及联结与国的方案，非但未能缓和局势，反而加快了慈禧、荣禄等守旧势力策动政变的步伐。他们密谋策划，窥测时机，随时准备将维新事业抛入血泊之中。正在此时，日本卸任首相伊藤博文以"个人游历"的身份由天津来到北京。荣禄等"神色惨沮"[1]，忧心忡忡，生怕革新势力与外国要人结合起来，局面复杂，祸起肘腋。而康有为等人却欣喜雀跃，更加深了联日的幻想。七月二十九日（9月14日）伊藤博文抵京后，与维新派人士频相过从，总理衙门大臣张荫桓甚至于私邸"夜宴伊藤"。当时，在康有为等人借用异国人才以举新政及联结与国方针的影响下，不少倾向变法的官吏纷纷向光绪皇帝献策，建议"皇上留伊藤在北京用为顾问官，优以礼貌，厚其饩廪，持此议者甚多"[2]。一个名叫陈时政的候选郎中于八月初三日（9月18日）上书，颇

---

① 苏继祖：《清廷戊戌朝变记》，《戊戌变法》，第1册，第342页。
② 《国闻报》，光绪二十四年八月。

能反映维新派"楚才晋用"的观点。该折声称："顷闻伊藤罢相来游中土，已至京师，将蒙召见。如果才堪任使，即可留之京师，著其参预新政，自于时局更多裨益。"① 光绪皇帝亦决定于八月初五日（9月20日）召见伊藤博文，并且由张荫桓拟好了"问答节略"，他们甚至有计划于八月初八日（9月23日）邀请传教士李提摩太"引见就顾问职"②。

　　光绪皇帝与维新派的这些活动及安排，使得慈禧、荣禄等人惶惶不安，如坐针毡。他们决计要采取先发制人的办法，赶在光绪皇帝与洋人直接接触之前，采取措施。经过一番周密的策划，八月初三日（9月18日）御史杨崇伊迫不及待地向慈禧呈递密折，请求即刻训政。杨崇伊，字莘伯，系李鸿章之姻亲，又为荣禄之耳目鹰犬，他在密折中指控维新派"蛊惑士心，紊乱朝政，引用东人，贻误宗社"。杨氏危言耸听地说："风闻东洋故相伊藤博文即日到京，将专政柄。""伊藤果用，则祖宗所传之天下，不啻拱手让人。臣身受国恩，不忍缄默，再四思维，惟有仰恳皇太后追溯祖宗缔造之艰，俯念臣庶呼吁之切，即日训政……皇上仰承懿训，天下可以转危为安。"③

　　杨崇伊的密折是荣禄等人一手策划，并由奕劻直接"转达颐和园"④ 的。其行踪诡秘，并违背通常的递折程序，甚至连《随手登记档》都丝毫没有记载。这一密奏的出发点是防止光绪皇帝与伊藤博文等人"串通"。守旧派认为：伊藤已定于初五日觐见。

---

①　中国第一历史档案馆藏：陈时政《条陈时政便宜折》。
②　《戊戌变法》，第4册，第234页。
③　杨崇伊：《大同学会蛊惑士心，紊乱朝局，引用东人，深恐贻祸宗社吁恳皇太后即日训政折》，《戊戌变法档案史料》，第461页。
④　恽毓鼎：《崇陵传信录》。

俟见，中国事机一泄，恐不复为皇太后有矣。不言而喻，守旧派此时已做好发难的一切准备工作，决心要敦促慈禧在初五日（9月20日）光绪皇帝与伊藤见面前，采取非常措施，以防事出意外。

八月初四日（9月19日）傍晚，古都北京气氛紧张，风云变色。慈禧一伙改变了初六日（21日）回宫的计划，急急忙忙赶回大内，将光绪囚禁于瀛台涵元殿。尽管第二天光绪皇帝仍同往日一样，召见臣工及伊藤博文，然而，已处于慈禧的严密监视之下，此时的天子已失去人身自由。①

这次政变是荣禄等反对变法的势力密谋策划的结果，它导致了变法的失败及维新志士的被杀戮。政变所涉及人物与事件极为复杂，详细考订其原委，已超出本书的范围，以下仅就与康有为变法奏议有关的问题，略做探讨。

首先应该论及的是，戊戌政变的发生与康有为保举袁世凯，并怂恿袁氏包围颐和园，执杀慈禧、荣禄有着直接的联系。

如前所述，杨崇伊于八月初三日（9月18日）亟请太后还宫，但是，如果仅有杨氏密奏及伊藤博文的来访，似乎还不能促成慈禧的勃然大怒，乃至囚禁皇帝的举动，盖其中应有更为重要的事情，触怒了慈禧。而袁世凯的告密则很可能是触怒慈禧的导火线。

康有为七月二十七日（9月12日）代徐致靖草折荐袁氏后，光绪皇帝很快召见袁世凯，并委以兵部候补侍郎的重任，因为光绪皇帝"以变法故，自知不容于太后，结怨诸臣，浸润于己。其

---

① 关于慈禧回宫及幽禁光绪皇帝情况，本文不采传统的八月初六日才举行政变的观点。参阅拙作：《关于戊戌政变二三事之管见》，《历史档案》1983年第3期。

最甚者，荣相、庆邸为最，瑞邸、刚相等次之。……今见事迫，乃召（袁）来京，将厚结其心。召见后乃有擢用侍郎之旨"①。不难看出，光绪皇帝拔擢袁世凯是为了"天津阅兵时保护之地"，以对付后党的突然袭击，在这一点上光绪皇帝与康有为的心是相通的。

然而，光绪皇帝对袁氏的破格拔擢，更增加了康有为倚赖袁世凯制服后党的幻想。参与这一事件的毕永年的日记，提供了可靠的证据。毕氏曰：

> 八月初一日，仆见谭（嗣同）君，与商此事（按：指围颐和园）。谭云："此事甚不可，而康先生必欲为之，且使皇上面谕，我将奈之何？我亦决矣，兄能在此助我，甚善。"……夜八时，忽传上谕，袁以侍郎候补，康与梁正在晚餐，乃拍案叫绝曰："天子真圣明，较我等所献之计尤觉隆重，袁必更喜而图报矣。"康即起身命仆随往其室，询仆如何办法？仆曰："事已至此，无可奈何，但当定计而行耳。然仆终疑袁不可用也。"康曰："袁极可用，吾已得其允据矣。"乃于几间取袁所上康书示仆。其书中极谢康之荐引拔擢，并云："赴汤蹈火，亦所不辞。"康谓仆曰："汝观袁有如此语，尚不可用乎？"仆曰："袁可用矣，然先生欲令仆为何事？"康曰："吾欲令汝往袁幕中为参谋，以监督之，何如？"仆曰："仆一人在袁幕中，何用？且袁如有异志，非仆一人所能制也。"康曰："或以百人交汝率之，何如？至袁统兵围颐和园时，汝则率百人奉诏往执西后而废之可

---

① 苏继祖：《清廷戊戌朝变记》，《戊戌变法》，第 1 册，第 344 页。

也。"……正谈之时，而康广仁、梁启超并入坐。梁曰："此事兄勿疑，但当力任之也。然兄敢为此事乎?"仆曰："何不敢乎? 然仆当熟思而审处之，且尚未见袁，仆终不知其为何如人也。"梁曰："袁大可者，只但允此事否乎?"仆此时心中慎筹之，未敢遽应。①

毕永年是康有为等人选中的协助袁世凯包围颐和园执杀慈禧的重要当事人，所述真切可信。它充分证实了在反对变法势力磨刀霍霍，准备发动政变前夕，康有为却把袁世凯的新军当作挽救危难的唯一可靠的力量，尽管谭嗣同、毕永年等人都认为"此事甚不可"，袁世凯"极无胆"，绝非可以担当此等大事的人选，并争之再三，康氏兄弟及梁启超却固执己见，以为可以回转天地挽救皇上的"只此一人"。这种对客观形势的错误估计，导致了维新派铤而走险的错误决策。

八月初二日（9 月 17 日），光绪皇帝颁布明诏，敦促康有为出京，前往上海督办官报局，并称："此时闻尚未出京，实堪诧异。朕深念时艰，思得通达时务之人，与商治法。闻康有为素日讲求，是以召见一次，令其督办官报，诚以报馆为开民智之本，职任不为不重……著康有为迅速前往上海，毋得迁延观望。"②光绪皇帝颁发此诏用意至为明显，说明他在旧党的压力下，不得不促康氏出京，以图缓和局势。因为当时枢臣皆认为"康不得去，祸不得息也"③。光绪皇帝似乎已经感觉到康氏在京会惹出

---

① 毕永年：《诡谋直记》，日本外务省档案，《各国内政关系杂纂》（支那之部），《光绪二十四年政变、光绪皇帝及西太后之崩御、袁世凯之免官》。

② 《德宗景皇帝实录》卷 426，第 2 页。

③ 黄尚毅：《杨参政公事略》，《戊戌变法》，第 4 册，第 66 页。

更大的麻烦，局面更不好收恰，故而有此谕旨。

事情的发展果然不出光绪皇帝所料。八月初三日（9月18日）早，林旭传来了光绪皇帝七月三十日（9月15日）所颁密诏，康、梁诸人"跪诵痛哭激昂，草密折谢恩，并誓死救皇上，令林暾谷持还缴命"①。黄彰健先生认为："此所谓誓死救皇上，亦系与康伪作的求救密诏相配合，不可信。"② 其实，这是对康氏原意之误解，康氏所谓的"救皇上"，不仅仅是指出国求救，更主要的是指策动袁世凯包围颐和园。

据毕永年《诡谋直记》记载：

> 初三日，但见康氏兄弟纷纷奔走，意甚忙迫。午膳时，钱君（按：名维骥，湖南宁乡人，毕氏旧友，时往南海馆，且与永年同室）告仆曰："康先生欲弑太后，奈何？"仆曰："兄何知之？"钱曰："顷梁君谓我云：先生之意，其奏知皇上时，只言废之，且俟往围颐和园时，执而杀之可也，未知毕君肯任此事乎？兄何不一探之等语。然则此事显然矣，将奈之何？"仆曰："我久知之，彼欲使我为成济也，兄且俟之。"是夜，康、谭、梁一夜未归，盖往袁处明商之矣。③

不难看出，康有为已将策动袁世凯包围颐和园当作"救皇上"的唯一指望。毕永年说康、谭、梁诸人"一夜未归"。而这一夜正是决定维新志士命运至关重要的一夜。康有为自以为保荐袁世凯有恩于袁氏。袁世凯到京后又有"赴汤蹈火，亦所不辞"之誓言，于是，康有为对袁世凯的顾虑消除，决定出面说服袁世

---

① 《康南海自编年谱》，《戊戌变法》，第4册，第161页。
② 黄彰健：《戊戌变法史研究》，第465页。
③ 毕永年：《诡谋直记》。

凯出兵围园，锢杀慈禧。但是，康有为兄弟及梁启超诸人，并不亲自出马，而是把认为"此事甚不可行"的谭嗣同推到前台，要谭"入袁世凯所寓，说袁勤王，率死士数百，扶上登午门而杀荣禄，除旧党"①，盖以谭为"天子近臣"，故由其出面，而梁启超则"至金顶庙容纯斋处候消息"。

谭嗣同的夜访法华寺，与袁世凯会谈的结果并不理想。袁世凯只是推宕说等到天津阅兵时，皇上驰入袁营，"传号令以诛奸贼"②。并称："今营中枪弹火药，皆在荣贼之手，而营哨各官亦多属旧人，事急矣，既定策，则仆须急归营，更选将官，而设法备贮弹药，则可也。"③ 袁世凯老奸巨猾，并没有答应立即派兵包围颐和园。而且，维新派诸人有一个错觉，总认为政变要到天津阅兵时方举行，他们并不知道政变之谋，已如箭在弦上，省括即发。谭嗣同夜访袁世凯的目的并未达到，但却把康有为包围颐和园，诛杀旧党的计划和盘托出。这是一起极为严重的事件，它促成了袁世凯的告密及戊戌政变的发生。

关于戊戌政变的导火线究竟是不是袁世凯告密，史学界颇有争议。黄彰健先生专门撰文考订谓："戊戌政变的爆发非由袁世凯告密。"④ 房德邻亦持同样观点。⑤ 他们的主要依据是，戊戌政变如果是由袁氏告密而爆发，那么，八月初六日（9 月 21 日）的上谕就应提到下令捉拿游说袁世凯的要犯谭嗣同。既然清廷只是

① 《康南海自编年谱》，《戊戌变法》，第 4 册，第 161 页。
② 梁启超：《戊戌政变记》卷 5。
③ 同上；又见袁世凯：《戊戌日记》。
④ 黄彰健：《戊戌变法史研究》，第 493 页。
⑤ 房德邻：《戊戌政变史实考辨》，胡绳武主编：《戊戌维新运动史论集》，第 235 - 283 页。

称，"康有为结党营私，莠言乱政，屡经被人参奏，著革职，并其弟康广仁，均著步军统领衙门，拏交刑部，按律治罪"①，而清廷直到八月初九日（9月24日）才颁谕捉拿谭嗣同，说明政变的爆发，应在袁氏告密之前。

对于黄先生的考订，我是始信终疑的。现在看来，政变的爆发很可能系由袁氏告密而引起的。其理由如下：

其一，慈禧初六日（21日）颁训政之诏，且囚禁光绪皇帝，这是一起极为严重的事件。倘无袁氏告密，无论是杨崇伊的奏折及伊藤博文的到京，似都不可能促成慈禧的这一反常举动。

其二，考察戊戌政变，或其他任何政治事件，既应从微观上仔细订正，又应从宏观上进行考察。戊戌政变这样一起关系到清王朝命运的大事，如果袁世凯不是在事先告密，而是在政变发生之后才去告密，那么，荣禄很可能把袁世凯视作康有为的同谋，而绝对不会像日后那样宠信。更不会让袁氏在荣禄赴京时，署理直隶总督。如果无告密之首功，袁世凯就不会有日后的飞黄腾达，青云直上。晚清的政治格局将会别是一番景象。

其三，袁世凯为人狡诈，诡计多端，当时已有许多迹象表明了袁氏的告密。在八月初一日（9月16日）光绪皇帝破格拔擢前后，他一面向维新派发誓说"赴汤蹈火，亦所不辞"，一面又去谒刚毅、世铎、李鸿章、王文韶等权贵，甚至"饭后赴庆邸府"②，与守旧大臣相周旋，以表白其"无尺寸之功，受破格之赏"，"此心怦怦，殊不自安"③ 的情怀，以讨好守旧派；当他初

---

① 《德宗景皇帝实录》卷426，第10页。
② 袁世凯：《戊戌日记》，《戊戌变法》，第1册，第549—550页。
③ 同上。

三日（18日）接到荣禄的"传令"和"专弁遗书"时，已知晓"英船游弋，已调聂士成带兵十营，来津驻扎陈家沟"①，明知荣禄已有预防，颇感形势紧张，并拟"先一日诣宫递折，请训后即回津"。在谭嗣同突然来访后，他"反复筹思，如痴如病……细想如任若辈所为，必至酿生大变，危及宗社"②。在此千钧一发的时刻，狡猾的袁世凯不会不反复斟酌，采取行动的。因为谭嗣同已找上门来，如果他不即刻采取行动，事发之后他会逃脱不了包庇"谋逆要犯"的嫌疑。袁世凯即经权衡，何去何从，他毫无疑问会当机立断。

当时的维新派人士中，已有人料定袁世凯必定会走漏风声，且预料杀身之祸，已迫在眉睫。毕永年就是如此推断的。他于日记中写道：

> 初四日，早膳后，谭君归寓，仆往询之，谭君正梳发，气恹恹然曰："袁尚未允也，然亦未决辞，欲从缓办也。"仆曰："袁究可用乎？"谭曰："此事我与康争过数次，而康必欲用此人，真无可奈何。"仆曰："昨夜尽以密谋告袁乎？"谭曰："康尽言之矣。"仆曰："事今败矣，事今败矣，此何等事，而可出口中止乎？今见公等族灭耳，仆不愿同罹斯难，请即辞出南海馆而寓他处，然兄亦宜自谋，不可与之同尽，无益也。"……初五日，天甫明，仆即往南海馆探之，康已急出京矣。探谭君则已迁寓浏阳馆。③

毕永年的日记中，有一处漏洞，即称"康尽言之矣"。因为

---

① 袁世凯：《戊戌日记》，《戊戌变法》，第 1 册，第 549－550 页。
② 同上书，第 553 页。
③ 毕永年：《诡谋直记》。

夜访法华寺的是谭氏本人，康何能言之？无疑是失误。不过，毕永年推断袁氏必将泄密，大祸不日临头，则是"不幸而言中矣"。斟酌当时情况，袁氏告密，极有可能。

袁氏告密之事，非同小可。故晚近史家均有探究，如丁文江、赵丰田曾经分析道："六日的政变是不是因为袁项城泄露了密谋才爆发的，还待考证。同时假定是他泄露的话，他在京师泄露的，还是在天津泄露的，或是在两处都泄露了，也不能说一定。不过我据各种材料的研究，知道他在初三日便从谭复生的口里听到南海的全部计画，西后以初四日酉刻还宫，初五日德宗在召见袁氏以外，还延见日前总理大臣伊藤博文，袁氏以上午返津，当日晚事件就爆发了。"[1]

丁文江、赵丰田的这些推断，虽然不尽可信，但是，他们提到袁氏的告密是在京，还是在津，抑或两处都泄露了，实在是很有见地的。长期以来，人们以袁氏的回津已在初五日傍晚，而政变于初五日晚（或初六日早）爆发，即使袁氏告密也不会如此之快地传到北京。这样一来，似乎袁氏告密之说，很难成立。但是，我这里要提出戊戌政变中一个非常神秘的人物，这就是袁世凯的心腹徐世昌。

徐世昌，号菊人，原"为天津世族，祖官南河河工通判"，丙戌年进士，选庶吉士，己丑留馆授编修。世人谓其"深沉过于世凯"[2]。徐世昌同袁世凯关系极为密切，彼此无话不谈。这种关系亦可由其频繁往来函件略窥一斑。光绪二十二年五月三十日（1896 年 7 月 10 日）袁氏致徐世昌之密信称：

---

[1]　丁文江、赵丰田编：《梁启超年谱长编》，第 143 页。
[2]　沃丘仲子：《当代名人小传》卷上，第 13 页。

菊人大哥大人赐鉴：

春间两奉手书，拜聆感甚。仲夏赴都，方期把晤畅叙。适值归省；尚欲稍待，又为人一棒呵出。未得一晤，怅不可言。出京后即忙大差，差后又抱久病。始则头眩心跳，继则感撄时疫。两旬来心神恍忽，志气昏惰，所有夙志，竟至一冷如冰，军事实无心详述。吾哥势难自便，已闻巽之详告。惟不得时承教益，怅憾交深，姑待时会。……日间拟赴津。匆匆。此请

　　升安

如弟凯顿首①

袁世凯写此信时，正是他被御史胡景桂弹劾之后未久，故信中有谓"头眩心跳"，"心神恍忽，志气昏惰"，往日夙志"竟至一冷如冰"云云。此信反映了袁氏忧心忡忡，担惊受怕的心理。

再如百日维新期间，又有一函谓：

菊哥大人赐鉴：

迭奉手书，拜悉甚慰。到津时，行宫演武厅，均未包定，计期不及两月，殊为焦灼。连日催商，昨日始全定局。闻九月初间来津（按：指清廷原定戊戌九月光绪皇帝奉慈禧赴津巡幸阅兵一事），此时亟须赶造，八月内必须完工，始可不至误事。诸公互相推诿，办事人多，每有此弊也。相待甚好，可谓有知己之感。荫（昌）已委总办学堂，金波委总办营务处，严复会复水师，大致颇有头绪。亲缮面呈之件，

<hr>

① 《袁世凯致徐世昌函》（原件藏天津市博物馆），《近代史资料》1978年第2期，第10-11页。

大以为然，并甚感悦。惟内廷政令甚蹭（糟）。吴懋鼎、端方、徐建寅同得三品卿衔，督理工商农三事，津上哗然，他处亦可想见。今上病甚沉（按：指守旧派散布谣传光绪皇帝生病），有云为百日痨，殊为□念。南皮（指张之洞）向不与此老通书，故各有意见，婉为排解，少有活动，将来必可疏通，未可太急也。……在此惟奔走应酬，实属无谓，几乎不暇搦管。不尽之言，容俟面馨。此请

礼安

如小弟凯顿首①

此信未署写作具体时日，唯提到端方等人督办农工商局之事，可知应写于戊戌七月十六日（1898年9月1日）后，到袁氏赴京之前的这十多天时间内。信中提到荣禄对袁氏"相待甚好，可谓有知己之感"，反映了荣、袁之间的关系之友善，且言及"惟内廷政令甚蹭（糟）"，亦表明袁氏对百日维新并无好感，并声称，欲"疏通"张之洞与荣禄之间的关系，均与当时人际关系极相吻合。

袁、徐之间函牍繁多，未可悉引。不过由上开两函，既可看出他们关系之密切，又可搞清楚袁世凯当时对变法真实的态度，令人十分惋惜的是，康有为等人竟然将袁、徐二人视若知己，这就为日后埋伏下了祸根。

袁、徐关系既如上述，康有为等人应该是清楚的。因此，在康有为保荐袁世凯并策动其包围颐和园的过程中，许多重要的场合都可以见到徐世昌的身影。

① 《袁世凯致徐世昌函》，《近代史资料》1978年第2期，第12-13页。

比如，当康有为在保举袁世凯之议初起，为了弄清袁氏真实态度，曾派徐致靖之侄义甫（仁禄）赴小站观察动静，当时徐世昌即在场斡旋。王照曾谓："义甫到小站，未得见袁之面，仅由其营务处某太史传话，所征得者模棱语耳。"① 这里的"某太史"，即徐世昌。

又如，八月初三日（9月18日）康有为接到光绪皇帝密诏，在"跪诵痛哭"之余，筹划包围颐和园以救皇上之策，徐世昌亦在场。康氏记曰："是日，由林暾谷交来（密诏），与复生跪读痛哭，乃召卓如及二徐幼博来，经划救上之策。袁幕府徐菊人亦来，吾乃相与痛哭，以感动之，徐菊人亦哭，于是大众痛哭不成声，乃属谭复生入袁世凯所寓，说袁勤王，率死士数百，扶上登午门而杀荣禄，除旧党。"② 可见，对维新派的密谋，徐世昌了若指掌，对新党的实力亦知之甚悉。康有为之所以不避讳徐世昌，是因为他已被徐、袁二人伪装同情新政的态度所迷惑，故而引为同志。正如毕永年当时所记：初二日（9月17日）夜七时，"忽奉旨催康出京。仆曰：'今必败矣，未知袁之消息如何？'康曰：'袁处有幕友徐世昌者，与吾极交好，吾将令谭、梁、徐三人往袁处明言之，成败在此一举。'"③ 不言而喻，康有为在最危险的时刻，对徐世昌非但深信不疑，简直还寄予厚望。

再如，在谭嗣同受康氏之嘱，于八月初三日（9月18日）夜晚，只身前往法华寺。欲迫使袁世凯举兵围颐和园时，谭氏与袁密谈，徐世昌亦在场。梁启超之《戊戌政变记》记载，谭氏要袁

---

① 王照：《方家园杂咏二十首并纪事》，《戊戌变法》，第4册，第360页。
② 《康南海自编年谱》，《戊戌变法》，第4册，第161页。
③ 毕永年：《诡谋直记》。

"清君侧，肃宫廷，指挥若定，下世之业也。袁曰：'若皇上于阅
兵时，疾驰入仆营，传号令以诛奸贼，则仆必能从诸君子之后，
竭死力以补救。'君曰：'荣禄遇足下素厚，足下何以待之？'袁
笑而不言。袁幕府某曰：'荣贼并非推心待慰帅者，昔某公欲增
慰帅兵，荣曰汉人未可假大兵权，盖向来不过笼络耳。即如前年
胡景桂参劾帅一节，胡乃荣之私人，荣遣其劾帅，而已查办，昭
雪之以市恩，既而，胡即放宁夏知府，旋升宁夏道，此乃荣贼心
计险极之处，慰帅岂不知之？"[①]

　　上述记载说明，谭嗣同游说袁氏围园的关键时刻，徐世昌亦
在场，明为帮维新派说话，实际上全是一派假话，用以搪塞、欺
骗维新志士。徐世昌在戊戌政变的爆发前夕，实际上已打入维新
派内部，掌握了康有为的全部计划，那么，在谭嗣同于初三日
（18日）夜漏三下离去后，徐世昌自然要与袁世凯进行一番紧张
的密谋权商，研讨对策，这些都是情理中之事。袁氏的《戊戌日
记》将此情节省略不记，正是有意掩饰。正因为如此，长期以
来，史家在探讨戊戌政变时，对袁世凯通过徐世昌向荣禄告密的
举动，很少予以足够的重视。

　　可以推想，在八月初三日（9月18日）夜晚之后，徐世昌一
定会配合袁世凯紧急行动的。袁氏要初五日（20日）请训后，
方可离开京师，而徐世昌则是可以自由行动的。甚至徐氏还可以
通过其他亲信往天津荣禄处递送告密情报。如果上述分析有一定
道理的话，那么，袁世凯与徐世昌都可能是戊戌告密中的至为关
键的神秘人物。由于当时情形已是千钧一发，袁、徐无疑会斟酌

---

　　① 梁启超：《戊戌政变记·殉难六烈士传》。

再三，当机立断。

历来的宫廷政变都是在极端隐蔽的情况下进行的，杯弓蛇影，变幻莫测。而且在事变过后当事人又要进行百般掩饰，毁赃灭证，以至形成千古之谜。袁世凯与徐世昌的告密亦不例外。他们是如何将维新派的计划泄露给远在天津的荣禄？告密达到何种程度？谭嗣同当时还是"天子近臣"，告密时应否涉及？这些问题至今还没有，也许永远也不会有确凿可信的材料以资佐证，因此也就不能以清廷八月初六日（9月21日）的上谕没有涉及抓捕要犯谭嗣同而轻易否定袁世凯的告密是导致戊戌政变的导火线；也不能在考察政变时，只考虑到袁世凯而放过了徐世昌。

历史唯物论提醒人们，考察错综复杂的历史事件时，因果关系至为重要。正是因为袁世凯、徐世昌在戊戌政变的关键时刻有重要表现，所以他们在事件发生后非但未被视作康党的"同谋"，相反还备受宠信。戊戌八月初十日（9月25日）清廷"电寄荣禄，著即刻来京，有面询事件，直隶总督及北洋大臣事务，著袁世凯暂行护理"。可以推想，倘若清廷在戊戌政变已完成之后，袁氏再去告密，狡诈多端的荣禄似不会在如此紧要的时刻，将护理直督的重担交付给袁世凯的，更不消说在己亥、庚子之后对袁世凯的信任与拔擢了。

徐世昌在晚清的飞黄发迹，常常使一些京官感到困惑莫解。恽毓鼎在未被北洋收买之前，曾有一段记述，略谓：

> 徐菊人（世昌）前辈，以署兵部侍郎在军机大臣上行走，徐系丙戌翰林，壬寅年由编修第十三人超擢司业，次年设商部擢左丞，由六品升三品。去年加副都统衔，入练兵处，以阁学候补，寻摄少司马。三年之中，由编修入政府，

遭际之隆，升擢之骤，三百年来，一人而已。徐与袁慰廷制府密交，尝参其戎幕，纶扉之拜，袁实授之。相权旁落于权臣，羽翼密根于政地，余于此有深忧焉。[①]

恽氏称徐世昌升擢之快，是清朝三百年来独一无二的，颇能说明徐氏在晚清政治舞台上春风得意，扶摇直上的情景。人们皆知徐氏之发迹系由袁世凯的援引，但是，很少有人将袁对徐的信任，与戊戌政变中的共同遭遇联系起来。实际上可以毫不夸张地说，倘若袁、徐二人没有在戊戌政变中建立"殊勋"，也就不会有日后的"遭际之隆，升擢之骤"。史学工作者在探究戊戌政变的原因时，难道不应该从袁、徐二人后来的"遭际"中，得到点什么启迪吗？

康有为作为戊戌维新的倡导者，为新法的推行，曾经呕心沥血，心力交瘁。然而"智者千虑，必有一失"。他在百日维新后期推荐袁世凯的建议，实在是太不高明了。实际上，如果没有袁世凯的告密，光绪皇帝的处境，新政的命运，也许会比后来的结果要好一些。

---

① 恽毓鼎：《澄斋日记》（稿本），乙巳年五月二十八日。

附录 康有为变法活动简表 *

同治十三年（1874 年）——光绪二十四年八月初六日（1898 年 9 月 21 日）

同治十三年 本年 （1874 年）	康有为居乡涉猎群书，始见《瀛环志略》及地球图，知万国之故，地球之理。
十二月初一日 （1875 年 1 月 8 日）	同治帝病死，慈禧召集王公大臣宣布立醇亲王奕譞四岁幼子为皇帝，年号光绪。
光绪元年 本年 （1875 年）	康有为侍祖父赞修于广州，从吕拔湖先生学八股文，偶尔还乡则披览群书。
光绪二年 本年 （1876 年）	康有为应广东乡试，不第，从九江朱次琦先生学，从此谢科举之文，以为三十岁前群书必可尽读。
光绪三年 本年 （1877 年）	康有为继续在九江礼山草堂从朱次琦学。
五月 （6 月）	康赞修以连州水灾，遇难身亡，康有为闻而哀毁，三日水浆不入口，百日内食盐菜，守礼法古。
光绪四年 本年 （1878 年）	康有为仍于朱次琦门下求学，大力博览群书，攻读儒家经典及古典文学，秋冬时四库要书大义已略知其概；然由于时局日非，康有为对日埋故纸堆中的做法，渐厌之。欲寻求安心立命之所，时常静坐养心，同学大怪之。是冬辞九江先生，决归静坐。

---

* 本年表关于康有为生平主要依据《康南海自编年谱》及有关著作，关于变法期间新旧两党的斗争，主要取材于中国第一历史档案馆藏军机处录副奏折及《早事档》《上谕档》《议覆档》《随手登记档》等原始资料；康有为于光绪十四年多次代御史屠仁守、二十一年代御史王鹏运，二十三、二十四年代御史杨深秀、宋伯鲁、陈其璋、李盛铎、文悌以及徐致靖、王照等人草拟折稿，正文中已有论述，故年表中不再一一注明；对于戊戌政变后康有为的活动本年表略去。

光绪五年 正月 （1879 年 2 月）	康有为入居西樵山白云洞，专讲佛道之书。
秋季	编修张鼎华（延秋）与朝士四五人游西樵，与康初相识，朝夕倾谈。康氏得以知京朝风气，道、咸、同三朝掌故，以及各种新书，于时，舍弃考据帖括之学，以经营天下为志，读《西国近事汇编》等书，并薄游香港。
光绪六年 （1880 年） **光绪七年** （1881 年）	康有为是岁治经及公羊学，著《何氏纠谬》，专攻何劭公，既而又自悟其非，焚之。康有为居乡读书，跬步不出，苦身力行，以白沙之潇洒自命，以亭林之经济为学，读书日以寸记，专精涉猎，兼而有之。
光绪八年 五月 （1882 年 6 月）	康有为应顺天乡试，借此游京师，归经上海，知西人治术有本，大购西书，归乡讲求。
光绪九年 （1883 年）	康有为大讲西学，日新大进。与邻乡区员外谔良同商，创不缠足会草例，令入会者注姓名、籍贯，来者甚夥，为中国不缠足会之始。
光绪十年 三月初八日 （1884 年 4 月 3 日）	中法战争爆发后，清军溃退，盛昱上书指责军机大臣，败坏疆事，请交部严加议处；十三日颁旨易枢。康有为春夏居寓广州南板箱，秋还乡居澹如楼。俯读仰思，所悟日深。以三统论诸圣，以三世推将来，合经子之奥言，探儒佛之微旨，日日以救世为心。
光绪十一年 二月 （1885 年 3 月）	康有为从事算学，以几何著《人类公理》，张延秋招游京师，将行，乃发病，头痛欲裂，日读医书。
二月十九日 （4 月 4 日）	清廷与法国签署停战撤兵草约。
七月 （8 月）	康有为病瘳，应乡试不售。还居西樵山白云洞高士祠养病，旋以张延秋试闽，朝夕过从。
光绪十二年 五月 （1886 年 6 月）	康有为回乡居澹如楼，先是曾通过张延秋建议两广总督张之洞开局译西书；张之洞然之，欲托康与文廷式任其事，既而不果。
八月初五日 （9 月 2 日）	慈禧允诺醇亲王奕譞等人建议，光绪亲政后再训政数年。
十月十一日 （11 月 6 日）	天津《时报》创刊，津海关税务司德璀林等筹办，传教士李提摩太为主笔。

光绪十三年　正月
十五日
（1887 年 2 月 7 日）
光绪皇帝亲政礼成。

三月
（4 月）
康有为由花埭恒春园回乡，仍居澹如楼。

八、九月
（9、10 月）
康有为再度游香港。

十一月
（12 月）
康有为游七星岩。是岁，康氏编撰《人类公理》及《康子内外篇》，兼涉西学，并推孔子据乱、升平、太平之理以论地球，欲立地球万音院，以考语言文字；创地球公议院，合公士以谈合国之公理，养公兵以去不会之国，以为合地球之计。

光绪十四年　春
（1888 年）
康有为居花埭，读佛典。

四月二十一日
（5 月 31 日）
五月
（6 月）
奕𫍯等海军衙门大臣上书，称用款不敷，仍请由部筹拨。奉旨依议。康有为以张延秋频招游京师，是年五月离粤赴京，应顺天乡试，不第，嗣张延秋病殁，康氏经营其丧事。

六月十九日
（7 月 27 日）
慈禧颁布懿旨，定于明年二月举行归政典礼，旋择定二月初三日。

九月初二日
（10 月 6 日）
醇亲王递密折，敬陈用人行政管见，奉懿旨"依议"，并命交军机处存案。

十月十三日
（11 月 16 日）
康有为上书翁同龢，欲求一见，被拒绝。

十月二十六日
（11 月 29 日）
盛昱将康有为《上清帝第一书》送呈翁同龢，欲成均代递，翁氏以语太讦直，退还。

十月二十七日
（11 月 30 日）
海军衙门上《津沽铁路告成，各商禀请接造通州铁路折》，奉旨依议。

十一月初六日
（12 月 8 日）
是日发下御史屠仁守《密陈报效海军经费弊端，请即行停止折》，初八日交海军衙门领去，确查具奏。

十一月初八日
（12 月 10 日）
康有为欲将《上清帝第一书》由都察院呈递，以祁世长托病，未达。

十一月十五日
（12 月 17 日）
奕𫍯等海署王大臣上《遵查海军报效情形并定拟章程折》，奉懿旨"依议"。是日发下盛昱封奏：《津通铁路有害无利，请停办折》及《请停海军衙门报效片》等（按盛氏封奏十二日递上）。

十一月二十二日 （12 月 24 日）	御史余联沅上书，请停海军衙门报效等。
十二月初八日 （1889 年 1 月 9 日）	余联沅再次上书，痛陈铁路五大害处，请停修通州铁路。
十二月十五日 （1889 年 1 月 16 日）	奕譞等上《为筹集巨款，用备海军要需折》，奉慈禧懿旨"依议"。
十二月十八日 （1889 年 1 月 19 日）	上书房行走徐会沣等上《时事多艰，奇灾告警，吁请勤修实政，上答天戒而下固民心折》。 屠仁守、吴兆泰上关于通州铁路请饬会议速停折。
十二月二十日 （1889 年 1 月 21 日）	清廷颁旨以贞度门失火，延烧太和门等处，宜事虔修，颐和园工程除正路及佛殿外，一律停止。
十二月二十一日 （1889 年 1 月 22 日）	翁同龢、孙家鼐等上书，称通州铁路使民心惶骇，请饬暂停。
本年	康有为还曾代拟过《钱币疏》等折，但未见上之于朝。
光绪十五年　正月初一日 （1889 年 1 月 31 日）	《万国公报》复刊，由林乐知、慕卫廉主其事，月出一册。该报原为周报，光绪九年停刊。
正月十四日 （2 月 13 日）	奕譞等军机海署大臣递折，遵议津通铁路事宜，并请饬沿江、沿海督抚详议具奏，以备朝廷采择。 奕譞上《归政在迩，时局方艰，敬陈管见折》，请求整顿言路以定人心。
正月十九日 （2 月 18 日）	屠仁守递《归政届期，谨溯旧章，直抒管见折》，称归政后外省密折、廷臣封奏，仍请太后裁夺，慈禧命送醇邸阅看。
正月二十一日 （2 月 20 日）	奕譞送缴屠氏折，慈禧颁旨称，屠仁守逞臆妄言，紊乱成法，甚属荒谬，著开去御史，交部议处，原折掷还。
正月二十七日 （2 月 26 日）	光绪皇帝大婚礼成。
二月初二日 （3 月 3 日）	吏部递《遵议开缺御史屠仁守革职留任折》，慈禧不纳，下令将屠革职永不叙用，并指责吏部徇庇欺蒙，下令将堂官议处，司员严议。
二月初三日 （3 月 4 日）	光绪皇帝亲政典礼成，慈禧名为归政，但仍操纵着朝廷的用人行政大权。
七月 （8 月）	梁启超应广东乡试，中举人第八名。

八月十七日 （9月11日）	康有为出京，游江南诸名胜，入九江，谒朱子白鹿洞，十二月还粤。
光绪十六年 春 （1890年）	康有为居广州城内徽州会馆，嗣移往云衢书屋（先祖老屋）。晤今文经学家廖平。
三月 （4月）	陈千秋前来从学。
八月 （9月）	梁启超亦前来就学。
九月 （10月）	石星巢请康有为教冬课于广府学宫孝弟祠，康欣然从之。
十一月二十一日 （1891年1月1日）	醇亲王奕𫍽卒。
光绪十七年 春 （1891年）	康有为在长兴里开学授徒，与诸学子日夕讲业，大发求仁之义，而讲中外之故，救中国之法。从学者除陈千秋、梁启超之外，尚有韩文举、梁朝杰、曹泰等。康氏撰《长兴学记》以为学规。
七月 （8月）	康有为在陈千秋、梁启超诸人帮助下，刻成《新学伪经考》。 是年朱一新执教广雅，与康氏颇多辩难，朱氏不信孔子改制之意。
十一月初一日 （12月1日）	同文馆教习由是日始，向光绪皇帝讲授洋文，光绪颇用意于此。
光绪十八年 正月 （1892年2月）	龙泽厚以知县引见过广州，遂向康有为从学，康氏移讲堂于卫边街邝氏祠。 学者日众，以陈千秋充学长。
八月初八日 （9月28日）	工部尚书祁世长卒，遗折愿皇上用人行政，远新进而重老成。 是年康有为集诸弟子之力，开始撰写《孔子改制考》，并用孔子生二千四百四十三年纪年。 同年郑观应修订《救时揭要》为《盛世危言》；陈虬撰《治平通议》；陈炽撰《庸书》。
光绪十九年 （1893年）	是岁康有为仍讲学卫边街。至冬迁草堂于府学宫仰高祠。
五月十九日 （7月2日）	薛福成代递道员黄遵宪条陈，称时势已变，拟请更张旧法，豁除旧禁，保护招徕华商回国，奉旨交总署议。

七、八月 （8、9 月）	康有为应广东乡试，中举第八名。
十一月 （12 月）	康有为派陈千秋管理家乡同人局事，大攻原管理局事的张嵩芬，改革旧制，禁赌兴学，以致谤言沸腾，康氏"几死于是"。
光绪二十年 二月十二日 （1894 年 3 月 18 日）	康有为与梁启超入京会试，在京居盛昱（伯熙）邸，既而移居金顶庙，与梁小山同寓。
五月初六日 （6 月 9 日）	康有为下车伤足，遂作南归之计，十七日出京。六月抵达广州。
五月 （6 月）	孙中山上书李鸿章，略陈改革事宜，被拒绝。
七月初一日 （8 月 1 日）	中日宣战，甲午战争爆发。
七月初三日 （8 月 3 日）	给事中余联沅奏参《新学伪经考》惑世诬民，非圣无法，奉旨交两广总督查核；虽经梁启超在京多方奔走营救，然广州已谤不可闻矣。
八月 （9 月）	康有为出游罗浮山。至九月复归粤讲学。
十月二十七日 （11 月 24 日）	孙中山在檀香山建立革命组织——兴中会，开始征收会银，图谋举事。
十一月二十一日 （12 月 17 日）	两广总督李瀚章上《查明举人康祖诒参款折》，认为康书意在尊崇孔子，似不能责以非圣无法。只是札行地方官令其自行销毁，奉旨"知道了"。
十一月 （12 月）	康有为游广西桂林，住风洞，旋讲学于桂林，手撰《桂学答问》。
十二月初二日 （12 月 28 日）	御史安维峻上书弹劾李鸿章，并牵涉慈禧、李莲英，奉旨褫职，发往军台效力。
光绪二十一年 正月十六日 （1895 年 2 月 10 日）	传教士李提摩太上书李鸿章称，有好法可救目前，亦救将来，清廷电知李鸿章不妨一试。
二月初一日 （2 月 25 日）	康有为由桂林返回广州。
二月初八日 （3 月 4 日）	严复的《原强》于天津《直报》刊出。

二月十二日 （3月8日）	康有为与梁启超赴京会试，是日离粤，后至大沽口，日人搜船。
三月二十三日 （4月17日）	李鸿章在日本签订丧权辱国的《马关条约》。
三月二十八日 （4月22日）	康有为、梁启超鼓动粤中公车上书拒和议，并分托朝士鼓动各直省公车上书都察院。
四月初三日 （4月27日）	侍读学士文廷式上书称和约难就，战事尤当预防，附片弹劾都察院压制举人上书，迟延未递，请旨切责。
四月初六日 （4月30日）	梁启超等广东举人的拒和条陈由都察院递上。
四月初七日 （5月1日）	严复《救亡决论》开始在天津《直报》陆续刊出。
四月初八日 （5月2日）	康有为草就《上清帝第二书》，并联合一千二百名公车签名，是日欲赴都察院投递，未果。
四月初九日 （5月3日）	康有为中进士，二甲四十八名，十一日被引见，授工部主事，未到署任职。 《马关条约》在懋勤殿"用宝"。
四月十一日 （5月5日）	文廷式请假三月，回江西原籍修墓。
四月二十九日 （5月23日）	军机章京陈炽服阕，仍被编在额外章京上行走。
五月初四日 （5月27日）	军机大臣孙毓汶以病仍未痊，恳恩续假，并请派员署缺。
五月初六日 （5月29日）	康有为撰好《上清帝第三书》，是日向都察院呈递。
五月十一日 （6月3日）	都察院将康有为《上清帝第三书》呈上清廷，十五日光绪皇帝命抄写数份。十九日原折、原呈发下，堂谕另存。
五月十七日 （6月9日）	胡燏棻上《条陈变法自强事宜折》，光绪皇帝命暂留中妥存。
五月二十六日 （6月18日）	协办大学士徐桐上书敬陈管见，并请正本清源，对各省冗员痛加删汰。
闰五月初五日 （6月27日）	李鸿章、刘坤一、王文韶上《裁并各营折》，并共同出面保荐袁世凯，请饬袁销假来营；光绪皇帝采纳，即命豫抚刘树堂传知袁世凯迅即来京，交吏部带领引见。

闰五月初七日 （6月29日）	南书房翰林张百熙上《急图自强，敬陈管见折》及《请饬督抚荐举人才片》。
闰五月初八日 （6月30日）	康有为撰好《上清帝第四书》赴都察院投递，被拒绝；十一日再赴工部投递，以李文田不肯画押，终未递上。
闰五月十七日 （7月9日）	刘坤一递《密陈大计，联俄拒日，以维全局折》及《请饬许景澄与俄订立密约片》。
闰五月十九日 （7月11日）	徐桐上书筹议兴利裁费，选将练兵，及枪炮制造宜一律等。
闰五月二十七日 （7月19日）	光绪皇帝颁布上谕卧薪尝胆，报仇雪耻，命中外臣工振刷精神，条陈时务，并将胡燏棻、康有为、徐桐等人条陈发给各督抚将军参酌议覆。
闰五月二十九日 （7月21日）	左庶子戴鸿慈上书敬陈管见，提出许多变更成法的建议，奉旨存。
六月初二日 （7月23日）	广东巡抚马丕瑶受刚毅之托上书请奖叙善绅潘赞清，奉旨潘赞清著赏加三品卿衔，康有为极力反对。
六月初五日 （7月26日）	军机大臣、兵部尚书孙毓汶病请开缺，光绪皇帝未请懿旨，即颁旨允诺。
六月十一日 （8月1日）	吏部带领引见浙江温处道道员袁世凯，奉旨著本月十二日预备召见。
六月十二日 （8月2日）	光绪皇帝召见袁世凯，颁旨交督办军务处差委，并命续陈挽救时局之策。
六月十六日 （8月6日）	本日发下御史王鹏运《枢臣不职，请旨立予罢斥，以清政本折》，奉旨徐用仪著退出军机处，并毋庸在总署行走，并命翁同龢、李鸿藻在总署行走。
六月十八日 （8月8日）	张之洞上书陈时事日亟，请修备储才，并请与俄订立密约以结强援。
六月十九日 （8月9日）	王鹏运上书指斥广东绅士潘赞清声名恶劣，请收回成命，二十一日发下留中。
六月二十七日 （8月17日）	康有为于北京创办《万国公报》，独自捐款为之，遍送士夫贵人，以通中外风气。
七月 （8月）	谭嗣同、唐才常等人在湖南筹措变法事宜，于浏阳设立算学社。
七月初三日 （8月22日）	督办军务处代递道员袁世凯条陈。

七月初八日 （8 月 27 日）	高燮曾上书弹劾粤绅刘学询卑污狡悍，请饬查处究办。
七月二十七日 （9 月 15 日）	徐桐上《李鸿章交通外夷，请饬回籍折》及《道员盛宣怀、马建忠请饬查办片》。
八月初 （9 月）	康有为等人于京师设立强学会。
九月初二日 （10 月 19 日）	康有为离京至天津，次日游山海关入各防营，视兵望海，并会见魏光焘。
九月十日 （10 月 27 日）	孙中山领导的兴中会在广东起义失败。
九月十二日 （10 月 29 日）	王鹏运上《广东盗风猖獗请饬严缉折》，奉旨留中。
九月十五日 （11 月 1 日）	康有为入江宁居二十余日，劝说署理两江总督张之洞开强学会，隔日一谈，每至深夜。
十月初 （11 月）	北京强学书局开局，以报事为主。康有为与梁鼎芬抵上海，设立上海强学会。
十月十七日 （12 月 3 日）	侍郎汪鸣銮、长麟以召对时"离间两宫"奉旨革职，永不叙用。
十月二十一日 （12 月 7 日）	文廷式上书陈广东会匪众多，请饬严拿。
十月二十二日 （12 月 8 日）	督办军务处请简派袁世凯督练天津新建陆军，并饬候选道荫昌挑选精壮旗兵至天津武备学堂教练。
十一月初一日 （12 月 16 日）	北京强学会创刊《中外纪闻》，以梁启超、汪大燮为主笔。
十一月十七日 （1896 年 1 月 1 日）	王鹏运上《请讲商务以维大局折》。
十一月十九日 （1896 年 1 月 3 日）	山东巡抚李秉衡上《山东矿务久无成效，拟暂行封禁折》，奉旨留中。
十一月三十日 （1896 年 1 月 14 日）	胡燏棻条陈津芦铁路工程经费，并将定武军移交袁世凯接统。
十一月 （1896 年 1 月）	汪康年、叶瀚、曾广铨等人于上海创办《蒙学报》。
十二月初三日 （1896 年 1 月 17 日）	御史王鹏运上书参劾两广总督谭钟麟力不胜任，请饬查办。

十二月初七日 （1896 年 1 月 21 日）	御史杨崇伊上书弹劾京官创办强学会，大干法禁，请饬严禁。谕令都察院封禁。
十二月十一日 （1896 年 1 月 25 日）	文廷式上书请编外交类书，请饬刘坤一振奋精神，请停捐纳举人，以及华商改造土货，请坚持定议。
十二月二十二日 （1896 年 2 月 5 日）	御史胡孚宸上《书局有益人才，请饬筹议折》，奉旨交总理衙门议奏。
十二月二十七日 （1896 年 2 月 10 日）	光绪皇帝颁旨称，明年四月俄君加冕，派李鸿章赴俄致贺，李在俄期间，订立《中俄密约》。
光绪二十二年　正月 十二日 （1896 年 2 月 24 日）	总署遵议御史胡孚宸奏设强学书局有益人才折，并请制订翻译西报章程。
正月十三日 （2 月 25 日）	翁同龢退出毓庆宫。
正月二十一日 （3 月 4 日）	清廷准总署新设官书局之议，并决定派孙家鼐管理官书局事务。
二月初一日 （3 月 14 日）	御史陈其璋上《请开矿利以裕度支折》及《矿务官办不如商办片》。
二月初四日 （3 月 17 日）	翰林院侍读学士文廷式上书，条陈养民事宜，并请明降谕旨准许民间开矿。
二月十六日 （3 月 29 日）	御史杨崇伊奏参文廷式勾结太监，私通宫禁，招摇惑众，请立予罢斥。
二月十七日 （3 月 30 日）	光绪皇帝颁谕文廷式著即革职，永不叙用，并驱逐回籍。
二月二十四日 （4 月 6 日）	户部奏所属颜料库不戒于火，延烧大堂，奉旨堂司各官分别议处。
四月十六日 （5 月 28 日）	御史胡景桂参劾道员袁世凯营私蚀饷，性情谬妄，请饬查办，奉旨派荣禄详查，据实具奏。
四月二十二日 （6 月 3 日）	谭嗣同晋谒翁同龢，旋出京南返。
五月初二日 （6 月 12 日）	侍郎李端棻奏，请推广学校，以励人才，奉旨总理衙门议奏，并将原折"恭呈慈览"。
五月十三日 （6 月 23 日）	荣禄上书，称袁世凯被参各节，查无实据，仅请将新军交北洋节制，奉旨允准。
五月二十一日 （7 月 1 日）	苏州城纺织机匠群起罢市，御史杨崇伊上书认为是由于道员朱子榛贪劣罚捐酿成，请饬从严查办。

六月十九日 （7月29日）	督办军务王大臣遵议张之洞奏请鄂省准练洋操，奉旨允准。
七月初一日 （8月9日）	《时务报》于沪上创刊发行，梁启超担任主笔，汪康年任总理。梁氏《变法通议》等文章于该报连载，一时风传海内。
七月初三日 （8月11日）	总署上书，遵议侍郎李端棻请广开学校以励人才的建议，奉旨依议。
七月二十九日 （9月6日）	御史宋伯鲁上书：美国传教士李佳白在宣武门内设立尚贤堂，并在督办军务处呈递条陈，请派员查核。
八月初九日 （9月15日）	直隶总督王文韶、湖广总督张之洞联衔会奏，芦汉铁路招商俱不可恃，拟派直隶津海关道盛宣怀总理，另筹办法，并请拨官款三千万两交该员成立公司，堂谕封存，二十日抄交总署、督办处议，并饬令盛宣怀来京，以备咨询。
八月二十一日 （9月27日）	管理官书局大臣孙家鼐上《建立学堂大概情形折》，堂谕暂存。
九月初六日 （10月12日）	总理衙门议覆芦汉铁路设立公司，同时呈递盛宣怀说帖。
九月十三日 （10月19日）	光绪皇帝召见盛宣怀，次日即明发上谕，谓盛氏确有见地，准许设立铁路公司，盛宣怀为督办，从芦汉办起，苏、沪、粤、汉次第扩充。
九月十八日 （10月24日）	光绪皇帝颁谕指责李鸿章于十五日擅入圆明园游览，殊于体制不合，交部议处。并令李鸿章在总理衙门行走。
九月十九日 （10月25日）	军机章京陈炽请假南旋省亲，奉旨"知道了"。
九月二十三日 （10月29日）	两江总督刘坤一、江苏巡抚赵舒翘上书，请将道员黄遵宪送部引见，奉旨吏部知道。
九月二十五日 （10月31日）	吏部议李鸿章处分，奉旨加恩改为罚俸一年不准抵销。李鸿章上书酌保随带出洋人员，并请将道员罗丰禄加恩擢用。
九月二十六日 （11月1日）	盛宣怀上书敬陈管见，并请开官银行、设立达成馆培育人才等，奉旨交有司议覆。
十月初一日 （11月5日）	直隶总督王文韶上《交涉事烦请慎择使臣折》及《黄遵宪堪备使才请旨存记片》，奉旨存。

十月十六日 （11 月 20 日）	光绪皇帝自本日起，召见道员黄遵宪、罗丰禄、伍廷芳，每日见一员。
十月中旬 （11 月中旬）	康有为、梁启超赴澳门筹办《知新报》事宜，与何穗田筹商，由何出资。康有为欲游南洋，不果，后还省城。
十一月二十日 （12 月 24 日）	御史宋伯鲁上书，请设总理衙门额缺，并认为军机处与总署的章京，宜开去其在各衙门差事及各省铁路勿归盛宣怀独办；乡会试策题宜专问时务。
十一月二十八日 （1897 年 1 月 1 日）	御史孙赋谦上《武场考试请变通旧制折》及《乡会试文场割卷等弊请饬严禁片》。
十二月十三日 （1897 年 1 月 15 日）	孙赋谦再次上书请厘正文体，并请申明磨勘定例。
十二月十四日 （1897 年 1 月 16 日）	御史杨崇伊上书亦请厘正文体，奉旨归入孙赋谦折一并由礼部议奏。
十二月十六日 （1897 年 1 月 18 日）	梁启超离开澳门，应张之洞之邀前往武昌，向张之洞陈述对时局看法。
十二月十七日 （1897 年 1 月 19 日）	谭嗣同再次抵达南京，潜心孔佛之学，后撰成《仁学》。御史褚成博上书，洋人制造土货，请设法筹备抵制。附片请于考试中添洋文翻译科、考试经题请兼用周官仪礼、三场策问准用本朝人名书名，奉旨均交有司议奏。
十二月十八日 （1897 年 1 月 20 日）	两广总督谭钟麟、广东巡抚许振祎上书，陈述广东清丈沙田，设局开办情形；康有为极力反对此举。
光绪二十三年 正月初十日 （1897 年 2 月 11 日）	康有为赴桂林，拟筑马路未果，旋与唐景崧、岑春煊发起开圣学会。
正月十一日 （2 月 12 日）	张元济联络同志，分筹款项，于京师开办通艺学堂，学习西国语言文字及农工商矿之学，呈总署备案。
正月二十一日 （2 月 22 日）	《知新报》于澳门创刊，康广仁、何廷光任经理，徐勤等为主笔，以开通风气为宗旨。
二月初十日 （3 月 12 日）	总署议覆褚成博《洋商改造土货应筹抵制折》，奉旨准各省广开民厂，兴工制造。
二月十五日 （3 月 17 日）	国子监祭酒张百熙上书遵保人才，请将道员黄遵宪派为商务大臣。 出使俄国大臣杨儒递《密陈自强要策折》。

二月二十日 （3 月 22 日）	张之洞奏请于鄂省设立武备学堂，奉旨"该衙门知道"；又奏华商用机器制造货物请缓加税，奉旨总署议奏。
三月二十一日 （4 月 22 日）	《湘学新报》于湖南长沙创刊，学政江标出任督办，唐才常任撰述。
四月初一日 （5 月 2 日）	《时务报》刊登上海不缠足会所立《试办不缠足会简明章程》。 谭嗣同等人于南京设立金陵测量学会。
四月初四日 （5 月 5 日）	总理衙门议覆张之洞提议华商制造土货请缓加税，奉旨允行。
四月初八日 （5 月 9 日）	章京陈炽销假，奉旨仍在军机处额外章京上行走。
五月初十日 （6 月 9 日）	大学士徐桐上《请崇学术以端治本折》附片陈俄使弊重言甘，宜预防后患。
五月十九日 （6 月 18 日）	给事中褚成博上书弹劾澳门《知新报》言论悖诞，宜令禁止。奉旨著广东督抚晓谕该报，嗣后务当采访真确，毋得传播讹言。
五月二十一日 （6 月 20 日）	黄遵宪补授湖南盐法长宝道。
六月初一日 （6 月 30 日）	《算学报》于温州创刊。
六月 （7 月）	康有为于五月底撰成《日本书目志》，六月由桂返粤，时学者大集，于是昼夜宣讲。
七月初四日 （8 月 1 日）	司业贻谷上书弹劾户部侍郎张荫桓跋扈奸诈，请旨惩办，奉旨留中。
七月初五日 （8 月 2 日）	《经世报》于杭州创刊，章太炎、宋恕、陈虬等分别担任撰述。
七月初九日 （8 月 6 日）	光绪皇帝颁旨，著廖寿恒在总理衙门行走。
八月初一日 （8 月 28 日）	《实学报》创刊于上海，王仁俊任总理，章太炎任总撰述。
八月 （9 月）	康有为筑室花埭，有终隐之意。 谭嗣同、熊希龄在湖南巡抚陈宝箴支持下，于长沙筹备设立时务学堂，聘梁启超为中文总教习，欧榘甲、韩文举为分教习。

十月初一日 (10 月 26 日)	《国闻报》于天津创刊，严复、夏曾佑、王修植等主其事，次月增出旬刊《国闻汇编》。译书公会于沪上成立后，正式创刊《译书公会报》，章太炎、杨模担任主笔。
十月十六日 (11 月 10 日)	曹州发生教案后，清廷电告李秉衡派出司道大员，严缉盗匪。旋令先将巨野等县知县摘去顶戴，以防事态扩大。
十月二十日 (11 月 14 日)	德国借口曹州教案出兵占领胶州湾，旋清廷电知许景澄赴德外部理论，指责其强占胶湾，勒撤守兵，殊违公法。
十月二十七日 (11 月 21 日)	给事中高燮曾上《德人占据胶湾，不宜允许折》。总理衙门递《与德使辩论情形折》，并附呈问答节略、德国照会及要挟条款。
十月 (11 月)	康有为由杭州返抵沪上，随即入京，欲办往巴西移民事宜。适逢胶案作，乃草《上清帝第五书》。
十一月十一日 (12 月 4 日)	严复译《天演论序》于《国闻汇编》第二册刊出。
十一月十九日 (12 月 12 日)	给事中高燮曾上书，请令康有为相机入西洋弭兵会，奉旨总理衙门"酌核办理"。御史王鹏运上《山东铁路不宜归德国揽办折》。
十一月二十二日 (12 月 15 日)	俄国舰队以帮助中国对付德国为名，驶入旅顺湾，强行占据旅、大。
十一月二十三日 (12 月 16 日)	贵州学政严修上书请设立经济特科，以造就人才，奉旨总署会同礼部妥议。
十一月二十五日 (12 月 18 日)	刚毅于军机大臣见起时面奏，天下之急莫如练兵筹饷，建议将练勇之空额尽除，厘金中饱严杜，光绪采纳，并颁布自强上谕。
十一月二十六日 (12 月 19 日)	清廷电复刘坤一，英将联盟之说未可尽信，此时关键在处理好胶案，若再与一二国联盟，此轻彼重，恐起争局。
十二月初八日 (12 月 31 日)	御史杨深秀上《时势艰危，谨贡刍议折》，奉旨留中。
十二月初九日 (1898 年 1 月 1 日)	杨深秀再上《请联结英国，立制德氛，而益坚俄助折》，奉旨留中。
十二月十三日 (1898 年 1 月 5 日)	康有为等人于南海会馆创设粤学会，京友集者二十余人。旋又筹组经济学会未成，又支持寿富成立知耻会。

十二月十四日 （1898 年 1 月 6 日）	杨崇伊上《东三省重地，请不分满汉特简大臣经理折》《请厘正文体折》《广东督抚勒捐沙田请饬禁止折》，以及《参广东巡抚许振袆任用私人片》《各省荒废官地请准私人承买片》。
十二月十九日 （1898 年 1 月 11 日）	王鹏运上《胶州不可借德，宜密联英日以图抵制折》及《结倭联英，请缓偿倭款片》。
十二月二十日 （1898 年 1 月 12 日）	光绪皇帝召见群臣询问时事如何措手，翁同龢奏对以变法为急，并面保康有为。
十二月二十三日 （1898 年 1 月 15 日）	杨深秀上《养息牧地，请仍照旧制，毋庸开垦折》。
十二月二十五日 （1898 年 1 月 17 日）	荣禄上书请广练兵团以资防守，请特设武科造就人才，请饬各省筹款，速办煤铁厂局，光绪皇帝采纳之，并再次颁诏，饬各省保荐人才、练兵筹饷。
光绪二十四年 正月初三日 （1898 年 1 月 24 日）	总理衙门王大臣延见康有为，商讨变法事宜，翁同龢、李鸿章、荣禄等出席。
正月初四日 （1 月 25 日）	翁同龢托张荫桓转告康有为，光绪皇帝急欲变法，催促速上变法新书及条陈。
正月初五日 （1 月 26 日）	翁同龢向光绪皇帝再次力陈宜破格用人，以挽救时局危机。
正月初六日 （1 月 27 日）	准贵州学政严修（范孙）议，设立经济特科，分内政、外交、理财、经武、格物、考工六门；由三品以上京官及各直省督抚学政保荐，咨送总署。 给事中高燮曾请设武备特科。
正月初八日 （1 月 29 日）	康有为在总署呈递《外衅危迫，分割洊至，宜及时发愤，大誓臣工，开制度新政局折》，提出"特置制度局于内廷"，并设立法律等十二个新政局，地方上变官为差，每道设一新政局，每县设一民政局。
正月初八日 （1 月 29 日）	右中允黄思永建议，设立昭信股票，筹借华款。奉旨户部速议具奏。康有为极力反对此举。
正月初十日 （1 月 31 日）	闽学会在京成立，由林旭等发起。
正月十八日 （2 月 8 日）	宋伯鲁、李岳瑞等倡导的关学会在京成立。

正月二十五日 （2月15日）	给事中张仲炘递《请将海疆要地遍开商埠以保全局而杜觊觎折》； 御史王鹏运递《时务方艰请力行修省实政折》及《需才孔亟请饬速设京师大学堂片》。
正月二十九日 （2月19日）	陈其璋递上《德事将定，后患宜防，亟应外善邦交，内修边备，以维危局而图自强折》，并同时递上《请将译印各种图书颁给各学各馆片》《阿尔泰山金矿请饬妥议办理片》，奉旨交总署议覆。
二月初一日 （2月21日）	军机处会同督办军务处、户部会议荣禄奏请以新法广练兵团折，奉旨允准。
二月初七日 （2月27日）	给事中张仲炘递《德使要挟太甚，不宜曲允折》，并递《条陈胶事办法折》。奉旨"该衙门知道"。
二月初八日 （2月28日）	宋伯鲁递《请设议政处折》及《总署官书局时务书请饬发翰林院片》。
二月十六日 （3月8日）	陈其璋递《统筹全局，请再向美国借款，以相牵制而策富强折》，奉旨"该衙门知道"。
二月十七日 （3月9日）	宋伯鲁递《国势危急，请统筹全局，派员往美集大公司，令报效巨款折》，奉旨"该衙门知道"。
二月十九日 （3月11日）	总理衙门代递康有为正月初八日所递条陈，军机大臣面奉谕旨，"总理各国事务王大臣妥议具奏"。同日，总理衙门议覆陈其璋正月二十九日折片，"分移四部以善边备"，军机面奉谕旨，"著毋庸议"。颁发译印图书及阿尔泰山矿务，奉旨"依议"。
二月二十日 （3月12日）	康有为在总署递《俄彼得变政记》一部及《为译纂〈俄彼得变政记〉成书，可考由弱致强之故，呈请代奏折》。
二月二十三日 （3月15日）	高燮曾等人递《俄事日迫，所议万不可允折》，奉旨"该衙门知道"。
二月二十六日 （3月18日）	军机处会同兵部议覆荣禄、高燮曾、胡燏棻等奏，请设武备特科，并令武科改试枪炮。
二月二十七日 （3月19日）	康有为到总署呈递《为胁割旅大，覆亡在即，乞密联英日，坚拒勿许折》。
二月二十八日 （3月20日）	清廷派李鸿章、张荫桓与俄国驻京公使面议旅、大事，并"仍著该衙门王大臣会商妥办"。
三月初一日 （3月22日）	御史文悌递《敬谢天恩，勉修臣职，敬陈管见折》，建议皇上择期举行御门典礼，面诫群臣，大破积习。奉旨存。

三月初三日 （3 月 24 日）	总理衙门代递康有为二月二十日、二十七日所呈条陈两件及《俄彼得变政记》；并递上《添开通商口岸折》及《各省内河均准行驶小轮船片》，奉旨"依议"。
三月初四日 （3 月 25 日）	陈其璋递《俄患孔亟，所请宜坚持勿允，谨陈三策以资抵御折》。
三月初五日 （3 月 26 日）	麦孟华、龙赞修、况晴皋等公车赴都察院递《呈请代奏乞力拒俄请众公保疏》，系康有为口授，都察院以既已用宝，拒不收；御史文悌递《请拒俄联英折》；总理衙门递《俄国订租旅大并接展铁路条约折》，附条约条款及致俄国照会，均奉旨"依议"。
三月十九日 （4 月 9 日）	御史李盛铎递《请举行阅兵大典折》及《请饬各省刻日兴办大学堂片》，折存，片交总理衙门议奏。
三月二十日 （4 月 10 日）	康有为于总署呈递《日本变政考》《泰西新史揽要》《列国变通兴盛记》，同时递条陈两件：其一《译纂〈日本变政考〉成书折》，其二《请照经济科例推行生童岁试片》。
三月二十三日 （4 月 13 日）	总理衙门代递康有为本月二十日所呈新书三部及条陈两件。光绪皇帝命将康氏折及前两次折并《俄彼得变政记》等新书"皆呈慈览"。
三月二十九日 （4 月 19 日）	大学士徐桐递《请召张之洞来京面询机宜折》，光绪皇帝命将原折"恭呈慈览"，然后再请旨办理。
三月 （4 月）	保浙会、保滇会、保川会等纷纷于京师设立。
闰三月初一日 （4 月 21 日）	陈其璋递《铁路矿产系中国自有之利益，亟宜广为筹办，以杜各国觊觎折》，并附有《山西铁路矿务请设立监督片》。
闰三月初七日 （4 月 27 日）	都察院代递山东举人孔广睿等《洋人毁坏庙像呈请代奏疏》。
闰三月十二日 （5 月 2 日）	梁启超、麦孟华散发《公启》，鼓动各省公车围绕德国士兵滋扰山东即墨孔庙，联名上书都察院，查办毁像之人。御史潘庆澜递《保固大局敬陈四策折》，并递《请饬查禁保国会片》；光绪皇帝将附片抽出，仅将潘折由军机"恭呈慈览"。
闰三月十三日 （5 月 3 日）	御史杨深秀递《山西局员贾景仁劣迹多端请惩处折》；御史李盛铎递《党会日盛宜防流弊折》及《〈国闻报〉现归日人，水师学堂不应代为译报片》。

闰三月十五日 （5月5日）	都察院代递福建举人林旭等，以及江苏、湖北、湖南、安徽、广西等省公车以圣像被毁，圣教可忧，请旨严责德人以伸公愤呈。
闰三月十六日 （5月6日）	广东举人麦孟华等832人联名赴都察院呈递条陈，请饬驻德公使责问德廷，严办滋扰孔庙之人，以保圣教而安人心。
闰三月二十三日 （5月13日）	左都御史徐树铭攻击湖南新政，上书请禁止湖南保卫局章程，请饬湖南学政崇尚正学。
闰三月二十七日 （5月17日）	文悌递折参劾云贵总督崧藩力小任重，贪纵辜恩，请饬查办，奉旨交贵州巡抚查核。御史黄桂鋆递折，请饬总理衙门毋达莠言，并请查禁保浙、保川、保滇等会，奉旨"该衙门知道"。
四月初十日 （5月29日）	恭亲王奕䜣卒，康有为上书翁同龢促其力行新政，而翁氏则劝康暂离京师，以息事宁人。
四月十三日 （6月1日）	杨深秀上书请定国是，明赏罚，以正趋向，又请厘正四书文体、议游学日本章程、请派近支王公游历及筹款译书等事。奉旨交该衙门议奏。
四月十七日 （6月5日）	陈其璋递《筹款维艰，请开铁路口岸，藉增关税折》及《请加税裁厘片》。
四月十八日 （6月6日）	御史李盛铎递《时务需才，请开馆译书以宏造就折》，奉旨交总署议。
四月二十日 （6月8日）	侍读学士徐致靖上书，请皇帝颁诏明定国是，以示从违。
四月二十二日 （6月10日）	清廷颁旨，荣禄补大学士，管理户部事务；刚毅调兵部尚书，协办大学士；刑部尚书崇礼调补。
四月二十三日 （6月11日）	光绪皇帝颁布明定国是诏书，宣告百日维新开始。
四月二十五日 （6月13日）	御史黄均隆上书，诋毁湖南省办理时务有名无实，指责梁启超力倡民主议院，恣其横议。徐致靖递《国是大定，密保人才折》，奉旨康有为、张元济于二十八日预备召见；黄遵宪、谭嗣同等著该省督抚送部引见；广东举人梁启超著总署查看具奏。
四月二十六日 （6月14日）	李盛铎上书请明赏罚，以行实政；宋伯鲁亦递《请明赏罚以推新政折》，并附呈《经济特科请分别举办片》《陕西昭信股票请宽减片》。

四月二十七日 (6月15日)	清廷宣布重要人事更动,翁同龢开缺回籍,荣禄署理直隶总督,王文韶、裕禄即行来京;在廷臣工蒙皇太后赏项及补授文武一品暨满汉侍郎均于具折后恭诣皇太后前谢恩。
四月二十八日 (6月16日)	光绪皇帝于颐和园仁寿殿召见康有为、张元济,并命康有为在总理衙门章京上行走。
四月二十九日 (6月17日)	宋伯鲁递《变法先后有序,乞速奋乾断,以救艰危折》、《请改八股为策论,以作人材而济时艰折》及《请将铁路官本岁息缴充学堂经费片》。
五月初一日 (6月19日)	康有为递折谢恩,并陈大誓群臣、统筹全局、开制度局三义,同时进呈《孔子改制考》写本一部,并递《请商定教案法律,厘正科举文体,听天下乡邑增设文庙,谨写〈孔子改制考〉进呈御览,以尊圣师而保大教绝祸萌折》。
五月初二日 (6月20日)	御史宋伯鲁、杨深秀联名弹劾礼部尚书许应骙守旧迂谬,阻挠新政,请立予降斥。光绪皇帝明降谕旨,著许应骙明白回奏。
五月初三日 (6月21日)	御史胡孚宸奏参总署大臣张荫桓谄敌病国,慈禧欲从严查究,后以立山等说情而止。
五月初四日 (6月22日)	徐致靖递上《请特颁明诏,废八股以育人才,易风气而救危局折》及《嗣后用人行政一切请明白宣示片》。许应骙遵旨按照宋、杨所参各节明白回奏,表白其对新政并无阻挠,并趁机攻击康有为,招摇惑众,请驱逐回籍。 总理衙门将康有为五月初一日呈递的两个条陈及《孔子改制考》代呈给光绪皇帝。
五月初五日 (6月23日)	光绪皇帝采纳康有为等建议,颁布谕旨:自下科始,乡会试及生童岁科各试,一律改试策论。王文韶以户部尚书在军机大臣上行走;孙家鼐为吏部尚书协办大学士;荣禄实授直隶总督兼北洋大臣;崇礼补步军统领。
五月初六日 (6月24日)	光绪皇帝召见张荫桓,以胡孚宸参折示之,并勉励其振刷精神。同日被召见的还有御史陈其璋,奉旨外放湖北。督办军务处王大臣遵旨议覆将董福祥一军移扎近畿。
五月初八日 (6月26日)	荣禄分别向慈禧、光绪递折,谢补授文渊阁大学士恩。光绪皇帝颁旨,饬盛宣怀赶办芦汉铁路,并迅开办粤汉、沪宁各路。
五月初九日 (6月27日)	督办军务处遵旨裁撤,并请将袁世凯所练新军归直隶总督荣禄节制。

五月初十日 （6 月 28 日）	杨深秀上书，请皇上御门誓众，更始庶政，附片请定阻挠新政者之罪。总理衙门递折议覆杨深秀请译西书并译东文，奉旨允准，将广东举人梁启超在上海所设译书局改为官督商办，月拨银二千两翻译外洋诸书。先政法史传，再徐及医农工矿等书。
五月十一日 （6 月 29 日）	给事中高燮曾递上《党论方兴，请颁训示以杜祸萌折》。御史张承缵奏称，昭信股票设局弊窦甚多，奉旨户部查核办理。
五月十二日 （6 月 30 日）	宋伯鲁请将经济岁举归并正科，并各省岁科试，迅即改试策论，附片请旨申禁复用八股试士，奉旨允行。 御史李盛铎递上《略拟京师大学堂办法大纲，请饬会议折》。
五月十三日 （7 月 1 日）	总理衙门递上《遵议御史陈其璋请开铁路口岸折》及《举人梁启超遵旨查看片》，奉旨"梁启超于十五日预备召见"。
五月十四日 （7 月 2 日）	总署递折，议覆康有为正月所上《外衅危迫，分割洊至，宜及时发愤，大誓臣工，开制度新政局折》，对康氏所提各项建议均拒不采纳，光绪皇帝下令该署"另行妥议具奏"。
五月十五日 （7 月 3 日）	光绪皇帝召见梁启超，命将所著《变法通议》进呈，并赏梁氏六品卿衔，办理译书局事务。派孙家鼐管理京师大学堂，官书局、译书局均归并大学堂。
五月十六日 （7 月 4 日）	荣禄向光绪呈递《覆陈到任后情形折》。 光绪皇帝颁谕著各地振兴农业，兼采中西新法，命刘坤一咨送上海农学会章程。
五月十七日 （7 月 5 日）	本月上旬康有为递上《请以爵赏奖励新艺新法新书新器新学，以励人才而开民智折》，是日光绪皇帝颁旨，奖励创新，士民著作新书，创作新法，制成新器，均准专利售卖；有能独立创立学堂，开辟地利，兴造枪炮厂者，给予特赏。并著总署议定章程。
五月十八日 （7 月 6 日）	徐致靖递上《请酌定各项考试策论文体折》，奉旨暂存。盛宣怀递《筹集商捐开办南洋公学情形折》，并请于公学内设立译书局，奉旨允准。光绪皇帝下令拔贡朝考覆试题目均改为一论一策，并令礼部速议改试策论章程，五日内具奏。
五月十九日 （7 月 7 日）	盛宣怀递上《各省官款请饬归官银行汇解折》，奉旨"户部速议具奏"。

五月二十日 (7月8日)	御史文悌递折，奏参御史宋伯鲁、杨深秀党庇康有为，诬罔圣听；书上，光绪皇帝责以受人唆使，结党攻讦，不胜御史之任，令其回原衙门行走。
五月二十一日 (7月9日)	军机大臣会同神机营、八旗都统议覆胡燏棻改练洋操折，奉旨八旗汉军炮营、藤牌营等，改习洋枪，采用新法练军。
五月二十二日 (7月10日)	康有为递上《请改直省书院为中学堂，乡邑淫祠为小学堂，令小民六岁皆入学折》；光绪皇帝采纳康议，令改各地书院为兼习中学西学之学校，省会之大书院为高等学堂，郡城之书院为中等学堂，州县之书院为小学堂，地方捐办之义、社学，亦应兼学中西，奖励绅民兴学，中学应读之书由官书局颁发，民间祠庙不在祀典者，由地方官晓谕，改为学堂。礼部递《遵议改试策论章程折》，奉旨嗣后一切考试，均著毋用五言八韵诗，余依议。
五月二十三日 (7月11日)	著裕禄在军机大臣上行走，并署镶蓝旗汉军都统。
五月二十四日 (7月12日)	湖南巡抚陈宝箴疏陈通商口岸宜互相牵制，以保地方，奉旨留览。
五月二十五日 (7月13日)	总署再次递折议覆康有为《外衅危迫，分割洊至，宜及时发愤，大誓臣工，开制度新政局折》，称康氏所陈，均系变易内政，请求派王大臣与总署共议。奉朱批著军机大臣会同总署"切实妥议具奏，毋得空言搪塞"。 总署会同礼部遵议经济特科，拟章程六条，奉旨允行，并著各地保荐人才，三个月内送京举行考试。 总署遵议奖励著书制器章程，光绪皇帝认为"尚属妥协，著依议行"，并应颁示各地，以开风气。
五月二十六日 (7月14日)	光绪皇帝颁谕，著各地方官，务须体察商情，尽心保护，严禁勒索。
五月二十八日 (7月16日)	严谕各地将军督抚裁军节饷，无论水陆各军，一律挑留精壮，并力行保甲，整顿厘金。
五月二十九日 (7月17日)	宋伯鲁疏请将《时务报》改为官报，及八旗官学请归大学堂统理，旨令孙家鼐妥议。孙家鼐奏请将冯桂芬《校邠庐抗议》印一千部，交堂司各官签署意见。 孙家鼐递《编纂各书宜由管学大臣进呈并禁止谬悖折》，指斥康有为所著《孔子改制考》书内孔子改制称王字样，亟宜删除，奉交片谕旨，孙传知康有为遵照。 孙家鼐上书请为官书局添设提调，奉旨依议。

六月初一日 （7月19日）	康有为上《条陈商务折》。张之洞、陈宝箴联衔递《变通科举章程折》，奉旨允行。召见翰林院侍讲黄绍箕，并允其将张之洞所著《劝学篇》呈递。
六月初二日 （7月20日）	直隶总督荣禄递《为时事多艰，特保人才，以备朝廷任使折》，举荐鹿传霖、袁世凯、岑春煊等数十人堪备任使，奉旨存。 奕劻奏请将马神庙空闲府第暂拨为大学堂兴办之所，奉旨允行。
六月初三日 （7月21日）	光绪皇帝下令变通科举，嗣后一经殿试，即可授职，停止朝考一场。又取士讲求实学实政，不凭楷法。
六月初五日 （7月23日）	清廷电催各地将军督抚，对黄槐森变通武科考试事，各陈所见，以备采择。
六月初六日 （7月24日）	仓场侍郎李端棻递《为变法维新，当务之急敬陈管见折》，请御门誓众及开懋勤殿等事，光绪皇帝令奕劻、孙家鼐会同军机大臣议奏。
六月初七日 （7月25日）	顺天府府丞丁立瀛上《请设议院折》。翰林院代递侍讲黄绍箕进呈《劝学篇》，奉旨"持论平正通达，于学术人心大有裨益"，颁发各省督抚学政各一部，俾得广为刊布。
六月初八日 （7月26日）	孙家鼐上《奏遵议上海〈时务报〉改为官报折》，光绪皇帝派康有为督办其事，并命津、沪、鄂、粤将报纸咨送都察院及大学堂。
六月初十日 （7月28日）	奕劻、孙家鼐遵旨递上议覆李端棻奏议的《说帖》，否定其选通才开懋勤殿及御门誓众的建议。 谕令荣禄、张之洞督办芦汉等处铁路事宜。
六月十一日 （7月29日）	宋伯鲁上《各省举办矿务铁路官不如商折》及《大学堂派办各员请开去别项差使片》。 采纳李端棻建议，命各部院删简则例。
六月十二日 （7月30日）	光绪皇帝颁谕，催各地速办保甲。 电催黄遵宪、谭嗣同迅速来京，预备召见。
六月十三日 （7月31日）	康有为递《恭谢天恩条陈办报事宜折》及《请定中国报律片》。
六月十四日 （8月1日）	光绪皇帝颁旨钱恂、郑孝胥、端方等人迅速来京，预备召见。

六月十五日 （8月2日）	军机大臣会同总署议覆康有为《外衅危迫，分割洊至，宜及时发愤，大誓臣工，开制度新政局折》，再次否定开设制度局及十二新政局的重要建议。 谕令京师设立矿务总局，派王文韶、张荫桓专理其事。 翰林院等衙门于值日之日，轮派数员到班，听候召见。大小臣工，各抒所见；士民上书赴都察院呈递。 命总理衙门速议派往游历日本事宜。
六月十七日 （8月4日）	孙家鼐遵旨议覆，请于京师五城添设学堂，及大学堂总办提调各员仍准兼差，奉旨允准。
六月十八日 （8月5日）	湖南巡抚陈宝箴上书请厘定学术造就人才，请降旨饬康有为将《孔子改制考》自行销毁，以息争论。 同日，陈宝箴又保荐杨锐、刘光第等人才，可备任使。奉旨著孙家鼐赴内详细阅看。
六月二十一日 （8月8日）	光绪皇帝命军机大臣会同总理衙门王大臣议奏袁昶时务条陈。
六月二十二日 （8月9日）	孙家鼐上《筹办大学堂大概情形折》，拟定章程八条，并面请赏给西学总教习丁韪良二品顶戴，均奉旨允准。《时务报》改为官报，所需经费由两江总督按月拨解。
六月二十三日 （8月10日）	杨深秀上《请申谕诸臣力除积习折》及《津镇铁路请饬招商承办片》。 光绪采纳杨议，申谕大小臣工，力除壅蔽，上下一心，力行新政。
六月二十四日 （8月11日）	光绪皇帝令湖南长宝盐法道黄遵宪开缺，以三品京堂候补，充任出使日本大臣。
六月二十六日 （8月13日）	康有为上《万寿庆辰，乞许士民庆祝，并刊贴新政诏书，嘉惠士农工商折》及《万寿大庆，乞复祖制，行恩惠宽妇女裹足折》。
六月二十七日 （8月14日）	徐致靖递折，请开编书局，推荐康有为编万国强盛弱亡之书，奉旨令孙家鼐议。
六月二十九日 （8月16日）	孙家鼐代奏梁启超请添拨译书局经费折，拨创办经费二万两，每月局用三千两，奉旨允准。

七月初二日 （8月18日）	康有为向总理衙门呈递《请开农学堂、地质局，以兴农殖民而富国本折》。 诏令各督抚于学堂中挑选学生，酌定人数，咨总署核办，派往日本游学。
七月初三日 （8月19日）	内阁学士阔普通武上书，谓变法自强，宜仿泰西，设立议院。 孙家鼐上书，否决徐致靖于京师开设编书局的建议。 仓场侍郎李端棻递《黄遵宪堪胜重任折》及《请擢用庶吉士熊希龄、江苏试用道谭嗣同折》。 光绪皇帝颁诏废朝考之制，振兴实学，罢去考试诗赋及不凭楷法取士。
七月初四日 （8月20日）	浙抚廖寿丰递折，请知县汤寿潜暂缓引见，光绪皇帝不纳，下令仍著来京。
七月初五日 （8月21日）	孙家鼐上书请改派李盛铎为京师大学堂总办，奉旨"知道了"。 京师设立农工商总局，派端方、徐建寅、吴懋鼎督办。康有为奉到总理衙门传旨"著赏康有为银二千两，以为编书津贴之费"。
七月初六日 （8月22日）	康有为指责汪康年抗旨不交出《时务报》，私自改为《昌言报》，光绪皇帝命黄遵宪经上海时，查明原委，秉公核议。 张百熙上书考策论请兼以五经命题，并称学术日歧，请旨明示趋向。
七月初七日 （8月23日）	前太仆寺卿岑春煊上书，请改革官制，大力裁冗署冗员。
七月初八日 （8月24日）	光绪皇帝颁谕宣布，九月奉皇太后至天津阅兵日程。 谕令各衙门删订则例，先将办理情形具奏。
七月初十日 （8月26日）	梁启超请于上海设立编译学堂，准予学生出身，所编译书籍一律免税，奉旨允准。 翰林院代递陈鼎所著《校邠庐抗议别论》。 诏责两江总督刘坤一、两广总督谭钟麟因循玩懈，不力行新政，著荣禄于交办各件，亦当从速筹办。
七月十一日 （8月27日）	岑春煊上书弹劾广西巡抚黄槐森剿贼不力，应责成苏元春督办。 御史王培佑上《变法自强宜破除积习折》，奉旨传各省督抚，凡交议交查各件皆须迅速具奏，不得玩懈观望。

七月十二日 （8 月 28 日）	电催两广总督谭钟麟、巡抚许振祎迅即开办学校，电奏毋延。
七月十三日 （8 月 29 日）	谕令刘坤一、张之洞分别于上海、汉口试办商会。 湖南巡抚陈宝箴、少詹事王锡藩分别上书遵保通达时务人才杨锐、刘光第、林旭等。 康有为上书谢赏编书银两，并请及时发愤，速筹全局，以高秩优耆旧，以差使任贤能，分别官差以行新政。书上，光绪皇帝颁诏，裁撤京内外冗官冗署。
七月十四日 （8 月 30 日）	孙家鼐上书请派员往日本考察学务，奉旨依议。
七月十五日 （8 月 31 日）	命岑春煊补授广东布政使。京师开办农工商总局，命端方等认真筹办，并宽予经费。
七月十六日 （9 月 1 日）	光绪皇帝颁旨催促各衙门速议裁撤归并、删改则例事宜。 礼部代递主事王照条陈，奉旨诘责，交部议处并谕嗣后堂官代递条陈，原封进呈，毋庸阅看。
七月十七日 （9 月 2 日）	军机大臣面奉谕旨，嗣后都察院接有条陈，即将原呈封进，不必另行钞录，随到随递，不准积压。 命各衙门参照吏、户两部删定则例，划一办理。
七月十八日 （9 月 3 日）	御史华辉上书请派李秉衡、冯子材驰往广西督办剿匪事宜。 给事中庞鸿书递《振兴庶务详审利弊折》。
七月十九日 （9 月 4 日）	礼部尚书怀塔布、许应骙等六堂官以阻格主事上书，均被革职；王照赏给三品顶戴，以四品京堂候补，用昭激励。
七月二十日 （9 月 5 日）	徐致靖上《冗官既裁，请置散卿以广登进折》，奉旨著孙家鼐妥速议奏。诏令裕禄、李端棻、王锡藩、徐致靖等人，分别署理礼部尚书、侍郎等职。光绪皇帝召见谭嗣同，并命谭、刘、杨、林以四品卿衔在军机章京上行走，参预新政事宜。
七月二十一日 （9 月 6 日）	总署代递章京张元济《变法自强亟宜痛除本病统筹全局以救危亡折》，该折建议于内廷设议政局。奉旨存。
七月二十二日 （9 月 7 日）	谕令李鸿章、敬信退出总理衙门，以裕禄代之。 以昭信股票各地办理不善，苛派扰民，谕令即行停止。

七月二十三日 （9 月 8 日）	光绪皇帝下令在铁路矿务总局、农工商务总局，酌设额缺，按插已裁缺各员。 命翰林院编修江标在总署章京上行走，先是，江标已告假离京。
七月二十四日 （9 月 9 日）	都察院代递汉水渔人陈锦奎《条陈郡国利病，整理税款，兴办新政呈》。孙家鼐递折议覆徐致靖请设散卿的建议，恭呈慈览后遭否决。
七月二十五日 （9 月 10 日）	李端棻是日上书，再言举办新政事宜。王文韶、张荫桓递《请分设铁路矿务学堂折》，奉旨依议。
七月二十六日 （9 月 11 日）	徐致靖上《边患日亟，宜练重兵，密保统兵大员袁世凯折》，当日即奉旨电知荣禄，传令袁氏即行来京陛见。 日讲起居注官黄思永请设集贤院，请开速成学堂。均奉旨存。
七月二十七日 （9 月 12 日）	都察院代递湖南举人曾廉条陈，请杀康有为、梁启超；谭嗣同、刘光第逐条签驳。侍讲学士瑞洵上书，请南漕改折、广设报馆、裁并屯田、考试京官等，奉旨交议。光绪皇帝令将朝廷振兴新政，宣示天下，将四月二十三日后重要谕旨，刷刻誊黄，俾得触目惊心，力除壅蔽。 宋伯鲁上书，弹劾两广总督谭钟麟昏老悖谬，阻抑新政，请严惩斥革，附片参臬司魁元等人。
七月二十八日 （9 月 13 日）	宋伯鲁上《请选通才以备顾问折》及《请仿西法修路片》。又请定银元价值，准抵制钱。
七月二十九日 （9 月 14 日）	徐致靖、王照分别上书，保举康有为、康广仁等分别为懋勤殿顾问人选。杨深秀递《裁缺诸大僚擢用宜缓，特保诸新进甄别宜严折》。 光绪皇帝召见严复，并命严氏抄录《万言书》进呈。军机处会同总署共同议覆袁昶新政条陈，准许旗人自谋生计。日本罢相伊藤博文由天津抵京。
七月三十日 （9 月 15 日）	王照上《敬陈管见折》。光绪皇帝召见杨锐，赐以密诏，称局势危迫，命四章京速筹对策。
八月初一日 （9 月 16 日）	光绪皇帝召见袁世凯，命以侍郎候补，专办练兵事务。所有应办事宜，著随时具奏。 军机大臣奉旨，传令袁世凯于八月初五日请训。

八月初二日 （9月17日）	光绪皇帝颁谕催促康有为迅速出京，前往上海，毋得迁延观望。 兵部代递李钟豫条陈，以天气严寒，请暂缓赴天津阅兵。
八月初三日 （9月18日）	总署代递章京张元济条陈，请慎选办理新政人员。 御史杨崇伊上书慈禧，称大同学会蛊惑士心，紊乱朝政，引用东人，深恐贻祸宗社，吁恳皇太后即日训政以遏乱萌。谭嗣同奉康有为之命，深夜赴法华寺访袁世凯，劝其举兵杀荣禄禁锢太后。袁氏佯为应允，并急筹应急之策。
八月初四日 （9月19日）	四川京官杨锐等，请于京师设立蜀学堂，专教京员子弟等，传旨嘉奖。 康有为访传教士李提摩太、伊藤博文，请其劝说慈禧，以救新政。是日傍晚慈禧突然离开颐和园，返回大内。 光绪皇帝自是日起迁居瀛台。
八月初五日 （9月20日）	杨深秀上《时局艰危，拼瓦合以救瓦裂折》，认为非联合英、美、日，别无图存之策。同时递《请探查窖藏金银处所，鸠工掘发以济练兵急需片》。 光绪皇帝召见伊藤博文。 袁世凯请训后乘轮车回津。康有为是夕出城，取道天津南下。
八月初六日 （9月21日）	慈禧正式颁诏"训政"，自本日起在便殿办事，初八日在勤政殿行礼。 谕军机大臣等，康有为结党营私，莠言乱政，著革职，并其弟康广仁拿交刑部治罪。 步军统领衙门兵弁围张荫桓宅，搜捕康有为未获，于南海馆拿获康广仁。 宋伯鲁上《事变日亟，请速简重臣，结连与国，以安社稷而救危亡折》，保李鸿章、康有为往见伊藤博文等。奉旨革职，永不叙用。

后　记

　　对康有为的变法奏议进行系统的爬梳整理，深入研究，是一项非常有意义的工作。由于我涉史未深，知识浅陋，加之时日仓促，本书错讹与不当之处在所难免，我热切地期待着海内外专家学者匡谬补正。本书撰写完毕之后，承蒙戴逸老师审阅指正，并惠赐序言；江筱薇同志从整理资料，到稽核引文，日夜操劳，付出了大量心血。吾昔日同窗好友戴清民与侯昭英同志为撰写此书，代备馆舍，以供栖止。对于他们的支持与帮助，在此谨致谢忱。

作者

1986 年 12 月 13 日

再版后记

　　近期在与董建中教授通信时，他多次转达清史研究所朱浒所长的意见：所里决定再版拙著《康有为变法奏议研究》，所长还再三嘱咐，要我写一些文字，谈谈与此书相关的治学体会。听到这消息后，我激动得彻夜难眠，因为此书是我出版的第一部学术著作，也是最能代表我治学特点的一本书。因此，当此书再版之际，我有许多心里话要说，要感谢那些对我帮助最大的单位和个人。

　　首先，我要感谢清史所以及我的导师戴逸与林敦奎两位先生。

　　他们无私地给我传授治学方法，不辞辛劳地进行指导，疏通我治学道路上的障碍。戴老师亲自出面，与中国社会科学院近代史研究所资料室分管善本部的负责人进行交涉，为我能在该所善本部较长时间地寻找康有为及晚清官员的有关史料，打开了一条通道。常言道，"师傅领进门，修行在个人"。清史所为我创造了如此优越的治学条件，我决心克服困难，努力奋发，争取在晚清史研究中做出一些新的成绩。

其次，我要感谢中国第一历史档案馆的工作人员，他们从早到晚都辛勤工作，为我们的利用档案付出了很大辛劳。譬如，我在搜集考证康有为变法奏议过程中，最费气力的是寻找《上清帝第三书》原件，此折又称《为安危大计，乞及时变法，富国养民，教士治兵，求人才而慎左右，通下情而图自强呈》。长期以来，学界非常关注此折，可是却无法见到此折原貌。在国家档案局明清档案部所编印的《戊戌变法档案史料》一书中，并没有收入此折，在该书的附录二有如下记载："摘录进士康有为请及时变法富国养民教士治兵呈，光绪二十四年，残"。这里有一处明显的错误，因为康有为《上清帝第三书》写呈于甲午战争失败之后的乙未年，即光绪二十一年，并非写于光绪二十四年。于是，我在第一历史档案馆工作人员帮助下，用了很多时间，在为数众多的卷宗中寻找，终于使《上清帝第三书》破镜重圆了。

此外，国家图书馆善本部的工作人员与中国社会科学院近代史研究所资料室的耿来金等先生，为我寻觅戊戌变法前后重要历史人物的相关资料，提供了很大帮助。因此，最后在《康有为变法奏议研究》再版之际，我应该向他们深深地鞠上一躬，对于他们的鼎力相助，我是永远不会忘怀的。

孔祥吉写于剑桥镂石斋

2020 年 2 月

图书在版编目（CIP）数据

康有为变法奏议研究 / 孔祥吉著 . -- 北京：中国
人民大学出版社，2025.1. --（清史研究丛书新编）.
ISBN 978-7-300-33294-9

Ⅰ. K256.5
中国国家版本馆 CIP 数据核字第 2024LF2879 号

清史研究丛书新编
康有为变法奏议研究
孔祥吉　著

Kang Youwei Bianfa Zouyi Yanjiu

出版发行	中国人民大学出版社			
社　　址	北京中关村大街 31 号		**邮政编码**	100080
电　　话	010 - 62511242（总编室）		010 - 62511770（质管部）	
	010 - 82501766（邮购部）		010 - 62514148（门市部）	
	010 - 62515195（发行公司）		010 - 62515275（盗版举报）	
网　　址	http://www.crup.com.cn			
经　　销	新华书店			
印　　刷	北京联兴盛业印刷股份有限公司			
开　　本	720 mm×1000 mm　1/16		**版　　次**	2025 年 1 月第 1 版
印　　张	32.5 插页 3		**印　　次**	2025 年 1 月第 1 次印刷
字　　数	362 000		**定　　价**	119.00 元